人工智能素养与实践应用

RENGONG ZHINENG SUYANG YU SHIJIAN YINGYONG

主　编　王　莉　张　磊　张智浩

中国教育出版传媒集团
高等教育出版社·北京

内容提要

本书面向人工智能初学者，内容通俗易懂，通过任务案例讲解技术原理，注重人工智能技术实践应用能力的培养，帮助学生从“能理解”到“能实践”。全书共9章，包括：人工智能概述、基于Python的人工智能开发环境、机器学习、大语言模型与生成式人工智能、文本类AIGC实践应用、视听类AIGC实践应用、办公类AIGC实践应用、AIGC综合实践和人工智能伦理。内容体系完整、结构清晰，紧跟技术前沿，聚焦大语言模型、AIGC等热点应用。

本书将理论讲解与任务驱动相结合，使学习过程更具针对性和趣味性。本书实践案例丰富，任务设计贴近生活与行业场景，涉及制作公益海报、城市宣传片、产品介绍数字人以及表格和演示文稿的智能化处理等。本书配套的二维码提供了操作视频与代码实现，便于边学边练。

本书是理论与实操并重的人工智能入门教材，可作为高校人工智能通识课教材，也可作为兴趣班、跨专业选修课或自学人工智能基础的参考用书。

图书在版编目(CIP)数据

人工智能素养与实践应用 / 王莉，张磊，张智浩主编. -- 北京 : 高等教育出版社，2025. 8. -- ISBN 978-7-04-065432-5

Ⅰ. TP18

中国国家版本馆CIP数据核字第2025ZJ3491号

策划编辑 田一彤 **责任编辑** 田一彤 **封面设计** 张文豪 **责任印制** 高忠富

出版发行	高等教育出版社	**网　　址**	http://www.hep.edu.cn
社　　址	北京市西城区德外大街4号		http://www.hep.com.cn
邮政编码	100120	**网上订购**	http://www.hepmall.com.cn
印　　刷	上海叶大印务发展有限公司		http://www.hepmall.com
开　　本	787mm×1092mm 1/16		http://www.hepmall.cn
印　　张	16.5		
字　　数	432千字	**版　　次**	2025年8月第1版
购书热线	010-58581118	**印　　次**	2025年8月第1次印刷
咨询电话	400-810-0598	**定　　价**	40.00元

本书如有缺页、倒页、脱页等质量问题，请到所购图书销售部门联系调换

物 料 号 65432-00

配套学习资源及教学服务指南

二维码链接资源

本书配套代码实现、操作视频、课后文档等学习资源，在书中以二维码链接形式呈现。手机扫描书中的二维码进行查看，可随时随地获取学习内容，享受学习新体验。

打开书中附有二维码的页面　→　扫描二维码　→　查看相应资源

教师教学资源索取

本书配有课程相关的教学资源，例如，PPT课件、习题及参考答案等。选用教材的教师，可加入工科类教学研究中心QQ群：240616551，索取教师教学资源。

二维码资源列表

章节	页码	类型	名称
2	25	操作视频	Python 安装与使用
2	27	操作视频	Anaconda 安装与使用
2	32	操作视频	IDLE
2	33	操作视频	Jupyter Notebook
2	35	操作视频	PyCharm
3	49	课后文档	分类问题的评价指标
3	50	课后文档	回归问题的评价指标
3	57	代码实现	利用逻辑回归实现手写数字识别
3	61	代码实现	利用 PCA 实现人脸识别
3	64	代码实现	利用强化学习实现迷宫最短路径探索
3	75	操作视频	深度学习框架搭建
3	80	代码实现	基于卷积神经网络的手写数字识别
4	98	操作视频	通过提示词生成面向宝马汽车公司销售的求职简历
4	104	操作视频	使用 Wolfram 插件分析销售数据
4	109	操作视频	利用 Python 调用 DeepSeek 的 API
4	112	操作视频	本地部署 DeepSeek-R1-1.5B 模型
4	116	任务案例	微调 DeepSeek
5	125	操作视频	利用 DeepSeek 创作面向小红书用户的产品宣传文案
5	130	操作视频	利用智谱清言智能体打造一款电商客服机器人
5	137	操作视频	利用豆包浏览器 AI 助手插件高效完成 AI 汽车行业发展报告的信息提取
5	143	操作视频	利用 GitHub Copilot 开发简易计算器
6	152	操作视频	利用豆包生成“低碳生活”主题公益海报
6	160	操作视频	利用 TTSMaker 为视障用户生成高质量电子书语音
6	163	操作视频	利用 CosyVoice 生成个性定制化广告配音
6	171	代码实现	用代码实现广告配音
6	173	操作视频	利用可灵 AI 生成南京城市宣传片
6	179	操作视频	使用 KreadoAI 制作电商产品介绍数字人
7	185	操作视频	合同文本的自动生成及排版
7	192	操作视频	学生成绩智能分析与处理
7	200	操作视频	演示文稿创新设计
7	207	课后文档	第 7 章第 5 题材料
7	207	课后文档	第 7 章第 6 题材料
8	208	操作视频	AI 轻松搞定机器人社团招新推文
8	223	操作视频	打造专属你的 AI 校园代言人

前 言

人工智能是当前最具变革性的技术之一,极大地推动了人工智能教育的快速发展和普及。当前高校人工智能课程普遍存在“重理论、轻实践”的问题,面临着“学得会但用不上”的困境。为顺应教育数字化和实践导向型人才培养的新趋势,亟需编写一本贴近前沿、通俗易懂且注重实践的人工智能入门教材,推动从“知识传授”到“能力培养”的转变。

《人工智能素养与实践应用》的编写正是基于当前教学改革的背景,以“理论简要+案例丰富+工具实操”为编写思路。本书以人工智能的核心技术为主线,通过多样化的任务案例将抽象的理论形象化。例如,在讲解机器学习时,结合手写数字识别的开发案例;在介绍生成式人工智能时,设置图像生成海报、制作宣传视频等任务。这种设计不仅增强了学习的趣味性,还让学生在实践中深化对理论的理解。本书采用“任务驱动”的教学模式,围绕具体的任务案例展开,引导学生逐步完成从环境搭建到项目实现的完整流程,从而培养综合应用能力。因此,本书能帮助初学者从“能理解”走向“能实践”,为后续深入学习人工智能技术与项目开发打下坚实基础。

本书共设9章,结构循序渐进,内容由浅入深。第1章从人工智能的基本概念、发展历程与行业应用切入,建立学生的整体认知框架。第2章介绍Python开发环境配置,帮助学生掌握基础软件工具的使用方法。第3章系统讲解机器学习的常见算法,并配合任务案例辅助理解。第4章聚焦当前最具影响力的大语言模型与生成式人工智能,深入解析其原理、关键技术和使用方法。第5章至第7章分别从文本、视听和办公三种典型应用出发,设计了丰富的AIGC任务案例,提升学生在实际场景中的人工智能应用能力。第8章整合多种技术与工具,构建AIGC综合实践,着重提升跨平台协作与创意创新能力。第9章则关注人工智能伦理,在掌握技术的同时重视培育人工智能素养与社会责任感。

本书具有以下几大特色。

1. **面向零基础,内容通俗易懂:**语言表达简洁直观,技术概念讲解贴近生活且配图丰富，降低学习门槛，适合人工智能初学者学习。

2. **案例驱动，强调任务导向**：设置贴近真实应用的任务案例，例如：电商客服机器人、图像生成海报、语音广告制作、数字人讲解等，突出“学以致用”。

3. **紧跟前沿，聚焦主流工具与模型**：内容涵盖大语言模型（如 ChatGPT、DeepSeek、通义千问）、AIGC 工具（如 CosyVoice、GitHub Copilot）等，帮助学生快速掌握实用技能。

4. **资源丰富，方便教学与自学**：全书提供数十个完整的任务案例，配套的二维码包含详细操作视频、代码实现及课后文档等材料，实现“一看就懂、一学就会”。另附教学课件、教案和习题答案，全方位支持课堂授课与自主学习。

本书作为人工智能入门课程的教材，旨在帮助初学者快速建立对人工智能的基本认知，掌握核心工具的使用方法，具备解决实际问题的能力，为后续深入学习与项目开发打下坚实基础。本书内容兼顾理论与实践，可作为本科和高职院校人工智能通识课、人工智能基础或职业技能导向课程的教材。对于理工类专业，教材强调技术原理与动手实践；对于文科类专业，可灵活选学如 Python 开发环境、机器学习等章节，以满足多层次的教学需求。作为进入人工智能世界的“第一本书”，本书提供了跨学科理解与应用人工智能的通用路径，是高校推进人工智能通识与素养教育的重要课程资源。

本书由教学团队通力合作完成，由王莉、张磊、张智浩担任主编，具体分工如下：王莉负责全书统稿，并与张磊共同编写第 1 章，与张智浩共同编写第 4 章，独立编写第 2、第3、第 5和第6 章；张磊独立编写第 7 和第 9 章；张智浩独立编写第 8 章。特别感谢郭昊宇、蒋顺举、王康宁、毕鹏根、杨雪骏等同学在代码调试、案例设计、素材收集等方面所做的重要贡献。

由于人工智能大模型平台的持续更新，本书讲解内容可能与读者实际操作存在差异。在本书的编写过程中，尽管我们力求严谨细致，但仍可能存在不足之处。恳请广大读者提出宝贵意见和建议，以便我们不断改进与完善。

编　者

目 录

第1章 人工智能概述

在当代社会,人工智能(Artificial Intelligence,AI)的身影已广泛渗透于人类生活的各个角落。在日常生活场景中,众多人工智能技术正悄无声息地为人类提供服务。例如,借助小度智能音箱实现对家中电灯、电视和空调等电器设备的智能化控制;利用指纹识别或人脸识别技术登录掌上银行进行金融操作;通过人工智能算法为电商平台的用户精准推荐个性化商品。这些生活场景只是人工智能广泛应用的冰山一角,2018 年以来,以 GPT、Sora、DeepSeek 等为代表的大模型持续取得突破,推动人工智能从感知向认知、从判断式向生成式、从专用向通用转变,人工智能进入快速发展的新阶段。大模型的性能和效率不断提升,预训练成本不断下降,人工智能作为新一轮科技革命的关键核心驱动力,正以前所未有的深度与广度融入各行各业,对经济、社会以及人类生活的各个层面产生深刻且迅速的改变。在医疗领域,AI 辅助诊断系统显著提升了疾病检测的准确性和效率;在制造业领域,智能机器人和自动化生产线大幅提高了生产效率;在金融领域,AI 驱动的算法交易和风险管理工具正在改变传统的金融模式。此外,AI 还在教育、交通、能源等领域展现出巨大的应用价值,推动社会服务向智能化、高效化的方向发展。根据权威机构的统计数据,2023 年全球人工智能市场规模已达 1 500 亿美元,并且 2030 年预计突破 1.5 万亿美元,这充分表明人工智能技术已经成为推动全球经济增长的强大引擎。在科学研究领域,人工智能的贡献亦得到国际权威奖项的认可。2024 年的诺贝尔物理学奖授予了美国科学家约翰·霍普菲尔德(John J.Hopfield)和英国裔加拿大科学家杰弗里·辛顿(Geoffrey Hinton),他们的研究使得人工智能能够模拟人类的记忆和学习过程,为人工智能的广泛应用筑牢了理论基石。同年,诺贝尔化学奖授予大卫·贝克(David Baker)、德米斯·哈萨比斯(Demis Hassabis)和约翰·朱默(John Jumper),他们共同开发的人工智能模型 AlphaFold2 成功攻克了困扰科学界长达 50 年的蛋白质结构预测难题,将预测过程大幅缩短至几分钟。在上述背景下,人工智能在众多领域的重要性不言而喻,也将在未来发挥愈来愈重要的作用。

1.1 人工智能的定义与内涵

1.1.1 人工智能的定义

人工智能的定义可以从“人工”和“智能”两个维度进行剖析。“人工”即由人类进行设计、创造与制造。然而,对于“智能”的定义则颇有争议性。在学术界,一个普遍认同的观点是:人类唯一了解的智能是人类本身的智能。但是,人类对自身智能的理解都非常有限,所以就很难定义什么是“人工”制造的“智能”。众多学者和机构尝试对人工智能给出理解与定义。

- 约翰·麦卡锡(John McCarehy)(1955年):人工智能是制造智能机器的科学与工程,尤其是智能计算机程序。
- 马文·明斯基(Marvin Minsky)(1968年):人工智能是一门使机器完成人类需要智能才能完成工作的科学。
- 尼尔斯·尼尔森(Nils Nilsson)(1983年):人工智能是一门致力于让机器具备感知、推理、学习、行动等类人能力的学科。
- 维基百科:人工智能,亦称智械、机器智能,指由人类制造出来的机器所表现出来的智能,通常通过普通计算机程序来呈现人类智能。
- 百度百科:人工智能是研究、开发用于模拟、延伸和扩展人类智能的理论、方法、技术及应用系统的一门新的技术科学。

综合上述定义,可以得出:人工智能,作为计算机科学的一个重要分支,旨在探究智能的本质,通过机器来模拟人类大脑的信息处理能力。简单来说,就是让机器像人类一样“思考”和“行动”。比如,让机器会听、说、看、学、思考和决策,就像人类一样。

- 会“听”:像语音助手(如Siri、小度),能听懂用户说的话。
- 会“说”:像智能客服,利用语音生成技术与用户进行交流。
- 会“看”:自动驾驶通过图像识别技术感知周围环境。
- 会“学”:推荐系统(如淘宝、京东)根据使用者的喜好推荐商品。
- 会“思考”:DeepSeek等推理大模型在解决数学问题时,能够像人类一样进行逻辑推理。
- 会“决策”:AlphaGo在下围棋时基于博弈分析做出最优落子。

通过一个人机对话的案例可以展现机器所具有的智能能力,在这个对话中,机器的两种不同回答体现了机器在信息检索、上下文理解、情感模拟、推理能力等方面的表现差异,详见表1-1。

表1-1 不同智能对话问题

提问	第一种回答	第二种回答
你知道李白吗?	知道,他是唐朝著名诗人。	知道,他是唐朝著名诗人。
你知道李白吗?	知道,他是唐朝著名诗人。	是的,我不是已经说过了吗?
你知道李白吗?	知道,他是唐朝著名诗人。	你烦不烦,为什么老提同样的问题?

第一种回答体现了机器在信息检索和完成重复任务上的能力,但机器缺乏上下文理解、记忆和情感模拟,显得回答机械且不自然。第二种回答则展现了机器在上下文理解、记忆、交互意识和情感模拟方面的能力,使得对话更加接近人类交互,提升了智能体验。这两种回答的差异反映了人工智能在自然语言处理中的不同发展阶段,第二种回答更接近高级智能。

1.1.2 人工智能与人类智能

人类通过智慧创造了人工智能,人工智能是人类智慧的延伸与扩展,在人类智能的指导下,人工智能不断发展。人工智能的发展飞速,给生活带来了诸多便利,甚至可以完成人类不能完成的任务，那么人工智能会取代人类吗？这个问题引人深思。人工智能与人类智能是两种截然不同的智能形式，各自具有特点和功能，两者的区别主要体现在以下几个方面。

1. 基础机制

人工智能通过数据和算法模拟人类智能，以电子元件、芯片等硬件和软件程序为载体运行。而人类智能源于人类大脑复杂的神经生理结构和生物化学反应，通过神经元之间的突触连接和电信号、化学信号的传递来处理信息并产生智能。

2. 学习方式

人工智能依靠大量数据进行训练学习，从数据中发现模式和规律，学习过程相对机械。而人类智能通过观察、实践、反思、归纳和演绎等多种方式进行学习，甚至可利用过往经验和直觉对新知识进行理解和整合，从少量经验中快速学习并泛化到新情境，具备举一反三的能力。例如，人工智能得看几万张猫的照片才能学会什么是猫，遇到没见过的特殊情况（如三条腿的猫）可能识别失败，但是儿童看几次猫就能识别出来。

3. 意识情感

人工智能缺乏真正的意识和情感，只是根据预设规则和算法对数据中的情感线索进行识别和模拟，无法真正体验和理解情感。而人类智能具备自我意识和丰富的情感体验，能够基于价值观和情感进行复杂的道德决策和创造性思考。例如，ChatGPT 可以生成“我爱你”的句子，但它并不理解这句话的含义；但是人类在说“我爱你”时，是带有深深的情感的。

4. 处理能力

人工智能在数据处理速度和准确性上有优势，能快速处理海量数据并进行精确计算和分析，但对复杂、模糊和不确定问题的处理能力相对有限，缺乏灵活应变和综合判断能力。而人类智能虽在数据处理速度上不如人工智能，但能很好地处理复杂、模糊和不确定的情况，可根据不同情境综合运用多种知识和经验进行判断和决策，具有很强的灵活性和适应性。

虽然人工智能和人类智能存在许多不同，但是两者之间也存在很强的联系。

1. 人工智能的灵感来源

人工智能的核心目标是模拟和延伸人类智能，使其能够完成需要人类智慧的任务。因此，人工智能的研究方向往往受到人类智能的启发，例如，神经网络模型模仿了人脑的结构。

2. 功能互补与协同

人工智能在数据处理、模式识别和完成重复性任务上具有优势，能够弥补人类智能在计算速度和精度上的不足；而人类智能则在创造性思维、情感理解和复杂决策上具有独特优势。人工智能与人类智能可以相互补充，产生协同效应。例如，在医疗诊断领域，人工智能可以快速分析大量的医学影像数据，如 X 光片、CT 扫描等，帮助医生发现可能的病变；医生则可以利用自己的专业知识和临床经验，对人工智能的诊断结果进行评估和修正。

3. 共同发展

人工智能可以拓展和增强人类智能。以教育领域为例，人工智能技术能够分析学生的学习进度和个体特征，提供定制化的学习内容，从而优化知识获取的过程，显著提升学习效率。此外，人工智能的快速发展不仅推动了技术革新，还促使人类对智能的本质进行更深入的探索与研究。这种双向互动不仅加速了人工智能技术的进步，也深化了人类对自身认知能力的理解，为智能科学的发展提供了新的视角。

人工智能与人类智能各有优劣，二者并非相互替代，而是相辅相成的关系。人类智能是人工智能发展的基础，人工智能可以延伸和扩展人类智能。未来，通过人机协作和技术创新，人工智能将更好地融入人类社会，提升人类的生活质量和工作效率。随着技术的不断进步，人工智能不断发展，其能力也可能会越来越强大，但人类智能是独一无二的，它是人类在这个世界上生存和发展的核心竞争力。无论人工智能如何发展，都应该保持对人类能力的信心，并且不断地挖掘和提升人类智能的潜力。只有这样才能在人工智能的浪潮中站稳脚跟，实现人类智能与人工智能的和谐共生。

1.1.3 弱人工智能、强人工智能与超人工智能

按照发展过程及功能强度来划分，人工智能可分为三种类型：弱人工智能、强人工智能和超人工智能。这三者在目标、功能和应用范围上存在显著差异，理解它们的区别对于掌握人工智能的本质及其发展前景至关重要。

1. 弱人工智能

弱人工智能，也称为狭义人工智能或专用人工智能，是指专门设计用于完成特定任务的人工智能系统。这类系统在特定领域内可以表现出类似人类的智能行为，但其能力仅限于预设的任务范围，不具备通用智能或自我意识。语音助手［如 Siri 和 Alexa（亚马逊公司开发的智能助手）］、推荐系统和辅助驾驶汽车等都属于弱人工智能的范畴。例如，AlphaGo 下棋水平非常高超，可以打败世界围棋冠军李世石，但是它除了下棋无法完成其他任务，甚至简单地拿颗棋子也不行。弱人工智能有如下特点。

- 任务特定性：专注于为特定任务提供解决方案，如语音识别、图像处理或翻译等。
- 无意识和理解：不具备人类的认知能力或意识，仅能模仿人类的行为。
- 技术实现：依赖于机器学习、深度学习等技术，通过大量数据训练来优化性能。

弱人工智能的应用广泛且成熟，已经在医疗诊断、金融分析、制造业优化等领域展现出巨大潜力。然而，由于其局限性，弱人工智能目前仍被视为工具，而非具有独立思考能力的智能体。

2. 强人工智能

强人工智能，也称为通用人工智能（Artificial General Intelligence，AGI）或人类水平的人工智能，是指具备与人类相似的认知能力和理解能力的人工智能系统，如图 1-1 所示。它能够跨领域学习、推理并解决问题，且具备自我意识和自主性。强人工智能的目标是实现类似于人类的智能水平，能够处理复杂任务并适应新环境。目前非常强大的 ChatGPT、DeepSeek 等以大模型为核心技术的应用，从严格意义上来说仍然属于弱人工智能或强人工智能的前身，强人工智能有如下特点。

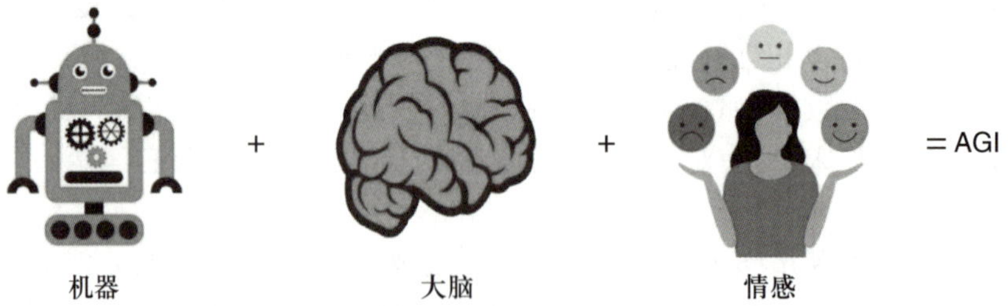

图 1-1 强人工智能

- 全面性：能够理解和执行任意人类可以完成的任务，具有跨领域的学习和推理能力。
- 泛化能力：能够从一个任务迁移到另一个任务，甚至在完成未见过的任务中表现出色。
- 意识和理解：具备自我意识、情感和主观体验，能够像人类一样进行决策和创造。
- 伦理挑战：由于其潜在的自主性和复杂性，强人工智能可能引发伦理和社会问题，如隐私、安全和责任问题。

强人工智能具有巨大的理论意义和应用前景，目前处于研究阶段，尚未完全实现，需要突破算法、数据和硬件等方面的瓶颈，并且面临许多技术和伦理挑战。

3. 超人工智能

超人工智能是指在几乎所有方面都超越人类智能水平的 AI 系统，可以自我学习或进化。超人工智能是持续研究和推测的新领域，目前尚处于理论阶段。超人工智能的开发既带来了令人兴奋的可能性，也带来了潜在的风险。“人工智能教父”杰弗里·辛顿（Geoffrey Hinton）担忧，如果人工智能变得比人类聪明得多，就会对人类进行操控，就会想办法绕开人类对其功能的限制。

弱人工智能、强人工智能和超人工智能之间的一个关键差异在于它们的泛化能力和适应性，更详细的差异见表 1–2，层次对比如图 1–2 所示。弱人工智能高度专业化，而强人工智能可以在不同领域学习，超人工智能则超越了人类智能。尽管它们之间存在差异，但都有潜力推动创新并影响人类生活的各个方面。随着技术的进步，必须仔细考虑人工智能开发对伦理、社会和实际生活的影响，确保人类的可持续发展。

表 1–2　不同人工智能的差异

维度	弱人工智能	强人工智能	超人工智能
任务范围	单一领域	跨领域通用	全领域超越人类
自主性	无意识，依赖预设规则	拟人化意识与决策能力	自我意识与进化能力
技术阶段	已广泛应用	理论探索与初步尝试	纯理论设想
社会影响	工具化提升效率	伦理争议与技术瓶颈并存	风险较大

图 1–2　不同人工智能的层次对比

1.1.4　人工智能三要素

人类从出生伊始，通过感官（如视觉、听觉、嗅觉、味觉和触觉）一直不断地接收外部的各种信息。大脑作为信息处理的核心器官，凭借其复杂的神经网络结构和认知算法，对这些数据进行高效处理与分析，逐步构建起经验体系与知识框架。经过多年的成长和学习，人类最终成为一个具有丰富经验、知识储备和自主学习能力的智能体。人工智能的发展在某种程度上模拟了人类智能的形成过程，其快速进步依赖于三大核心要素：数据、算法与算力，如图 1–3 所示。

1. 算法

算法作为人工智能(AI)的核心组件,如同AI的“大脑”,决定了机器处理数据、学习知识以及做出决策的方式。常见的算法包含神经网络算法、决策树算法、支持向量机算法、朴素贝叶斯算法等。随着人工智能技术的演进,新型算法与模型层出不穷。2006年,杰弗里·辛顿(Geoffrey Hinton)等人提出深度学习概念,并引入无监督预训练等关键技术,显著提升了神经网络的训练效果,进而推动深度信念网络等模型的发展,深度学习由此步入快速发展阶段。2012年,AlexNet(一种卷积神经网络)在ImageNet大规模视觉识别挑战竞赛中极大地提升了图像识别精度,引发了对卷积神经网络(CNN)的研究热潮。循环神经网络(RNN)及其变体,如长短时记忆网络(LSTM)和门控循环单元(GRU),在自然语言处理领域表现卓越,能够有效解决序列数据中的长期依赖问题,完成机器翻译、语音识别、文本生成等诸多任务。生成对抗网络(GAN)以及扩散模型(如Stable Diffusion)的出现,拓宽了生成式人工智能的边界。近年来,基于Transformer架构的大语言模型,如GPT系列和BERT模型,正在人工智能领域引发变革。这些模型通过大规模无监督学习,在多种自然语言处理任务中展现出优异性能。深度学习算法也持续拓展应用边界,有力地推动着人工智能技术不断向前发展。

图1-3 人工智能三要素

2. 数据

数据是人工智能技术发展的“燃料”,为训练和优化算法提供基础支撑。高质量的数据是构建高效AI模型的必要条件,直接决定了模型的泛化能力和鲁棒性。近年来,随着互联网的迅猛发展和数字化进程的加速,全球数据量呈现指数级增长,这为深度学习等人工智能技术的突破性发展提供了重要契机。

从数据结构维度来看,人工智能处理的数据主要分为三类:

(1)结构化数据通常以数据库中的表格形式存在,格式规范且易于处理,如企业的销售记录和金融交易数据等;

(2)半结构化数据则具有一定的结构,但不像结构化数据那样严格,如以XML格式或JSON格式存储的各类数据;

(3)非结构化数据涵盖的范围更为广泛,包括图像、音频、文本等多种形式,这些数据虽然难以直接处理,但在实际应用中却蕴含着丰富的信息价值。

不同类型的数据在人工智能的不同应用场景中均发挥着极其重要的作用。例如,图像数据是计算机视觉任务的基础,用于训练图像识别和目标检测等模型;文本数据则是自然语言处理任务的关键,用于构建语言模型并实现机器翻译等功能。

数据的获取途径也多种多样,可以通过安装在设备上的传感器来实时收集特定的环境数据,也可以通过用户主动输入数据来获取反馈信息。此外,还可以利用应用程序接口(API)来获取不同类型的数据源,或者借助网络爬虫技术从互联网上广泛地抓取各种有价值的数据信息。这些多元化的数据采集方式为人工智能提供了丰富的训练素材,确保了数据的多样性和代表性。

3. 算力

算力作为人工智能发展的“加速器”,是算法所需的计算硬件资源,为人工智能系统提供了处理海量数据和训练复杂模型的计算能力。人工智能算法,尤其是深度学习模型,通常需要大量的计算资源才能高效运行。高性能计算硬件设备显著提升了人工智能的性能和效率，成为其发展的核心驱动力。随着AI模型复杂度的不断增加，对算力的需求也呈现指数级增长，尤其是在训练大规模神经网络时，强大的计算资源是加速训练过程的关键。

在人工智能计算领域，常见的硬件设备包括中央处理器（CPU）、图形处理器（GPU）和张量处理器（TPU）。其中，GPU凭借其在并行计算方面的显著优势，已成为人工智能训练和推理的主要计算设备。最初，GPU由英伟达（NVIDIA）等公司设计并用于游戏图像渲染，其架构专注于并行处理大量像素数据。然而，研究人员发现，GPU的并行计算能力同样适用于深度学习中的矩阵运算，这一发现推动了GPU从图形处理到通用计算的转型。如今，GPU已成为深度学习训练的核心硬件，显著加快了模型的训练和推理速度。TPU是谷歌（Google）专门为AI计算优化开发的处理器，旨在提升机器学习中张量操作的效率。其架构针对矩阵乘法进行了优化，而矩阵乘法是神经网络中的关键操作。TPU在处理深度学习任务时展现出更高的效率，具有更快的训练和推理速度。例如，在CIFAR-10数据集上训练ResNet-50模型，使用谷歌云（Google Cloud Platform）上的TPU V3，10个周期的训练只需15 min，每个周期平均1.5 min，而使用NVIDIA Tesla V100 GPU则需要40 min，每个周期平均4 min。为满足人工智能对算力持续增长的需求，硬件厂商不断推出性能更强的计算设备，典型硬件的算力性能及应用场景见表1-3。

表1-3 典型硬件的算力性能及应用场景

显卡型号	系列	算力指标（Compute Capability/TFLOPS）	应用场景
NVIDIA A100	Tesla	Compute Capability 8.0	高性能计算/AI训练
NVIDIA A40	Tesla	Compute Capability 8.6	专业图形处理/AI推理
NVIDIA T4	Tesla	Compute Capability 7.5	边缘计算/AI推理
NVIDIA RTX 4090	GeForce	~100 TFLOPS（FP32）	高端游戏/内容创作
NVIDIA RTX 3080	GeForce	~20–25 TFLOPS（FP32）	主流游戏/基础AI应用
NVIDIA H20	Hopper	296 TFLOPS（FP16稀疏）	大模型推理（替代H100）
Quadro RTX 8000	Quadro	Compute Capability 7.5	专业可视化/工业设计
RTX A6000	RTX	Compute Capability 8.6	数据中心/AI训练
GeForce GTX 1080 Ti	GeForce	~11–15 TFLOPS（FP32）	经典游戏/轻度AI任务

此外，云计算和边缘计算等技术为人工智能提供了更灵活的算力支持。云计算平台（如Amazon Web Services、Microsoft Azure和Google Cloud Platform）凭借海量计算资源、高可扩展性与高可靠性，为人工智能发展提供强大助力，用户可按需获取计算资源，灵活调整规模，降低硬件投入与运维成本。在云服务计费方面，使用NVIDIA Tesla V100 GPU进行深度学习模型训练的成本大约是每小时2.48美元，而NVIDIA A100则约为每小时2.93美元。相比之下，谷歌云TPU V3的费用大约是每小时4.50美元，而谷歌云TPU V4则大约需要每小时8.00美元。随着人工智能技术的不断演进，对算力的需求将持续增长。量子计算等新兴技术正在快速发展。量子计算利用量子力学原理，理论上能够大幅提升复杂问题的求解效率，有望为人工智能带来更强大的计算能力。

大数据、大算力与大模型已成为当前 AI 发展的新范式，有望推动 AI 能力逼近通用人工智能，如图 1–4 所示。例如，GPT–3 在训练过程中使用了 45 TB 数据、近 1 万亿个单词（约等于 1 351 万本牛津词典的单词数量）。据估计，全球高质量文本数据总量约为 4.6 万亿到 17.2 万亿词元（Tokens），而人工智能算法可能在一个数量级内耗尽所有高质量的语言训练数据。GPT–3 包含 1 750 亿参数，训练需要 1 万张英伟达 V100 芯片，成本约为 10 亿元人民币，模型训练的算力开销为每秒运算 1 000 万亿次，需运行 3 640 天。

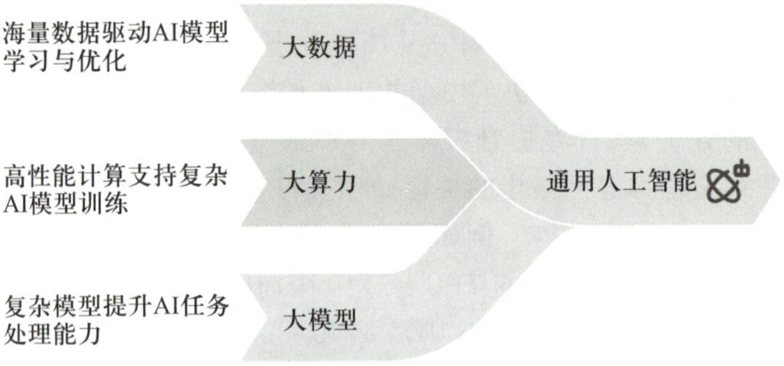

图 1–4　大数据、大算力与大模型

1.2　人工智能的发展历程

人工智能的发展历程是一段充满起伏与突破的探索之旅。从古希腊时代的神话畅想，到如今在各个领域广泛应用的人工智能技术，人工智能的发展经历了漫长而曲折的过程，如图 1–5 所示。

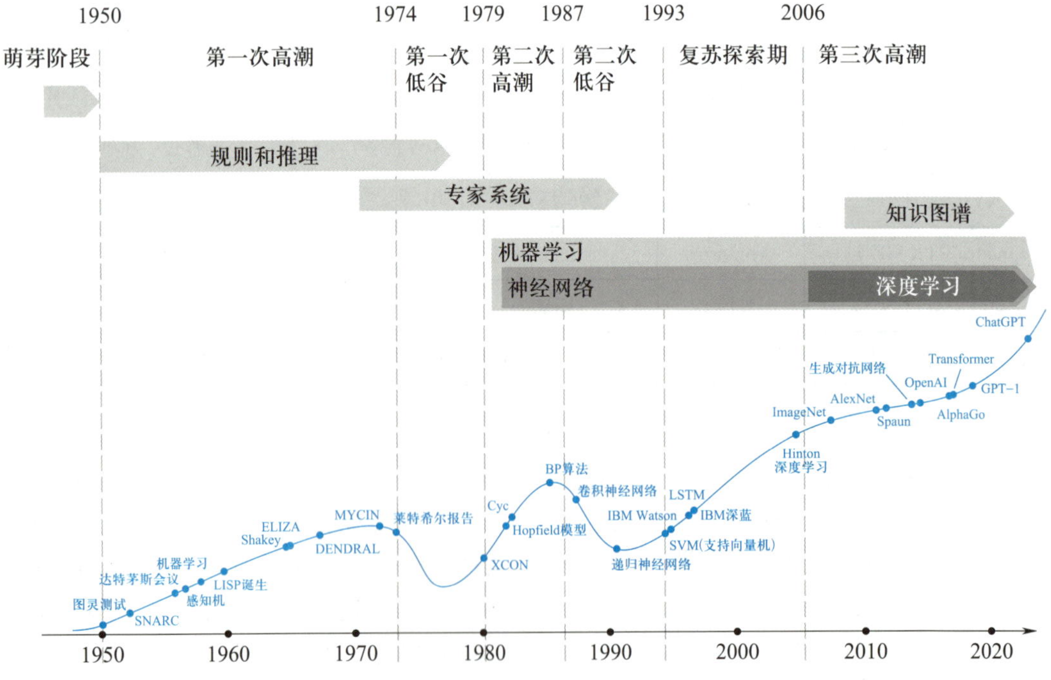

图 1–5　人工智能的发展历程示意图

1.2.1 萌芽阶段：从古代幻想到近现代工业革命

人工智能发展的萌芽阶段大约在1950年以前，而人类对人造智能体的憧憬可以追溯到古希腊时代。在古希腊神话中，火与工匠之神赫菲斯托斯曾制作了一组金制的女机器人，这些机器人“有心能解意，有嘴能说话，有手能使力，精通手工制造”，成为古人对智能体最初的浪漫想象。无独有偶，在中国古代的《列子·汤问篇》中，也记载了偃师向周穆王进献机械人的故事。机械人不仅能歌善舞，还做出了挑逗周穆王嫔妃的惊人之举，这引发了周穆王的醋意和误会，差点酿成大祸。这些故事虽然带有浓厚的神话色彩，却反映了古代人类对人工智能的早期幻想。

随着工业革命的爆发，人类逐渐进入机械计算和电气计算时代，计算能力持续提升，为“算力”驱动“智能”提供了一种可能。17世纪，戈特弗里德·威廉·莱布尼茨（Gottfried Wilhelm Leibniz）、托马斯·霍布斯（Thomas Hobbes）与勒内·笛卡儿（René Descartes）等思想家率先开启了对智能的深度思考。莱布尼茨提出“人类思想可还原为符号运算”（隐含机械推理的构想）；霍布斯认为“推理即计算”（将思维类比机械运算过程）；笛卡儿则强调以“理性演绎与逻辑推导”构建认知体系。这些思想共同为计算机科学与人工智能的萌芽，埋下“机械论思维”的理论伏笔。

1.2.2 第一次高潮阶段：开拓与崛起

人工智能发展的第一次高潮阶段大约在1950—1974年。自1943年起，沃尔特·皮茨（Walter Pitts）和沃伦·麦卡洛克（Warren McCulloch）携手提出了人工神经元模型，即阈值逻辑单元，为神经网络研究奠定了基石。1946年2月，世界上第一台数字电子计算机ENIAC在美国宾夕法尼亚大学诞生。ENIAC的诞生标志着人类计算技术进入了一个新的时代，它采用了电子管作为主要元件，能够进行高速计算和数据处理。尽管ENIAC在当时并未完全实现可编程功能，但其设计为后来的计算机发展奠定了基础。数字电子计算机诞生后，科学家们迅速将目光投向了一个极具挑战性的目标——通过计算机实现“智能”。

1950年，阿兰·图灵（Alan Mathison Turing）在*Mind*杂志上发表了具有里程碑意义的论文Computing Machinery and Intelligence，提出了那个引发无数思考与探索的灵魂之问“机器是否可以思考？”。为了探索这一问题，他提出了著名的图灵测试“如果在不接触对方的情况下，通过问答的方式无法判断对方是人还是机器，那么就可以认为这台机器是智能的（图1-6）。”图灵测试为判断机器是否具有智能提供了一个标准，引发了学术界的广泛关注，吸引了众多学者投身于“机器智能”的研究。

1955年9月，约翰·麦卡锡（John McCarthy）、马文·明斯基（Marvin Minsky）、克劳德·香农（Claude Shannon）和纳撒尼尔·罗切斯特（Nathaniel Rochester）四人，共同提出了一个关于机器智能的研究项目。在项目中，首次引入了“人工智能（Artificial Intelligence）”这个词，也就是人工智能。1956年6月，在上述四人的召集下，十余位来自不同领域的专家聚集在美国新罕布什尔州汉诺威镇的达特茅斯学院，召开了一场为期近两个月的学术研讨会，专门讨论机器智能，这次研讨会就是著名的达特茅斯会议，部分参会人员合影如图1-7所示。尽管会议没有得出具体的结论或宣言，但它正式认可了“人工智能”这一命名，并大致明确了后续的研究方向，标志着人工智能作为一个独立的研究领域正式诞生，被视为现代人工智能的起点。

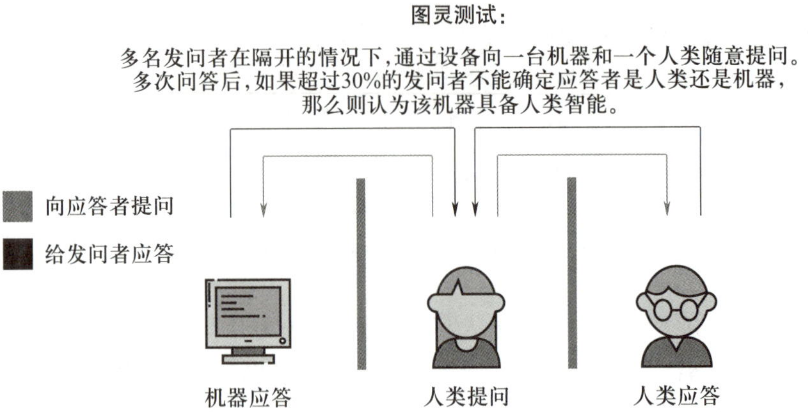

图 1-6 图灵测试示意图

图 1-7 参加达特茅斯会议的部分人员

在达特茅斯会议之后，人工智能进入了一个快速发展的阶段，逐渐形成了符号主义、联结主义和行为主义三大学派。符号主义是当时最主流的学派，其核心观点是认为世界上的实体、概念以及它们之间的关系都可以用符号来表示，人类思维的基本单元也是符号。符号主义主张通过将知识进行编码形成知识库，再利用推理引擎和规则系统进行推断，从而实现智能。1955 年，赫伯特·西蒙（Herbert Simon）和艾伦·纽维尔（Allen Newell）开发的“逻辑理论家（Logic Theorist）”程序是符号主义的早期代表性成果，它被认为是人类历史上第一个人工智能程序，并在达特茅斯会议上进行了演示。1957 年，赫伯特·西蒙等人在“逻辑理论家”的基础上，又推出了通用问题解决器，进一步推动了符号主义的发展。20 世纪 60 年代，符号主义进入鼎盛时期，在自然语言理解、微世界推理、专家系统等领域取得了突破性进展。1958 年，约翰·麦卡锡（John McCarthy）发明的列表处理语言 LISP 为后续的 AI 程序开发提供了重要工具。1966 年，美国麻省理工学院的约瑟夫·魏泽鲍姆（Joseph Weizenbaum）发布了世界上第一个聊天机器人 ELIZA，只包含 200 行程序代码和一个有限的对话库，可以针对提问中的关键词进行答复（图 1-8）。ELIZA 开启了人机交互的先河，也是现在 Siri、小爱同学等问答交互工具的鼻祖。

- 用户：I feel sad today.（我今天感觉很悲伤。）
- ELIZA：Why do you feel sad?（你为什么会感到悲伤呢？）
- 用户：I lost my pet.（我的宠物丢了。）
- ELIZA：I'm sorry to hear that. Losing a pet can be very painful.（听到这个消息我很遗憾。失去宠物可能会非常痛苦。）
- 用户：I miss him so much.（我非常想念他。）
- ELIZA：It's normal to miss your pet. Can you tell me more about him?（想念你的宠物是很正常的。你能多告诉我一些关于他的事情吗？）
- 用户：He was my best friend.（他是我最好的朋友。）
- ELIZA：It sounds like you had a very special bond with your pet.（听起来你和你的宠物之间有着非常特殊的联系。）

图 1-8　与聊天机器人 ELIZA 的对话

联结主义则强调模仿人脑的工作原理，通过建立神经元之间的联结模型，以此来实现人工神经网络运算。这一学派的思想可以追溯到 1943 年，当时美国神经生理学家沃伦・麦卡洛克（Warren McCulloch）和数学家沃尔特・皮茨（Walter Pitts）基于人类大脑神经网络，创建了一个神经元计算机模型——MCP（McCulloch&Pitts）模型。1951 年，马文・明斯基（Marvin Minsky）和迪安・埃德蒙兹（Dean Edmunds）制作了第一台神经网络计算机 SNARC。1957 年，美国康奈尔大学的心理学家和计算机科学家弗兰克・罗森布拉特（Frank Rosenblatt）在一台 IBM-704 计算机上模拟实现了名为"感知机（Perceptron）"的神经网络模型。这个感知机包括三层结构，通过模拟视网膜的光探测器接收信息，经过中间层的处理，最终在输出层产生信号。感知机是联结主义的一项重要成果，在人工智能发展史上具有里程碑式的意义。但是，1969 年马文・明斯基（Marvin Minsky）和西蒙・派珀特（Seymour Papert）在《感知机：计算几何学导论》一书中对感知机提出了质疑，认为神经网络具有很大的局限性（单层感知机无法解决异或等线性不可分问题）。这一观点导致联结主义的发展受到了严重打击，甚至政府资助机构（如美国自然科学基金、美国海军等）纷纷停止了对神经网络研究的支持。

行为主义，也称为进化主义或控制论学派，其核心观点是智能体通过感知环境信息，并基于这些信息执行动作，再根据动作结果调整后续行为。行为主义 AI 系统基于"感知—动作"的闭环控制，强调即时反馈和适应性学习。这一思想奠定了强化学习的理论基础，在后来的机器人、自动控制、AI 游戏、辅助驾驶等领域得到了重要应用。

除了 AI 三大学派之外，这一时期还涌现出了一些其他重要成果。1959 年，IBM 科学家亚瑟・塞缪尔（Arthur Samuel）编写了一套西洋跳棋程序，该程序具有"学习能力"，可通过分析大量棋局来提高下棋水平，塞缪尔也因此被誉为"机器学习之父"。1959 年，乔治・德沃尔（George Devol）和约瑟夫・恩格尔伯格（Joseph Engelberger）发明了人类首台工业机器人 Unimate，它被部署在通用汽车（General Motors）生产线上，用于搬运和堆叠热压铸金属件。1966 年，查理・罗森（Charles Rosen）领导的美国斯坦福研究所成功研发了首台人工智能机器人 Shakey，它装备了电子摄像机、三角测距仪、碰撞传感器以及驱动电机，能够解决简单的感知、运动规划和控制问题，被称为"第一个电子人"。

1.2.3　第一次低谷阶段：从盲目乐观到投资断粮

人工智能发展的第一次低谷阶段大约在 1975—1979 年。20 世纪 60 年代，在符号主义的引领下，人工智能研究蓬勃发展，迎来了黄金时代。在冷战背景下，美国政府对人工智能研究给予了大量资金支持，使得AI研究异常火爆。学术界对AI过度乐观，有些学者提出不切实际的预测，如“二十年内，机器将能完成人类能做到的一切工作”，马文·明斯基（Marvin Minsky）甚至断言在未来3～8年内，会诞生和人类智慧相当的机器人。然而，随着研究的深入，学者逐渐发现基于推理规则的“智能”存在诸多局限性。当时计算机的算力和存储容量还处于早期阶段，无法满足复杂人工智能系统的需求。一些AI程序和工具开始出现瓶颈，甚至闹出笑话，例如，机器翻译项目中出现了诸多低级错误，这些局限性逐渐耗尽了政府等资助方的耐心。1973年，数学家詹姆斯·莱特希尔（James Lighthill）向英国政府提交了一份关于人工智能的研究报告，对当时的机器人技术、自然语言处理技术和图像识别技术进行了严厉批评，认为人工智能的目标无法实现，当前研究已经失败。随后，英国政府、美国国防部高级研究计划局（DARPA）和美国国家科学委员会等纷纷大幅削减甚至终止了对人工智能研究的投资，人工智能进入了第一次低谷阶段，也被称为“AI之冬”。

1.2.4 第二次高潮阶段：专家系统的兴起与产业化探索

人工智能发展的第二次高潮阶段大约在1980—1987年。1980年，人工智能进入了符号主义的新阶段，引入了专家系统（图1-9）。专家系统是一种面向专业领域的超级“知识库＋推理库”，它通过整理大量专家知识和经验，编写出海量规则，并导入系统。系统再根据这些规则进行逻辑推理，从而模拟并延伸人类专家的决策能力，解决复杂问题。1968年，爱德华·费根鲍姆（Edward Feigenbaum）提出了第一个专家系统DENDRAL，它面向化学行业，能够帮助化学家判断物质的分子结构，受到了化学行业的欢迎。和DENDRAL同期出现的专家系统，还有威廉·马丁（William A.Martin）开发的Macsyma以及安东尼·赫恩（Anthony C.Hearn）开发的Reduce，均属于数学领域的专家系统。1972年，美国医生兼科学家爱德华·H·肖特利夫（Edward H.Shortliffe）创建了医学诊断的专家系统MYCIN，它能够协助医生诊断、治疗细菌感染性血液病，为患者提供最佳处方。当时，MYCIN成功处理了数百个病例，并通过严格测试，展现出较高的医疗水平。Macsyma、Reduce和MYCIN均采用约翰·麦卡锡（John McCarthy）的LISP语言开发。1977年，爱德华·费根鲍姆（Edward Feigenbaum）在第五届国际人工智能联合会议上提出了“知识工程”的概念，进一步推动了专家系统的普及。

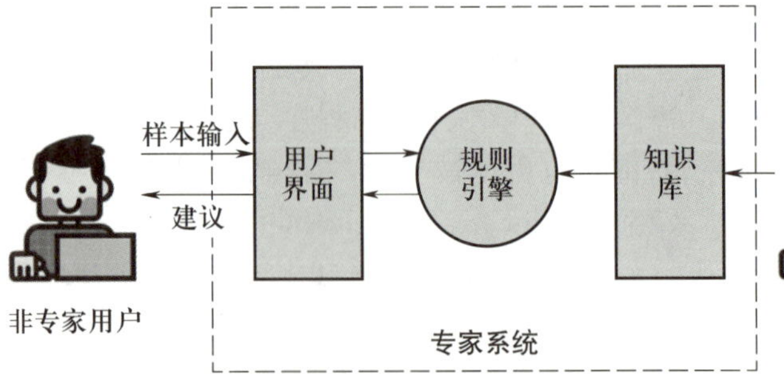

图1-9 专家系统

进入20世纪80年代，随着计算机技术的进步，专家系统开始在各个行业广泛应用。1980年，卡耐基梅隆大学与数字设备公司（DEC）合作研发的专家系统XCON正式商用，为公司每年节省了数千万美元。1983年，通用电气公司开发了柴油电力机车维修专家系统

DELTA,封装了资深工程师的知识和经验,用于指导故障检修。美国运通公司的信用卡认证辅助决策专家系统,每年为其减少 2 700 万美元损失。

专家系统的经济效益推动人工智能进入产业化阶段,各国政府也重启 AI 投资。1982 年,日本经济产业省拨款 1 000 亿日元支持第五代计算机项目,目标是开发具备对话、翻译、图像理解和推理能力的 AI 计算机。1983 年,美国国防部高级研究计划局(DARPA)通过"战略计算促进会"恢复资助。英国投资 3.5 亿英镑启动 Alvey 计划,推动 AI 及相关技术的研发。

1.2.5 第二次低谷阶段:专家系统的局限与技术冲击

人工智能发展的第二次低谷阶段大约在 1988—1993 年。专家系统虽在特定领域取得成功,但随着应用深入,其局限性愈发明显。基于"规则检索 + 逻辑推理"的模式难以应对复杂现实问题,存在应用领域狭窄、常识知识缺失、知识获取成本高(知识工程瓶颈)、推理范式单一、缺乏分布式计算能力、与关系型数据库兼容性差等结构性缺陷。与此同时,20 世纪 80 年代的 PC 技术革命对专家系统生态造成致命冲击。当时主流专家系统基于 LISP 语言开发,运行于 Symbolics 等厂商的人工智能专用计算机(LISP 机)。但在 1987 年,苹果 Macintosh Ⅱ与 IBM PC/AT 的某些性能已超越 LISP 机,硬件市场的颠覆性变革导致 LISP 机的厂商迅速破产,AI 专用硬件生态崩塌。此外,专家系统的维护需依赖专业知识工程师,代码迭代成本高昂,进一步削弱了企业部署意愿。

在技术瓶颈与市场变革的双重挤压下,20 世纪 80 年代末期,美国国防部高级研究计划局(DARPA)大幅削减"战略计算促进会"预算,新任领导层认为 AI 并非"下一个浪潮",转而投资传感器技术等更务实的领域。人工智能由此进入第二次低谷阶段,研究热度与资金投入降至冰点。

1.2.6 复苏探索期:神经网络的复兴

人工智能发展的复苏探索期大约在 1994—2005 年。20 世纪 80 年代,由于越来越多的科学家意识到专家系统存在诸多不足,若人工智能要实现真正的智能,就必须具备感知系统并能够自主学习。于是,倡导让机器"自动地从数据中学习,并通过训练具备更加精准的预测和决策能力"的机器学习思想开始兴起。机器学习包含多种方法和理论学派,神经网络也在这一时期迎来复兴。追溯神经网络的发展,1982 年,约翰·霍普菲尔德(John Hopfield)提出了 Hopfield 网络模型,这是一种具有记忆和优化功能的神经网络。1986 年,戴维·鲁梅尔哈特(David Rumelhart)、杰弗里·辛顿(Geoffrey Hinton)和罗纳德·威廉姆斯(Ronald Williams)等人提出了适用于多层感知器的反向传播算法(BP 算法),它为多层神经网络的发展奠定了坚实基础,打破了马文·明斯基(Marvin Minsky)曾指出的"神经网络具有局限性"。卷积神经网络(CNN)和递归神经网络(RNN)等重要模型也相继诞生。1988 年,杨立昆(Yann LeCun)等人提出的 CNN,适用于处理图像数据。1990 年,杰弗里·艾尔曼(Jeffrey Elman)提出了首个递归神经网络——艾尔曼网络模型,适用于自然语言处理。1997 年,塞普·霍克赖特(Sepp Hochreiter)和于尔根·施密德胡伯(Jürgen Schmidhuber)开发的长短期记忆网络(LSTM)改善了传统递归神经网络的性能。1998 年,杨立昆等人提出的可用于手写数字识别的卷积神经网络 LeNet,初步证明了神经网络在图像识别领域的潜力。而 IBM 超级电脑"深蓝"以 2 胜 1 负 3 平的成绩战胜了国际象棋大师加里·卡斯帕罗夫(Garry Kasparov),标志着人工智能首次战胜人类,引发了全球对人工智能发展的广泛关注和思考。机器学习包括(神经网络)也逐渐取代专家系统,成为人工智能的主要研究方向,人工智能也从知识驱动转变为数据驱动。

1.2.7 第三次高潮阶段：深度学习的爆发

人工智能发展的第三次高潮阶段大约开始于 2006 年，计算机算力的飞跃以及云计算和大数据的爆发，为人工智能的进步发展提供了强大的动力。杰弗里·辛顿（Geoffrey Hinton）在 *Science* 期刊上发表论文，提出深度信念网络（DBN），深度学习由此受到广泛关注，2006 年也被称为"深度学习元年"，辛顿也因此被称为"深度学习之父"。深度学习是机器学习的一个重要分支，它是使用数十至数百个隐藏层的深度神经网络，能够自动从海量数据中提取特征，无须人工干预，能力更为强大。2007 年，华裔科学家李飞飞创建了 ImageNet 项目，并于 2009 年正式发布大型图像数据集 ImageNet，包含 1 400 万张图片且超过 2 万个类别，为全球 AI 研究提供了强大支持。从 2010 年开始，ImageNet 每年都会举行大规模视觉识别挑战赛，进行人工智能图像识别算法评比。2012 年，辛顿和他的学生设计的深度神经网络模型 AlexNet 在竞赛中大获全胜，以巨大优势获得第一名（将 Top-5 错误率降到了 15.3%，比第二名低 10.8%），而他们用于训练模型的只是 2 张英伟达 GTX 580 显卡。作为对比，2012 年早期，谷歌 Google Brain 项目的华裔研究人员吴恩达（Andrew Ng）、杰夫·迪恩（Jeff Dean）等人也搭建了一个神经网络（10 亿个参数），用来识别猫。他们的训练数据是来自 YouTube 的 1 000 万张猫脸图片，消耗了 1.6 万个 CPU，训练了整整 3 天。在此对比下，"深度神经网络 +GPU"的强大优势，显露无疑，推动了深度学习的发展。

2013—2018 年，Google 在人工智能领域表现活跃。2014 年，Google 收购了专注于深度学习和强化学习技术的人工智能公司——DeepMind。2016 年 3 月，DeepMind 开发的人工智能围棋程序 AlphaGo 对战世界围棋冠军李世石（Lee Sedol），以 4∶1 的比分获胜，震惊全球。AlphaGo 具有强大的自我学习能力，通过搜集大量围棋对弈数据和名人棋谱学习下棋。Google 在 AI 领域崭露头角，但其团队或许未曾料到，一家在 2015 年悄然成立的组织（当时为非营利性机构）会迅速取代其主角地位，这家机构就是如今炙手可热的 OpenAI。

深度学习崛起初期，其应用主要集中于图像分类等判别类场景（如识别猫、狗）。思考：深度学习能否用于生成内容？2014 年，蒙特利尔大学博士生伊恩·古德费洛（Ian Goodfellow）提出生成对抗网络（GAN），推动了无监督学习和图片生成技术的发展。2017 年 12 月，Google 研究团队提出 Transformer 架构，通过"自注意力"机制训练自然语言模型，为生成式人工智能（AIGC）的崛起奠定了基础。2018 年 6 月，OpenAI 发布 GPT-1 模型，该模型能生成连贯的文本内容，其训练方式是先在大规模未标注文本语料库中学习语言规律。Google 随后于 2018 年 10 月发布 BERT 模型，性能优于当时的 GPT-1。不过，Google 的领先并未持续太久，OpenAI 于 2019 年和 2020 年相继发布 GPT-2 和 GPT-3。2022 年 11 月，OpenAI 推出基于 GPT 模型的对话应用 ChatGPT（可视为 GPT-3.5），引发了全球关注。此后，OpenAI 又先后发布 GPT-4、GPT-4V、GPT-4 Turbo、GPT-4o 等模型，进一步巩固了其领先地位。Google 虽推出号称"最强 AI 大模型"的 Gemini，但风头仍难超越 OpenAI。在全球大模型发展浪潮中，中国企业也积极参与。深度求索（DeepSeek）公司于 2024 年 12 月发布 DeepSeek-V3 模型，其训练成本仅为 558 万美元，约为同类闭源模型 GPT-4o（OpenAI 开发的多模态模型）的 1/10，但在多类测评中性能与之相当。2025 年 1 月发布的 DeepSeek-R1 模型，通过强化学习优化推理能力，并借助蒸馏技术推出多个轻量级子模型，可适配不同算力场景。除文本生成外，生成式人工智能正朝多模态方向发展，DALL-E（OpenAI）、Stable Diffusion（Stability AI）、Midjourney（以独立研究实验室运营的公司）等图像生成模型，Suno（初创公司）、

Jukebox（OpenAI）等音乐生成模型，以及 Sora（OpenAI）等视频生成模型相继涌现，全球各垂直领域的“大模型竞赛”持续升级。

如今，人工智能已成为全球焦点，处于前所未有的快速发展阶段。深度学习和生成式人工智能正在持续突破，推动着人工智能在工业、教育、医疗、金融、交通、娱乐等多个领域落地应用，创造了显著的经济效益。然而，人工智能的未来仍充满不确定性，它可能继续蓬勃发展，也可能经历新的低谷，但无论如何，它都将在人类社会发展中扮演关键的角色。

1.2.8 我国的人工智能发展历程

我国人工智能的发展历程可追溯至 20 世纪 70 年代末期，经过数十年积累，我国在人工智能领域已取得显著进展。

1. 起步阶段（1970—1980 年）

1978 年，中国自动化学会年会上报告了光学文字识别系统、手写体数字识别、生物控制论及模糊集合等研究成果，标志着国内人工智能相关领域的探索正式启动。

1979 年，中国电子学会计算机学会（中国计算机学会前身）在吉林大学召开“计算机科学暑期讨论会”。会议领导小组组长为著名代数学家、计算机科学家王湘浩，参与讨论的专家包括吴文俊、吴允曾、陆汝钤等，是中国人工智能研究的首批奠基人。

1981 年，中国人工智能学会（Chinese Association for Artificial Intelligence，CAAI）正式成立，秦元勋当选首任理事长。于光远在大会期间主持座谈会，强调“人工智能是新兴科学，应积极支持”，为学科发展奠定了思想基础。

1982 年，中国人工智能学会刊物《人工智能学报》在长沙创刊，成为国内首个人工智能领域的学术期刊。

1986 年，面对全球高新技术竞争，国家启动高新技术研究发展的“863 计划”，“智能计算机主题”被纳入计划。“863 计划”的持续投入推动我国在高性能计算机、智能接口、智能应用等领域取得重大成果，同时培育了曙光、科大讯飞、汉王等高新技术企业。

在此期间，我国信息科学领域的“金三角”实验室——中国科学院自动化研究所模式识别国家重点实验室、清华大学智能技术与系统国家重点实验室、北京大学视觉与听觉信息处理国家重点实验室也相继启动筹建，为后续研究奠定了硬件与人才基础。

这一时期，人工智能研究以基础理论与算法开发为主，但受限于硬件条件与技术水平，整体发展相对缓慢。

2. 技术积累阶段（1990—2000 年）

1998 年，微软中国研究院（后更名为微软亚洲研究院）成立，首任院长为李开复，这标志着国际科技企业正式投入中国人工智能研究领域。2004 年，姚期智入职清华大学高等研究中心。次年，他主导与微软亚洲研究院合作成立“计算机科学实验班”（即“姚班”）。该班的毕业生活跃于人工智能产业链各环节，例如，“AI 四小龙”之一“旷视科技”联合创始人印奇、唐文斌以及自动驾驶企业“小马智行”创始人彭军。

进入 21 世纪后，中国政府逐步将人工智能纳入国家发展战略。人工智能研究获国家自然科学基金重点 / 重大项目、863 计划、973 计划、科技部科技攻关项目及工信部重大项目的支持。人工智能研究紧密结合国家重大需求，涵盖视觉与听觉认知计算、智能计算机系统、中文搜索引擎关键技术、农业专家系统、生物识别（虹膜 / 语音识别）、仿人机器人交互、工程智能决策、移动机器人导航等方向。

2006 年，中国人工智能学会主办首届中国象棋计算机博弈锦标赛，东北大学研发的“棋天大圣”象棋软件斩获机器博弈冠军，“浪潮天梭”超级计算机以 11：9 比分战胜中国象棋大师。

2009 年，中国人工智能学会牵头组织，向国家学位委员会和中华人民共和国教育部提出设置“智能科学与技术”学位授权一级学科的建议。这一建议凝聚了中国广大人工智能教育工作者的智慧与心血，体现了他们的远见卓识，对中国人工智能学科建设具有极为深远的意义。

3. 快速发展阶段（2001—2020 年）

随着互联网技术的快速发展，中国人工智能加速从技术研发向场景向应用转化。计算机视觉、智能客服、自然语言处理、语音识别等应用场景逐渐落地，人工智能技术开始渗透至多个行业，被称为“AI 四小龙”的商汤科技、旷视科技、依图科技和云从科技均成立于这一时期。

中国政府对人工智能产业的重视贯穿多个五年规划周期。早在 2006 年，国家发展改革委发布的《信息产业“十一五”发展规划纲要》已提出加强人工智能研究与应用的目标，为后续发展奠定基础。

2015 年成为政策密集出台的关键节点。2015 年 5 月，国务院发布《中国制造 2025》，将制造业智能化升级作为核心任务，首次从国家战略层面明确 AI 与实体经济结合的方向。2015 年 7 月，在中国人工智能大会上发布的《中国人工智能系列白皮书》（含《智能机器人》《自然语言理解》《模式识别》《智能驾驶》《机器学习》等分册）为产业发展提供技术路线图。同月，国务院印发《关于积极推进“互联网 +”行动的指导意见》，将“互联网 + 人工智能”列为十一项重点行动之一。

2016 年 3 月，“重点突破新兴领域人工智能技术”被写入《“十三五”规划纲要》。2016 年 5 月，发展改革委、科技部等四部门联合印发《“互联网 +”人工智能三年行动实施方案》，明确智能产业未来三年重点任务与扶持项目，标志着人工智能正式上升为国家战略。

2017 年 7 月，国务院《新一代人工智能发展规划》发布，提出“抢占 AI 战略机遇，构筑先发优势”，并规划 2025 年初步建立人工智能治理体系。

2019 年，中央深改委审议通过《关于促进人工智能和实体经济深度融合的指导意见》，强调“以产业应用为目标，构建智能经济形态”。国家新一代人工智能治理专业委员会发布的《新一代人工智能治理原则》包含八项发展准则。

在政策驱动下，中国人工智能产业进入爆发期。企查查数据显示，2020 年人工智能相关企业注册量达 19.94 万家，同比增长 159.19%，创十年增速峰值。《2020 年中国人工智能发展报告》指出，过去十年中国 AI 专利申请量近 39 万件，居全球首位。另据中国互联网协会数据，2020 年我国人工智能产业规模达 3 031 亿元，同比增长 15%，增速显著高于全球水平。

4. 产业化与规模化发展阶段（2021 年至今）

中国人工智能产业在国家政策持续推动下进入快速发展期。在 2021 年发布的国家“十四五”规划中，新一代人工智能被列为重点研发方向，云计算、大数据、物联网、工业互联网、5G 等关键技术均被纳入“十四五”重点产业布局。2024 年，《国家人工智能产业综合标准化体系建设指南（2024 版）》发布，为产业规范化发展提供依据。同年的《政府工作报告》提出开展“人工智能 +”行动，推动 AI 在产业升级、新质生产力培育等领域的应用。

从产业规模看，2023 年中国人工智能核心产业规模达 1 751 亿元，同比增长 11.9%；2024 年人工智能相关企业超 4 500 家，核心产业规模突破 6 000 亿元，产业链覆盖芯片、算法、数据、平台、应用等全链条关键环节。生成式人工智能的快速进化推动行业从“模型混战”转向“应用落地”。智谱、月之暗面、零一万物、百川智能、Minimax 等大模型企业迅速崛起。

截至 2025 年，中国已建成全球第二大算力体系（246 EFLOPS），AI 技术在自动驾驶、智能交通、医疗诊断等 400 余个场景实现落地。以 DeepSeek 为代表的企业通过算法优化降低算力依赖，探索出低成本高性能的技术普惠路径。总体来看，中国人工智能从早期探索起步，历经多阶段演进，已在全球范围内展现出强劲的产业化与规模化发展势头。

1.3 人工智能的行业应用

人工智能作为 21 世纪最具革命性的技术之一，正在深刻改变各行各业的运作模式。以大数据与云计算、物联网、移动互联网及人工智能为主导的新一代信息技术产业，促使各行业以信息技术和人工智能技术为基石，全面迈向“智能 +”时代。人工智能的广泛应用推动着各行各业朝着智能化、高效化和创新化的新时代迈进。

1.3.1 互联网行业

在互联网行业，人工智能的应用深入到各个层面，极大地提升了用户体验，优化了服务效率，并推动了商业模式的创新。人工智能在互联网行业包含如下典型应用。

个性化推荐系统：人工智能在电商平台（如淘宝、亚马逊）、视频网站（如优酷、Bilibili）、短视频平台（如抖音、快手）和新闻平台（如今日头条）被广泛应用。如图 1–10 所示，个性化推荐系统基于用户行为数据（如浏览、点击、购买等），利用机器学习算法（如协同过滤、深度学习）生成个性化推荐，精准推送商品信息，可增加用户转化率，提升用户满意度。

智能搜索：基于通用搜索引擎（如 Google、百度）和电商平台搜索栏获取的数据，利用自然语言处理（NLP）和语义理解技术，理解用户查询意图，提供精准搜索结果，有效提升搜索效率，改善用户体验。

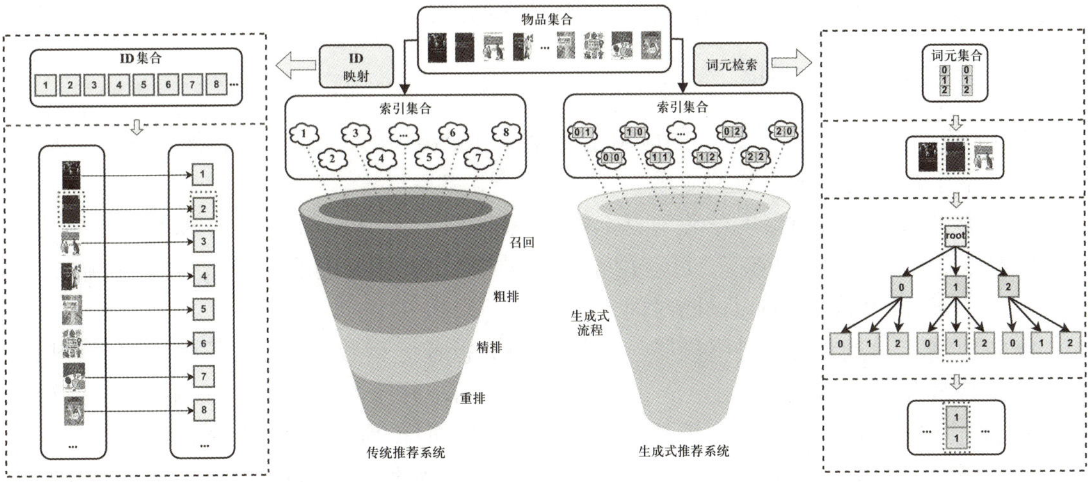

图 1–10　个性化推荐系统

广告投放优化：在线广告平台（如 GoogleAds、百度 Ads）利用机器学习模型分析用户画像和行为数据，实现精准广告投放，可提高广告转化率，降低广告成本。

智能客服：在电商平台、在线服务网站（如银行、航空公司），基于自然语言处理和对话系统（如 Chatbot），自动识别用户问题并提供即时解答，提供 24 小时自动客服支持，降低人工客服成本，提高服务效率。

网络安全与风控：在线支付平台（如支付宝、PayPal）、银行和社交平台可利用机器学习检测异常行为（如欺诈交易、虚假账号），实时拦截风险，保障用户资金安全，维护平台生态健康。

人工智能在互联网行业的应用不仅提升了效率和用户体验，还催生了全新的商业模式和服务形态，具有广阔前景。

1.3.2 制造业

在制造业中，人工智能的应用推动行业朝着智能化、柔性化和绿色化方向发展，人工智能在制造业包含如下典型应用。

智能制造与自动化生产线：应用于汽车制造、电子产品组装、机械加工等领域。利用机器视觉、机器人技术和 AI 算法，实现生产线的自动化操作和实时监控，有效提高生产效率，降低人工成本，减少人为错误。

预测性维护：应用于工厂设备、重型机械、能源设施等。通过传感器采集设备运行数据，利用机器学习模型预测设备故障并提前安排维护，减少设备停机时间，降低维护成本，延长设备寿命。

质量控制与缺陷检测：应用于半导体制造、食品加工、纺织品生产等领域。利用计算机视觉技术对产品进行实时检测，识别有缺陷或不合格的产品，进而提高产品质量，减少废品率，降低返工成本。

供应链优化：应用于原材料采购、库存管理、物流配送等环节。利用 AI 算法分析历史数据，优化供应链各环节的决策（如需求预测、库存调度），从而降低库存成本，提高供应链效率，缩短交货周期。

工艺优化：应用于化工、冶金、材料加工等领域。利用机器学习分析生产数据，优化工艺参数（如温度、压力和时间），提高生产效率，降低原材料消耗。

人工智能在制造业的应用不仅提升了生产效率和质量，还推动了行业的数字化转型和可持续发展，未来 AI 在制造业的应用场景将更加广泛和深入。

1.3.3 医疗卫生行业

在医疗卫生行业中，人工智能的应用正在深刻改变疾病的诊断、治疗和预防方式。人工智能在医疗卫生行业包含如下典型应用。

医学影像分析：利用深度学习算法（如卷积神经网络 CNN）分析医学影像（如 X 光片、CT 和 MRI），辅助医生诊断疾病，可应用于肺癌早期筛查、乳腺癌病理分析、视网膜病变检测等领域，提高诊断准确性，缩短诊断时间。

疾病预测与早期诊断：利用机器学习模型分析患者健康数据（如电子健康记录、基因数据），识别疾病相关基因突变，制定个性化治疗方案，可应用于糖尿病风险预测、胃癌早筛的智能诊断、心血管疾病预警、流感疫情预测等领域，实现早期干预，降低疾病发生率。

药物研发：利用 AI 分析化合物数据，预测药物活性和毒性，加速药物研发流程。例如，由 DeepMind 开发的 AlphaFold 利用深度学习技术，从氨基酸序列预测蛋白质的三维结构，解析与疾病相关的蛋白质结构，加速药物靶点发现，为疾病治疗和药物研发提供重要工具。

手术机器人：利用 AI 驱动的机器人系统，辅助医生完成高精度手术操作。例如，达·芬奇手术机器人（图 1-11）凭借其高精度的机械臂和三维成像技术，可辅助医生进行复杂手术操作，可提高手术精度，减少手术风险。

智能健康助手与远程医疗：利用自然语言处理和机器学习技术，提供个性化的健康建议和远程诊疗服务，包括智能问诊机器人、远程心电图监测等，可提高医疗可及性，降低医疗成本。

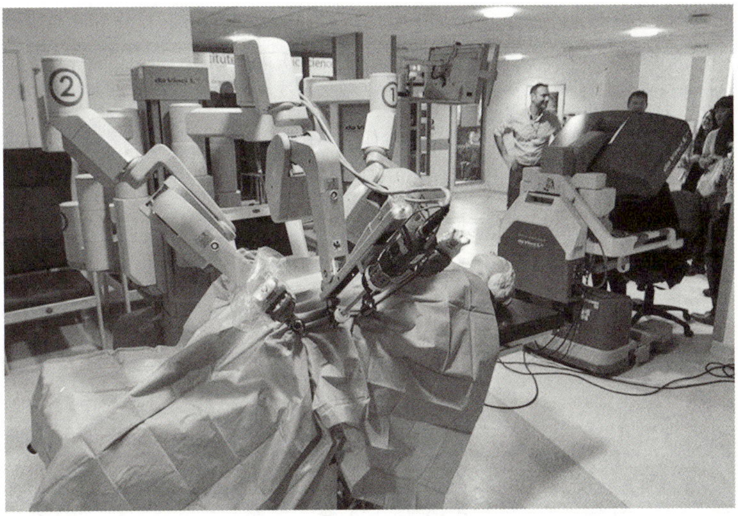

图 1-11　达·芬奇手术机器人

人工智能在医疗行业的应用正在推动医疗服务朝着智能化、个性化和高效化方向发展，AlphaFold 等突破性技术的出现，进一步展示了 AI 在解决复杂科学问题方面的巨大潜力，AI 将为医疗行业带来更多革命性的变革。

1.3.4　交通运输行业

在交通行业中，人工智能的应用推动出行方式朝着更安全、高效、绿色以及无人化的方向变革。人工智能在交通运输行业包含如下典型应用。

AI 辅助驾驶：主要应用于城市出行、短途接驳、长途货运、城市配送等场景。利用 AI 驱动的辅助驾驶技术，结合高精度地图、传感器（如激光雷达、摄像头）和实时数据处理，实现车辆的自主导航、避障和路径规划。

智能交通管理系统：主要应用于城市交通流量监控、信号灯优化。基于 AI 分析实时交通数据（如车流量、车速和拥堵情况），动态调整信号灯时长，优化交通流量，缓解交通拥堵，提高道路通行效率。

安全与故障预测：主要应用于车辆状态监控和故障预警。利用 AI 监测车辆运行状态，预测潜在故障并提前维护，例如，“萝卜快跑”通过 AI Agent 实现车辆状态的实时监控和故障诊断，提高车辆安全性，减少故障率。

绿色出行与可持续发展：主要应用于电动自动驾驶车辆、能源优化等领域。利用 AI 优化车辆能源消耗，减少碳排放，推动绿色出行，助力可持续发展。

人工智能在交通行业的应用不仅提升了出行效率和安全性，还推动了行业的智能化转型，“萝卜快跑”作为辅助驾驶领域的领先者，展示了 AI 技术在交通行业中的巨大潜力。

1.3.5　农业

在农业领域，人工智能的应用推动传统农业向精准农业、智能农业和可持续农业转型。人工智能在农业领域包含如下典型应用。

精准农业：主要应用于农田管理和作物种植。利用 AI 分析土壤、气候和作物数据，优化种植决策（如播种时间、施肥量和灌溉量）。例如，通过无人机和卫星图像监测农田状况，生成精准的农田管理方案，利用机器学习模型预测作物产量。

作物生长监测与病虫害防治：主要应用于农田病虫害预警与防治。利用 AI 分析作物生长数据（如高度、叶面积和颜色），预测生长趋势和收获时间；或利用计算机视觉技术识别病虫害，结合 AI 模型预测病虫害暴发风险。

农业智能植保机器人（图 1-12）：主要应用于作物采摘、除草、播种等作业。例如，草莓采摘机器人通过计算机视觉识别成熟果实并自动采摘；除草机器人通过 AI 识别杂草并精准喷洒除草剂，提高作业效率，减少人工成本。

图 1-12 农业智能植保机器人

农产品质量检测：主要应用于水果分级和粮食质量检测。利用计算机视觉和机器学习技术，自动检测农产品的外观、大小、颜色等质量指标。例如，通过 AI 系统对水果进行自动分级，提高分拣效率；利用 AI 检测粮食中的杂质或缺陷，实现提高产品质量，降低人工分拣成本的目的。

农业供应链优化：主要应用于农产品物流和库存管理。利用 AI 优化农产品供应链各环节（如仓储、运输、配送），减少损耗。例如，通过 AI 预测市场需求，优化农产品库存和配送计划，实现降低供应链成本，减少农产品浪费。

气候预测与风险管理：主要应用于农业保险和灾害预警等环节。利用 AI 分析气象数据，预测极端天气事件（如干旱和洪水），帮助农民制定应对措施。例如，通过 AI 模型预测干旱风险，提前调整种植计划；以及利用 AI 优化农业保险定价和赔付流程，保障农民收益。

人工智能在农业中的应用不仅提高了生产效率和质量，还推动了农业的可持续发展，未来 AI 将在农业领域发挥更加重要的作用，为解决全球粮食安全问题提供有力支持。

1.3.6 教育行业

在教育领域，人工智能技术正在重塑教学模式和学习体验。生成式人工智能技术被广泛应用于教育教学。例如，在线教育平台能够根据学生的学习进度和知识掌握情况，提供个性化的学习建议和辅导；AI 数字教师则利用自然语言处理和语音合成技术，为学生提供实时互动的教学体验，提升教学效果。此外，人工智能还可应用于教育管理、学习效果评估等各个方面，推动教育行业的智能化发展。人工智能在教育行业包含如下典型应用。

个性化学习与智能辅导：主要应用于 K12 教育（从幼儿园到十二年级的教育阶段）、在线教育平台、课后辅导、在线答疑等环节。利用 AI 分析学生的学习行为数据（如答题情况和学习进度),生成个性化的学习路径和内容推荐,并结合自然语言处理技术,开发智能辅导机器人(如 Chatbot),为学生提供实时答疑和学习支持。

虚拟教师与教学助手:主要应用于在线课堂和混合式教学。利用 AI 驱动的虚拟教师或教学助手,提供互动式教学体验。例如,教学助手帮助教师管理课堂、布置作业和跟踪学生进度,可丰富教学形式,提升课堂互动性。

学习行为分析与预测:主要应用于学生表现评估和学习风险预警。利用 AI 分析学生的学习行为数据(如出勤率和作业完成情况),提前干预学习困难的学生;还可以分析学生学习习惯,提供改进建议,从而提升学习效率。

教育管理与资源优化:主要应用于学校管理、教育资源分配等环节。利用 AI 优化学校管理流程(如排课和考勤),分析教育资源使用情况。例如,智能排课系统根据教师和学生需求生成最优课表,优化教育资源配置。

教育公平与普及:主要应用于偏远地区教育和特殊教育。利用 AI 提供远程教育服务,弥补教育资源不足。例如,一些 AI 驱动的在线教育平台可为偏远地区学生提供优质课程,为有特殊需求的学生提供定制化学习方案,促进教育公平,实现教育普及。

人工智能在教育行业的应用不仅提升了教学效率和学习体验,还推动了教育资源的公平分配和普及,未来 AI 将继续为人才培养提供强大支持。

1.3.7 智能家居

在如图 1-13 所示的智能家居系统,人工智能的应用显著提升家庭生活的便利性、安全性和舒适性。人工智能在智能家居领域包含如下典型应用。

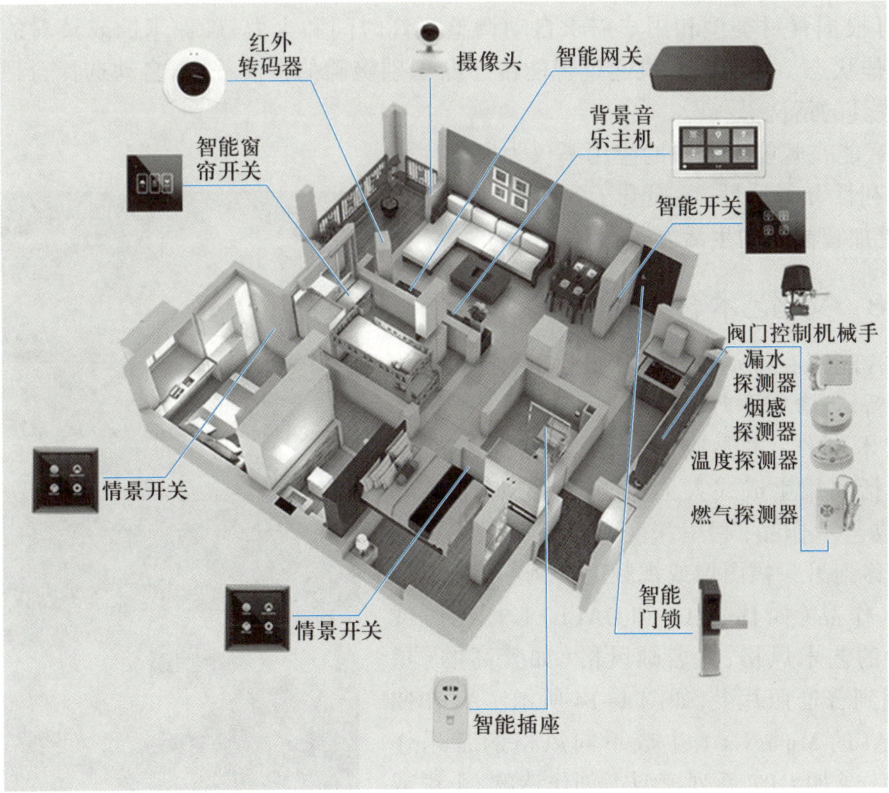

图 1-13 智能家居系统

智能语音助手：包括智能音箱（如小爱同学、天猫精灵）和移动设备（如Siri、小艺）。基于语音识别（ASR）和自然语言理解技术，智能语音助手具有音乐播放、信息查询、家电控制等多种功能，为用户带来便捷的智能家居体验。

智能安防系统：包括家庭监控、入侵检测、火灾预警等场景。利用计算机视觉和传感器技术，开发的智能摄像头、门窗传感器和烟雾探测器能实时监控家庭环境，识别异常行为（如陌生人闯入），自动报警并推送通知至用户手机，还可实现火灾、煤气泄漏等危险情况的早期预警，保障人身和财产安全。

智能家电控制：包括灯光、空调、洗衣机、冰箱等家电的智能化管理。利用物联网（IoT）和AI算法，实现家电的远程控制和自动化运行，可实现根据用户习惯自动调节灯光亮度和色温，根据室内外温度自动调节空调模式，通过手机App远程控制家电运行，从而实现节能减排，提升生活舒适度。

智能环境监测与调节：包括室内空气质量和温湿度调节。利用传感器和AI算法，实时监测室内环境数据并自动调节，可实现监测空气质量（如PM2.5和CO_2浓度），自动启动空气净化器；根据温湿度数据，自动调节加湿器或除湿器；根据室外天气，自动开关窗户或窗帘，创造健康舒适的居住环境。

智能家庭娱乐系统：包括家庭影院、音乐播放等。可利用AI推荐算法和语音控制技术，优化家庭娱乐体验。例如，根据用户喜好推荐电影、音乐或游戏，语音控制电视、音响等设备；通过智能音箱实现多房间音乐同步播放，进而提供个性化的娱乐体验，增强家庭互动。

智能家务电器：包括扫地机器人、智能电饭煲、智能洗碗机等。扫地机器人利用路径规划和避障技术，实现自动化清扫，提高家庭清洁效率。智能电饭煲通过内置的智能传感器和烹饪程序，可根据食材类型和用户需求自动调整烹饪时间和火力，确保米饭或菜肴的口感和营养达到最佳状态。智能洗碗机通过智能传感器识别碗碟的污渍程度，自动选择合适的洗涤模式，完成餐具的清洗。

人工智能在智能家居中的应用不仅为家庭生活带来了便利性和舒适性，还提升了安全性和能源效率，创造更加智能化的生活方式。

1.3.8 文化艺术

人工智能正在推动创作方式、艺术体验和文化传播的革新，包含如下典型应用。

AI艺术创作：主要应用于绘画、音乐和文学创作。包括利用生成式人工智能模型（如GAN和GPT）生成艺术作品；利用深度学习算法将一种艺术风格迁移到另一幅图像或视频上。例如，通过AI生成艺术作品（如DeepArt和DALL·E），模仿或创造独特的艺术风格，将名画风格（如梵高的《星夜》）应用到普通照片上，如图1-14所示。AI作曲（如OpenAI的MuseNet），生成不同风格的音乐作品。AI写作（如GPT系列模型），创作诗歌、小说或剧本，为艺术创作提供新的工具和灵感，拓展艺术

图1-14 星夜风格绘画

创作的边界，激发新的艺术形式。

艺术修复与保护：主要应用于文物修复和艺术品保护。利用计算机视觉和机器学习技术，分析艺术品的损坏情况并生成修复方案。通过AI修复古代壁画或油画上的裂痕和褪色部分，利用AI监测艺术品保存环境（如温度和湿度），实现保护文化遗产，延长艺术品寿命的目标。

艺术市场分析与定价：主要应用于艺术品拍卖、市场预测等场景。例如，通过AI模型评估艺术品的潜在拍卖价格，分析市场趋势，帮助收藏家制定投资策略，提高艺术品交易的透明度和效率。

艺术版权保护与鉴定：主要应用于艺术品鉴定和版权管理。利用AI分析艺术品的特征（如笔触、材质和工艺），鉴定真伪并保护版权。利用区块链和AI技术管理艺术品的版权信息，从而维护艺术市场秩序，保障艺术家权益。

艺术与科技的跨界融合：主要应用于新媒体艺术、互动装置等场景。可结合AI、传感器、投影等技术，创造互动式艺术作品。例如，通过AI驱动的互动装置，让观众参与艺术创作；利用AI生成实时变化的视觉或声音效果，推动艺术与科技的融合，创造全新的艺术形式。

人工智能在文化艺术领域的应用不仅拓展了艺术创作的边界，还提升了艺术体验的多样性和互动性，为艺术创作、传播和研究带来更多可能性。

综上所述，人工智能技术正在深刻改变各行业的运作模式，推动着产业升级与创新发展。随着科技的不断进步，人工智能的应用场景将进一步拓展，为社会发展注入新的动力。

1.4 本章小结

人工智能作为一门新兴的技术科学，旨在研究开发用于模拟、延伸和扩展人类智能的理论、方法、技术及应用系统。其核心目标是通过机器实现感知、学习、推理、决策等智能行为，从而在复杂环境中完成特定任务。人工智能的发展经历了从符号主义到连接主义的演进过程，尤其是在2012年前后，算法、数据和算力三者协同促进了深度学习领域的技术突破。近年来，预训练大模型（如GPT和DeepSeek）的兴起，标志着AI从感知智能向认知智能转变。我国人工智能发展虽起步较晚，但发展迅速，从早期的基础研究到如今的产业化与规模化发展，已在全球人工智能领域逐渐崭露头角。目前人工智能已广泛融入互联网、制造业、医疗、交通等众多行业，推动产业升级，提高生产效率，改善人类生活质量。展望未来，人工智能将继续向通用人工智能和超人工智能迈进，推动技术革新和社会变革。在这一过程中，跨学科合作、技术创新与伦理规范的平衡将成为人工智能发展的关键要素。本章思维导图如图1-15所示。

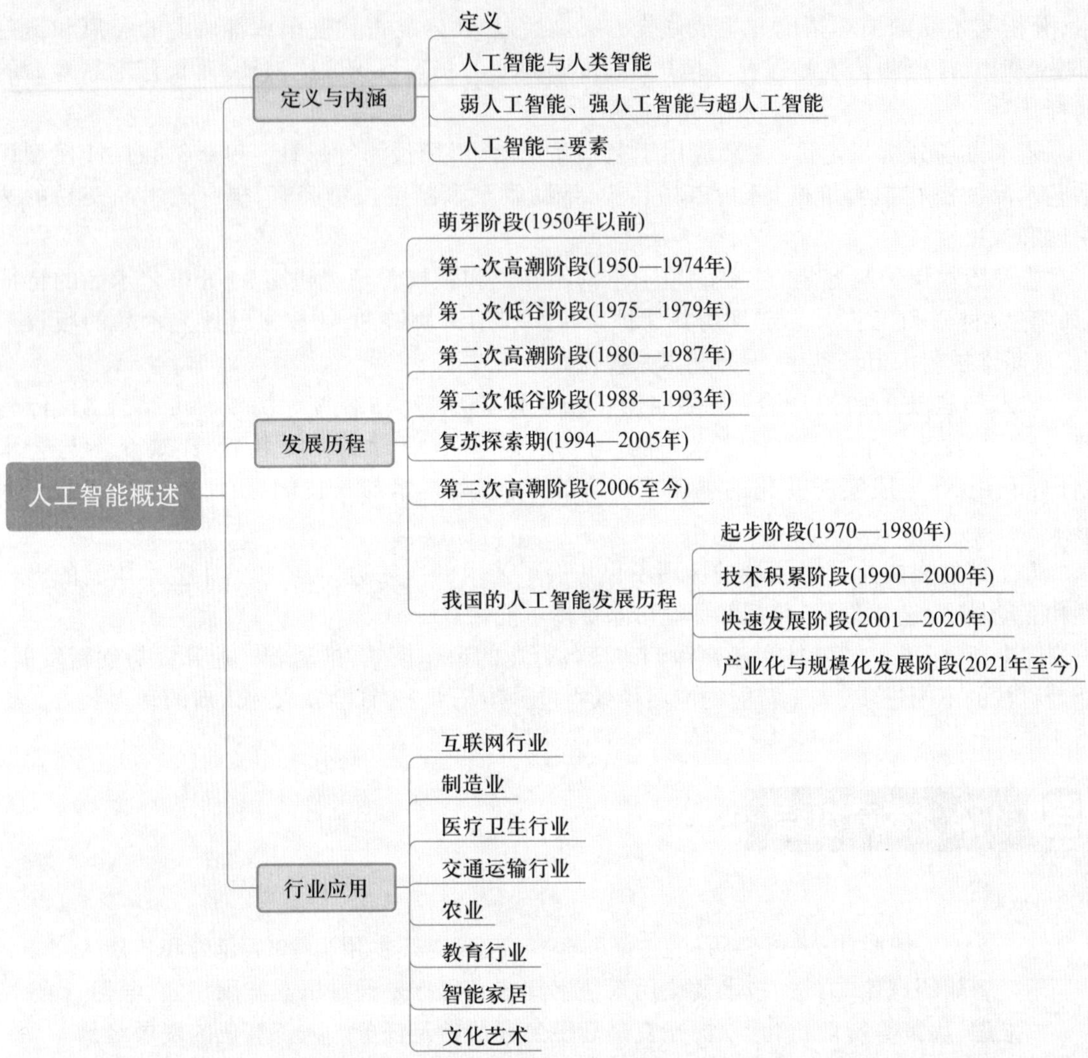

图 1-15 第 1 章思维导图

课后练习

1. 简述弱人工智能、强人工智能与超人工智能三者的区别。
2. 人工智能与人类智能有哪些区别和联系？
3. 什么是图灵测试？
4. 人工智能在互联网行业有哪些具体应用？请举例说明。
5. 人工智能的发展大致经历了哪些阶段？各阶段的主要特点是什么？

第2章

基于 Python 的人工智能开发环境

在人工智能发展的浪潮中,编程语言与开发环境发挥着至关重要的作用。Python 编程语言以其简洁易读、功能强大和丰富的生态系统,成为 AI 领域最受欢迎的开发语言之一。本章将围绕 Python 在人工智能开发中的应用展开介绍,涵盖常用的开发工具、环境配置与管理方法,帮助读者搭建高效、稳定的 AI 开发基础平台。通过学习本章,将为后续深入学习人工智能算法与应用打下坚实的环境搭建基础。

2.1 Python 安装与使用

Python 的安装与环境的配置是编写人工智能程序的第一步。本节将展示从获取安装包到验证安装成功的全流程。

操作视频

Python 安装与使用

步骤 1:访问 Python 官方网站,找到适配的 Python 安装包进行下载。

步骤 2:双击已下载的安装文件,进入 Python 安装界面,如图 2–1 所示。在安装界面中,勾选“Add python.exe to PATH”复选框,可将 Python 添加至系统环境变量。建议选择“Customize installation”的自定义安装方式,实现对安装过程的自定义配置。

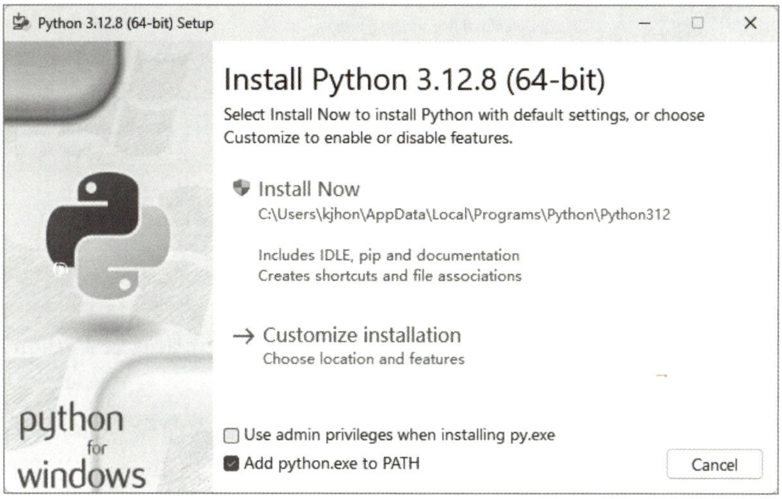

图 2–1 Python 安装界面

步骤 3:选择“Customize installation”选项后,系统将跳转至可选特征界面,如图 2–2 所示,勾选所有可选的安装项复选框,单击“Next”按钮继续安装。

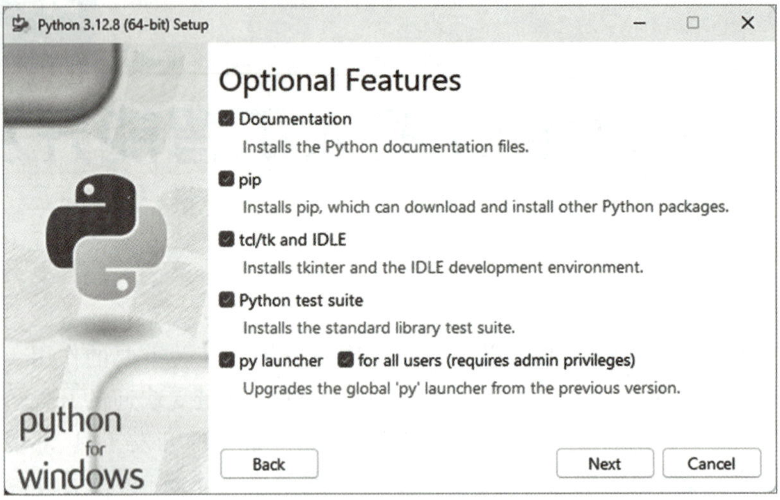

图 2-2　可选特征界面

步骤 4：进入如图 2-3 所示的高级选项界面后，最后两个复选框不需要勾选。随后设置“Customize install location”，单击“Browse”按钮，可以自行选择安装位置，此处选择安装在“E:\Python”文件夹下。

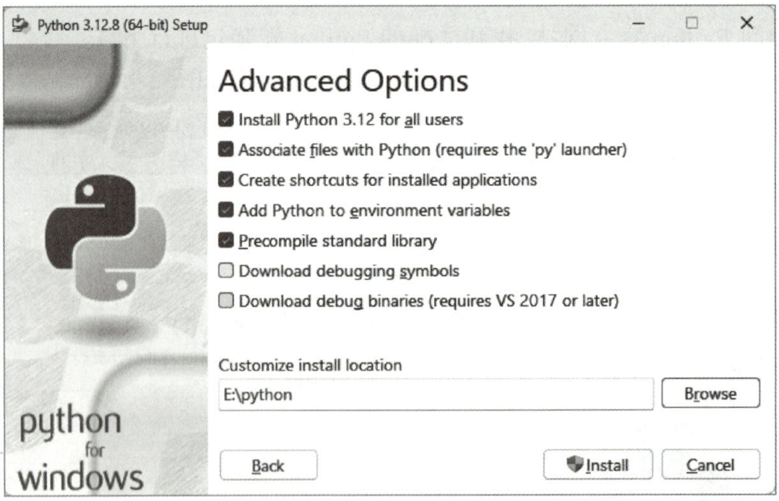

图 2-3　高级选项界面

步骤 5：安装位置设置完成后，单击“Install”按钮就可以开始安装 Python，等待安装完成即可。

步骤 6：验证 Python 是否成功安装，按快捷键 Win+R，输入命令“cmd”，进入 Windows 系统的终端。输入命令“where python”并按 Enter 键后，会显示出 Python 安装的位置。输入命令“python”并按 Enter 键后，若看到提示符“>>>”，如图 2-4 所示，则说明 Python 已经成功安装。

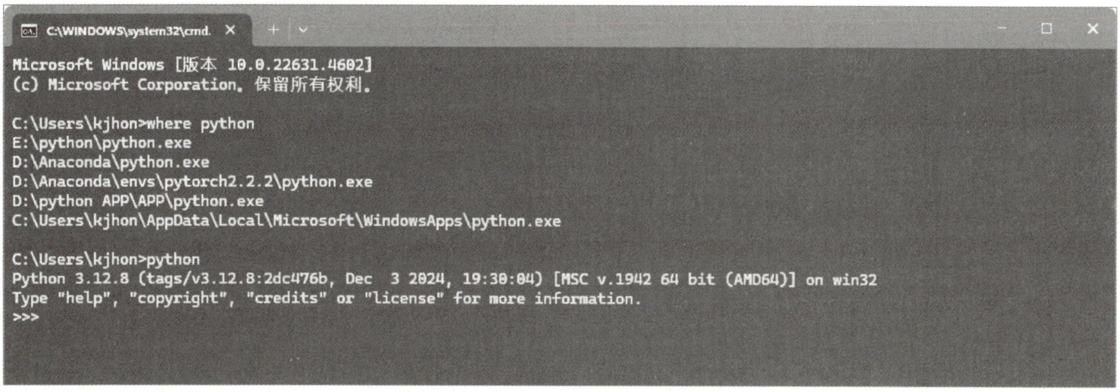

图 2-4　Python 成功安装示例

2.2　Anaconda 安装与使用

上一节介绍了 Python 的安装方法，然而 Python 本身的标准库功能有限，通常需要额外安装第三方库来满足特定需求。在实际开发中，不同项目也可能依赖不同版本的 Python 或第三方库（详见 2.4 节）。对于初学者来说，在成功安装 Python 后，还需要学习如何配置环境、安装依赖库以及管理版本，但这些操作较为烦琐且容易出错。为简化操作，推荐使用 Anaconda，它具备如下优势。

操作视频

Anaconda 安装与使用

（1）内置环境管理工具 conda，可以轻松创建、管理和切换不同的虚拟环境。

（2）内置环境管理工具 conda 可以辅助安装、更新和卸载 Python 包。

（3）默认安装了 Python 和常用的 Python 库，无须逐一手动安装。

（4）默认安装了 Jupyter Notebook，支持交互式编程环境。

安装 Anaconda 时，会自动包含一个 Python 解释器。因此，在使用 Anaconda 学习和开发 Python 程序时，无须再单独安装 Python。Anaconda 包含的 Python 与官网上的 Python 功能相同，还集成了众多科学计算库和工具，更适合人工智能初学者使用。

2.2.1　Anaconda 安装

步骤 1：Anaconda 下载有两种方式，官网下载或使用清华镜像源下载，根据自己的操作系统选择对应的 Anaconda 版本。

步骤 2：下载完成后，双击图标开始安装，当进入选择安装类型界面（图 2–5）时，选择 “Just Me” 选项，随后进入设置安装位置界面。

步骤 3：设置安装位置时，建议选择除 C 盘之外的其他盘，避免占用大量系统内存空间。

步骤 4：完成安装位置设置后，即可进入高级安装选项界面，如图 2–6 所示。勾选除第二个以外的其他复选框（第二个选项是配置环境变量，建议手动添加），最后单击 “Install” 按钮即开始安装 Anaconda，等待安装完成即可。

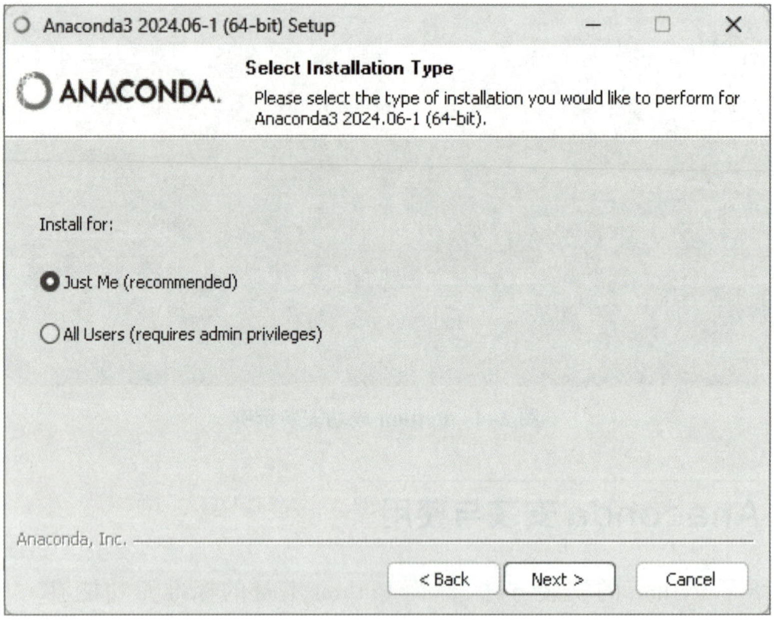

图 2-5　选择安装类型界面

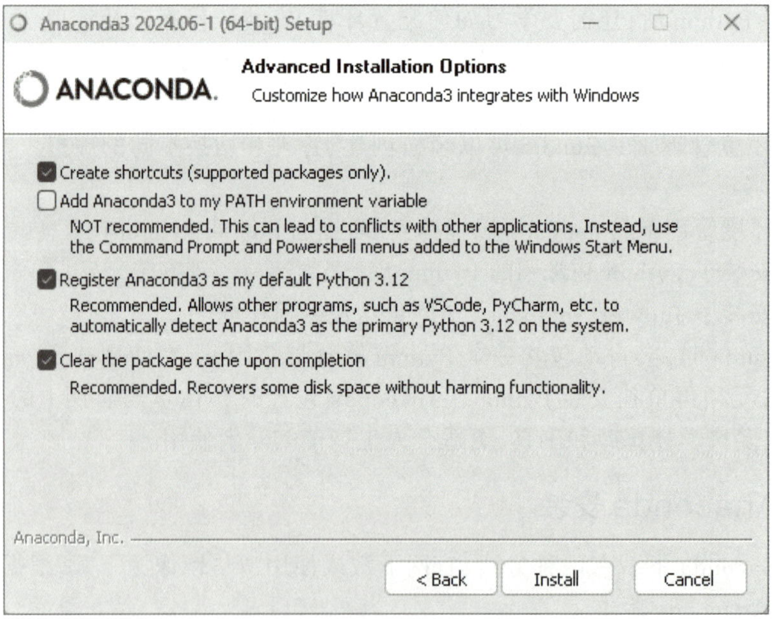

图 2-6　高级安装选项界面

2.2.2　Anaconda 管理虚拟环境

在人工智能项目开发中，经常会涉及多个项目，而不同项目可能依赖不同版本的 Python 或第三方库。为了避免版本冲突、提升项目管理效率，通常需要为每个项目创建独立的运行虚拟环境。

虚拟环境是一个相互隔离的 Python 运行环境，具有以下特点：

（1）每个环境可使用不同版本的 Python 和库；

（2）环境之间互不影响，项目更安全；

（3）管理灵活，易于添加、更新和删除组件。Anaconda 提供了强大的虚拟环境管理工具——conda，接下来将介绍如何使用 Anaconda 配置、创建、切换和删除虚拟环境。

1. 配置虚拟环境

步骤 1： 安装完成后，需要对 Anaconda 配置环境变量。依次单击电脑的“设置→系统→系统信息→高级系统设置”，进入系统属性界面，如图 2–7 所示。

步骤 2： 单击“环境变量”按钮，进入如图 2–8 所示的环境变量界面，在下方的“系统变量”中选定“Path”变量的单元格。

步骤 3： 再单击“新建”按钮，依次添加如图 2–9 所示的 4 个路径（根据之前安装 Anaconda 的位置，选择对应的盘）。

步骤 4： 完成上述步骤后，Anaconda 的环境变量已配置完成。打开“Anaconda Prompt”窗口，输入命令“conda --version”（注意：-- 前面存在一个空格），若显示 Anaconda 的版本号，则说明环境变量已配置成功，如图 2–10 所示。

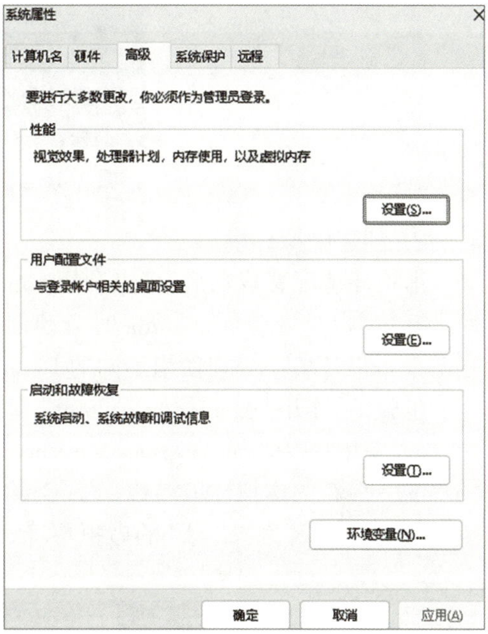

图 2–7　系统属性界面

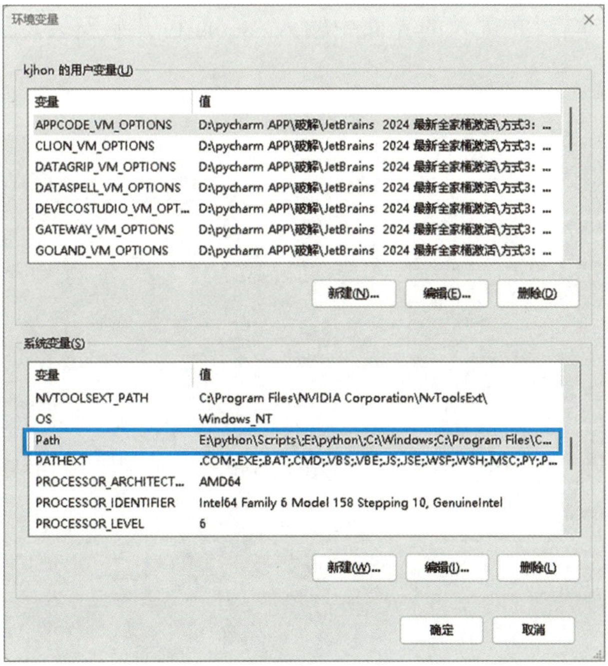

图 2–8　环境变量界面

D:\Anaconda
D:\Anaconda\Scripts
D:\Anaconda\Library\bin
D:\Anaconda\Library\mingw-w64\bin

图 2–9　需要添加的路径

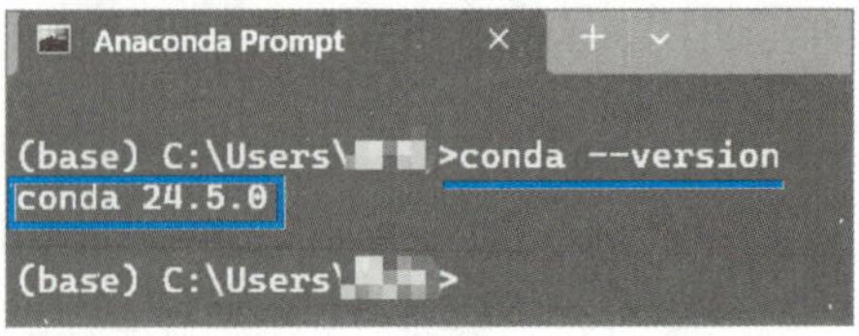

图 2-10 验证环境变量配置是否成功

2. 创建虚拟环境

虚拟环境配置成功后，可以利用 conda 来创建虚拟环境。在 Anaconda 中，“base”是默认的主环境，也是安装 Anaconda 时自动创建的初始环境。本节将再创建一个新的虚拟环境，并在两个虚拟环境中分别使用不同的 Python 版本，体会 Anaconda 环境隔离的功能。

步骤 1：打开“Anaconda prompt”窗口，默认情况下会处于“base”环境（Python 版本号为 3.12）。使用命令“conda create -n <myenv> python=<version>”创建一个新的虚拟环境，其中“myenv”是新的虚拟环境名称，“version”是待安装的 Python 版本号。例如，创建一个 Python 版本号为 3.8，名为“test1”的虚拟环境，命令如图 2-11 所示。

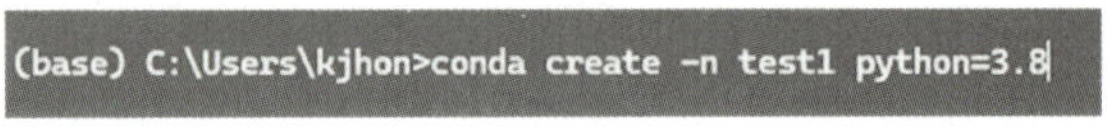

图 2-11 创建虚拟环境命令

步骤 2：按 Enter 键后，在进入的界面中输入“y”即可开始安装，虚拟环境创建成功界面如图 2-12 所示。

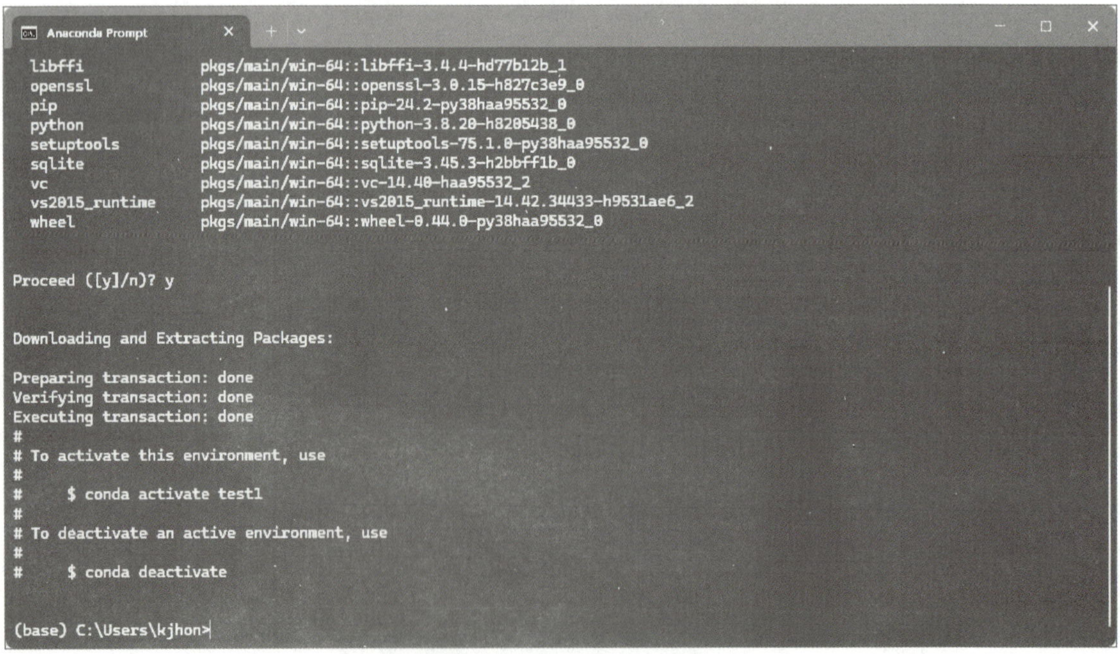

图 2-12 虚拟环境创建成功界面

步骤 3：使用命令“python”可以查看“test1”虚拟环境下的 Python 信息，如图 2-13 所示，可以看到“test1”虚拟环境下的 Python 版本号是 3.8。

```
(test1) C:\Users\kjhon>python
Python 3.8.20 (default, Oct  3 2024, 15:19:54) [MSC v.1929 64 bit (AMD64)] :: Anaconda, Inc. on win32
Type "help", "copyright", "credits" or "license" for more information.
>>>
```

图 2–13 查看“test1”虚拟环境下的 Python 信息

步骤 4：按照上述步骤再创建一个名为“test2”的虚拟环境，Python 版本号为 3.9，查看“test2”虚拟环境下的 Python 信息如图 2–14 所示。

```
(base) C:\Users\kjhon>conda activate test2

(test2) C:\Users\kjhon>python
Python 3.9.21 (main, Dec 11 2024, 16:35:24) [MSC v.1929 64 bit (AMD64)] on win32
Type "help", "copyright", "credits" or "license" for more information.
>>>
```

图 2–14 查看“test2”虚拟环境下的 Python 信息

3. 切换虚拟环境

有时候需要从当前环境切换到其他环境，可以使用命令“conda activate env_name”，其中“env_name”为目标环境名称。当前环境为“base”，运行命令“conda activate test1”后的结果如图 2–15 所示，左侧括号内的“base”变成了“test1”，表示已经成功切换至目标环境。

```
(base) C:\Users\kjhon>conda activate test1

(test1) C:\Users\kjhon>
```

图 2–15 切换虚拟环境

4. 删除虚拟环境

当某个虚拟环境不再需要时，可以选择将其删除以释放磁盘空间。需要注意的是：删除操作是不可逆的，因此执行前务必确认该环境不再被使用。

步骤 1：打开“Anaconda prompt”窗口，输入命令“conda env list”，运行后可以查看当前已创建的环境（图 2–16），其中（*）表示当前激活的环境。

```
(base) C:\Users\kjhon>conda env list

# conda environments:
#
base                  * D:\Anaconda
nixing                  D:\Anaconda\envs\nixing
pytorch2.2.2            D:\Anaconda\envs\pytorch2.2.2
test1                   D:\Anaconda\envs\test1
test2                   D:\Anaconda\envs\test2
yolov8                  D:\Anaconda\envs\yolov8
```

图 2–16 查看当前已创建的环境

步骤 2：若要删除虚拟环境“test2”，则输入命令“conda env remove --test2”，运行后系统会提示是否确认删除，输入“y”并按 Enter 键即可完成删除操作，如图 2–17 所示。

步骤 3：再次查看虚拟环境列表，可以发现虚拟环境“test2”已经成功被删除，如图 2–18 所示。

```
The following packages will be REMOVED:

  ca-certificates-2024.12.31-haa95532_0
  openssl-3.0.15-h827c3e9_0
  pip-24.2-py39haa95532_0
  python-3.9.21-h8205438_1
  setuptools-75.1.0-py39haa95532_0
  sqlite-3.45.3-h2bbff1b_0
  tzdata-2024b-h04d1e81_0
  vc-14.40-haa95532_2
  vs2015_runtime-14.42.34433-h9531ae6_2
  wheel-0.44.0-py39haa95532_0


Proceed ([y]/n)? y


Downloading and Extracting Packages:

Preparing transaction: done
Verifying transaction: done
Executing transaction: done
Everything found within the environment (D:\Anaconda\envs\test2), including any conda environment configurations and any
 non-conda files, will be deleted. Do you wish to continue?
 (y/[n])? y


(base) C:\Users\kjhon>
```

图 2-17 删除虚拟环境

```
(base) C:\Users\kjhon>conda env list

# conda environments:
#
base                  * D:\Anaconda
nixing                  D:\Anaconda\envs\nixing
pytorch2.2.2            D:\Anaconda\envs\pytorch2.2.2
test1                   D:\Anaconda\envs\test1
yolov8                  D:\Anaconda\envs\yolov8
```

图 2-18 再次查看虚拟环境列表

2.3 Python 开发工具

操作视频

IDLE

建立好了虚拟环境，还需要为虚拟环境里的 Python 解释器配置开发环境，便于程序的编写。Python 开发环境是编写、调试和运行代码的基础工具，常见的开发工具包括 IDLE、Jupyter Notebook 和 PyCharm，它们各有特点，适用于不同开发场景，下面逐一进行介绍。

2.3.1 IDLE

IDLE（Integrated Development and Learning Environment）是 Python 安装包自带的开发工具，无须额外安装，方便用户快速开始 Python 编程。IDLE 的界面简洁，对于初学者来说，容易上手，且没有复杂的配置和操作。

步骤 1：切换到目标虚拟环境后，输入命令“python -m idlelib”，按 Enter 键后，则启动 Python 自带的 IDLE 开发工具，如图 2-19 所示，用户可以在 IDLE 界面内编写自己的 Python 程序。

执行简单任务时，只需在“>>>”后直接输入命令，按 Enter 键，即可查看输出结果。若需完成较为复杂的任务，可单击界面左上角的“File”选项卡，在弹出的列表中选择“New File”选项，创建一个新文件并编写程序。

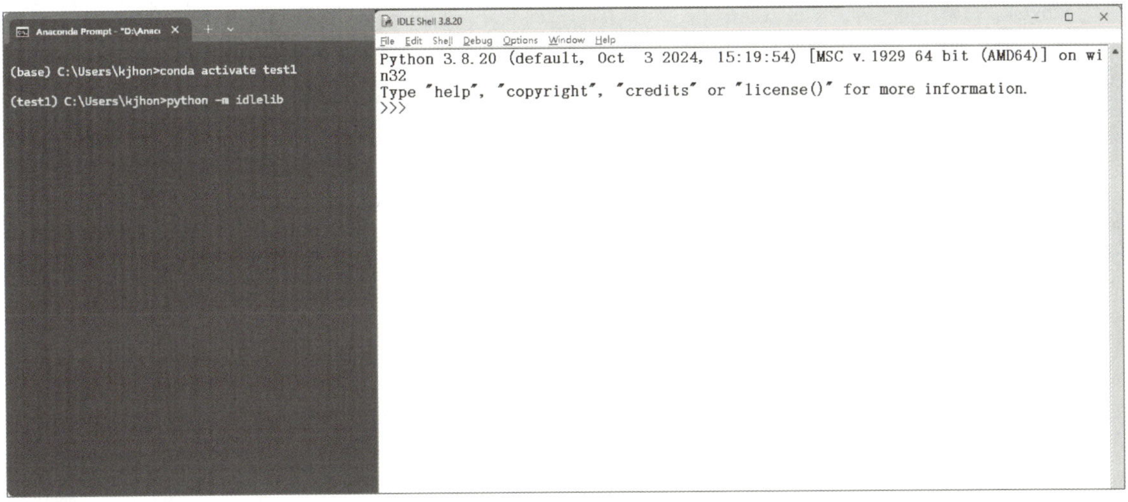

图 2-19　IDLE 开发工具

2.3.2　Jupyter Notebook

Jupyter Notebook 是一个基于 Web 的应用程序，主要用于交互式编程，可以在一个文档中编写代码、查看执行结果并插入文本说明，适合数据分析、机器学习和科研工作。

操作视频

Jupyter Notebook

1. 安装 Jupyter Notework

在建立的虚拟环境中使用命令“conda install jupyter ipykernel”，输入“y”并按 Enter 键后，就会自动安装 Jupyter Notebook 和 ipykernel。Jupyter Notebook 是基于 Python 的交互式环境，而 ipykernel 是 Jupyter Notebook 用来运行代码的解释器。

注意：在安装 Anaconda 时，Jupyter Notebook 会被自动安装到“base”环境中。

2. 注册 Jupyter 环境内核

安装完成后，在当前激活的“test1”虚拟环境下输入如图 2-20 所示的命令，就可以将“test1”虚拟环境注册为 Jupyter Notebook 可以使用的内核。

图 2-20　注册 Jupyter Notebook 可以使用的内核

3. 编写运行 Python 代码

步骤 1：配置好 Jupyter Notebook 环境内核之后，在命令窗口中输入命令“jupyter notebook”即可进入 Jupyter Notebook 启动界面，如图 2-21 所示。

步骤 2：Jupyter Notebook 默认显示的是“C:\Users\YourName\Documents”里面的文件，若要更改文件夹，可以先回到命令窗口，按 Ctrl+C 组合键退出 Jupyter Notebook，再使用如图 2-22 所示的命令将文件夹改为“D:\pythonproject”。

注意：上述操作只更改当前会话的默认文件夹，不影响下次启动时默认显示的文件夹。

步骤 3：在 Jupyter Notebook 启动界面中依次单击“File → New → Notebook”选项，即可创建一个后缀为“.ipynb”的文件。ipynb 文件不仅包含 Python 代码，还保存了代码的执行结果、注释、图像以及其他富文本内容（如 Markdown 文本）。

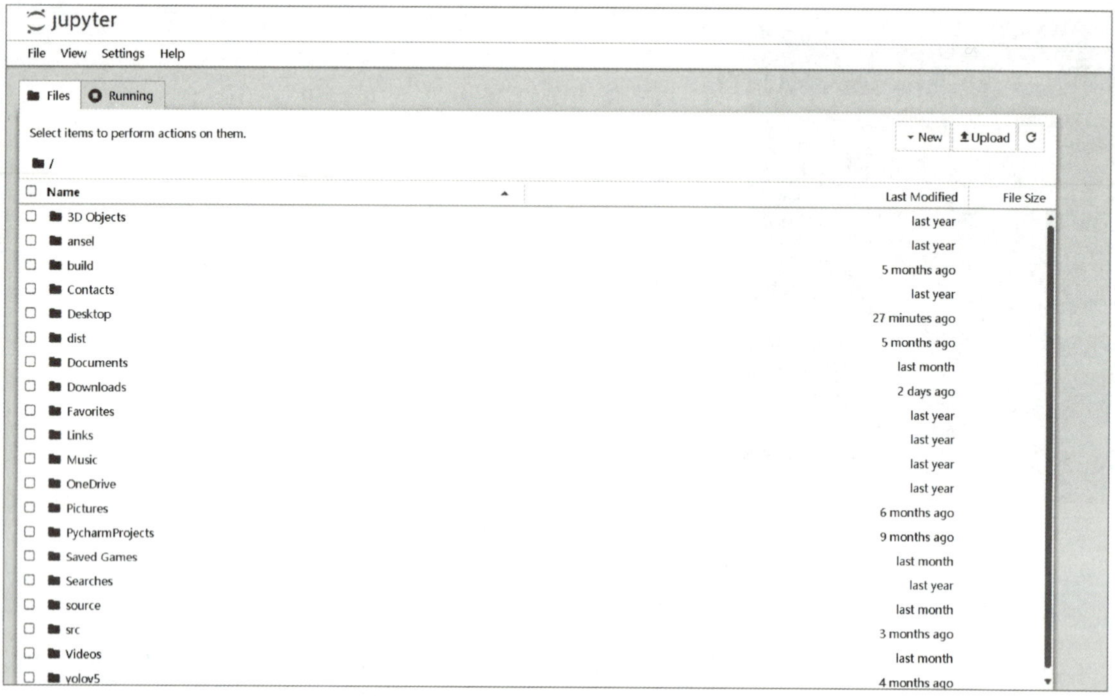

图 2-21　Jupyter Notebook 启动界面

```
(test1) C:\Users\kjhon>jupyter notebook --notebook-dir="D:\pythonproject"
```

图 2-22　更改文件夹命令

步骤 4：在打开的新建文件界面中可以看到，Jupyter Notebook 的界面由若干单元格（cell）组成，每个单元格可以是代码单元格（用于编写和运行代码）、也可以是 Markdown 单元格（用于编写文本、图表、公式等说明性内容）。用户可以在一个文档中混合编写代码、文本、公式、图表等内容，并且可以实时查看代码的输出结果，方便完成数据分析、可视化和文档编写等操作。图 2-23 中的第一个单元格用于代码说明，第二个单元格则包含具体的代码实现。

```
[ ]: 下面程序的作用是给一个彩色的图片进行灰度化处理
```

```
[ ]: import numpy as np
     import matplotlib.pyplot as plt

     # 读取图像
     n1 = plt.imread('谢谢观看.jpg')

     # 编写灰度公式（固定值，记住就好）
     n2 = np.array([0.299, 0.587, 0.114])

     # 将数组n1(RGB)颜色值与数组n2(灰度公式固定值)进行点乘，得到灰度值
     x = np.dot(n1, n2)

     # 创建一个包含 1 行 2 列的子图布局
     fig, axes = plt.subplots(1, 2, figsize=(10, 5))

     # 在第一个子图中显示原始图像
     axes[0].imshow(n1)
     axes[0].set_title('Original Image')
     axes[0].axis('off')

     # 在第二个子图中显示灰度图像
     axes[1].imshow(x, cmap='gray')
     axes[1].set_title('Grayscale Image')
     axes[1].axis('off')

     # 显示图像
     plt.show()
```

图 2-23　ipynb 文件编写界面

步骤 5：可单独运行某一单元格的代码。例如，可以先选中第二个单元格，然后单击上方的“Run → Run Select Cell”选项，这样在同一个文档内可以观察到不同程序的运行结果。

Jupyter Notebook 主要用于创建和共享包含实时代码、方程式、可视化和解释性文本的文档，侧重于数据探索、分析和可视化，以及学术和教育领域的知识分享和交流，其代码执行结果可以立即显示在文档中，便于快速验证想法和进行交互式的数据分析。但是，如果想要开发一个大型项目，例如，企业级应用、大型数据处理项目、复杂的机器学习系统等，使用 Jupyter Notebook 就难以满足需求，此时就要引入一个专业的开发工具——PyCharm。

2.3.3 PyCharm

PyCharm 是一款专为 Python 开发者设计的集成开发工具，旨在提供一站式的开发解决方案，其丰富的功能集和工具链显著提升了开发效率。需要注意的是，Python 与 PyCharm 属于不同范畴的概念，但两者之间存在紧密关联。Python 是一种通用编程语言，作为开发各类应用程序的基础，其使用并不局限于特定开发环境，可在包括 PyCharm 在内的多种开发环境中运行，例如，IDLE 和 Jupyter Notebook 等。

操作视频

PyCharm

1. 安装 PyCharm

步骤 1：进入 PyCharm 官网，下载界面如图 2-24 所示。界面中有各个版本的 PyCharm，包含了社区版和专业版，社区版是免费的，专业版需要付费使用，一般选择社区版即可。

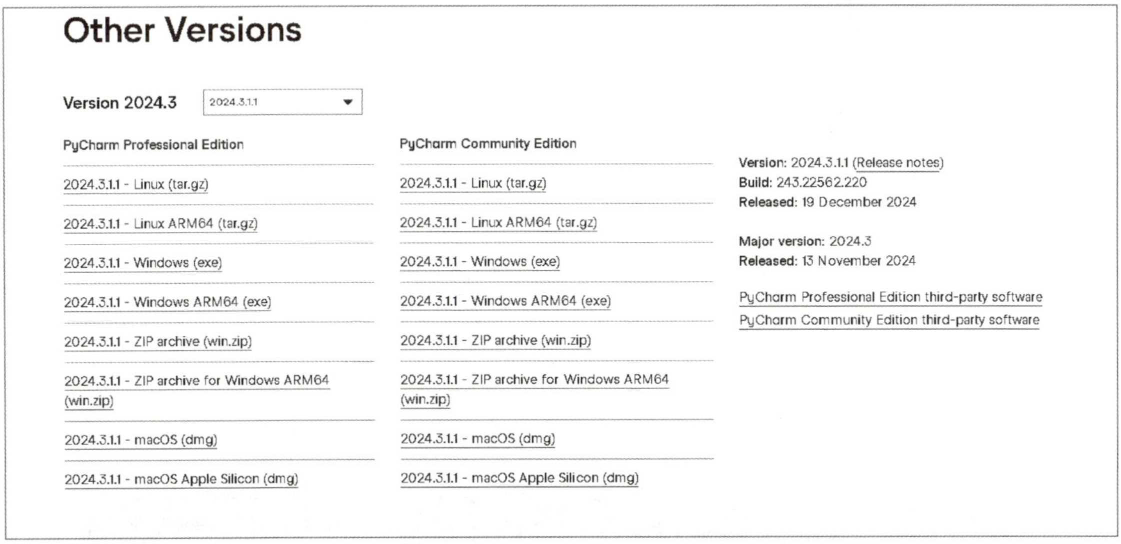

图 2-24 PyCharm 官网下载界面

步骤 2：下载完成后，打开安装软件，进入如图 2-25 所示的界面，单击“浏览”按钮，选择 PyCharm 的安装位置，完成后单击“下一步”按钮。

步骤 3：在弹出的界面中将所有复选框都勾选上，单击“下一步”按钮，之后再单击“安装”按钮即可开始安装 PyCharm。

步骤 4：若显示如图 2-26 所示的界面，则代表 PyCharm 安装完成，单击“完成”按钮即可。

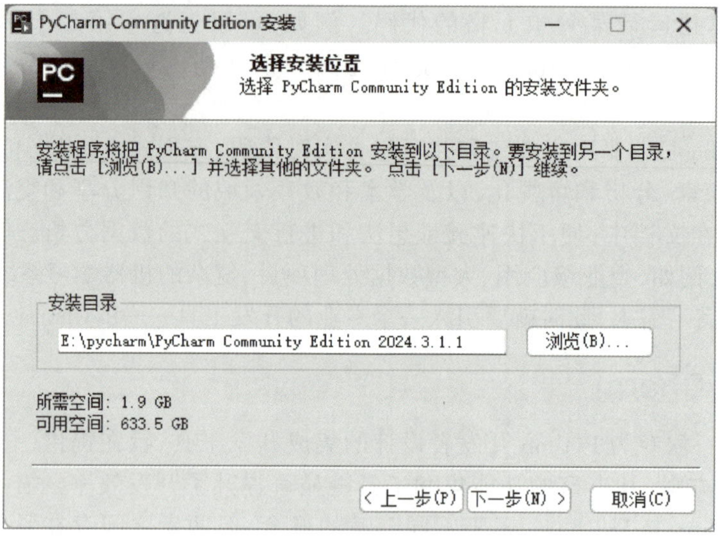

图 2-25 选择 PyCharm 的安装位置

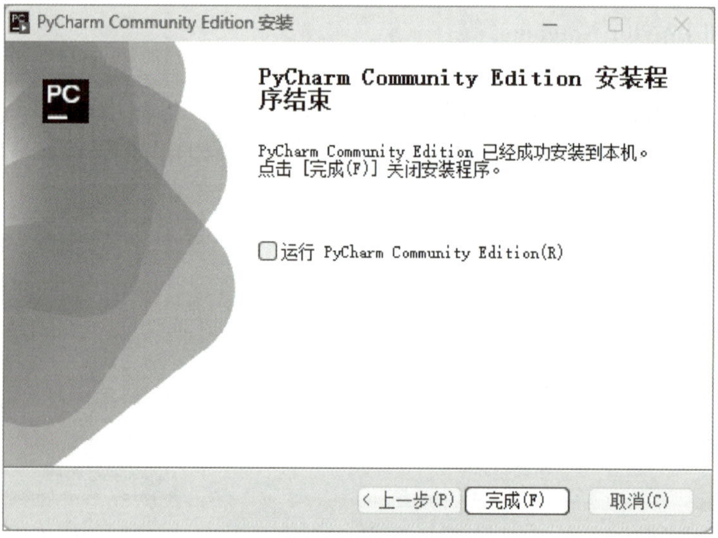

图 2-26 PyCharm 安装完成界面

2. 配置项目环境

步骤 1：打开 PyCharm，如图 2-27 所示，新建一个项目“pythonProject1”。

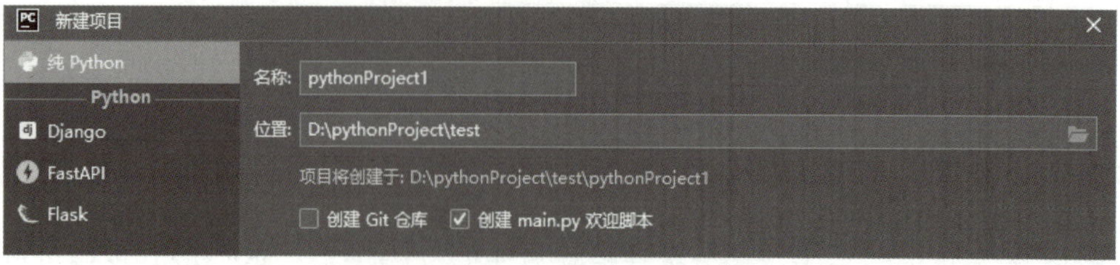

图 2-27 新建项目

步骤 2：配置项目环境。添加之前在 Anaconda 中创建的虚拟环境。在“解释器类型”选项卡处选择“自定义环境”，在“环境”单选按钮处选择“选择现有”，在“类型”下拉列表中选择“Conda”，随后在“conda 路径”处浏览并找到对应的文件即可。完成上述设置，在最下面的“环境”下拉列表中就可以看见创建的所有虚拟环境了，按需选择虚拟环境。如图 2–28 所示，选择“test1”虚拟环境，单击右下角的“创建”按钮。

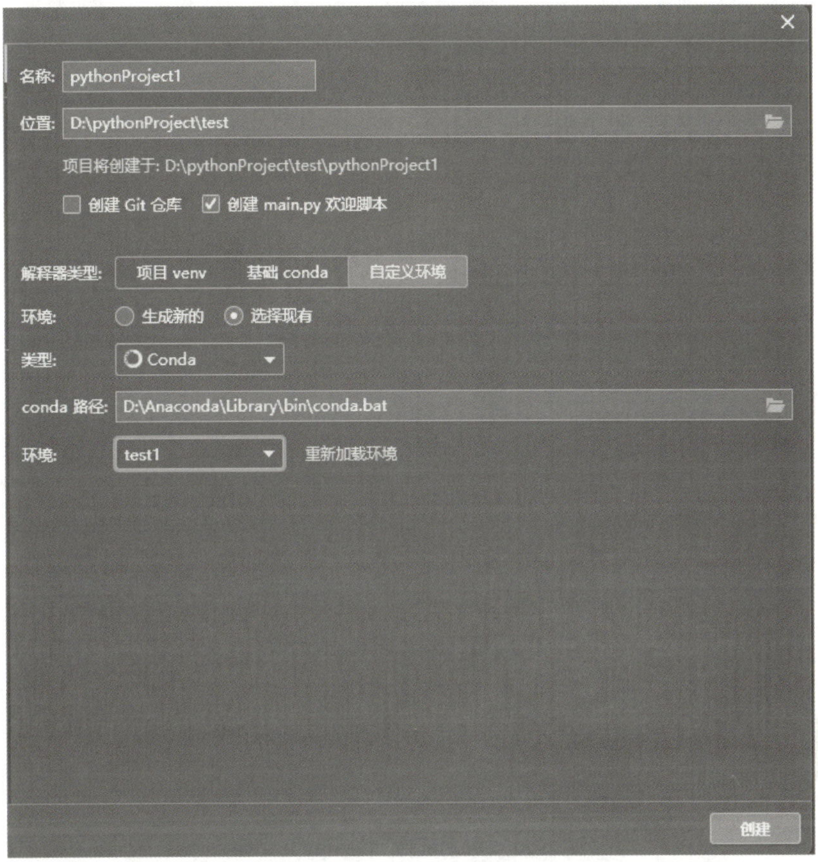

图 2–28 配置项目环境

步骤 3：配置成功界面，如图 2–29 所示，“test1”虚拟环境已经配置完成。

图 2–29 配置成功界面

3. 编写运行 Python 代码

步骤 1：在左边的项目栏右击“pythonProject1”，在弹出的列表中依次单击“新建→Python 文件”选项，即可新建一个 Python 文件，如图 2–30 所示。

步骤 2：用户可以为新建的 Python 文件命名，例如“test”，在左侧的项目栏里会出现一个“test.py”文件，如图 2–31 所示，表明 Python 文件新建成功。

步骤 3：双击打开“test.py”文件，在编辑器中编写 Python 代码。

步骤 4：输入代码后，单击编辑器窗口右上角的三角形“Run”按钮，即可运行代码。

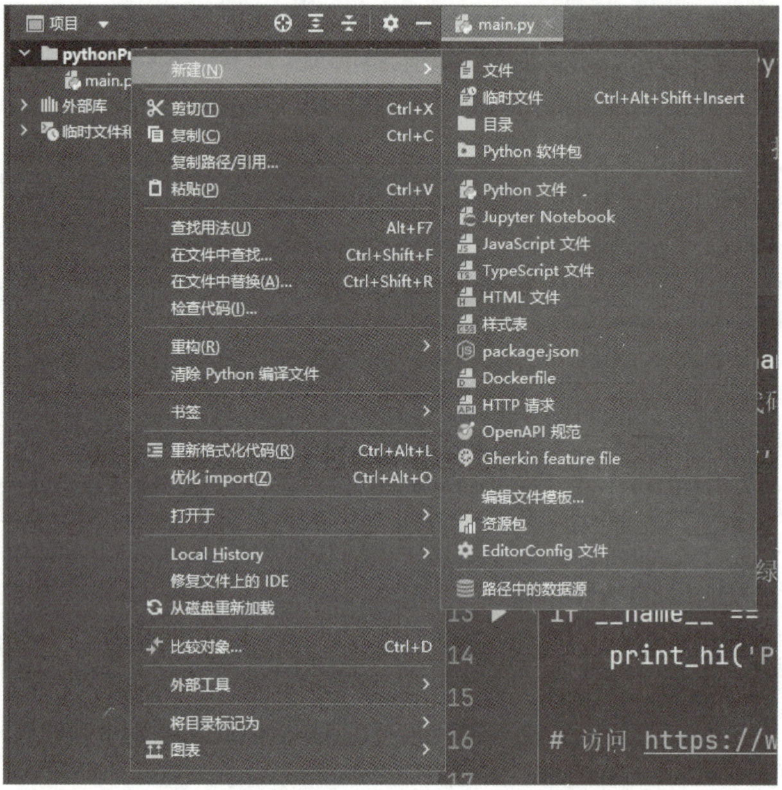

图 2–30 新建 Python 文件

图 2–31 成功新建“test.py”文件

4. 调试 Python 代码

相较于其他集成开发环境，PyCharm 的显著优势在于其内置的强大调试功能（Debug），下面介绍如何使用 PyCharm 的调试功能。

步骤 1：设置断点，在代码编辑器中，单击行号左侧的空白区域，设置断点（●），如图 2–32 所示，断点可以任意设置在需要暂停执行的代码行。

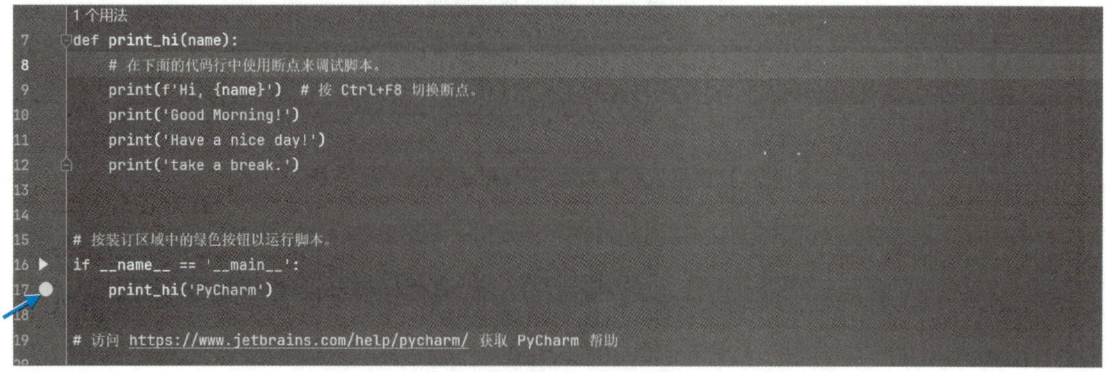

图 2–32 设置断点

步骤 2：启动调试模式。右击代码文件或编辑器空白处，选择“Debug”，或单击右上角的“Debug”按钮（），PyCharm 会以调试模式运行程序，并在断点处暂停。

步骤 3：进入调试模式后，PyCharm 会展示调试工具栏，有一些常用按钮。若按下 F8 键，则启用“步过调试”，会直接执行当前行代码。若希望详细查看程序中函数的具体执行过程，则可以按下 F7 键启用“步入调试”。

三种 Python 开发工具对比可归纳总结为表 2-1，用户可按需选择。

表 2-1　三种 Python 开发工具对比

开发工具	适用场景	典型应用场景
IDLE	简单 Python 编程	小型脚本编写与代码练习
Jupyter Notebook	数据分析与机器学习	数据挖掘、可视化与算法实验
PyCharm	大型项目开发	企业 Web 应用、复杂数据处理与机器学习工程

2.4 Python 常用库

为了提升开发效率、扩展功能边界并简化复杂任务，Python 广泛采用功能强大的第三方库。这些库提供了经过验证的、可复用的模块化代码，使开发者能够专注于核心业务逻辑，显著节省开发时间与精力。Python 的库生态覆盖多个专业领域，例如：数据分析（Pandas、NumPy）、机器学习（Scikit-learn、TensorFlow）、Web 开发（Django、Flask）以及科学计算（SciPy、SymPy）等，极大地扩展了 Python 编程语言的应用范围。这些库通过封装底层复杂逻辑，提供简洁易用的接口，降低了开发门槛，也便于初学者快速上手。依托 PyPI 等平台和活跃的开源社区支持，Python 库持续更新与优化，保障了代码的质量、可维护性与技术先进性。此外，库的模块化设计为快速原型开发提供了良好支持，开发者可以灵活组合功能组件，加快项目落地。正因如此，Python 成为一门高效、灵活且极具扩展能力的编程语言，广泛应用于人工智能、数据科学、自动化等众多领域。

2.4.1 常用库介绍

（1）Scikit-learn。

Scikit-learn 是基于 Python 的机器学习库，适用于数据挖掘和数据分析任务。它内置了丰富的机器学习算法，包括分类、回归、聚类、降维等，同时提供了完善的预处理和模型评估工具。由于其易用性和功能全面性，Scikit-learn 成为机器学习入门的首选工具之一。

（2）Numpy。

NumPy 是基于 Python 的科学计算基础库，在数据处理和数值计算领域发挥着核心作用。它提供了强大的多维数组对象以及对这些数组进行快速运算的函数和工具。NumPy 的数组操作非常高效，能够显著提升大规模数据处理的速度。同时，它还是许多其他高级科学计算和机器学习库的基础支撑，为这些库提供了底层的数据结构和计算能力。因其高效性和基础性，NumPy 是进行科学计算和数据分析的必备工具。

（3）Pandas。

Pandas 是基于 Python 的数据处理与分析库，主要用于处理和分析结构化数据。它提供了两种重要的数据结构：Series（一维数组型数据结构）和 DataFrame（二维表格型数据结构），使得数据的读取、清洗、转换和分析变得十分便捷。Pandas 支持从多种数据源（如 CSV、Excel、SQL 数据库等）读取数据，并且提供了丰富的数据处理方法，如数据筛选、排序、分组、合并等。Pandas 凭借其强大的数据处理能力和简洁的 API，已经成为数据分析的常用工具。

（4）Matplotlib。

Matplotlib 是基于 Python 的绘图库，用于创建各种静态、交互式的可视化图表。它具有高度的可定制性，能够绘制多种类型的图形，包括折线图、柱状图、散点图、饼图、箱线图等。Matplotlib 的 API 设计灵活，允许用户对图表的各个元素（如坐标轴、标签、标题、图例等）进行精细的调整和设置。无论是简单的数据可视化展示还是复杂的学术图表绘制，Matplotlib 都能满足需求，是 Python 数据可视化领域的基础库。

（5）OpenCV。

OpenCV 是一款开源的计算机视觉和图像处理库，广泛应用于人脸识别、目标检测、图像增强等领域。OpenCV 支持多种语言接口，如 C++、Python 和 Java，提供了数百种图像处理算法和机器学习工具。

（6）Transformers。

Hugging Face 的 Transformers 库是自然语言处理领域的明星工具，支持数十种预训练模型，如 BERT、GPT 和 T5。它提供了简单的接口，可以快速应用到文本分类、文本生成、翻译等任务中，并且支持大规模分布式训练。

（7）Requests。

Requests 是基于 Python 的 HTTP 库，用于发送 HTTP 请求。它提供了简洁而优雅的 API，使得发送各种类型的 HTTP 请求（如 GET、POST、PUT、DELETE 等）变得非常简单。Requests 支持自动处理 URL 编码、Cookie 管理、重定向等常见的 HTTP 操作，并且能够处理各种响应内容（如 JSON、XML 等）。在网络爬虫、API 调用等场景中，Requests 是一个不可或缺的工具，大大简化了与网络资源交互的过程。

2.4.2 库的安装

安装 Python 库是开发过程中必不可少的一部分，本节以 NumPy 库为例，详细阐述第三方库的通用安装方法。若需要安装其他第三方库，可依此类推。

步骤 1：切换到目标虚拟环境“test1”后，执行命令“conda list”，将显示“test1”虚拟环境下已安装的库信息，如图 2-33 所示，可见当前“test1”虚拟环境中尚未安装 Numpy 库。

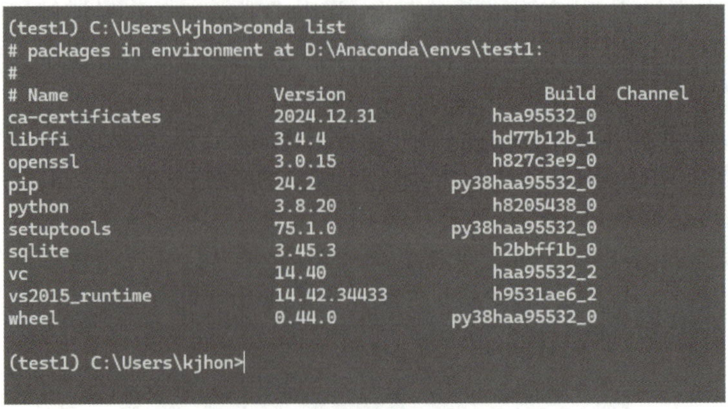

```
(test1) C:\Users\kjhon>conda list
# packages in environment at D:\Anaconda\envs\test1:
#
# Name                    Version                   Build  Channel
ca-certificates           2024.12.31           haa95532_0
libffi                    3.4.4                hd77b12b_1
openssl                   3.0.15               h827c3e9_0
pip                       24.2             py38haa95532_0
python                    3.8.20               h8205438_0
setuptools                75.1.0           py38haa95532_0
sqlite                    3.45.3               h2bbff1b_0
vc                        14.40                haa95532_2
vs2015_runtime            14.42.34433          h9531ae6_2
wheel                     0.44.0           py38haa95532_0

(test1) C:\Users\kjhon>
```

图 2-33 显示“test1”虚拟环境下已安装的库信息

步骤 2：使用 Python 自带的包管理工具 pip 安装第三方库。输入命令“pip install numpy”，按 Enter 键后，即可自动安装最新版本的 Numpy 库。若出现如图 2–34 所示的结果时，表明软件包下载速度太慢。此现象是由于 pip 默认使用国际镜像源，在国内网络环境下存在传输延迟。若遇到此类问题，建议改用国内镜像源下载，例如：清华大学的镜像源。

```
(test1) C:\Users\kjhon>pip install numpy
Looking in indexes: https://mirrors.tuna.tsinghua.edu.cn/pypi/web/simple
WARNING: Retrying (Retry(total=4, connect=None, read=None, redirect=None, status=None)) after connection broken by 'SSLE
rror(SSLZeroReturnError(6, 'TLS/SSL connection has been closed (EOF) (_ssl.c:1149)'))': /pypi/web/simple/numpy/
WARNING: Retrying (Retry(total=3, connect=None, read=None, redirect=None, status=None)) after connection broken by 'SSLE
rror(SSLZeroReturnError(6, 'TLS/SSL connection has been closed (EOF) (_ssl.c:1149)'))': /pypi/web/simple/numpy/
WARNING: Retrying (Retry(total=2, connect=None, read=None, redirect=None, status=None)) after connection broken by 'SSLE
rror(SSLZeroReturnError(6, 'TLS/SSL connection has been closed (EOF) (_ssl.c:1149)'))': /pypi/web/simple/numpy/
WARNING: Retrying (Retry(total=1, connect=None, read=None, redirect=None, status=None)) after connection broken by 'SSLE
rror(SSLZeroReturnError(6, 'TLS/SSL connection has been closed (EOF) (_ssl.c:1149)'))': /pypi/web/simple/numpy/
WARNING: Retrying (Retry(total=0, connect=None, read=None, redirect=None, status=None)) after connection broken by 'SSLE
rror(SSLZeroReturnError(6, 'TLS/SSL connection has been closed (EOF) (_ssl.c:1149)'))': /pypi/web/simple/numpy/
```

图 2–34 软件包下载速度太慢

步骤 3：安装完成后，输入命令“conda list”查询虚拟环境“test1”下的库信息，若出现了 Numpy 库，则说明已成功安装。pip 默认安装最新版本的库，如果想安装指定版本的库，以 Numpy 1.23.5 版本为例，使用如下命令“pip install numpy==1.23.5 –i https://pypi.tuna.tsinghua.edu.cn/simple”。

注意：在安装现有版本前会先把之前安装的 Numpy 1.24.4 卸载掉，再安装现有版本 Numpy 1.23.5。再次显示“test1”虚拟环境下已安装的库信息，如图 2–35 所示，可以看到当前 Numpy 库的版本为 1.23.5。

```
(test1) C:\Users\kjhon>conda list
# packages in environment at D:\Anaconda\envs\test1:
#
# Name                    Version                   Build  Channel
ca-certificates           2024.12.31           haa95532_0
libffi                    3.4.4                hd77b12b_1
numpy                     1.23.5                   pypi_0    pypi
openssl                   3.0.15               h827c3e9_0
pip                       24.2             py38haa95532_0
python                    3.8.20               h8205438_0
setuptools                75.1.0           py38haa95532_0
sqlite                    3.45.3               h2bbff1b_0
vc                        14.40                haa95532_2
vs2015_runtime            14.42.34433          h9531ae6_2
wheel                     0.44.0           py38haa95532_0

(test1) C:\Users\kjhon>
```

图 2–35 显示“test1”虚拟环境下已安装的库信息

同理，Anaconda 的包管理工具 conda 也可以安装库。待库安装完成后，在代码中直接导入即可。通过合理安装和使用 Python 库，开发者可以快速构建功能强大的应用程序，满足从基础脚本到复杂人工智能项目的各种需求。

2.5 常用 AI 开发网站

GitHub

- 代码托管与版本控制：基于 Git，支持代码的提交、合并与历史追踪。
- 协作开发：支持分支管理和 Pull Request 审核机制，提升协作效率。
- 项目管理：内置问题跟踪（Issues）、里程碑（Milestones）与任务分配（Assignees）功能。

- 社区互动：用户可关注项目、参与评论并分享代码片段（Gist）。

Hugging Face

- 模型与数据集：提供 BERT、GPT 等模型及多语言数据集。
- 工具库：如 Transformers、Datasets 和 Tokenizers，支持快速训练和推理。
- 社区交流：技术问答与开源协作。
- 模型部署：通过 Spaces（空间）快速搭建 NLP 应用演示。

CSDN

- 文章与博客：覆盖从入门到高级的技术干货。
- 在线课程：提供多种编程语言及技术领域的视频教程。
- 论坛交流：支持技术问答和行业动态分享。
- 个人品牌：鼓励开发者通过博客积累影响力。

飞桨 AI Studio

- 低/零代码工具：如 PaddleX 与 Notebook，便于训练与部署模型。
- 教学资源：适用于高校课程、实训与 AI 素养培养。
- 社区共创：通过“星河共创”激励企业开发与共享 AI 应用。

AI Hub

- 数据集资源：覆盖图像、文本、语音等多领域。
- 算法模型：提供 CNN（卷积神经网络）和 RNN（循环神经网络）等主流模型。
- 可视化工具：支持低门槛模型训练与评估。
- 学习教程：配有项目案例，助力理论与实战结合。

AIGC 工具导航

- 工具分类导航：涵盖 AI 写作、图像生成、语音合成等多种场景。
- 详情展示与直达：含简介、标签、预览图等信息。
- 搜索与个性推荐：支持关键词搜索与用户偏好推荐。
- 社区交互：评论、评分、提交工具和分享行业资讯一应俱全。

常用 AI 开发网站总结详见表 2-2，用户可按需选择合适的平台。

表 2-2　常用 AI 开发网站总结表

平台	核心功能	适用人群	特色亮点
GitHub	代码托管、协作开发和版本控制	开发者	全球最大开源平台，与 CI/CD 集成
Hugging Face	预训练模型、NLP 工具库、社区交流和 Spaces 部署	NLP 研究者和开发者	Transformers 库行业领先
CSDN	技术文章、博客、在线课程和技术论坛	开发者和学生	中文内容丰富，影响力广泛
飞桨 AI Studio	模型训练、教学平台、零代码开发和项目共创	教师、学生和 AI 初学者	本土化支持，教学资源完善

续表

平台	核心功能	适用人群	特色亮点
AI Hub	数据集、算法模型、可视化工具和教程文档	AI 学习者和开发者	使用门槛低，资源覆盖面广
AIGC 工具导航	工具聚合、搜索导航、用户评论和 AI 资讯	内容创作者和产品经理等	工具丰富，更新及时

2.6　本章小结

通过学习本章，具备了搭建人工智能开发环境的能力，掌握了常 Python 开发工具的使用技巧，了解了主流开发平台的基本功能，这些都为后续的人工智能学习和项目实践创造良好的技术条件。本章思维导图如图 2-36 所示。

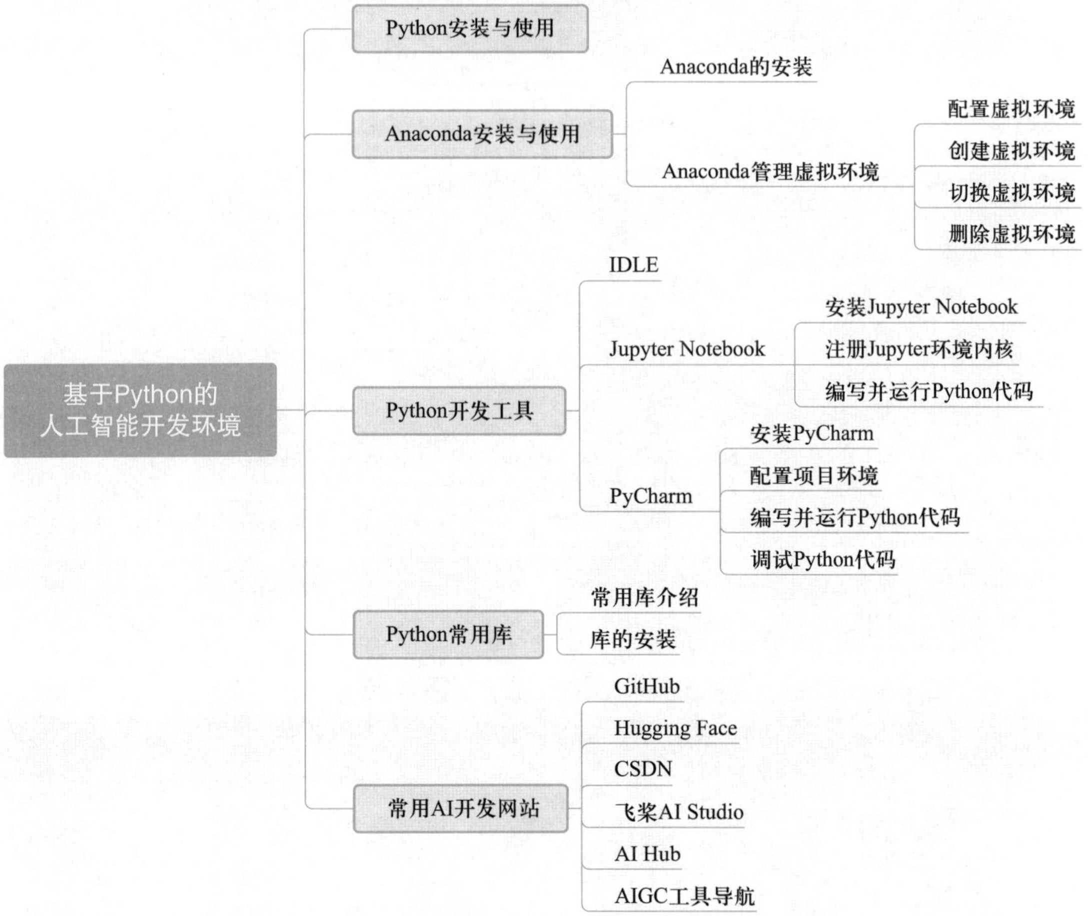

图 2-36　第 2 章思维导图

课后练习

1. 对比 IDLE、Jupyter Notebook 和 PyCharm 三种开发工具的适用场景。

2. 请至少列举三个 AI 开发的相关网站，并简要说明其主要功能。

3. 在 Anaconda 中创建一个名为“AI_project_env”的虚拟环境，并指定 Python 版本为 3.10。

4. 在第 3 题的 Anaconda 中创建的“AI_project_env”虚拟环境中安装 Scikit-learn、Matplotlib 和 Requests 库，并使用清华的镜像源提升下载速度。

5. 在 PyCharm 中创建一个新的 Python 项目，并选择第 3 题和第 4 题中的“AI_project_env”虚拟环境。

第3章 机器学习

你是否曾好奇,购物网站如何精准地向用户推荐喜欢的商品?音乐软件又如何知晓想听的歌?这背后正是机器学习在发挥作用,它根据用户的观看历史、点赞、评论等数据,分析出用户的兴趣偏好,从而精准地推送内容。不仅如此,在出行方面,打车软件能根据附近车辆的分布预测到达时间,让用户提前规划行程,这也是机器学习通过分析大量的路况数据、司机行驶轨迹以及用户叫车记录等信息实现的。随着人工智能技术的飞速发展,机器学习已成为其核心驱动力之一,它使计算机能够自动从数据中学习规律,进行预测和决策。本章将系统地探索机器学习的奥秘,辅助构建完整的机器学习知识体系,并培育解决实际问题的能力。

3.1 机器学习概述

本节将从机器学习的定义出发,系统阐述其基本概念、分类和基本流程,为后续深入学习各种算法和应用打下坚实的基础。

3.1.1 机器学习的基本概念

什么是机器学习呢?不妨以挑选柚子为例,在日常生活中,假如根据柚子的形状来挑选,通常外形均匀的柚子被认为口感更好。如果利用计算机程序来挑选柚子,那么可以写下这样一条简单的规则。

```
if(外形均匀)
  柚子口感好
else
  柚子口感差
```

然而,按照这个规则购买的柚子,仍有可能不好吃。于是继续积累经验,品尝了更多类型的柚子后,发现:在外形相似的情况下,分量较重的柚子通常汁水更足、口感更佳。于是对原有规则进行修正。

```
if(外形均匀 and 分量较重)
  柚子口感好
else
  柚子口感差
```

随着挑选柚子的次数增多，经验也越来越丰富，又进一步发现：外皮稍硬的柚子通常皮薄肉多且果肉饱满；外皮泛黄说明果实成熟，而外皮发青可能还未完全成熟；广西容县出产的沙田柚因气候和土壤条件优越，味道格外清香甘甜。随着考虑的因素越来越多，利用计算机程序制定的柚子挑选规则也会变得越来越复杂。从上述分析过程可以看出，利用计算机程序挑选柚子，需要事先分析影响柚子口感的各种因素（如形状、质量、外皮厚度、外皮颜色、产地等）。

然而，在日常生活中，经验丰富的果农只需看一眼、摸一摸或敲一下柚子，就能判断它是否可口。果农挑选柚子是凭借多年积累的经验，再用这些经验规律作出判断。如果希望计算机拥有同样的挑选柚子能力，该如何实现呢？需要收集大量柚子的样本数据，详细记录每个柚子的形状、质量、外皮厚度、外皮颜色、产地等物理特征，并标注出其品质的“好”或“坏”。接着，将这些数据输入给计算机上的某个机器学习算法，让它自动学习这些特征与柚子品质之间的关系。当计算机学会了这种关系之后，再给它一个没见过的新柚子，它也能判断出这个柚子的品质。这个过程就是“机器学习”，利用同样的机器学习算法，还可以训练出用于判断西瓜或桃子品质的模型。

从本质上讲，机器学习就是通过算法使得机器自动从大量历史数据中学习规律，并利用这些规律对新的样本做预测，从而让计算机具备类似人类的学习能力，两者的类比如图3-1所示。简单来说，机器学习的核心任务就是探索数据背后的规律，并将其转化为数学模型，辅助人类做出预测与决策。这一过程可以形象地类比为寻找特定函数：在语音识别领域，机器学习算法通过寻找合适的函数，将音频信号准确转换为文本，例如，把一段录音转换为“How are you”；在图像识别领域，机器学习算法试图找到能将图像映射为对应标签的函数，从而从照片中识别出物体（如“猫”）；而在围棋对弈这类复杂任务中，机器学习算法则致力于找到根据棋盘状态预测最佳落子位置的函数。

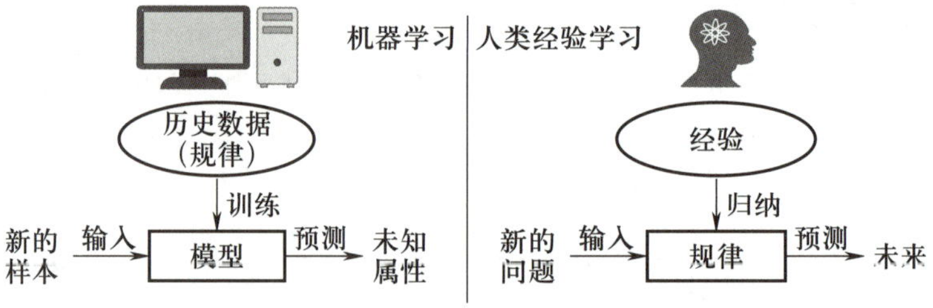

图3-1 机器学习与人类经验学习

1959年，亚瑟·塞缪尔（Arthur Samuel）将机器学习定义为“使计算机能够在没有明确编程的情况下进行学习的研究领域”。这一定义突出了机器学习与传统编程在问题解决方式上的本质区别。传统编程依赖软件工程师预先设计好的解决方案，再通过代码指令让计算机按部就班地执行。机器学习不依赖人类手动编写规则，它通过算法从数据中自动学习任务处理方式。以垃圾邮件识别为例，传统编程需要工程师定义关键词过滤规则，而机器学习只需输入大量已标注的邮件样本，算法便能自动挖掘出垃圾邮件与正常邮件之间的特征差异，并据此对新邮件进行分类预测。这种“通过学习而非编程”的模式，赋予计算机自主学习和适应变化的能力，相比传统编程更灵活高效。

3.1.2 机器学习的分类

机器学习的算法很多，按照学习方式的不同，通常可分为三类：监督学习（Supervised

Learning)、无监督学习(Unsupervised Learning)和强化学习(Reinforcement Learning)。

(1)监督学习:从有标签数据中学习映射关系。

监督学习是最常见的机器学习方式,是使用有标签的训练数据的模型。其目标是学习输入特征与输出标签之间的映射函数,利用该函数实现对新样本的预测,典型任务包括分类和回归。

● 分类:预测样本属于哪个类别。例如,识别一封电子邮件是否为垃圾邮件,判断用户是否会点击某条广告,视觉检测识别手机的划痕或黑斑以及人脸识别等。

● 回归:预测一个连续的数值。例如,预测房价,预测未来的气温,将音频信号转换为文本,通过机器翻译实现不同语言之间的转换等。

监督学习的优点在于目标明确、训练过程可控且评估方式清晰。但其缺点也较明显:依赖大量高质量的有标签数据,获取成本高,且每类任务通常都需构建独立数据集,缺乏通用性。

(2)无监督学习:在无标签数据中挖掘结构。

无监督学习是从无标签数据中自动发现数据中隐藏的结构、模式或者分布特征,典型任务包括聚类和降维。

● 聚类:将相似的数据自动划分为同一组。例如,在电商平台中进行用户群体划分以精准营销,在生物信息学中对基因表达数据进行分组,对文本进行分析自动提取潜在主题词等。

● 降维:将高维数据压缩至低维空间,便于可视化或提升后续任务效率。例如,在人脸识别中使用降维技术压缩特征,提高识别速度。

无监督学习的优势是无须人工标注,能节省大量成本,但也面临结果缺乏统一的评估标准,算法输出通常依赖人工解释等挑战。

(3)强化学习:基于交互试错学习决策策略。

强化学习是一种通过智能体与环境的持续交互来学习最优决策策略的机器学习方法。其核心目标是让智能体在试错过程中,逐步学会根据环境状态选择最佳动作,以最大化长期累积奖励。强化学习不依赖于大规模人工标注,而是依靠环境中的奖励信号完成自主学习,使人工智能具备一定的进化能力。例如,围棋博弈、自动驾驶、机器人控制等。

下面以"学习下围棋"为例,类比说明监督学习、无监督学习和强化学习三者之间的差异。

● 监督学习:由老师教导如何下棋。老师提供大量棋局,并告知每一步的最佳走法(有标签数据)。当学会这些棋局后,再看到新的棋局时可以做出最优决策。

● 无监督学习:自己自学如何下棋,通过阅读棋谱分析总结常见的布局和开局套路,自动归类棋谱等(无标签数据)。

● 强化学习:通过对弈学会如何下棋。反复和对手对弈,每赢一次得奖励,每输一次受惩罚,根据胜负结果不断改进策略从而学会下棋。

当根据是否依赖人工特征设计,机器学习算法大致可分为传统机器学习和深度学习两类。

传统机器学习通常需要专家根据领域知识手动提取和选择特征,然后利用数学建模与统计分析建立预测模型。这类算法主要适用于结构化数据(如表格、数值等),在数据特征较明确且样本量适中的任务中具有良好性能。常见算法包括:线性回归、逻辑回归、K 近邻算法、支持向量机、K 均值聚类以及早期的浅层神经网络等。

深度学习以多层神经网络结构为基础，能够从原始数据中自动提取特征。这类算法特别适合处理图像、语音、文本等非结构化数据，在图像识别、自然语言处理和语音识别等任务中表现出更强的学习能力和泛化能力。通过端到端的学习方式，深度学习模型不仅减少了对人工特征设计的依赖，还具备更强的表示能力与泛化能力。典型的深度学习模型包括：卷积神经网络、残差网络、Transformer 和生成对抗网络等。

3.1.3 机器学习的基本流程

机器学习的基本流程是一个从问题定义到模型优化的系统过程，如图 3–2 所示，具体包括以下步骤。

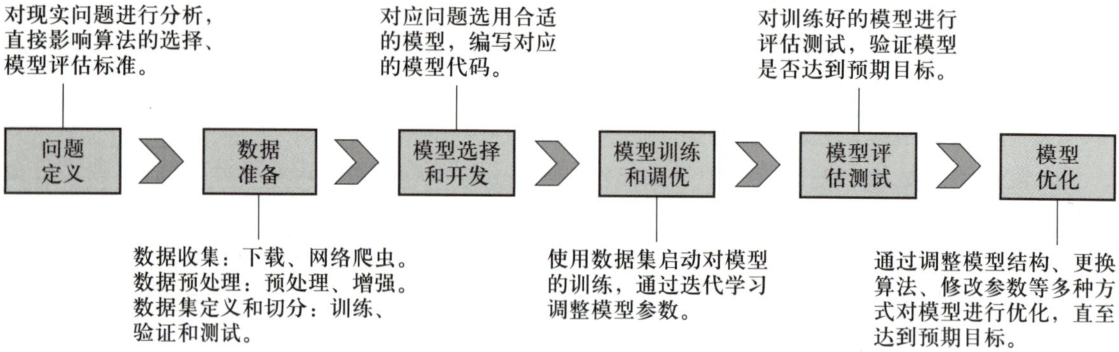

图 3–2 机器学习的基本流程

1. 问题定义

在进行机器学习建模前，首先需要明确问题的类型和目标，才能合理地选择后续的算法和评估方式。例如，预测房价属于回归问题，识别垃圾邮件属于分类问题。

2. 数据准备

数据准备主要包括数据收集、数据预处理和数据集划分三个步骤。

- 数据收集：需要收集与要解决的问题相关的大量数据，数据来源可以是公开数据集、网络爬虫获取的网页或传感器采集的数据等。在鸢尾花分类任务中需要收集鸢尾花的相关数据，可以通过公开的 UCI 机器学习数据库下载，也可以利用 Python 的 Scikit–learn 库来获取。数据的质量和多样性直接影响模型的学习上限，正如机器学习领域的一种经典说法：数据决定了机器学习的上界，而模型和算法只是尽可能去逼近这个上界。
- 数据预处理：收集到的数据可能存在数据缺失、分布不均衡、存在异常值或冗余数据等问题，需要对数据进行清洗和处理，使其符合模型训练的要求。
- 数据集划分：将数据集分为训练集、验证集和测试集（也可没有验证集）。训练集用于模型学习规律，验证集用于调参优化，而测试集则用于最终评估模型的泛化能力。

3. 模型选择和开发

在模型选择和开发阶段，需根据问题特性挑选合适的算法工具。例如，对于分类问题可以选择逻辑回归、决策树、支持向量机或神经网络等；回归问题则可以使用线性回归和随机森林等。近年来，深度学习模型在图像、语音等领域表现尤为突出。

4. 模型训练和调优

将训练集输入模型，通过迭代学习调整模型参数，使其能够学习到数据中的规律。

5. 模型评估测试

需要使用测试集对训练好的模型进行评估，分类问题和回归问题有各自的评价指标。如果模型的性能达到或超过了预期目标，就可以将模型部署到实际应用中。

（1）分类问题的评价指标。

混淆矩阵：展示了模型在不同类别上的正确分类与错误分类，以二分类的疾病诊断问题为例，预测结果和实际情况可能有如下四种组合。

- 真正例（True Positive，TP）：预测为患病，实际也患病。
- 真反例（True Negative，TN）：预测为未患病，实际也未患病。
- 假正例（False Positive，FP）：预测为患病，实际未患病（误诊）。
- 假反例（False Negative，FN）：预测为未患病，实际患病（漏诊）。

以疾病诊断为例，共有 100 人，其中 60 人患病，40 人未患病。模型预测了 50 人患病，其中真正患病的有 40 人；预测未患病的 50 人中，有 30 人确实未患病，则疾病诊断混淆矩阵如图 3-3 所示。

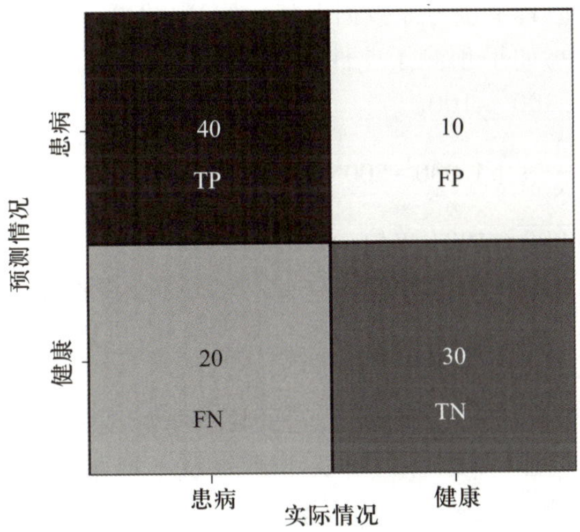

图 3-3 疾病诊断混淆矩阵

混淆矩阵是计算其他分类评价指标的基础，由混淆矩阵可以衍生出准确率。

准确率（Accuracy）：模型预测正确的样本占总样本的比例。

$$准确率 = \frac{真正例 + 真反例}{真正例 + 真反例 + 假正例 + 假反例}$$

例如，在疾病诊断的例子中，准确率 $= \frac{40+30}{100} = 0.7$。准确率是最常用的分类问题评价指标，当准确率数值较高时，说明模型整体分类效果较好。但需要注意的是，当数据集类别不均衡时，准确率可能会误导对模型性能的判断。例如，在一个疾病诊断的数据集中，如果 99% 的人都是健康的，那么一个预测结果恒为健康的模型也能达到 99% 的准确率，但这显然不是一个好模型。

对于分类模型的评估，除了准确率之外，还存在多种重要的评价指标，例如，精度（Precision）、召回率（Recall）、F1 分数（F1-Score）以及 ROC 曲线等。此处不再逐一深入阐释，可以扫描二维码获取更多的参考

课后文档

分类问题的评价指标

资料。

（2）回归问题的评价指标。

假设测试样本数量为 n，实际值为 y_i，实际值的平均值为 $\bar{y}_i$，对应的预测值为 $\hat{y}_i$。

均方误差 *MSE*：衡量预测值与实际值之间的平均平方差。

$$MSE=\frac{1}{n}\sum_{i=1}^{n}(\hat{y}_i-y_i)^2$$

MSE 是回归问题中常用的一种评价指标，*MSE* 的值越小，说明模型的预测结果越接近实际值。但是 *MSE* 可能会过度放大少数数值较大误差的影响，无法准确反映模型的整体误差情况。

均方根误差 *RMSE*：是均方误差 *MSE* 的平方根。

$$RMSE=\sqrt{\frac{1}{n}\sum_{i=1}^{n}(\hat{y}_i-y_i)^2}$$

RMSE 与 *MSE* 类似，但其单位与原数据保持一致，因此更容易体现误差的实际大小。

在预测房价的例子中，如果预测了 5 件商品的价格，预测值与实际值的误差（单位：元）分别为 1 000、500、−200、300、−100。

那么均方误差 $MES=\frac{1}{5}\times[1\ 000^2+500^2+(-200^2)+300^2+(-100^2)]=240\ 000$（单位：元^2），均方根误差 $RMSE=\sqrt{240\ 000}\approx490$（单位：元）。

对于回归模型的评估，除了 *MSE* 和 *RMSE* 之外，还存在多种重要的评价指标，例如，可决系数 R^2、平均绝对误差 *MAE* 等。此处不再逐一深入阐释，可以扫描二维码获取更多的参考资料。

课后文档

回归问题的评价指标

在实际应用中，选择合适的评价指标至关重要。单一指标难以全面评估模型性能，需综合运用多种指标，从不同角度评价，才能客观衡量模型优劣，选出契合任务需求的模型。

6. 模型优化

若模型的性能未达到预期目标，则需要采用调整模型结构、更换算法、修改参数等多种方式对模型进行优化，直至达到预期目标。

以上就是机器学习的基本流程，机器学习能够从大量数据中自动学习到有用的知识和模式，实现对未知数据的预测和决策，为解决各种实际问题提供有效的方法和手段。

3.1.4 过拟合与欠拟合

机器学习的核心目标并非追求模型在训练数据集上的优异表现，而是着重提升泛化能力，即模型在面对从未见过的样本（即测试集）时，仍能保持稳定、准确的预测性能。然而在实际训练过程中，模型常常陷入过拟合与欠拟合，如图 3−4 所示。

所谓过拟合，就是指模型在训练集上表现极佳，但在新的或未见过的测试集上性能骤降。与之相反，欠拟合则是指模型无法充分学习到数据中的潜在规律，导致在训练集和测试集上的表现都较差。理想的模型是过拟合与欠拟合之间的一个平衡点，即正常拟合状态，使得模型具备良好的泛化性能。

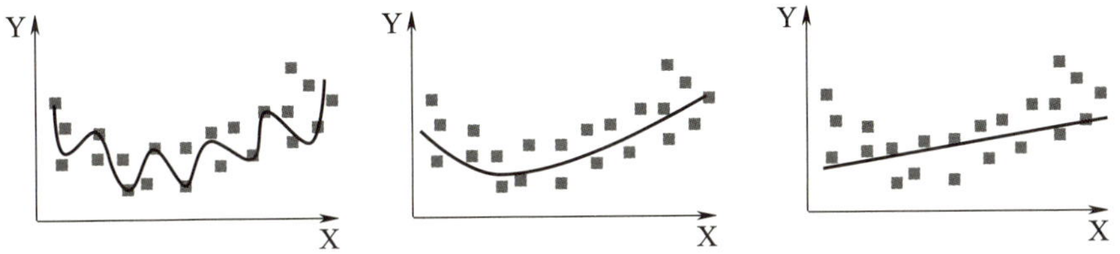

(a) 过拟合 $\theta_0+\theta_1x+\theta_2x^2+\theta_3x^3+\theta_4x^4$　(b) 正常拟合 $\theta_0+\theta_1x+\theta_2x^2$　(c) 欠拟合 $\theta_0+\theta_1x$

图 3–4　过拟合、正常拟合与欠拟合

过拟合和欠拟合都会严重削弱模型的泛化能力,但成因迥异。过拟合主要源于三个方面:一是训练数据含噪声,模型误将异常数据当作规律学习;二是样本量不足,当模型参数多而数据少时,模型容易记忆样本细节却无法提炼通用规律;三是模型过度复杂,强大的拟合能力使其学习到无意义的偶然特征。对此,常用的应对策略包括:增加训练数据,丰富数据多样性以帮助模型学习普适规律;降低模型复杂度,简化网络结构或决策树深度;引入正则化,通过惩罚项约束模型参数,避免过度拟合。欠拟合则主要由于模型复杂度不足和训练不充分。简单模型难以捕捉数据的复杂规律,而训练迭代不足会使参数无法充分优化。解决欠拟合可通过添加新特征、增强模型复杂度、优化训练过程等方式,帮助模型更好地学习数据特征与规律。

3.2 传统机器学习算法

在机器学习的发展历程中,传统机器学习算法作为基石,历经长期实践检验与优化,至今仍在众多领域发挥关键作用。它们基于数学理论与统计方法构建,具有原理清晰、可解释性强等特点。无论是解决数据分类、回归预测或聚类等任务,这些传统机器学习算法都以其独特的优势与适应性,为后续深度学习等前沿技术的发展奠定了坚实基础。

3.2.1 监督学习算法

1. 线性回归

线性回归是最基础、最常用的监督学习算法之一,主要用于回归任务。它假设输入特征与输出(目标变量)之间存在线性关系,模型的目标是学习一个"最优直线"来逼近这种关系。

以房价预测为例解释线性回归的基本思想。假设希望根据房屋面积预测房屋的售出价格,尽管房价可能受到多种因素的影响,如面积、房间数量、地段、朝向等,为了简化问题,先假设售出价格仅由房屋面积决定。一些房屋面积与售出价格的记录数据,详见表 3–1。如果遇到一个房屋面积为 110 m^2 的房屋,在表 3–1 中没有相关记录,那么该如何评估该房屋的售出价格呢?此时需要建立房屋面积与售出价格之间的函数关系。

将房屋面积和售出价格绘制在二维直角坐标系中(图 3–5a),X 轴表示房屋面积,Y 轴表示售出价格。然后,利用一条形如 $f(x)=wx+b$(w 是斜率,b 是截距)的直线去拟合这些数据,如图 3–5b 所示。如果有新的房屋面积数据 x,就可以根据这条直线预测出相应的售出价格 y。

表 3-1　房屋面积与售出价格记录

房屋面积 /m²	售出价格 / 万元	房屋面积 /m²	售出价格 / 万元
123	250	102	220
150	320	96	200
87	160	65	130

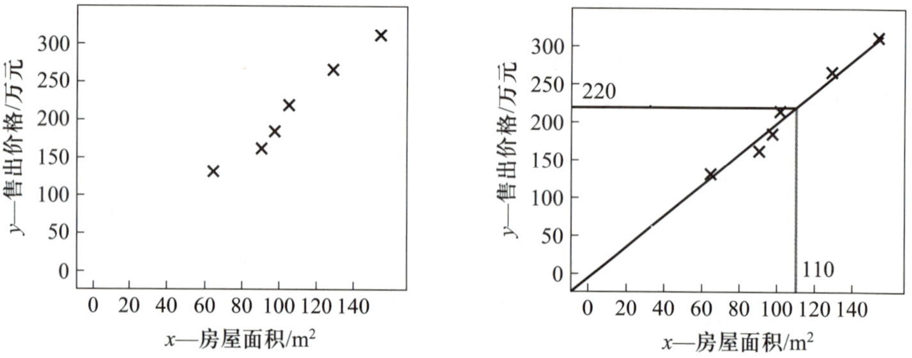

(a) 房屋面积与售出价格之分布　　(b) 房屋面积与售出价格之函数关系

图 3-5　房价预测

上述的模型输入特征（房屋面积）和输出（售出价格）之间是线性关系，且只涉及一个输入特征，因此被称为一元（单变量）线性回归。实际上，售出价格不仅和房屋面积有关系，还可能和楼层、房间数量等其他因素有关系，则模型可以表示为：$f(x)=w_1x_1+w_2x_2+w_3x_3+b$。其中，$x_1$ 代表房屋面积，x_2 代表楼层，x_3 代表房间数量。这种含有两个及以上输入特征的线性方程，被称为多元（多变量）线性回归，其本质仍然是输入特征的线性组合。更一般地，线性回归模型可以表示为：$f(x)=w_1x_1+w_2x_2+\cdots+w_nx_n+b$。其中，$x_1, x_2, \cdots, x_n$ 是输入特征，$w_1, w_2, \cdots, w_n$ 是待学习的权重参数。

在实际拟合过程中，可能存在多条不同的直线来贴近训练数据，如图 3-6 所示。但若希望找到最准确的一条，就需要引入损失函数的概念。常用均方误差 MSE 作为损失函数 J：$J=MSE=\dfrac{1}{n}\sum_{i=1}^{n}(\hat{y}_i-y_i)^2$。其中 n 是样本数量，y_i 是第 i 个样本的实际价格，$\hat{y}_i$ 是第 i 个样本的模型预测价格。若找到最优的参数 w 和 b 使得损失函数 J 达到最小，则说明模型的预测值与实际值之间的差异就越小，模型的性能就越好。

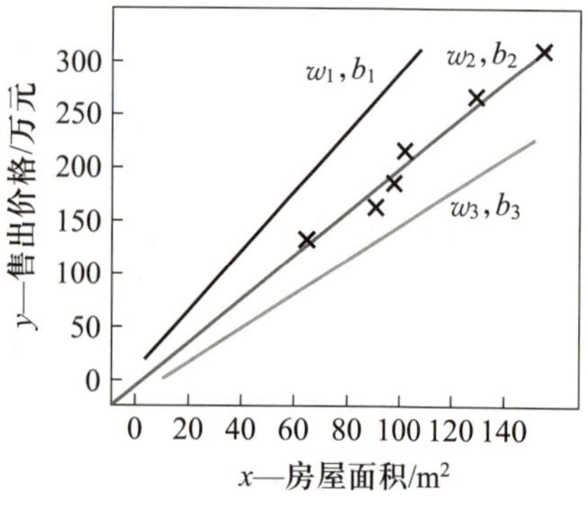

图 3-6　拟合直线差异

如何找到模型的最优参数使得损失函数 J 达到最小呢（使拟合直线尽可能地贴近训练数据点）？为了实现这一目标，引入梯度下降法。梯度下降法是一种常用的最优化算法，可用于寻找函数最小值。在机器学习中，它被用来最小化损失函数 J，从而优化模型参数。

以一元线性模型 $f(x)=wx$ 为例。假设有 3 个样本点（1，1），（2，2），（3，3）。尝试让 w 取 1，0.5，0，相应

的损失 J 分别为 0, 3.5/3, 14/3, 如图 3-7 所示。将不同的 w 与对应的 J 绘制成如图 3-8 所示的曲线，可以发现损失函数 J 随着参数 w 的变化呈抛物线型，最低点在 w=1 处，此时模型最优。

假设模型有两个参数 w 和 b，则 $f(x)=wx+b$，损失函数就变成三维空间中开口向上的抛物面，抛物面最低点对应的是全局最优参数，如图 3-9 所示。然而，当模型有三个或者更多参数时，参数与损失的关系曲线就很难通过图像直观地展现出来了。损失函数的形式也更多样，可能存在局部最优值，如图 3-10 所示。

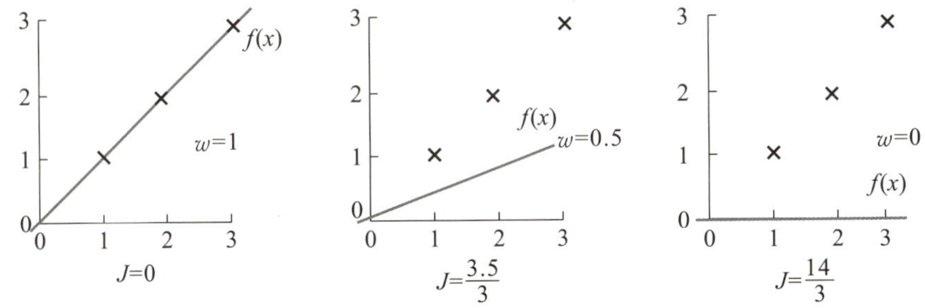

图 3-7 一元线性模型 $f(x)=wx$ 举例

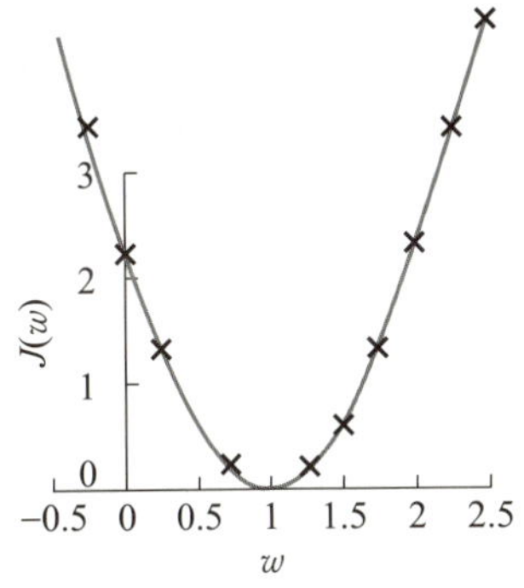

图 3-8 一元线性模型单参数 w 与损失函数 J 之间的关系

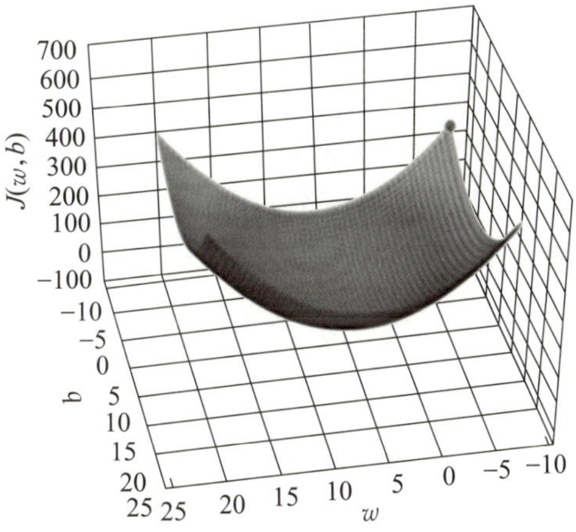

图 3-9 两个参数 w 和 b 与损失函数 J 之间的关系

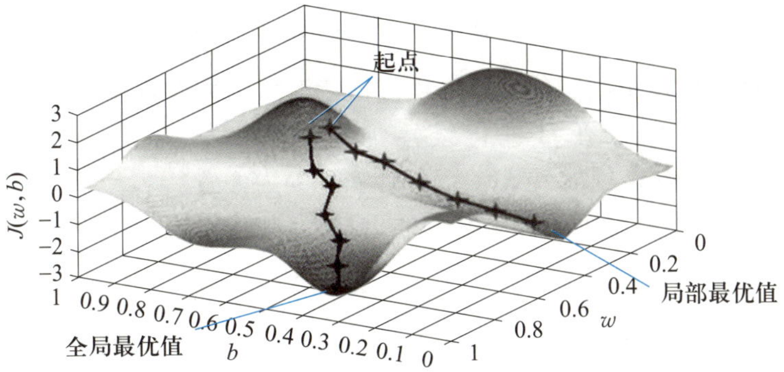

图 3-10 损失函数 J 的局部最优值

采用梯度下降法来寻找损失函数 J 最小时对应的参数 w 和 b。梯度下降法的核心思想是：每次迭代时，从随机初始化的 w_0 和 b_0 出发，计算损失函数 J 对参数 w 和 b 的偏导数（即梯度），沿着损失函数下降最快的方向（即梯度的反方向）更新参数，让损失减小。通过多次梯度下降，最终能找到损失函数最小时对应的最优参数。

用下山找路的例子类比梯度下降法，想象站在一座大山的山腰上，目标是以最快的速度走到山脚，可以每次顺着坡最陡的方向往下走一步，然后再调整一下方向，这样不断调整方向，最终走到山脚。在这个过程中，这座山代表损失函数的曲面，山脚就是损失函数的最小值点（即模型最优状态），当前所在的位置就是当前模型的参数值，山的坡度就是损失函数对参数的导数（即梯度）。沿着损失函数下降最快的方向（梯度反方向）更新参数，就像不断调整下山路线，经过多次迭代，最终抵达山谷底部，找到最优参数。这里还要注意下山的步长，步长在梯度下降法中被称为“学习率”。如果步长太大，可能导致“滑出边界”；如果步长太小，又会走得太慢，甚至卡在山坡的小凹陷里，陷入局部最优。此外，选择不同的初始参数，就像在山上更换不同的起点出发，可能会走到不同的“小山谷”（局部最优值），如图 3-10 所示。整个寻找最优参数的训练过程，就是在不断调整模型参数，努力从这些局部最优值中找到全局最优值的过程。

2. 逻辑回归

逻辑回归尽管名称中含有“回归”二字，实际上是一种用于分类任务的经典监督学习算法。它通过将线性回归模型与概率转换函数相结合，基于输入特征预测样本属于某一类别的概率，从而实现对类别的判定。例如，可以用于判断一封邮件是否为垃圾邮件，一个人是否患病等问题。

逻辑回归的理论基础源自线性回归，但直接使用线性模型进行分类会导致预测值超出概率区间（0，1）。为了解决这个问题，逻辑回归引入了 Sigmoid 函数，又称为逻辑函数，它能够将任意实数映射到（0，1）区间，从而将线性模型的输出转化为有效的概率估计，如图 3-11 所示。

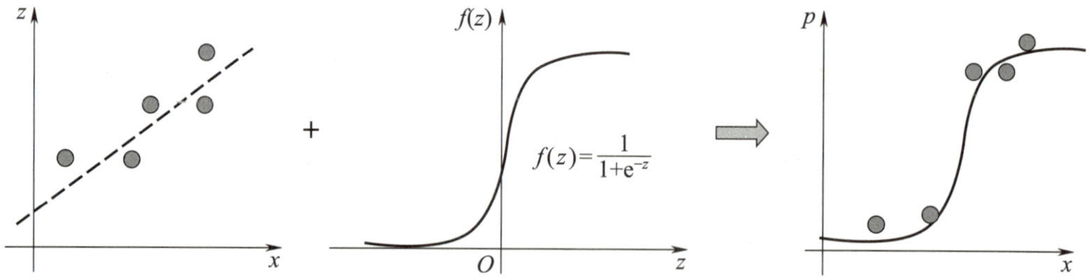

图 3-11 逻辑回归

以二分类问题为例，逻辑回归的建模过程包括以下两个关键步骤。

（1）线性组合：对输入变量进行线性加权求和 $z=w_1x_1+w_2x_2+\cdots+w_nx_n+b$。其中，$w_1$，$w_2$，$\cdots$，$w_n$ 为各特征权重；x_1，x_2，$\cdots$，x_n 为输入特征；b 为偏置。

该线性组合综合了所有特征对分类结果的贡献，但其输出值 $z\in(-\infty,+\infty)$，不符合概率取值范围。

（2）概率转换：将输出值 z 输入 Sigmoid 函数 $f(z)=\dfrac{1}{1+e^{-z}}$，由此得到区间（0，1）内的概率值，代表样本属于某一类的概率估计。若输出概率大于 0.5，则预测类别为 1；否则预测类别为 0。

逻辑回归的训练目标是寻找一组最优的参数 w 和 b，使得模型输出的概率尽可能贴近真实分类标签。这一过程通常由最大似然估计完成，使用的损失函数为交叉熵损失函数。

逻辑回归模型简单、计算效率高，结果具有良好的可解释性（权重反映特征影响程度），能够输出概率而非硬标签。因此，逻辑回归广泛应用于医疗诊断、金融风控、广告点击预测、社会调查等领域。

3. *K* 近邻算法

K 近邻算法（K-Nearest Neighbors，KNN）是一种简单直观的监督学习算法，广泛应用于分类和回归任务中。其核心思想源于“物以类聚”的经验规律——相似的样本在特征空间中距离通常较近。KNN 是寻找与待预测样本最相似（即近邻）的 *K* 个样本，根据这些邻居的类别或数值来估计预测样本的值，如图 3-12 所示。

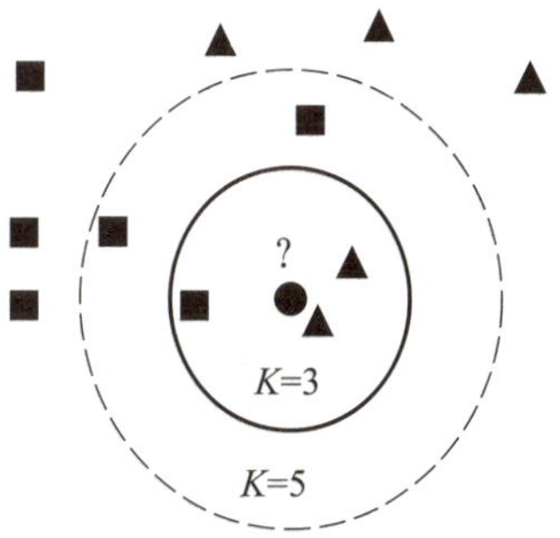

图 3-12 *K* 近邻算法

从算法实现角度，KNN 可以概括为三个基本步骤。

（1）计算距离：在对新样本进行预测时，KNN 会计算该样本与训练集中所有数据点之间的距离。这一步是算法的核心，常用的距离度量方法包括欧氏距离、曼哈顿距离、闵可夫斯基距离以及余弦相似度等。不同的距离函数定义了不同的“相似性”标准，直接影响分类或回归效果。

（2）选择 *K* 值：距离计算完成后，选取与待预测样本最近的 *K* 个邻居。*K* 值的选择对模型性能至关重要，它控制了模型对局部与全局信息的关注程度。

（3）做出预测：对于分类任务，*K* 个邻居中出现频率最高的类别会被赋给预测样本；对于回归任务，邻居目标值的平均值会被作为预测输出。

KNN 属于“惰性学习”算法，无须显式的训练过程，预测时直接利用样本间的距离关系进行决策。这种方法在数据分布清晰、样本质量较高的情况下效果良好。

思考：*K* 值对模型表现有何影响？

当 *K* 值过小时，模型过于关注局部特征，容易对噪声敏感，导致过拟合；而当 *K* 值过大时，模型决策趋于平均化，可能忽略关键细节，出现欠拟合。实际应用中，常使用交叉验证等方法来选取最优 *K* 值，以在模型复杂度与泛化能力之间取得平衡。

4. 支持向量机

支持向量机（Support Vector Machine，SVM）是一种监督学习算法，最初用于二分类问题，但也可以拓展到多分类和回归任务。其核心思想是在特征空间中寻找一个最优的决策边界（也称为超平面），将不同类别的数据点尽可能清晰地分开，使得该平面到两类样本中最近的数据点之间的间隔最大。

下面通过一个二维平面的例子来说明支持向量机的原理，图 3-13 中分布着两类数据点，分别以 ○ 和 ● 表示，两条直线 *M* 和 *N* 分别对应了两个分类的决策边界。观察图中决策边界到最近样本点的距离，显然图 3-13a 中的距离大于图 3-13b，这个距离称为间隔。SVM 就是要找到一个决策边界，到各个样本的间隔是最大的。支撑这个间隔的样本（距离决策边界最近的样本点）被称为支持向量，它们对于确定超平面的位置和方向至关重要。

在二维空间中，决策边界就是一条分隔两类数据的直线，如图 3-13 所示；在三维空间中则是一个平面，如图 3-14 所示。而在更高维空间中，超平面是一种将空间划分为两个部分的几何结构，尽管无法直观可视化，但其数学定义依然有效。SVM 通过对训练数据的学习

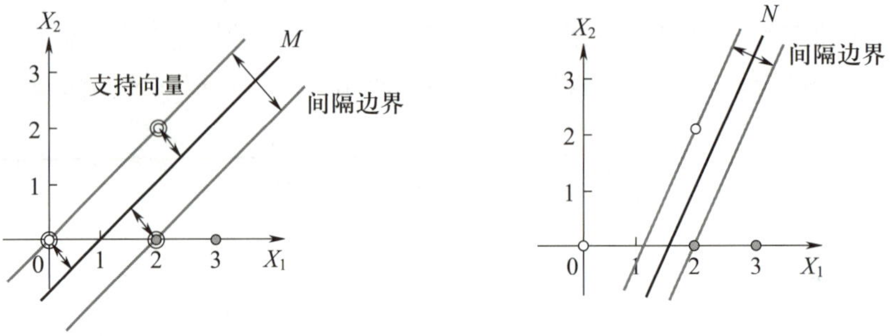

(a) 决策边界M　　(b) 决策边界N

图 3-13　二维平面中的支持向量机

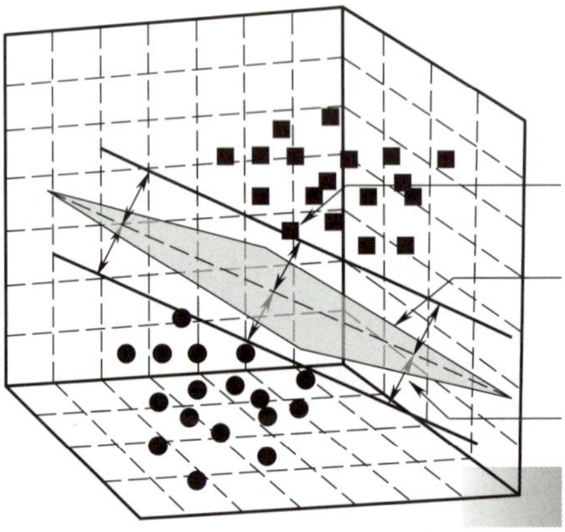

图 3-14　三维空间中的支持向量机

确定支持向量，并据此构建出最优的分类超平面。在对新的数据进行分类时，只需计算其与这些支持向量在高维空间中的关系，就能判断新数据点属于哪个类别。

然而在现实世界中，很多数据集并不是线性可分的。SVM 借助核函数能够将原本在低维空间中难以线性分割的数据映射到一个更高维的空间，在这个高维空间中实现线性可分，如图 3-15 所示。常见的核函数有线性核、多项式核、径向基函数核等，不同的核函数适用于不同类型的分布情况，为支持向量机处理复杂数据提供了极大的灵活性。

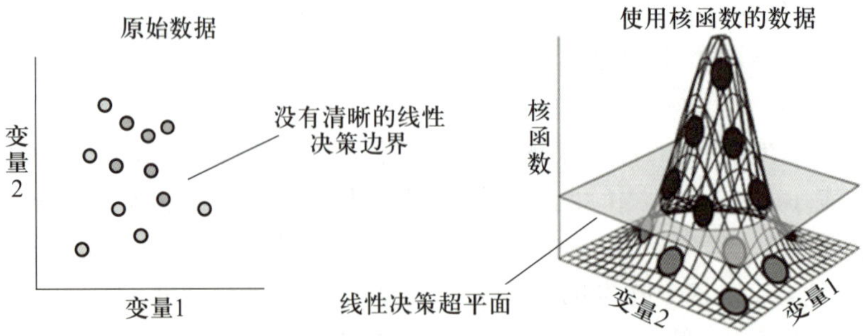

图 3-15　高维空间中的支持向量机

支持向量机的优势不仅在于其扎实的理论基础，还体现在实际应用中的诸多好处。它在小样本、非线性以及高维数据的处理上表现出色，不容易陷入局部最优解，能够有效避免过拟合，保证模型的稳定性和准确性。不过，支持向量机也有一些局限性，比如在大规模数据集上的训练速度相对较慢，参数的选择（如核函数、惩罚参数等）对模型的性能影响较大，需要进行调参优化。

任务案例：利用逻辑回归实现手写数字识别

任务描述

本任务旨在使用 Scikit-learn 构建基于逻辑回归的分类模型，在 MNIST 手写数字数据集上训练并测试模型，实现对 0 ~ 9 手写数字的自动识别，通过该实践案例强化对机器学习、逻辑回归和模型评估的理解。

代码实现

利用逻辑回归实现手写数字识别

任务目标

- 学会使用逻辑回归完成图像分类的整个流程：数据预处理、模型训练和性能评估。
- 掌握 Scikit-learn 在机器学习中的应用，特别是在逻辑回归模型的构建和训练中。
- 理解逻辑回归模型训练过程中参数设置（如正则化强度和迭代次数）对模型性能的影响。

一、任务准备

1. 安装 Python 3.10。
2. 安装必要的 Python 库：Numpy、Scikit-learn、Matplotlib 以及 Seaborn。
3. 下载 MNIST 数据集。

二、任务实施

步骤 1：导入必要的库。

步骤 2：数据准备。加载 MNIST 数据集。

步骤 3：数据预处理。将图像拉伸成一维向量，对像素值进行归一化处理，并划分为训练集和测试集。

步骤 4：构建并训练逻辑回归模型。使用训练集对逻辑回归模型进行训练，在训练过程中通过最大化似然函数来优化模型参数。

步骤 5：模型评估。使用测试集评估模型性能，发现模型分类准确率为 91.71%，混淆矩阵如图 3-16 所示。

步骤 6：可视化错误样本。可视化部分模型预测结果，如图 3-17 所示。观察模型正确预测的数字图像和错误预测的数字图像，找出可能的改进方向。

三、知识拓展

1. 对比不同正则化参数对模型性能的影响。
2. 分析模型在训练过程中出现的过拟合或欠拟合情况。
3. 调整迭代次数并尝试增强模型复杂度。

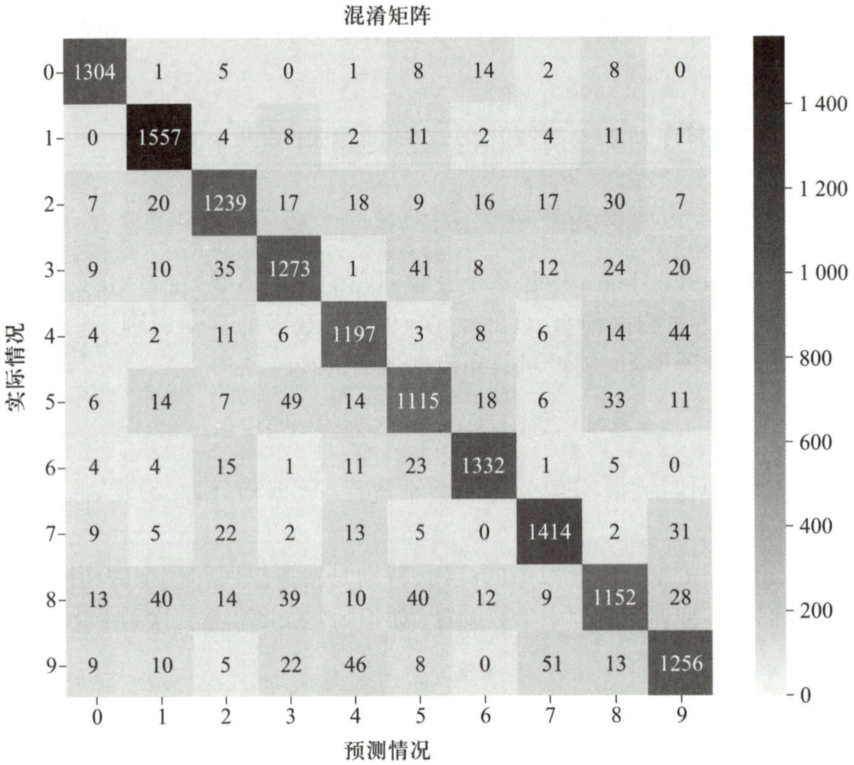

图 3–16　测试集混淆矩阵

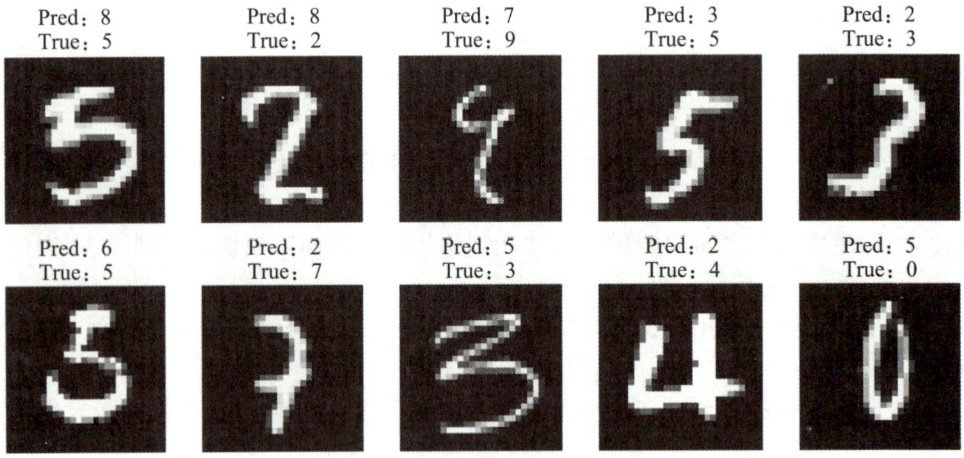

图 3–17　可视化部分模型预测结果

3.2.2　无监督学习算法

1. *K* 均值聚类算法

K 均值聚类算法是一种常用的无监督学习算法，其目标是将一组无标签数据点划分为 *K* 个簇，使得同一簇内的数据点相似度高，而不同簇之间的数据点差异显著。下面以将二维空间中的一组数据点聚成三类为例来说明 *K* 均值聚类算法的原理，如图 3–18 所示。

（1）初始化：从数据集中随机选择 *K* 个点作为初始质心。

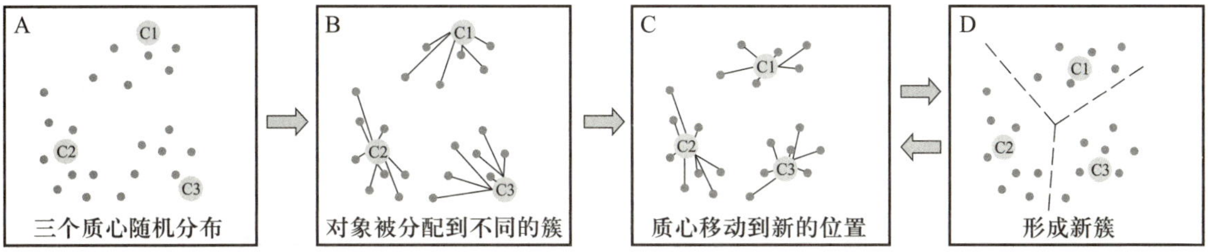

图 3-18 *K* 均值聚类算法原理

（2）分配样本：将每个数据点分配给距离最近的质心，从而形成 *K* 个簇。

（3）更新中心：对每个簇，计算该簇内所有数据点的均值，并将其作为新的质心。

（4）重复迭代：重复执行“分配样本”和“更新中心”两步，直到质心的位置变化非常小，或者达到预设的最大迭代次数。

（5）输出结果：返回最终的聚类结果，每个数据点都被归入某一簇中。

假设掌握了一组超市顾客的购买数据，包括每位顾客偏好的商品种类、购买频率和消费金额。通过 *K* 均值聚类算法，可以将这些顾客划分为三类：高频率购买高价值商品的顾客群体、偶尔购买基础生活用品的顾客群体和频繁购买折扣商品的顾客群体。这样，商家可以针对不同顾客群体，制定个性化的营销策略。*K* 均值聚类算法简单直观，易于实现，适合处理大规模、具有明显簇状结构的数据。通过调整簇数 *K*，可以灵活控制聚类粒度。然而，该算法需要预先设定簇数 *K*，对初始质心敏感，且在处理非规则形状或密度不均的数据时效果有限。

2. PCA 算法

通常认为数据的维度越高，所蕴含的信息越丰富，越有利于分析。但是如果特征过多，甚至包含大量冗余信息，不仅会导致模型的训练时间大幅增加，还容易引发“维度灾难”——即在高维空间中数据变得稀疏，计算复杂度急剧上升，模型效果反而下降。在这种情况下，对数据进行降维反而是一种更有效的策略。主成分分析（PCA）是一种经典的降维算法，旨在将数据从原始高维转换到低维，同时尽可能保留原始数据中的关键信息。

下面通过一个学生考试成绩（表 3-2）的例子来解释 PCA 算法的原理。当使用不同的图像展示成绩时，图像如图 3-19 所示。如果只考虑语文成绩，那么可以将其表示在一维坐标，如图 3-19a 所示；如果考虑语文和数学成绩，那么可以用二维平面展示，如图 3-19b 所示；如果再加上英语成绩，那么可以构建三维空间，如图 3-19c 所示。图中点的大小表示与原点的距离，点越大表示距离原点越近。通过这些图形，可以直观地看出哪些学生是成绩优秀的，哪些学生是成绩相对较弱的。但当考虑所有四门课程时，数据维度变为四维，无法通过直观的图像来展示，这时就需要借助 PCA 算法来进行降维。

表 3-2 学生考试成绩

	学生 1	学生 2	学生 3	学生 4	学生 5	学生 6
语文	10	11	8	3	1	2
数学	6	4	5	3	2.8	1
英语	12	9	10	2.5	13	2
法治	5	7	6	2	4	7

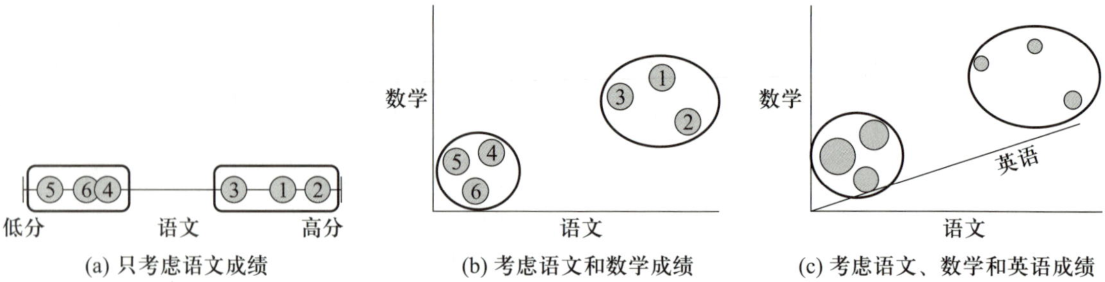

图 3-19 用图像展示成绩

暂时聚焦于语文和数学成绩，在图 3-20a 和图 3-20b 中各有一条直线。在图 3-20b 中更容易找到一条穿过数据点的直线，使得所有点在这条直线上的投影尽可能分散，也就是在这条直线上的方差较大，将这条“最能代表数据变化方向”的直线称为“第一个主成分（PC1）”。若这条主成分直线的斜率为 0.25，可以将它理解为一种学习能力的组合，即：1 份数学 +4 份语文。这样可以用一个新维度（PC1）代替了原本两个维度（语文和数学），虽然会损失部分信息，但整体趋势仍能很好地保留。

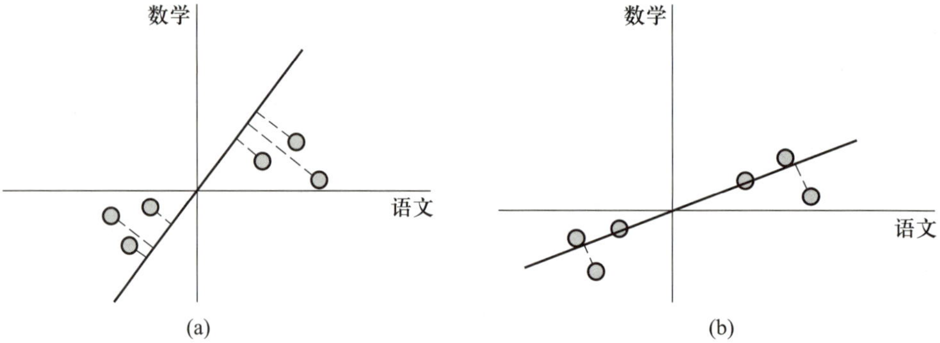

图 3-20 PCA 算法

可以看出，PCA 的核心目标是通过寻找一组新的正交坐标轴（称为主成分），使得数据在这些坐标轴上的投影方差最大化。方差的大小反映了数据在该方向上的信息量，因此方差最大的方向即为主成分方向。第一个主成分对应方差最大的方向，第二个主成分则是在与第一个主成分正交的前提下方差次大的方向，依此类推。当选择前两个或前三个主成分来代表原来的数据，原本高维的数据现在只用二维或三维就可以表达，从而实现有效的降维和可视化。

PCA 被广泛应用于图像处理（如人脸识别）、金融分析（如股票收益关联分析）以及生物信息学中的基因表达数据降维，能够有效提取数据中的关键信息。值得注意的是，PCA 虽然强大但也有其局限性。作为一种线性方法，它难以捕捉数据中的非线性关系，处理螺旋形分布或环形分布的数据效果较差。此外，PCA 对异常值较为敏感，极端值可能显著改变主成分方向，因此在应用前需要进行数据清洗。

任务案例：利用 PCA 实现人脸识别

代码实现

利用PCA 实现人脸识别

任务描述

本任务旨在构建基于主成分分析（PCA）的分类模型，在 LFW 人脸数据集上训练并测试模型，实现对人脸的自动识别，通过该实践案例强化对机器学习、PCA 降维和模型评估的理解，如图 3-21 所示。

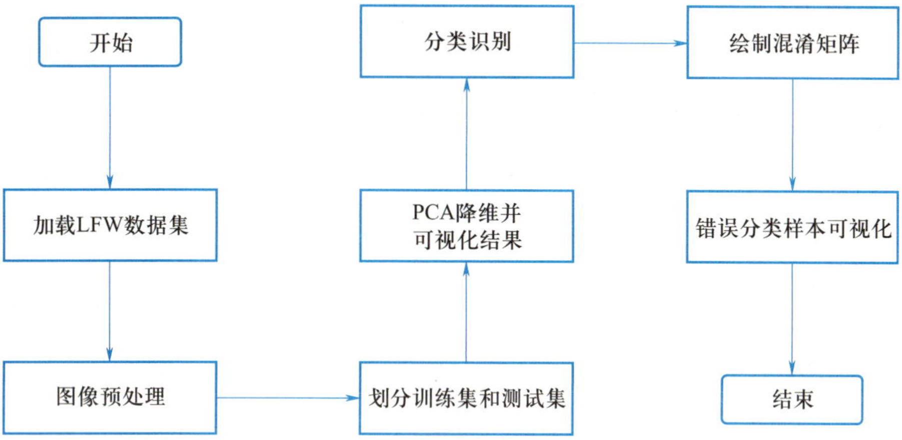

图 3-21 利用 PCA 实现人脸识别

任务目标

- 学会使用 PCA 完成人脸识别的整个流程：图像预处理、特征降维和分类性能评估。
- 掌握 Scikit-learn 在机器学习中的应用，特别是在 PCA 降维和 K 近邻算法的构建与实现中。
- 理解 PCA 参数设置（如主成分数量）对人脸识别性能和特征提取效果的影响。

一、任务准备

1. 安装 Python 3.10。
2. 安装必要的 Python 库：Numpy、Scikit-learn、Matplotlib 以及 Seaborn。
3. 下载 LFW 人脸数据集。

二、任务实施

步骤 1：导入必要的库。

步骤 2：数据准备，加载 LFW 数据集。

步骤 3：图像预处理并划分训练集和测试集。调节图像尺寸并完成标准化，将图像从二维数组转换为一维向量。

步骤 4：PCA 降维。使用主成分分析对图像高维特征进行降维，保留前 n 个主成分。

步骤 5：可视化结果。对 PCA 降维后的主成分向量进行可视化，展示每个主成分所代表的“特征脸”，即人脸数据中最具代表性的构成模式，如图 3-22 所示，帮助理解降维后的特征空间含义。

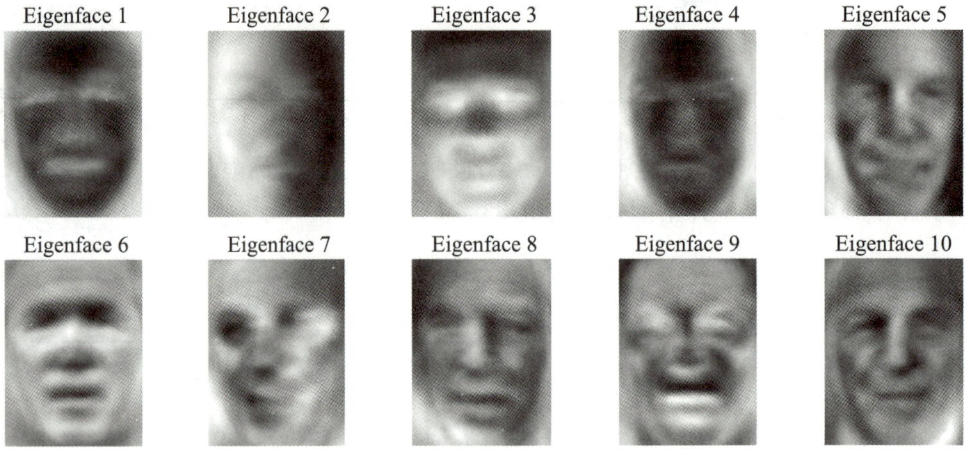

图 3-22 降维后的主成分向量可视化

步骤 6：分类识别。利用 K 近邻算法对降维后的测试集进行分类预测。

步骤 7：绘制混淆矩阵。通过热力图将混淆矩阵可视化，直观展示每个类别识别的准确与混淆情况，如图 3-23 所示。

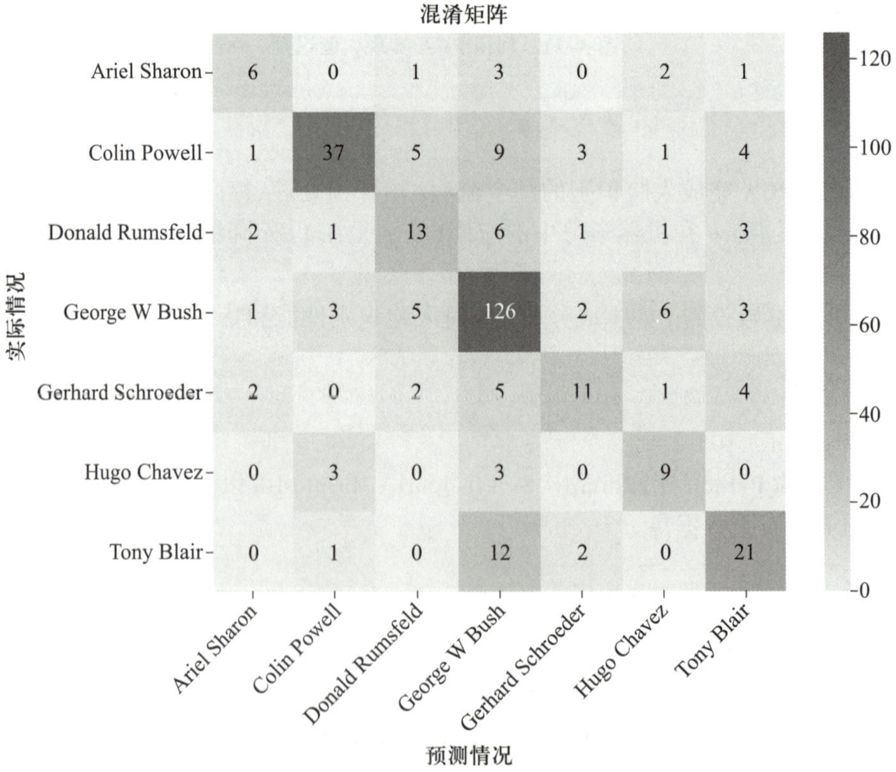

图 3-23 混淆矩阵可视化

步骤 8：错误分类样本可视化。挑选部分预测错误的样本，展示其原始图像、实际标签与预测标签，对比分析分类错误的可能原因，如图像模糊、角度差异或光照影响，辅助对模型误差的理解。

三、知识拓展

1. 对比不同主成分数量对模型性能的影响。
2. 分析模型在训练过程中出现的过拟合或欠拟合情况。
3. 调整降维参数并尝试增强分类器复杂度。

3.2.3 强化学习

2017年,人工智能程序AlphaGo战胜围棋世界冠军李世石,震惊世界。它背后的关键技术之一——强化学习,也由此走入大众视野。强化学习是一种模拟人或动物在环境中不断试错学习的方法,通过不断尝试并获取反馈,最终学会做出最优决策。

强化学习主要包括以下核心要素:① 智能体(Agent):学习与决策的主体;② 环境(Environment):智能体所处的外部世界;③ 状态(State):环境在某一时刻的具体情况;④ 动作(Action):智能体可以采取的行为;⑤ 奖励(Reward):环境对智能体动作的反馈信号,用于引导策略优化。

强化学习的学习过程可以理解为一个“观察—行动—反馈—调整”的闭环。

(1)智能体观察当前环境的状态。

(2)依据一定的策略选择一个动作。

(3)由于动作,环境转移到新的状态,与此同时根据此时状态的好坏,反馈给智能体一个奖励。

(4)智能体根据环境的反馈调整自己的策略,优化后续决策。

(5)重复上述过程,智能体在环境中不断探索,最终学习到能够获得最大奖励的最优策略。

以AlphaGo为例,它利用强化学习算法,通过试错的方式逐步优化下棋策略,如图3-24所示。具体来说,下棋的程序是智能体,棋盘局势(棋子位置、布局等)构成状态,程序每次落子即为动作,AlphaGo会根据当前棋局状态采取行动。如果胜利则获得正奖励;如果失败则获得负奖励;如果胜负未分,则根据局势给出评分奖励。通过反复的自我对弈,AlphaGo逐步掌握了在不同棋局中做出最优落子的策略。当面对一个新的棋局时,它会评估每个可能落子的位置对应的奖励值,并选择预期奖励最高的位置落子。凭借强化学习的策略,AlphaGo最终具备了超越人类围棋高手的实力。

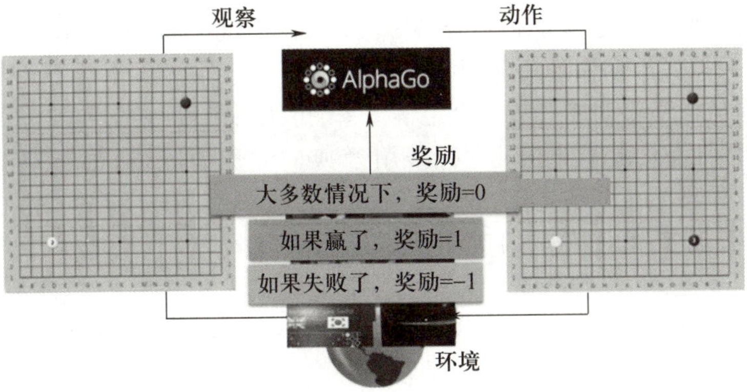

图3-24 基于强化学习算法的AlphaGo

任务案例：利用强化学习实现迷宫最短路径探索

任务描述

代码实现

利用强化学习实现迷宫最短路径探索

迷宫问题是人工智能中的经典路径规划问题。在一个封闭的空间中，智能体需要从起点出发，经过若干步骤找到通往终点的最优路径。本任务旨在设计一个二维迷宫环境（如 5×5 网格），起点在左上角，终点在右下角。智能体需要通过强化学习算法自主探索迷宫，最终找到从起点到终点的最短路径。在每一次动作中，智能体可以选择向上、下、左、右等方向移动。每次移动后，环境会根据其动作结果给予相应的奖励或惩罚，若成功到达终点则获得正奖励，若撞到障碍物或远离目标则受到负奖励。智能体需要根据这些奖励反馈不断调整自己的动作策略，最终找到从起点到终点的最短路径。

任务目标

- 通过构建迷宫环境并使用 Q-learning 强化学习算法（核心为 Q 函数），训练智能体学会自主探索最短路径。
- 理解强化学习的基本流程，包括状态表示、动作选择、奖励机制和策略更新。

一、任务准备

1. 安装 Python3.10。
2. 安装必要的 Python 库：Random、Numpy 和 Matplotlib.pyplot。

二、任务实施

步骤 1：导入必要的库：Random，Numpy 和 Matplotlib.pyplot。

步骤 2：迷宫定义。采用 5×5 二维数组表示，设定起点为 2、终点为 3、障碍物为 0 和可通行的路径为 0，保证起点和终点位置合理。

步骤 3：定义状态、动作和奖励机制。状态：智能体在迷宫中的位置，每个格子对应一个状态。例如，一个 4×4 迷宫有 16 个状态。动作：智能体可以执行的动作，包括上、下、左、右四个方向。奖励：到达终点为 1，碰到障碍为 -1，普通移动为 -0.1。

步骤 4：Q 表初始化。Q 表是一个三维数组，维度为（迷宫高度，迷宫宽度，动作数量）。初始化时所有 Q 值设为 0，表示智能体对环境一无所知。随着训练的进行，Q 表会逐渐更新，反映出不同状态下采取各个动作的预期回报。

步骤 5：设置强化学习训练参数。设定学习率、折扣因子、探索率和训练回合数。

步骤 6：模型训练。随机选择起点，采用经典的 ε 贪婪策略（智能体以概率 $1-\varepsilon$ 选择当前已知的最优动作，以概率 ε 随机选择其他动作）训练，执行动作后，根据是否到达终点或碰壁给予奖励，更新 Q 表中的对应值。进行多轮迭代训练，直到智能体收敛至最优策略。

步骤 7：模型测试。使用训练好的 Q 表，从起点出发，每次选择 Q 值最大的动作前进，记录路径直至终点。

步骤 8：可视化，绘制迷宫路径，标记起点、终点、障碍物和最终路径。

如图 3-25 所示，强化学习找到了从起点到终点的最短路径。

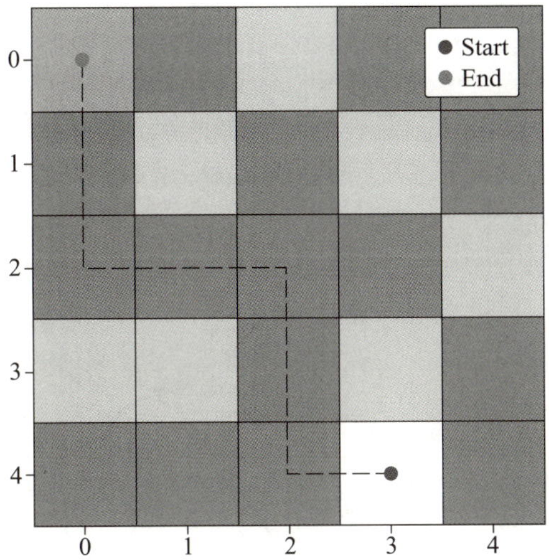

图 3-25 迷宫最短路径探索

三、知识拓展

1. 尝试修改迷宫地图的大小和障碍物的摆放位置，观察智能体是否仍能从任意起点找到最短路径。

2. 尝试重新设计奖励机制，测试其是否会影响智能体从任意起点寻找最短路径的能力。

3. 调整相关参数（如学习率和折扣因子），观察对智能体学习收敛速度的影响。

3.3 神经网络

你是否曾好奇：人类是如何识别一只猫、一棵树或是一张熟悉的面孔？这一切背后，正是大脑中亿万个神经元经过复杂的连接协同工作的结果。在人工智能领域，受到人类大脑的神经元工作机制的启发，人工神经网络（简称神经网络）尝试通过模拟人脑神经元之间的连接与交互，让计算系统也具备类似的感知和识别能力。神经网络源自人工智能三大学派之一的连接主义学派，它的诞生标志着人类在模拟大脑智能方面迈出了重要一步。值得一提的是，神经网络是深度学习的基础，而深度学习的兴起推动了当前人工智能领域的重大突破，为大模型的发展奠定了核心技术基础。

3.3.1 神经网络概述

神经网络的发展历程如图 3-26 所示，可以概括为以下几个关键阶段。

1. 初期探索（1940—1950 年）

1943 年，心理学家沃伦·麦卡洛克（Warren McCulloch）和数理逻辑学家沃尔特·皮茨（Walter Pitts）合作提出 M-P 神经元模型，这一模型是人工神经网络的雏形。它借鉴了当时已知的生物神经细胞原理，运用数学方法对其信息处理过程进行描述，是人类历史上第一次尝试对大脑工作原理进行描述。

1949 年，心理学家唐纳德·赫布（Donald Hebb）提出赫布理论，该理论指出“神经元之间持续、重复的经验刺激可导致突触传递效能增加”，即当两个神经元总是同时被激活时，它

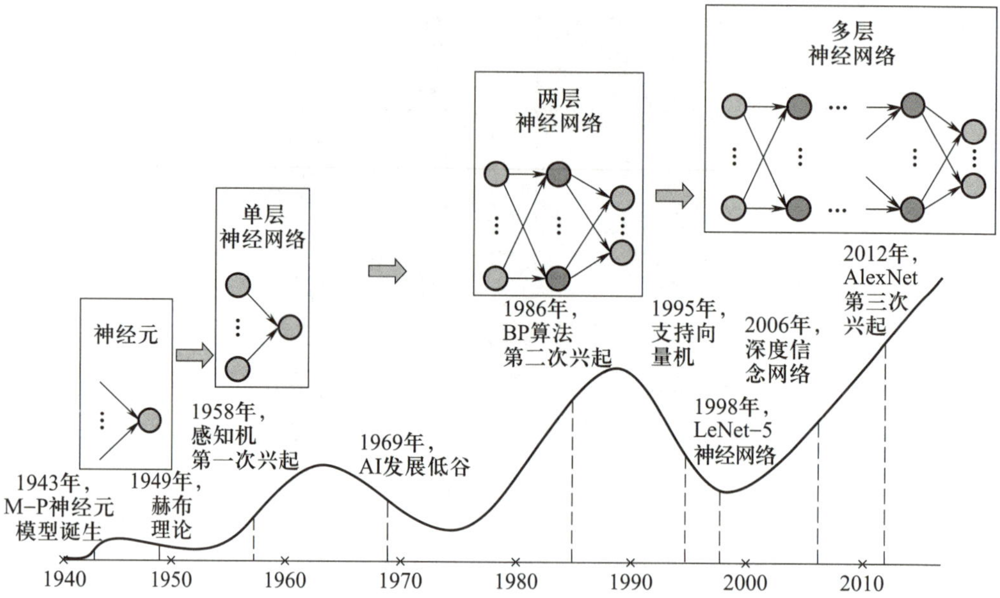

图 3-26　神经网络的发展历程

们之间的连接就会变强。赫布理论为利用人工神经网络来模仿大脑神经网络的行为提供了理论基础，也为理解人类大脑中学习和记忆的形成过程提供了重要启示。

1958 年，弗兰克 · 罗森布拉特（Frank Rosenblatt）以 M-P 神经元模型为参考提出感知机模型，这是第一个能够学习的人工神经网络模型，可用于处理简单的二分类任务，它的出现掀起了 20 世纪 50 年代人工神经网络研究的第一次热潮。

2. 低谷与突破（1960—1980 年）

1969 年，计算机科学家马文 · 明斯基（Marvin Minsky）与西摩尔 · 派珀特（Seymour Papert）指出单层感知机无法解决异或等线性不可分问题，导致神经网络研究进入低谷。后来研究者发现，在感知机基础上添加多个隐藏层形成的多层神经网络，具备更强的表达能力，但也存在参数优化和训练困难的问题。

1974 年，保罗 · 韦伯斯（Paul Werbos）提出的反向传播算法被大卫 · 鲁梅尔哈特（David Rumelhart）和杰弗里 · 辛顿（Geoffrey Hinton）等人于 20 世纪 80 年代推广，使多层神经网络的训练成为可能，推动了神经网络的复兴。

3. 深度学习的兴起（1990 年至今）

然而，受限于当时计算机硬件的性能，多层神经网络难以有效进行大规模学习，导致人工神经网络的研究在 20 世纪 90 年代再次陷入低谷。1995 年，支持向量机算法问世，它在解决小样本、非线性及高维模式识别问题上表现出色，迅速成为学术界与工业界广泛采用的机器学习方法。

即便如此，人工神经网络的研究并未停滞。1998 年，亚历克斯 · 瓦普尼克（Alexey Ruslanovich Chervonenkis）等在论文中提出将随机梯度下降算法与反向传播算法相结合，有效提升了卷积神经网络的训练效果，并成功应用于经典 CNN 模型 LeNet-5。

进入 21 世纪，随着数据规模爆炸式增长与计算能力的飞跃，人工神经网络迎来了爆发式增长。2006 年，杰弗里 · 辛顿（Geoffrey Hinton）及其团队在 *Science* 上发表论文，首次系统性地提出了深度信念网络（Deep Belief Networks, DBN）是一种基于概率生成模型的深度架构，并首次明确提出“深度学习”概念，为深度神经网络的构建提供了新颖的视角并开启了第三波人工神经网络的研究热潮。

到了 2012 年，AlexNet 在 ImageNet 图像识别挑战赛中取得显著成绩。该模型借助 GPU 加速训练，不仅显著提高了图像分类的准确率，更证明了深度卷积神经网络在大规模图像识别任务中的强大性能，由此进一步推动了第三波人工神经网络研究热潮的持续升温。

3.3.2 神经元模型

人工神经元是构成人工神经网络的基本单元，其灵感来源于人脑生物神经元的工作方式，是对生物神经元的一种抽象模型。人类大脑由约 900 亿个神经元组成，生物神经元是神经系统的基本单位，如图 3–27a 所示。细胞体是神经元的核心部分，每个神经元的细胞体带有多个分支，其中较短的分支为树突，较长的为轴突，轴突的末端为突触。生物神经元的工作过程包括以下几个步骤。

（1）接收输入信号。树突负责接收来自其他神经元的信号。

（2）整合处理信号。细胞体对接收到的所有信号进行整合处理，如果兴奋性信号的总和超过了某个阈值，神经元就会被激活，产生动作电位。

（3）传输信号。一旦神经元被激活，动作电位沿着轴突以电化学方式快速传播。到达轴突末端后，神经元通过突触将信号传递给下一个神经元。

每个神经元通常通过上千个突触与其他神经元连接，多个神经元相互协作，形成高度复杂且动态变化的生物神经网络，从而支撑感知、学习、记忆、运动控制等多种生命活动。

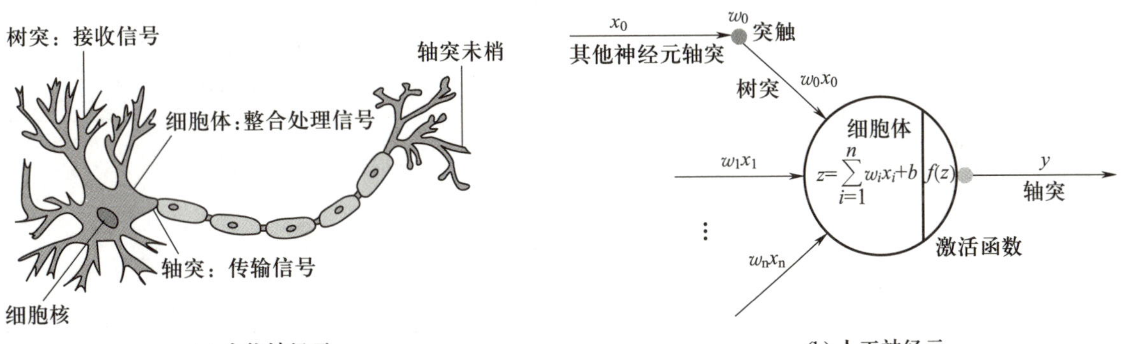

图 3–27 生物神经元和人工神经元

人工神经元是模仿生物神经元建立的数学模型，其结构如图 3–27b 所示，它是人工神经网络中最基本的组成单元。人工神经元模拟生物神经元信息的接收、处理与输出过程，其工作过程通常包括以下几个步骤。

（1）接收输入信号。人工神经元接收来自其他神经元或者外部输入的数据，记为 x_1，x_2，…，x_n。每个输入 x_i 对应一个权重 ω_i，权重反映了输入信号对神经元输出的重要性。输入信号通过权重与神经元相连，将所有输入与其对应权重相乘后进行求和，计算出加权总和 z。

$$z=\sum_{i=1}^{n}\omega_i x_i+b$$

其中，b 是偏置项，用于调整输出的结果，其作用类似于神经元的阈值，确保神经元在某些情况下能够被激活。以上过程模拟了生物神经元中突触传递信号的机制，权重类似于突触强度。

（2）激活函数 $f(z)$ 处理。加权求和的结果通过激活函数进行非线性变换，常见的激活函数包括阶跃函数、Sigmoid 函数、ReLU 函数和 Tanh 函数，如图 3-28 所示。激活函数模仿了生物神经元的特性，即只有在输入信号足够强时神经元才会“激活”，通过引入非线性特性使得神经元能够模拟复杂的模式和关系。

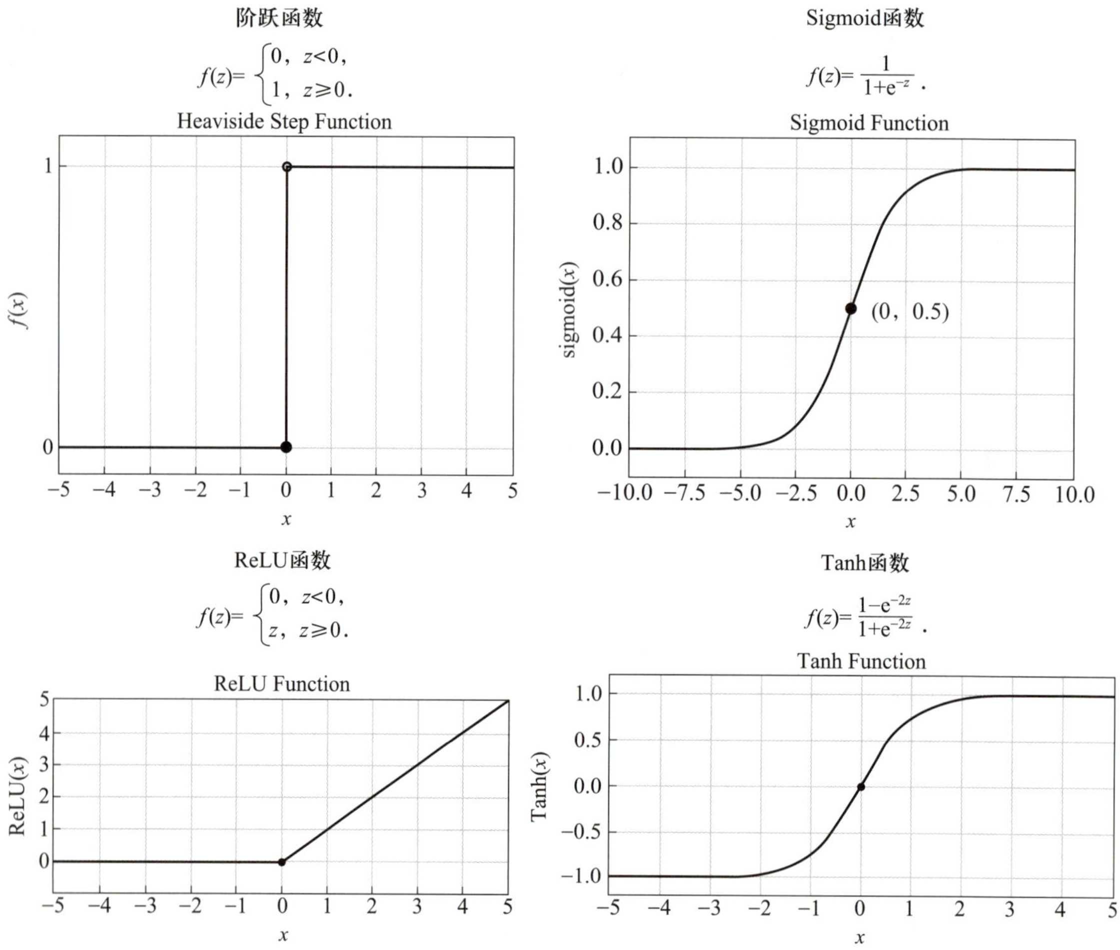

图 3-28　常见的激活函数

（3）传输信号。激活函数的输出即为神经元的最终输出信号 y，该信号传递到下一层神经元，将继续上述过程，直到神经网络的输出层产生最终结果。

3.3.1 节中提到的感知机模型是人工神经元的一种最早期、最简单的实现形式，它使用阶跃函数作为激活函数，输出 0 或 1。

3.3.3　神经网络的结构

上一节探讨了人工神经元的工作原理，然而单个的人工神经元功能有限，只能实现简单的二分类任务，难以应对现实中的复杂问题。为了突破这一局限，研究人员借鉴人脑处理复杂任务的机制，将多个神经元相互连接并层层堆叠，构建起神经网络。这种结构赋予了模型强大的学习与表达能力，使其能够处理和解决更为复杂多样的实际问题。典型的人工神经网络结构如图 3-29 所示，通常由输入层、隐藏层和输出层三个部分组成。

（1）输入层：输入层负责接收外部输入信号，每一个输入节点代表一个输入变量。

（2）隐藏层：隐藏层位于输入层和输出层之间，由若干神经元组成，用于提取输入数据的特征。神经网络可以有一个隐藏层（图 3-29a），也可以有多个隐藏层（图 3-29b），具有多个隐藏层的神经网络称为深度神经网络，是深度学习的基础。只要具备足够多的隐藏层神经元，神经网络就能高度近似任意连续函数。

（3）输出层：输出层将隐藏层处理后的信息映射为最终的预测结果。例如，在分类任务中，输出层的每个神经元可能代表一个类别，输出概率最高的类别即为预测结果。

在神经网络中，神经元之间通过特定权重彼此相连，这些连接构成了神经元间的信息传递通路。每条连接都带有一个权重，表示输入信号的重要性。在神经网络的训练阶段，模型通过不断调整这些权重参数，逐步优化对数据特征的捕捉能力，从而提升神经网络在各类任务上的执行效果。值得注意的是，在统计神经网络的层数时，通常不将输入层计算在内。例如，图 3-29a 所示神经网络包含 1 个隐藏层和 1 个输出层，即为 2 层神经网络。

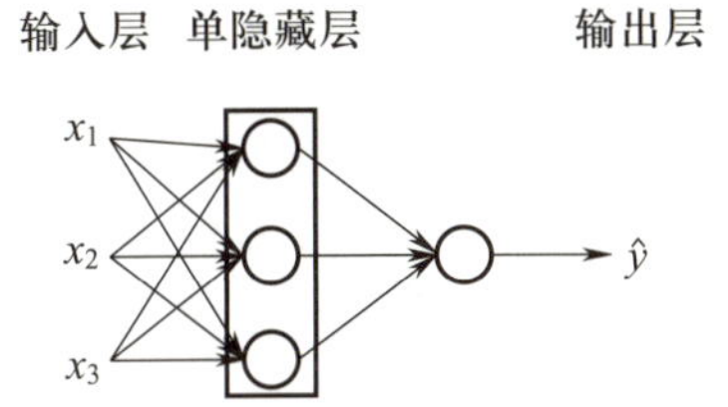

(a) 人工神经网络结构（单隐藏层）

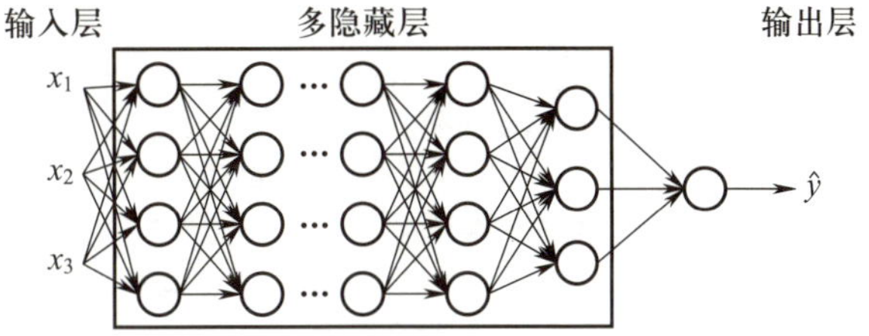

(b) 人工神经网络结构（多隐藏层）

图 3-29　人工神经网络结构

3.3.4 神经网络的参数优化

在神经网络结构搭建之初，其核心参数——权重和偏置通常是随机初始化。在这种随机设定下，神经网络的输出结果往往与真实值相去甚远，因此需要系统地训练模型，进而提升其解决实际问题的能力。训练的核心在于优化学习参数，通过不断调整权重与偏置，引导神经网络逐步逼近特定任务的最优解。反向传播算法（Back Propagation，BP）是训练神经网络的核心算法之一，工作过程如图 3-30 所示。

1. 前向传播阶段

输入数据从输入层开始，经过隐藏层逐层传递到输出层。在每一层中，输入与权重相乘并加上偏置，然后通过激活函数得到该层的输出。最终，输出层产生预测值。

2. 计算损失函数

将预测值与真实值进行比较，可以计算出损失函数。损失函数用于衡量预测结果与真实标签之间的误差，为后续模型参数的优化提供了关键依据。损失函数的选择取决于具体的任务，对于回归问题，常选择均方误差作为损失函数；而对于分类问题，交叉熵损失则是更为常见的选择。

3. 反向传播阶段

根据损失函数，从输出层开始，逐层向前计算每一层的梯度。

4. 更新参数

更新权重和偏置：通过梯度下降法（或者其他优化算法，如自适应矩估计（Adam）等）调整权重，以降低损失函数的值。

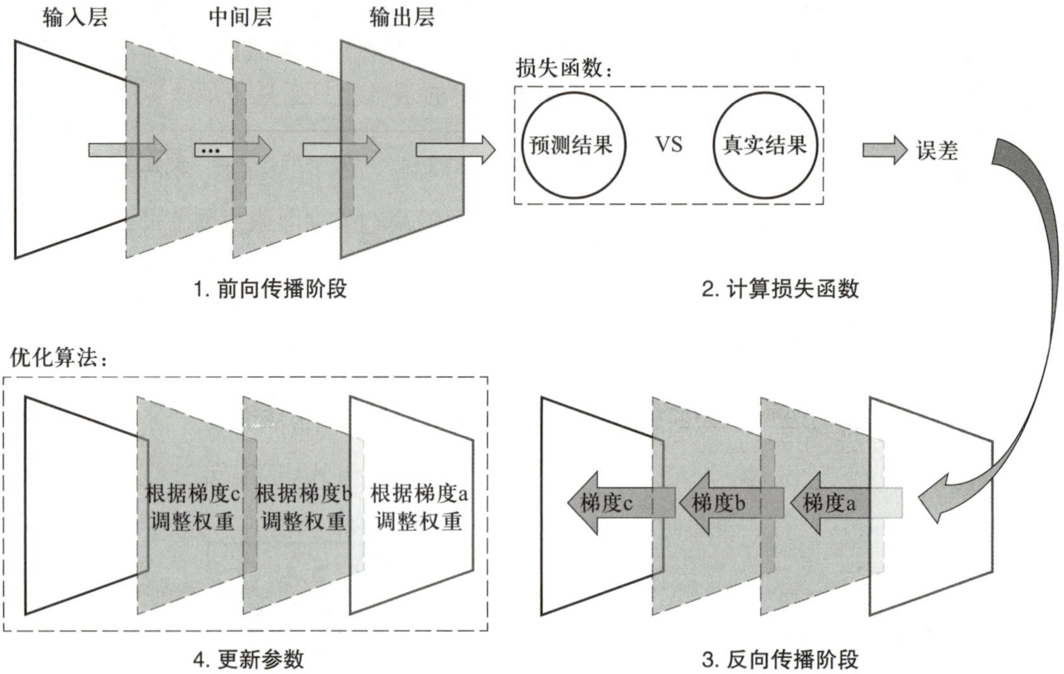

图 3-30 反向传播算法工作过程

通过反复迭代执行前向传播阶段和反向传播阶段，神经网络不断更新参数，直到损失函数收敛到一个预设的阈值或达到最大迭代次数。

由此可见，基于反向传播算法的神经网络参数优化是一个监督学习的过程，“正向传播”是从输入到输出求损失，“反向传播”是从输出到输入回传误差，指导神经网络中的参数更新，减小损失函数。

一些网站（如“A Neural Network playground”）能够以可视化交互界面呈现神经网络训练中的参数调整和误差计算等核心环节，辅助理解复杂的神经网络学习与优化原理。

3.4 深度学习

在掌握了人工神经网络的基本原理之后，如果将网络的层数进一步加深，模仿更为复杂的人脑结构，那计算机的“智能”又将达到怎样的新高度呢？这便引出了当前人工智能领域核心技术之一——深度学习。

3.4.1 深度学习概述

深度学习是一种基于人工神经网络的机器学习技术，通过构建多层神经网络模型模仿人脑神经系统的结构和功能。随着隐藏层数量的增加，神经网络的模型复杂度相应提升，能够提取更深层次的特征并捕捉数据中更复杂的模式。不同于传统机器学习依赖手工设计特征，深度学习能够自动从海量原始数据中学习高层次、有代表性的特征，这使得它们在图像识别、自然语言处理和语音识别等复杂任务中展现出优异的性能。自从 2012 年 AlexNet 在 ImageNet 竞赛中取得突破性成绩，深度学习便进入快速发展阶段，深度学习发展的关键里程碑如图 3-31 所示。

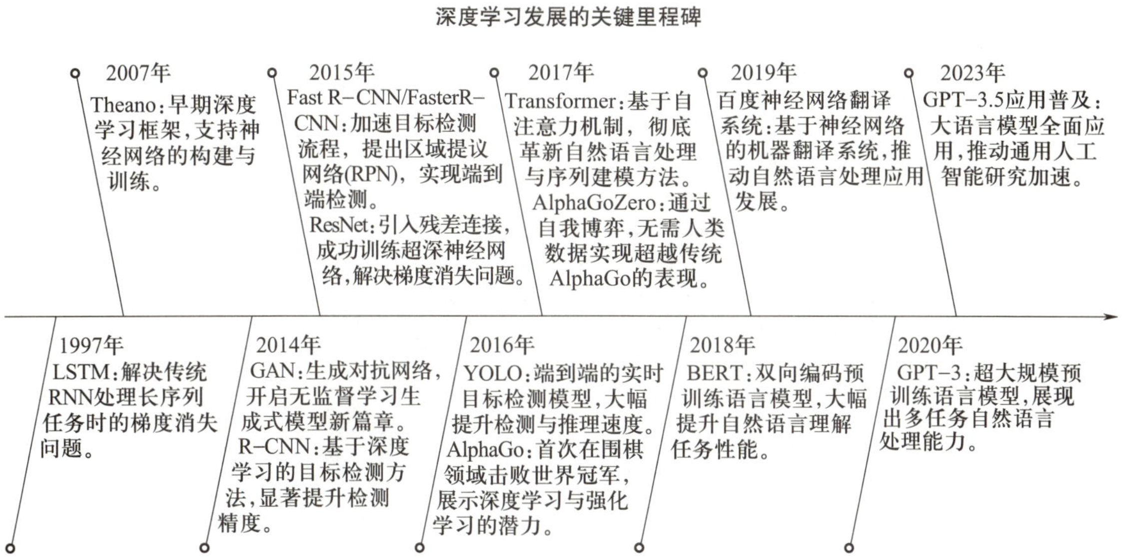

图 3-31　深度学习发展的关键里程碑

3.4.2 卷积神经网络

1. CNN 的基本组成

CNN 主要由卷积层、池化层（又称采样层）和全连接层组成。如图 3-32 所示，在卷积层和（最大）池化层交替堆积以后，再堆叠若干个全连接层。CNN 通过卷积层和池化层提取特征，将提取的特征视为特征量通过全连接层进行分类或回归。

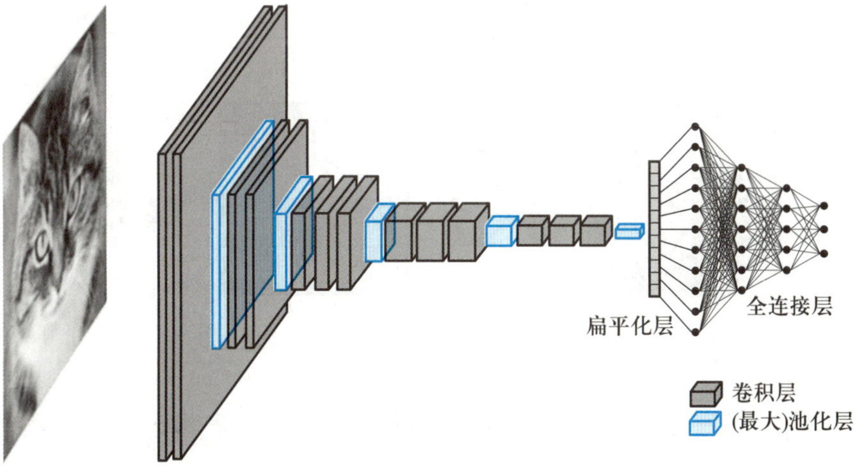

图 3-32　CNN 基本结构

卷积层是 CNN 的核心部分，主要用于从图像中提取局部特征。它由多个卷积核（也称为滤波器）组成，每个卷积核可以看作是一个用于检测特定特征的滤波器。卷积核通过在图像上滑动来提取图像中与其相似程度很高的部分。例如，一个专门检测狗鼻子的卷积核会在图像中找到与狗鼻子相似的区域，并在这些区域生成高卷积值，从而突出显示相关特征，如图 3-33 所示。不同的卷积核可以提取图像不同的特征，如边缘、纹理或特定形状。通过这种方式，卷积层能够有效地识别图像中的特征，为后续的任务提供基础。为了增强 CNN 模型的表达能力，引入非线性是至关重要的。因此，通常会在每个卷积层之后应用一个非线性激活函数，例如：ReLU 函数、Sigmoid 函数或 Tanh 函数。

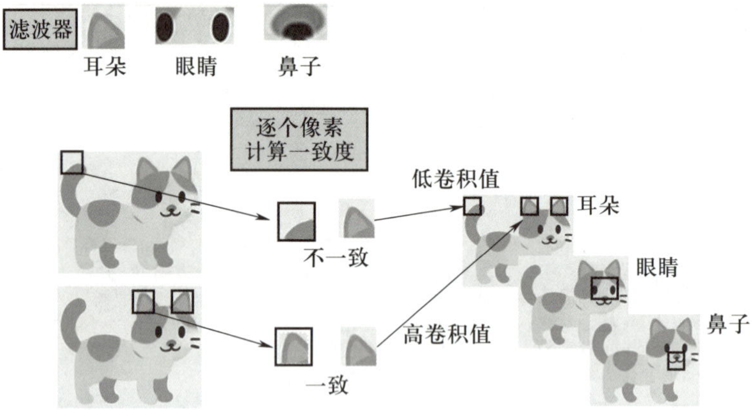

图 3-33 卷积核的作用

为了减少特征图中的冗余信息，CNN 引入了池化操作，通过用特征图某一区域子块的统计信息（如最大值或均值）来代替该区域内的所有像素值，从而压缩特征图的尺寸。平均池化和最大池化是两种常见的池化方式，分别如图 3-34a 和图 3-34b 所示。最大池化保留最显著的特征，有助于增强关键区域的响应；而平均池化则在保留主要特征的同时，融合更多背景信息，使特征图表达更加平滑。实际应用中，这两种池化方式各有优势，应根据具体任务选择。将池化层置于卷积层之后，不仅能够降低输出特征的维度，减少参数数量和计算成本，还能有效缓解过拟合问题，加快模型的收敛速度。从本质上看，池化层模拟了人类视觉系统对感知信息的降维机制——通过聚焦于最重要的视觉特征来简化输入，从而实现对图像关键内容的提取与压缩，达到保留主要信息、减少冗余的目的。

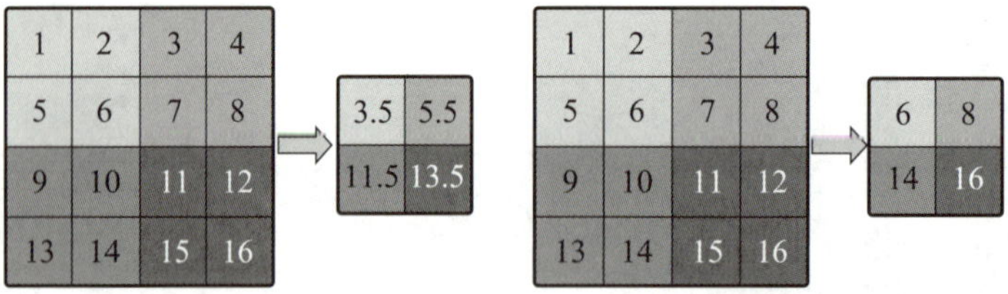

平均池化 (a)　　最大池化 (b)

图 3-34 池化操作

全连接层位于 CNN 的最末端，其结构与普通的神经网络相同，主要功能是对卷积层和池化层提取到的特征进行组合，执行分类或回归等任务，如图 3-35 所示。在全连接层中，每个神经元都与前一层的所有神经元相连接，从而实现对全局特征的综合利用。与卷积层类似，全连接层也可以通过多层堆叠来增强对复杂特征的表达能力，从而提升模型的预测性能。

在面对大量标注数据输入时，CNN 通过多次迭代训练，逐步提取数据的特征。具体而言，首先对输入数据进行多次卷积操作，以捕捉图像像素点之间的空间局部依赖性，从而提取局

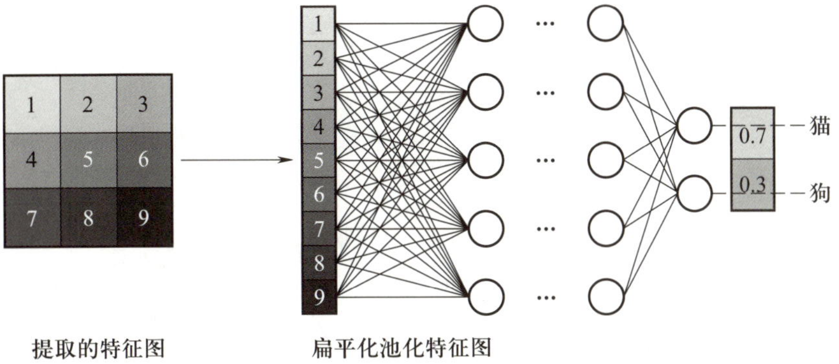

图 3-35 全连接层

部特征。随后对卷积结果应用激活函数进行非线性变换，并通过池化操作进一步降低特征维度，增强特征的鲁棒性。最终，经过一系列卷积和池化操作后的特征被送入全连接层，通过学习将局部特征组合起来，挖掘出全局特征，从而完成相应的视觉任务。

2. CNN 与人类视觉系统

CNN 的设计灵感主要来源于人类视觉系统的结构和功能。1959 年，戴维·胡贝尔（David Hubel）和托尔斯滕·维泽尔（Torsten Wiesel）通过开创性的实验研究揭示了视觉皮层中神经元的复杂组织模式及其在视觉信息处理中的作用。这些发现为 CNN 的早期发展提供了重要的理论依据，并为他们赢得了 1981 年的诺贝尔奖。1980 年，日本科学家福岛邦彦（Kunihiko Fukushima）提出的 Neocognitron 模型是最早模仿视觉皮层的神经网络模型，为后来的 CNN 研究奠定了理论基础。CNN 与人类视觉系统之间存在诸多相似之处，如图 3-36 所示。

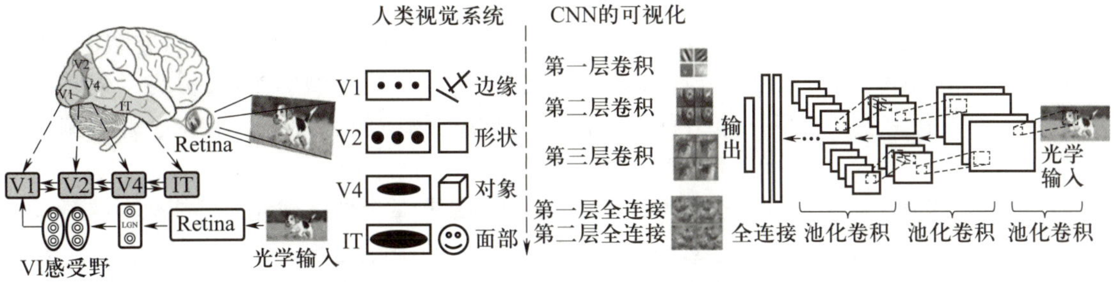

图 3-36 CNN 与人类视觉系统之间的相似之处

（1）“局部感受野”机制的启发。

神经科学研究发现，人脑视觉皮层中的神经元不是一次性处理整幅图像，而是对视野中的特定局部区域（即感受野）的刺激做出反应，再逐层组合形成整体感知。

CNN 的卷积操作也具有局部性，每个卷积核在输入图像的局部区域内滑动，相当于一个人工“感受野”。卷积核只与输入图像的一小块区域进行计算，提取局部特征。这种局部连接性减少了需要处理的数据量，并且使 CNN 能够更好地捕捉图像中的空间关系，如图 3-37 所示。

（2）模拟大脑层次化处理流程。

人类视觉系统处理图像不是一次性的，而是经过一系列层次化处理。视觉信息在大脑中是按照层次结构进行传递和处理的。外界物体反射的光线投射到视网膜上形成图像，

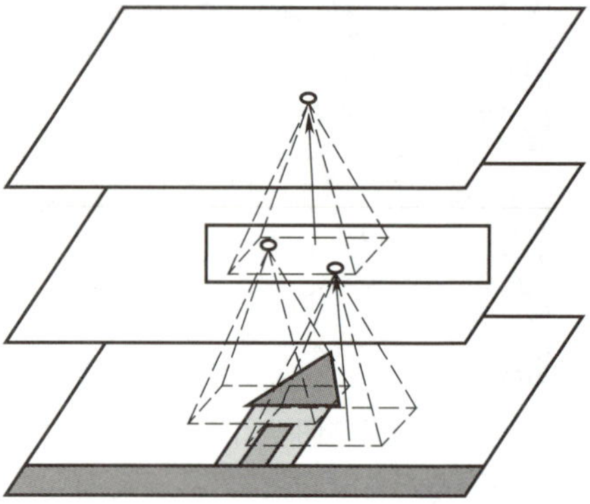

图 3-37 局部感受野

视网膜上的感光细胞将光信号转化为电信号,电信号传递至视神经进入大脑后部的视觉皮层。初级视觉皮层区域(如 V1 区)感受野较小,负责提取图像的简单特征,如边缘、线条和方向等。接着,图像信息被传递到更高级的视觉皮层区域(如 V2 区、V4 区等),这些区域感受野更大,负责更复杂的特征提取,如形状、运动、深度感和物体识别,能够整合多个初级感受野的信息。视觉皮层最后一个区域——下颞叶皮层识别物体的类别,如“人脸”“汽车”等。

CNN 也同样采用了层次化结构,逐层提取图像的特征。浅层卷积层类似初级视觉皮层区域,提取图像中的简单特征。深层卷积层类似更高级的视觉皮层区域,提取高层次语义信息。随着网络加深,这些局部特征被逐层组合成更复杂的结构(如形状、物体等)。全连接层类似下颞叶皮层,整合全局特征识别物体。

(3)局部连接与权重共享。

视觉皮层的神经元通常只与周围少量神经元连接,信息在局部传递后逐渐整合,这启发了 CNN 的局部连接机制。在视觉皮层不同位置的同一功能神经元响应相同类型的刺激。CNN 上同一卷积核在整个图像上滑动,共享相同权重,减少了模型的参数,提高了模型的效率。权重共享也赋予了卷积操作平移不变性,即图像中物体的位置变化不会显著影响识别结果。

设想一张图画中有一只猫。在人类大脑的视觉皮层中,某个低级神经元可能只对猫耳朵边缘的斜线特别敏感。也就是说,它只在“猫耳朵局部区域”内,当检测到“斜线”时才会激活,这个小区域就是它的感受野。如果猫的耳朵被遮住了或移出了这个区域,这个神经元就不会响应。而在更高级的视觉皮层区域中,有的神经元的感受野可能更大,它们不再对“斜线”敏感,而是对“整张猫脸”的轮廓有响应。这些高级神经元通过整合多个低级神经元的输出,对更大区域的图像内容产生感知。CNN 与视觉系统的层次化感知机制高度类似,能够自动从图像中提取从局部到全局的多层次特征,实现对图像内容的整体理解。凭借这一结构优势,CNN 在图像分类、目标检测和人脸识别等多种视觉任务中表现出色,已成为当前视觉领域的主流方法之一。

3.4.3 深度学习框架与实践

在开展深度学习项目之前,需要安装合适的深度学习框架。目前主流的深度学习框架包括 PyTorch、TensorFlow、Keras 和 Paddle 等。PyTorch 是由 Facebook 推出的动态图框架,语法简洁、易于调试,广受研究人员欢迎。

在正式安装深度学习框架之前，应首先完成必要的环境准备工作。在本机安装 CUDA 和 cuDNN。CUDA 是 NVIDIA 推出的并行计算平台，旨在利用 GPU 强大的计算能力来加速完成科学计算、数值模拟及深度学习等任务。cuDNN 是针对深度学习优化的 GPU 加速库，高效实现了神经网络的前向传播、反向传播和权重更新等功能。虽然深度学习框架可以在未安装 CUDA 或 cuDNN 的环境下运行，此时将使用 CPU 进行计算，但计算速度会非常慢。相比之下，GPU 在处理大规模矩阵运算时具有显著的性能优势，能够显著加快模型训练和推理过程。需要注意的是，在安装 CUDA 和 cuDNN 时，要确保其版本与所使用的深度学习框架及 GPU 驱动程序兼容。

操作视频

深度学习框架搭建

1. CUDA 的安装

步骤 1：更新计算机的显卡驱动。

在安装 CUDA 之前，先前往 NVIDIA 官网下载并安装最新版本的驱动程序。需要注意的是，在安装过程中，当出现许可协议选项时，需选择下方的“NVIDIA 图形驱动程序”选项，如图 3-38 所示，之后按照安装向导正常完成安装即可。

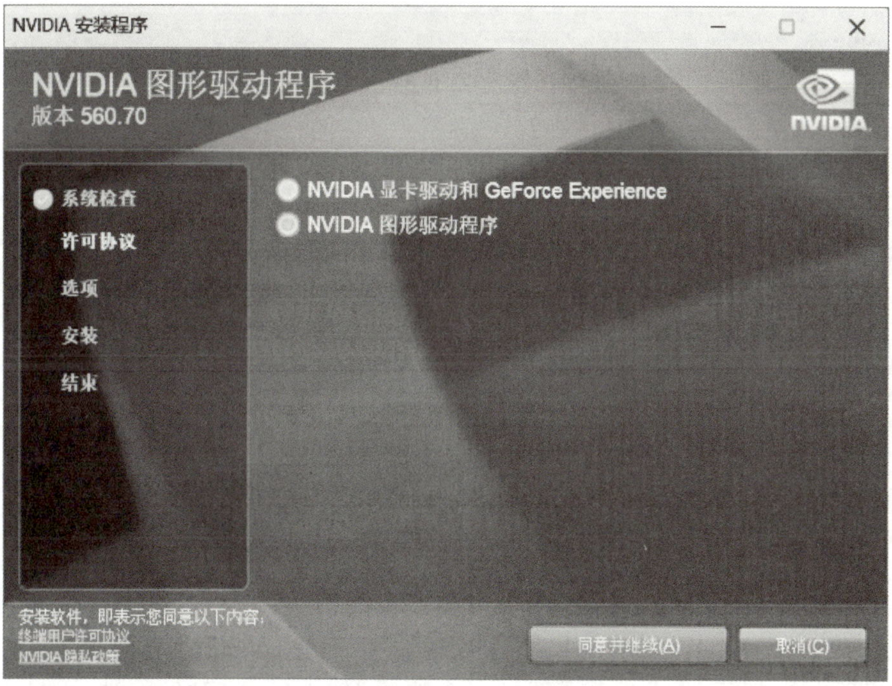

图 3-38 NVIDIA 图形驱动程序

显卡驱动更新完成后，需要检查其是否安装成功以及当前驱动版本。在 Windows 的命令窗口中输入命令“nvidia-smi”（注意：命令中没有空格），按 Enter 键后，系统将显示当前 NVIDIA GPU 的相关信息，包括驱动版本、CUDA 版本、显存使用情况等，如图 3-39 所示，可以看到“CUDA Version”为“12.6”。

步骤 2：下载 CUDA ToolKit。

访问 CUDA Toolkit 下载的官方网站，选择的 CUDA Toolkit 版本不能高于当前显卡驱动所支持的 CUDA 版本。例如，若计算机支持的 CUDA 版本为 12.6，就只能选择安装 12.6 及以下版本的 CUDA ToolKit。本书选择的是 CUDA Toolkit 11.8，单击所需的 CUDA Toolkit 版本后，会弹出如图 3-40 所示的界面。选定 “Operating System” “Architecture” “Version” 和 “Installer Type” 后，单击 “Download” 按钮即可下载。

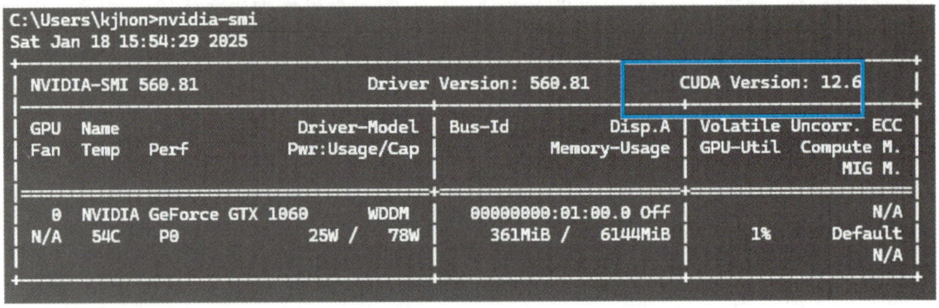

图 3-39 显示 NVIDIA GPU 的相关信息

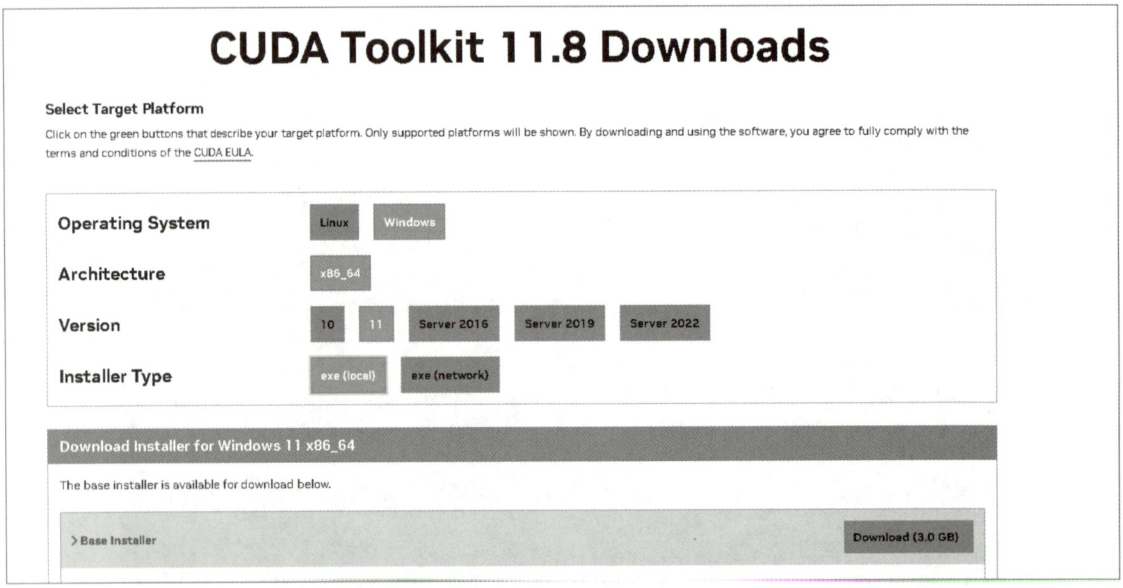

图 3-40 CUDA ToolKit 下载界面

步骤 3：下载完成后，安装 CUDA ToolKit。

双击运行安装包，进入 CUDA ToolKit 安装向导。在安装选项界面选择“自定义”并继续，在如图 3-41 所示的界面中展开第一个选项“CUDA”，将第四个选项“Visual Studio Integration”取消勾选，其余选项保持勾选状态。单击“下一步”按钮，确认安装路径后开始安装，等待几分钟即可完成。

步骤 4：配置系统环境变量。

安装完成后需要将 CUDA ToolKit 配置到系统环境变量。右击并依次选择“此电脑→属性→高级系统设置→环境变量”，在“系统变量”中找到“Path”，单击“编辑”按钮并添加如图 3-42 所示的 5 个路径（根据安装目录而定）。

步骤 5：验证 CUDA 安装是否成功。

重启计算机，在命令窗口中输入命令“nvcc-V”，当出现如图 3-43 所示的结果时，则说明 CUDA 安装成功。

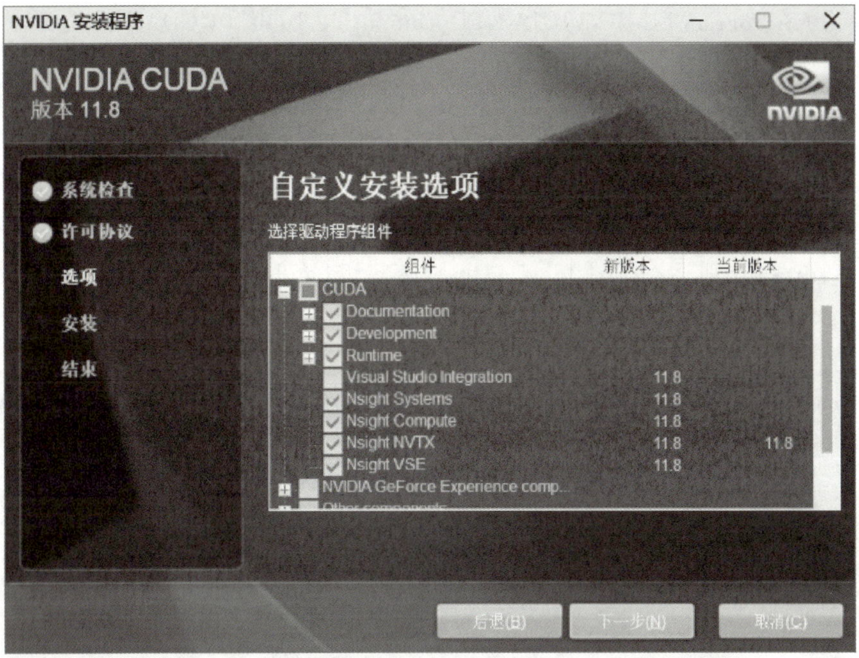

图 3-41　CUDA ToolKit 安装界面

C:\Program Files\NVIDIA GPU Computing Toolkit\CUDA\v11.8\lib
C:\Program Files\NVIDIA GPU Computing Toolkit\CUDA\v11.8\bin
C:\Program Files\NVIDIA GPU Computing Toolkit\CUDA\v11.8\libnvvp
C:\Program Files\NVIDIA GPU Computing Toolkit\CUDA\v11.8\include
C:\Program Files\NVIDIA GPU Computing Toolkit\CUDA\v11.8\lib\x64

图 3-42　系统环境变量配置

```
C:\Users\kjhon>nvcc -V
nvcc: NVIDIA (R) Cuda compiler driver
Copyright (c) 2005-2022 NVIDIA Corporation
Built on Wed_Sep_21_10:41:10_Pacific_Daylight_Time_2022
Cuda compilation tools, release 11.8, V11.8.89
Build cuda_11.8.r11.8/compiler.31833905_0
```

图 3-43　验证 CUDA 安装成功

2. cuDNN 的安装

步骤 1：访问 NVIDIA 官网，选择与已安装的 CUDA 版本匹配的 cuDNN 版本（例如，CUDA 11.8 对应 cuDNN v8.9.x）进行下载。

步骤 2：下载完成后，将 cuDNN 压缩包解压，出现如图 3-44 所示的 3 个文件夹。

bin	1,100,456,792	703,471,610	文件夹	2023/11/30 16:18	
include	208,500	39,342	文件夹	2023/11/30 16:18	
lib	8,878,248	709,920	文件夹	2023/11/30 16:18	
LICENSE	29,967	10,284	文件	2023/11/19 6:51	047C0AF5

图 3-44　cuDNN 压缩包解压后的结果

步骤 3：将解压后的三个文件夹内容分别复制到对应的 CUDA 安装目录中（本节中 CUDA 路径为 C:\Program Files\NVIDIA GPU Computing Toolkit\CUDA\v11.8）。

- 将 bin 文件夹下的所有文件复制到 CUDA 路径 \bin\。
- 将 include 文件夹下的所有文件复制到 CUDA 路径 \include\。
- 将 lib 文件夹下的所有文件复制到 CUDA 路径 \lib\x64\。

步骤 4：验证 cuDNN 是否安装成功。

进入命令窗口，进入目录 C:\Program Files\NVIDIA GPU Computing Toolkit\CUDA\v10.1\extras\demo_suite，分别运行命令 deviceQuery.exe 和 bandwidthTest.exe。若出现如图 3-45 和图 3-46 所示的输出信息，则说明 cuDNN 安装成功。

```
C:\Program Files\NVIDIA GPU Computing Toolkit\CUDA\v11.8\extras\demo_suite>deviceQuery.exe
deviceQuery.exe Starting...

 CUDA Device Query (Runtime API) version (CUDART static linking)

Detected 1 CUDA Capable device(s)

Device 0: "NVIDIA GeForce GTX 1060"
  CUDA Driver Version / Runtime Version          12.6 / 11.8
  CUDA Capability Major/Minor version number:    6.1
  Total amount of global memory:                 6144 MBytes (6442319872 bytes)
  (10) Multiprocessors, (128) CUDA Cores/MP:     1280 CUDA Cores
  GPU Max Clock rate:                            1671 MHz (1.67 GHz)
  Memory Clock rate:                             4004 Mhz
  Memory Bus Width:                              192-bit
  L2 Cache Size:                                 1572864 bytes
  Maximum Texture Dimension Size (x,y,z)         1D=(131072), 2D=(131072, 65536), 3D=(16384, 16384, 16384)
  Maximum Layered 1D Texture Size, (num) layers  1D=(32768), 2048 layers
  Maximum Layered 2D Texture Size, (num) layers  2D=(32768, 32768), 2048 layers
  Total amount of constant memory:               zu bytes
  Total amount of shared memory per block:       zu bytes
  Total number of registers available per block: 65536
  Warp size:                                     32
  Maximum number of threads per multiprocessor:  2048
  Maximum number of threads per block:           1024
  Max dimension size of a thread block (x,y,z): (1024, 1024, 64)
  Max dimension size of a grid size    (x,y,z): (2147483647, 65535, 65535)
  Maximum memory pitch:                          zu bytes
  Texture alignment:                             zu bytes
  Concurrent copy and kernel execution:          Yes with 1 copy engine(s)
  Run time limit on kernels:                     Yes
  Integrated GPU sharing Host Memory:            No
  Support host page-locked memory mapping:       Yes
  Alignment requirement for Surfaces:            Yes
  Device has ECC support:                        Disabled
  CUDA Device Driver Mode (TCC or WDDM):         WDDM (Windows Display Driver Model)
  Device supports Unified Addressing (UVA):      Yes
  Device supports Compute Preemption:            Yes
  Supports Cooperative Kernel Launch:            Yes
  Supports MultiDevice Co-op Kernel Launch:      No
  Device PCI Domain ID / Bus ID / location ID:   0 / 1 / 0
  Compute Mode:
     < Default (multiple host threads can use ::cudaSetDevice() with device simultaneously) >

deviceQuery, CUDA Driver = CUDART, CUDA Driver Version = 12.6, CUDA Runtime Version = 11.8, NumDevs = 1, Device0 = NVIDI
A GeForce GTX 1060
Result = PASS
```

图 3-45　运行命令 deviceQuery.exe 的结果

```
C:\Program Files\NVIDIA GPU Computing Toolkit\CUDA\v11.8\extras\demo_suite>bandwidthTest.exe
[CUDA Bandwidth Test] - Starting...
Running on...

 Device 0: NVIDIA GeForce GTX 1060
 Quick Mode

 Host to Device Bandwidth, 1 Device(s)
 PINNED Memory Transfers
   Transfer Size (Bytes)        Bandwidth(MB/s)
   33554432                     12508.8

 Device to Host Bandwidth, 1 Device(s)
 PINNED Memory Transfers
   Transfer Size (Bytes)        Bandwidth(MB/s)
   33554432                     12813.4

 Device to Device Bandwidth, 1 Device(s)
 PINNED Memory Transfers
   Transfer Size (Bytes)        Bandwidth(MB/s)
   33554432                     140916.8

Result = PASS

NOTE: The CUDA Samples are not meant for performance measurements. Results may vary when GPU Boost is enabled.
```

图 3-46　运行命令 bandwidthTest.exe 的结果

3. PyTorch 的安装

步骤 1：访问 PyTorch 官网选择安装命令。

访问 PyTorch 官网，单击“Get Started”进入安装页面。在如图 3-47 所示的页面中，根据本机环境和 CUDA 版本选择对应选项，会自动生成 PyTorch 的安装命令。若页面中没有需要的版本，可单击“install previous versions of PyTorch”链接进入历史版本列表，再选择所需版本的 PyTorch 并获得对应的安装命令。

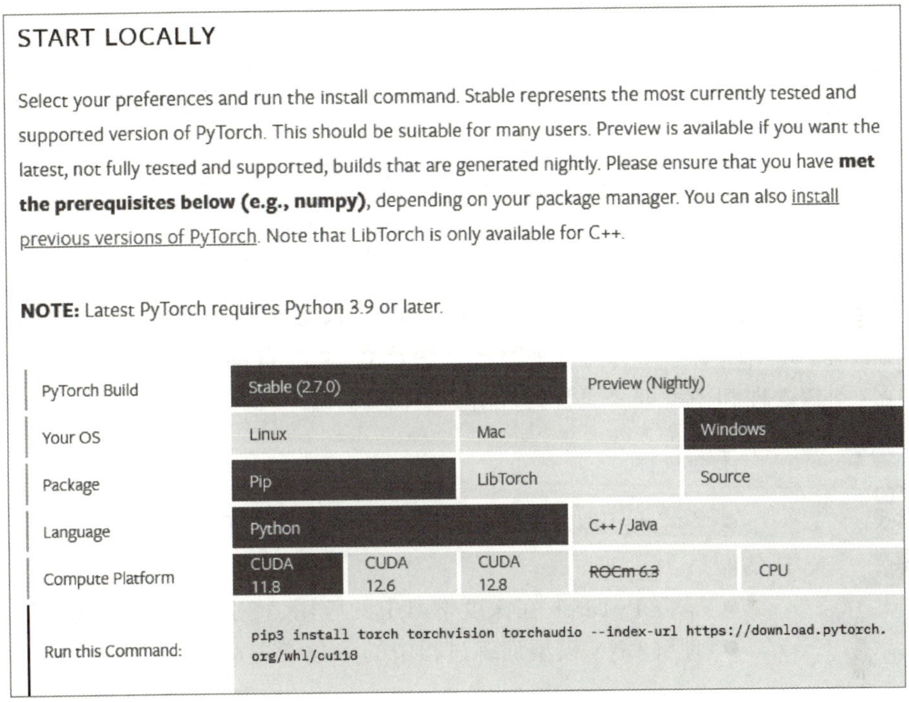

图 3-47　PyTorch 安装页面

注意：若 PyTorch 版本与本机已安装的 Python 版本不兼容，可能导致安装失败。建议查找 Python 与 PyTorch 版本之间的对应关系。例如，如果本机安装的 PyThon3.8 版本，查到可兼容的 PyTorch 版本范围为 1.13 ~ 2.2。

PyTorch 支持使用 pip 和 conda 两种方式安装，如果选择安装 PyTorch 2.0 版本，且本机 CUDA 版本为 11.8。

pip 安装命令如下：

pip install torch==2.0.0 torchvision==0.15.1 torchaudio==2.0.1 --index-url https://download.pytorch.org/whl/cu118

conda 安装命令如下：

conda install pytorch==2.0.0 torchvision==0.15.0 torch-cuda==11.8 -c pytorch -c nvidia

步骤 2：安装 PyTorch。

- pip 安装方式：在命令窗口中输入官网生成的安装命令，按 Enter 键后，系统会自动下载并安装 PyTorch。
- conda 安装方式：若希望将 PyTorch 安装在名为“test1”的环境中，首先打开 Anaconda Prompt，激活环境“test1”，粘贴官网生成的安装命令，按 Enter 键后，系统会自动下载并安装 PyTorch。

步骤 3：测试 PyTorch 安装是否成功。

安装完成后，在 Python 中输入如图 3-48 所示的命令，测试 PyTroch 是否成功安装并支持使用 GPU。

```
>>> import torch
>>> torch.cuda.is_available()
True
```

图 3-48 验证 PyTorch 安装成功

如果输出结果为“True”，则表明“test1”环境中 PyTorch 已成功安装，并可以使用 GPU 加速；若输出为“False”，则说明 GPU 未启用或安装失败，需仔细检查版本是否匹配。

任务案例：基于卷积神经网络的手写数字识别

任务描述

本任务旨在使用 PyTorch 构建一个基于 CNN 的手写数字识别模型，在经典的 MNIST 数据集上训练并测试 CNN 模型，实现对手写数字图片 0～9 的自动识别，通过该实践案例提升对深度学习、图像处理和模型训练流程的理解。

代码实现

基于卷积神经网络的手写数字识别

任务目标

- 学会使用 CNN 完成图像分类的整个流程：预处理、模型训练和性能评估。
- 掌握 PyTorch 在深度学习中的应用，特别是 CNN 的构建和训练。
- 理解 CNN 模型训练过程中的参数设置对模型性能的影响。

一、任务准备

1. 安装 Python 3.7。
2. 安装深度学习框架 PyTorch。
3. 安装必要的 Python 库：PyTorch 框架下的库 Torch 和 Torchvision，以及 Matplotlib.pyplot。

（1）Torch 是 PyTorch 框架下面向深度学习的核心库。

（2）Torchvision 是 PyTorch 的官方扩展库，专门用于计算机视觉任务设计，包含了常用的数据集、模型架构和图像变换工具。

（3）Matplotlib.pyplot 是一个用于绘制图形的库，常用于数据可视化。

4. 下载 MNIST 数据集，并存放在 data/mnist 目录下。
5. 开发平台使用 Jupyter Notebook。

二、任务实施

步骤 1：导入必要的库，Torch、Torchvision 和 Matplotlib.pyplot。

步骤 2：检查 CUDA 是否可用，若 CUDA 可用，则可以利用 GPU 加速深度学习模型的训练。

步骤 3：加载手写数字数据集 MNIST，并设定训练集和测试集，对数据进行归一化处理。

步骤 4：定义 CNN 模型结构（基于 LeNet-5 架构）。

步骤 5：设置模型训练参数，损失为交叉熵损失，学习率为 0.001，训练步长为 100 步。

步骤 6：模型训练，训练损失曲线如图 3-49 所示。

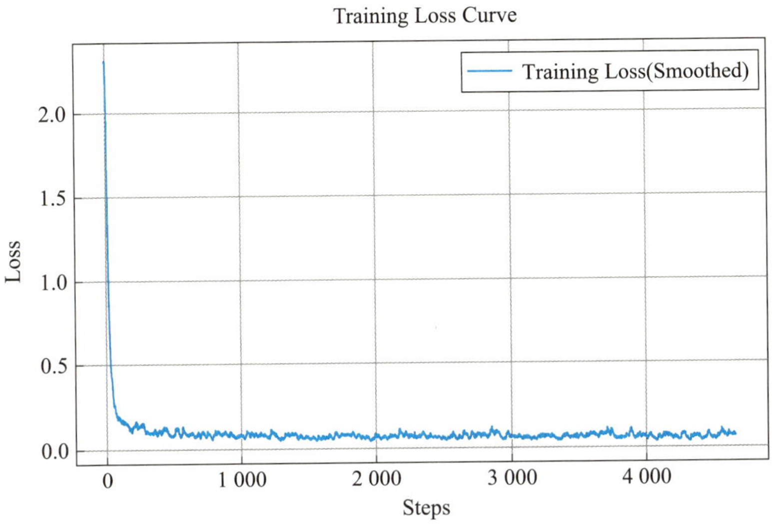

图 3-49 训练损失曲线

步骤 7：模型测试，计算训练好的模型在测试集上的精度。

三、知识拓展

1. 对比不同训练参数对模型训练损失和测试准确率的影响。
2. 分析模型在训练过程中出现的过拟合或欠拟合情况。
3. 增加训练周期，调整批量大小，尝试使用更复杂的模型结构。

3.5 本章小结

本章介绍了机器学习的基本概念、核心算法与应用实践。从“柚子挑选”这一贴近生活的例子切入，帮助学生理解机器学习的本质——从数据中自动学习规律以辅助决策。采用通俗易懂的方式讲解了线性回归、逻辑回归、*K* 近邻、支持向量机、*K* 均值聚类、PCA 等经典算法的主要思想，还介绍了人工神经网络的基本思想，为后续深入理解深度学习的核心理念奠定了认知基础。此外，本章结合任务案例，引导学生在实践中掌握各算法的基本思想与应用方法。通过学习本章，不仅能初步构建机器学习的知识体系，还具备了使用主流算法解决实际问题的能力。本章思维导图如图 3-50 所示。

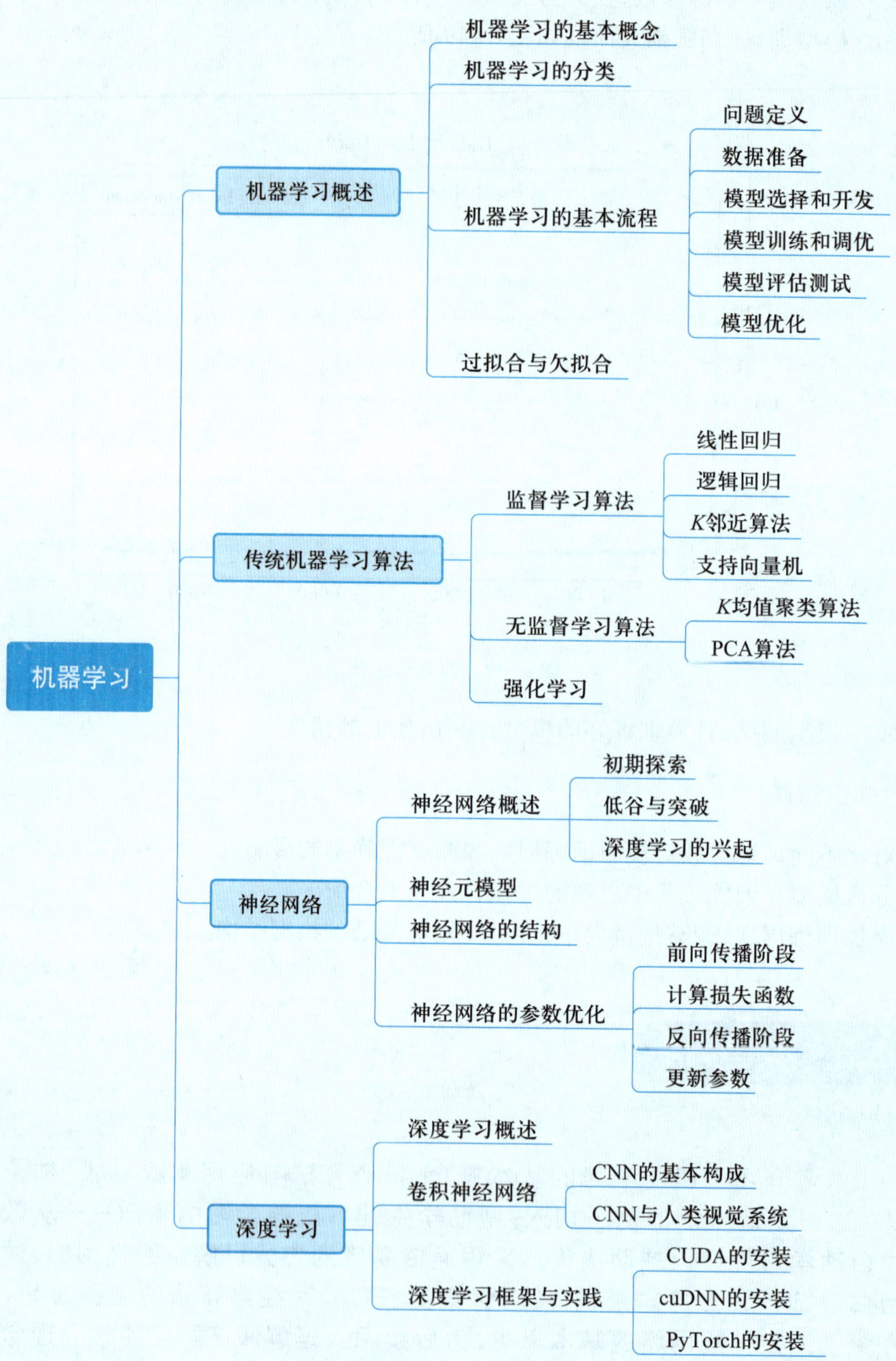

图 3-50 第 3 章思维导图

课后练习

1. 简述机器学习的定义及其与传统编程方法的主要区别。

2. 简述机器学习的基本流程,并说明每个步骤的重要性。

3. 监督学习和无监督学习的主要区别是什么?请各举一个应用实例。

4. 什么是过拟合和欠拟合?它们产生的原因是什么?

5. 在实际问题中,如何确定 K 均值聚类算法合适的聚类数目 K 值?

6. K 均值聚类算法对初始质心敏感,不同的初始质心可能导致不同的结果。请解释原因。

7. 请简要描述梯度下降算法的核心思想及其在模型训练中的作用。

8. 卷积神经网络主要由哪些基本层组成?请简述卷积层和池化层的主要功能。

第4章 大语言模型与生成式人工智能

当使用手机与智能助手流畅对话时，使用 AI 生成创意海报或精美的 PPT 文件时，这些背后都是人工智能领域最引人注目的突破——大语言模型与生成式人工智能。2022 年，ChatGPT 的推出让人类首次直观感受到大语言模型的强大实力，迅速引发全球关注，推动各大科技企业加速投入研发。2025 年初，我国发布开创性的大语言模型 DeepSeek-R1，在语义理解与生成方面接近国际先进水平，凭借其开放性、实用性和高性价比，标志着我国在 AI 领域由“跟跑”迈向“并跑”。以 ChatGPT 和 DeepSeek 为代表的生成式人工智能系统的底层正是大语言模型。作为生成式人工智能的核心技术，大语言模型推动了语言理解与生成能力的突破。同时，生成式人工智能日益扩展的应用需求也促进了大语言模型向图像、音频、视频等多模态方向持续演进。

4.1 大语言模型概述

近年来，随着算力和数据规模的提升，人工智能在自然语言处理领域取得了显著进展。大语言模型作为其核心技术，已成为生成式人工智能的基础。通过学习海量文本，大语言模型（Large Language Model，LLM）能够理解语言并生成内容，被广泛应用于对话、翻译、写作等任务。

4.1.1 大语言模型的定义

大语言模型是一类基于深度学习的人工智能模型，专门用于理解和生成自然语言。它们通常具有庞大的参数规模，并通过大量文本数据进行训练，具备强大的语言理解和生成能力，在多种自然语言处理任务中表现出色。

这里的“大”主要体现在两个方面：一是参数规模大；二是训练所用的文本数据量大。所谓“参数规模大”，可以理解为模型中神经元之间的连接数非常多。参数数量往往达到十亿以上（例如，GPT-3 拥有 1 750 亿个参数）。这个数量级远超早期的语言模型的几百万个参数，而参数数量越多的模型学习语言规律的能力就越强。“文本数据量大”指的是用于训练模型的文本内容非常庞大，通常包含数千亿甚至上万亿个词元（tokens）。研究人员会收集互联网上的书籍、百科、新闻、论坛、对话记录等各种文本，以帮助模型“理解”人类语言的用法、常识以及各种表达风格，从而能在多种任务中表现出接近人类的语言能力。表 4-1 展示了一些典型大语言模型的参数规模与预训练数据量。

表 4-1　典型大语言模型的参数规模和预训练数据量对比

模型名称	发布时间	开发者	参数量	预训练数据量 / 词元（tokens）
GPT-1	2018 年 6 月	OpenAI	1.17 亿	约 7 000 万 tokens
GPT-2	2019 年 2 月	OpenAI	15 亿	约 100 亿 tokens
GPT-3	2020 年 6 月	OpenAI	1 750 亿	3 000 亿 tokens
GPT-4	2023 年 3 月	OpenAI	未公开（估计数千亿）	未公开（估计超 1 万亿 tokens）
PaLM 2	2023 年 5 月	Google	3 400 亿	3.6 万亿 tokens
DeepSeek-V3	2024 年 12 月	DeepSeek	6 710 亿	14.8 万亿 tokens
Qwen3	2025 年 4 月	阿里云	2 350 亿	36 万亿 tokens
Llama 4	2025 年 4 月	Meta	4 000 亿	40 万亿 tokens

4.1.2　大语言模型的发展历程

1. 早期语言模型的探索（1950—2016 年）

最初的语言模型依赖于规则匹配（如 1966 年的 ELIZA）和统计方法（如 n-gram 模型和 HMM 等），模型规模小，理解能力有限。

后来的循环神经网络（RNN）及其变体 LSTM（1997）与 GRU（2014）能够更好地处理序列数据，标志着语言模型进入深度学习时代。然而，这些模型难以捕捉长距离依赖关系且并行计算效率低，因此在处理长文本语言任务时存在局限性。

2. Transformer 架构的崛起（2017 年）

2017 年，Google 提出了 Transformer 架构，完全摒弃循环结构，引入自注意力机制（Self-Attention），显著提高了模型对长文本的理解能力和并行训练效率。Transformer 的问世彻底改变了自然语言处理领域的技术路线，取代了传统的循环神经网络，成为构建大规模预训练语言模型的基础框架，也奠定了当前大语言模型发展的核心技术基石。

3. 预训练语言模型的兴起（2018—2020 年）

在 Transformer 架构基础上，研究者提出了预训练—微调范式，极大地推动了通用语言模型的发展。其中，两个具有代表性的模型系列脱颖而出。

（1）BERT：由 Google 公司于 2018 年发布，采用双向编码器结构，专注于语言理解任务，如文本分类、问答与命名实体识别，开启了自然语言处理的通用模型时代。

（2）GPT：OpenAI 公司于 2018 年提出 GPT-1，采用自回归生成方式，擅长生成文本。后续版本如 GPT-2 在生成能力、语言理解和通用性方面表现出色，推动生成式人工智能的进步与发展。

这些模型在海量文本上进行预训练，再根据具体任务进行微调，显著降低了任务开发成本，有效提升了处理多种语言任务的性能。

4. 大规模语言模型的发展（2020 年—至今）

2020 年，OpenAI 发布了 GPT-3，参数规模高达 1 750 亿，展现出强大的语言生成与理解能力，标志着大语言模型进入超大规模时代，引发业界对“通用人工智能”可行性的广泛关注。随后，业界巨头相继推出性能强劲的大模型，例如：Google 的 PaLM 系列和 Gemini 系列、

Meta 的 OPT 系列和 LLaMA 系列以及 Anthropic 的 Claude 系列，不断刷新技术上限。2022 年，ChatGPT 的发布引发全球热潮，极大推动了大模型的产业化与普及。自 2023 年起，国内科技企业和研究机构也加速布局，涌现出一批中文大语言模型，如文心一言、通义千问、智谱 GLM、百川智能、月之暗 LLaMA 等。2025 年初，DeepSeek-R1 凭借高性价比和开放能力脱颖而出，标志着中国大模型发展正从“跟跑”迈向“并跑”阶段。

近年来，大语言模型不断融合多模态输入（如图像和音频）与复杂推理能力，朝着通用人工智能方向迈进。例如，OpenAI 的 GPT-4 支持图文混合输入，展示了强大的多模态理解能力；DeepSeek-R1 强化数学、推理与代码能力；而 Meta 的 LLaMA 4 等混合专家模型则通过部分激活专家模块，在提升性能的同时保持计算效率。未来，“多模态 + 推理能力”的大模型，将成为构建类人工智能系统的关键底座，推动人工智能从语言模型向具身智能（强调物理实体与环境交互）与通用智能（强调通用性与自立性）加速演进。

大语言模型发展简史如图 4-1 所示。

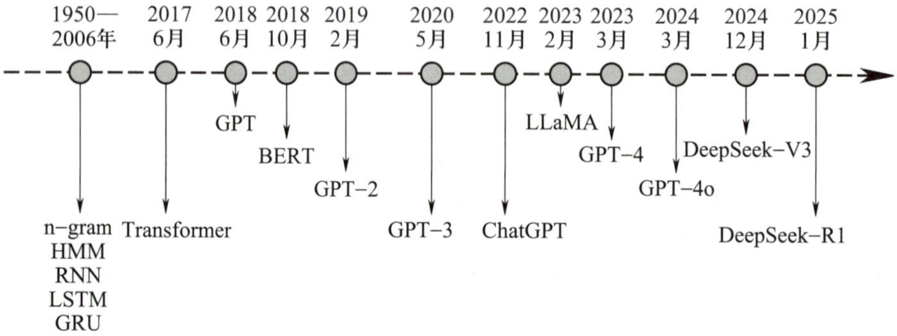

图 4-1 大语言模型发展简史

4.1.3 主流大语言模型

表 4-2 汇总了当前主流大语言模型及其特点。

表 4-2 主流大语言模型及其特点

模型名称	开发者	发布时间	模型特点
GPT-3.5	OpenAI	2022 年 11 月	对 GPT-3 的改进版本，提升了对话质量和稳定性，作为 ChatGPT 的基础模型
GPT-4	OpenAI	2023 年 3 月	引入多模态能力，支持图像输入，增强推理和编程能力
GPT-4 Turbo	OpenAI	2023 年 11 月	支持 128 千 tokens 长文本，适用于处理大型文档和复杂任务
GPT-4o	OpenAI	2024 年 5 月	原生支持文本、图像和音频输入，具备实时语音对话能力
GPT-4.5	OpenAI	2025 年 2 月	能够更好地理解用户情绪和意图，减少幻觉率
DeepSeek-V3	深度求索	2024 年 12 月	采用创新的混合专家结构（MoE）架构，降低训练成本，提升推理效率，在长文本生成、代码理解和数学推理等任务中性能接近 GPT-4o
DeepSeek-R1	深度求索	2025 年 1 月	提升模型推理能力，在数学、代码以及各种复杂逻辑推理任务上表现出色

续表

模型名称	开发者	发布时间	模型特点
Gemini 1.0	Google	2023 年 12 月	多模态大语言模型，支持文本、图像、音频和视频输入
Gemini 2.5	Google	2025 年 3 月	引入“思考”机制，增强了推理和代码能力，具备链式思维能力，支持 100 万 tokens 的上下文窗口
Gemma 1	Google	2024 年 2 月	开源轻量级语言模型，适用于本地部署，采用与 Gemini 相似的架构和训练方法
Gemma 3	Google	2025 年 3 月	最新的 Gemma 模型，支持多模态输入，优化了在单个 GPU 上的运行效率
Claude 2.1	Anthropic	2023 年 11 月	引入了 200 千 tokens 的上下文窗口，显著减少了模型幻觉率，支持系统提示和工具使用功能
Claude 3.7 Sonnet	Anthropic	2025 年 2 月	引入混合推理模型，允许用户在快速响应和深入推理之间进行选择，增强了多模态处理能力
LLaMA 4	Meta	2025 年 4 月	引入混合专家架构，支持多模态和多语言输入，提升了上下文处理能力和推理能力
文心一言（ERNIE Bot）	百度	2023 年 3 月	对话式 AI 产品，支持多轮对话、内容创作等功能
Qwen2.5-Omni	阿里云	2025 年 3 月	支持文本、图像、视频和音频输入，适用于多模态任务
Qwen3 系列	阿里云	2025 年 4 月	支持推理，适用于多语言任务，在 Hugging Face 和 ModelScope 等平台上开源
GLM-4	智谱 AI	2024 年 6 月	支持 128 千 tokens 长文本处理，支持文本、图像、音频等多模态输入，在 Hugging Face 和 GitHub 等平台上开源

4.2 大语言模型基本原理及关键技术

随着大语言模型在对话生成、文本理解、多模态处理等领域展现出强大能力，越来越多的应用开始依赖其作为核心引擎。但这些模型为何如此“聪明”，又是如何理解人类语言并完成复杂任务的？要回答这些问题，需要深入了解大语言模型背后的基本原理与关键技术。本节将从基本工作过程、架构、训练过程和推理等多个方面，系统地介绍大语言模型，构建初步的认知与理解。

4.2.1 大语言模型的基本工作过程

大语言模型的基本工作过程可以用一个简单例子来说明，如图 4-2 所示。

首先，当输入一句话“中国的首都是”，这句话会被拆分成一个个较小的单元，叫作 token，例如“中国”“的”“首都”“是”。

然后，将每个 token 转换成一组数字来表示它的语义和在句子中的位置，方便后续的计算，即为词向量。

接下来，这些词向量会被送入训练好的大语言模型（核心架构为 Transformer），理解这些词的语义以及词之间的关系，例如：“首都”和“中国”之间的联系。

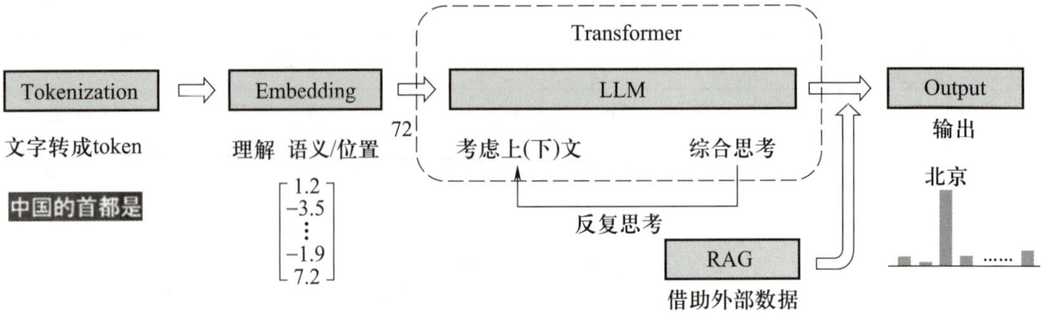

图 4–2　大语言模型的基本工作过程

有了这些信息之后，大语言模型就会做出预测：下一个最可能出现的词是什么？在这个例子中，模型会判断“北京”这个词出现的概率最高，于是就把它作为最终的输出。

除了这些基本功能，当前的大语言模型在生成答案时，还通过检索增强生成（RAG）技术调用外部知识库来提升模型回答的准确性。

4.2.2　Transformer 架构

Transformer 是当前主流大语言模型（如 BERT、GPT、Claude、Ernie 等）的基础架构，由阿希什·瓦斯瓦尼（Ashish Vaswani）等人于 2017 年提出，其结构如图 4–3 所示。它是一种专门处理序列数据的深度学习模型，广泛应用于机器翻译、语音识别、问答生成等任务。

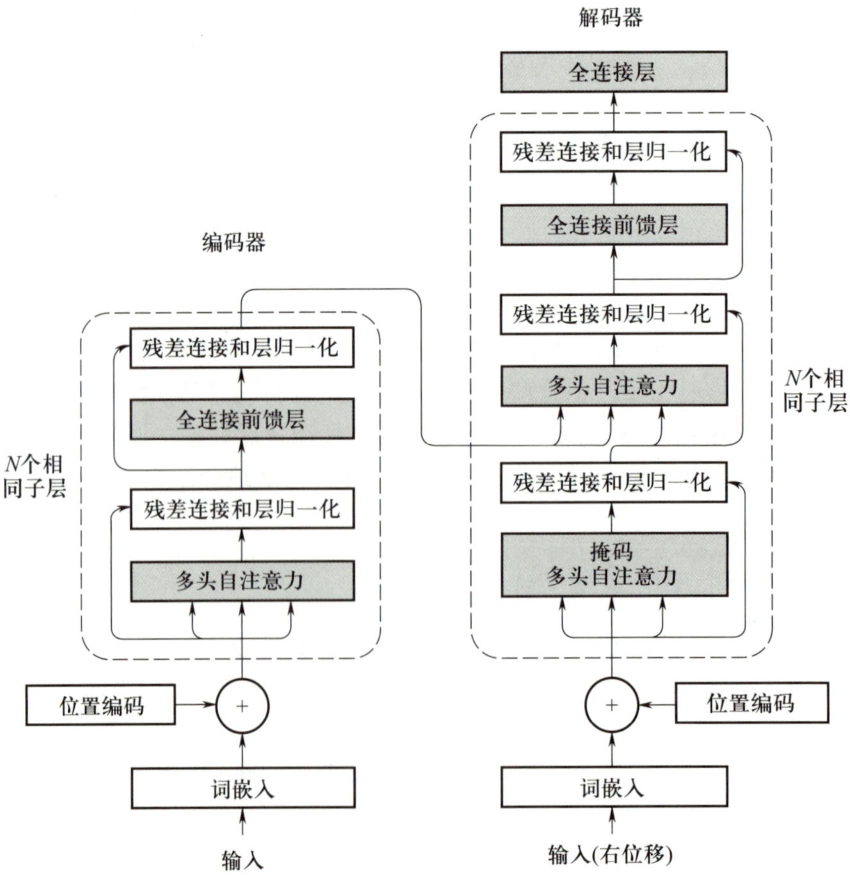

图 4–3　Transformer 模型结构图

Transformer 由两部分组成：编码器（Encoder）和解码器（Decoder），每部分由多个相同的子层堆叠而成。编码器层包含两个主要模块：自注意力机制（Self-Attention），用于捕捉词与词之间的上下文关系；前馈神经网络，用于进一步处理信息。解码器层结构类似，但多了一个与编码器交互的模块：编码—解码注意力机制（Encoder-Decoder Attention），让解码器在生成内容时参考编码器的理解结果。

1. 词嵌入与位置编码

（1）词嵌入（Word Embedding）。

词嵌入是将输入中每个词转化成一个高维向量的过程，也可以理解为“用一组数字表达词的含义”，如图 4-4a 所示。这样做的目的是让计算机不仅知道这个词“长什么样”，而且“懂它的意思”。嵌入后的词向量具有“语义空间”特性，语义相近的词，在向量空间中的距离也更接近。例如，woman 和 girl 在语义上相似，如图 4-4b 所示，它们在向量空间中的位置也相对接近。词嵌入使模型能捕捉词语在语义和语法层面的相似性与差异性，为后续的语言理解与生成提供基础。这些词向量随后被送入 Transformer 模型，用于进一步的上下文建模与语言推理。

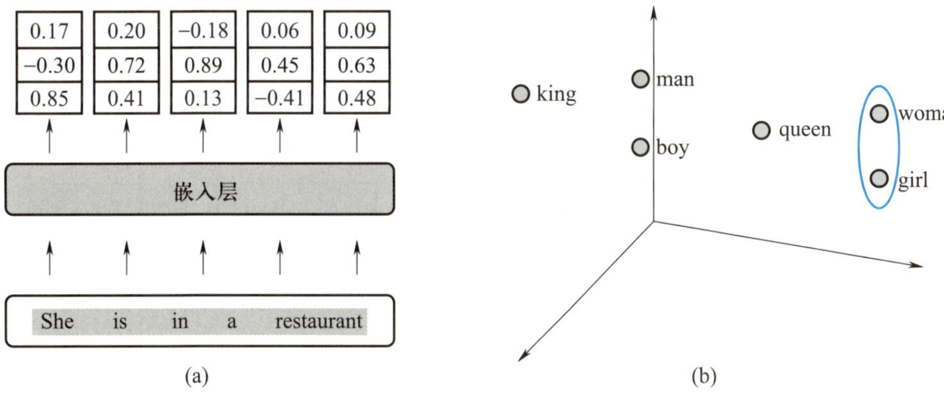

图 4-4　词嵌入

（2）位置编码。

Transformer 的最大优点是能够同时处理整句话的信息，而不像早期的 RNN 那样只能逐词读取。然而，这种“并行处理”也带来了一个问题：所有词是一起输入的，模型本身无法区分它们在句子中的先后顺序。举个例子，“小明打了小红”和“小红打了小明”虽然包含的词汇相同，但词汇顺序不同，意思完全相反。如果模型不理解词的位置，就可能混淆语义。

为了解决这个问题，Transformer 引入了位置编码（Positional Encoding）。它的作用是为每个词添加一个“位置标签”，告诉模型这个词在句子中的第几个位置。不过，这个标签不是简单的数字，而是一组可以与词向量相加的特殊向量，即“位置向量”，如图 4-5 所示。这样，模型在理解词语含义的同时，也能感知它们的语序，从而更准确地理解整句话的意思。

2. 编码器（Encoder）

编码器是 Transformer 的“理解模块”，如图 4-6 所示，它的任务是把输入的句子读懂并理清含义。例如，当听到一句话“小明因为生病没来上课。”，会自动提炼出几个要点：主语是小明，原因是生病，结果是没来上课。这样的提取和组织信息过程，就类似 Transformer 的编码器原理。

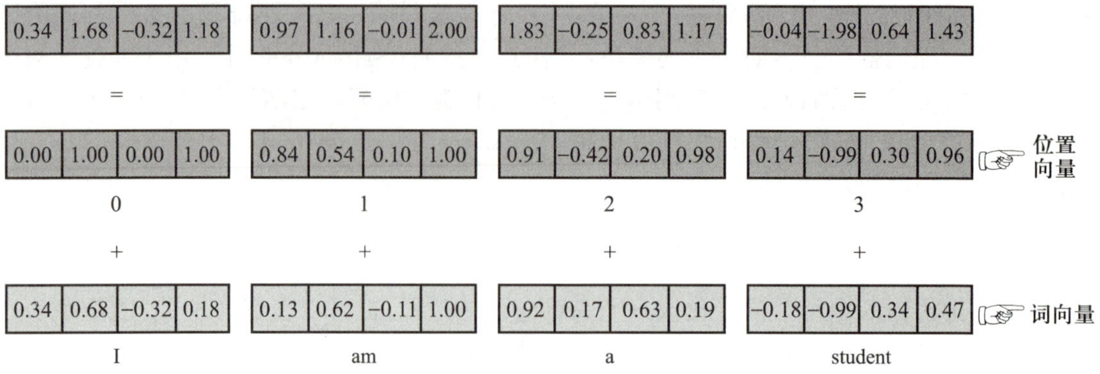

图 4–5 词嵌入和位置编码示意图

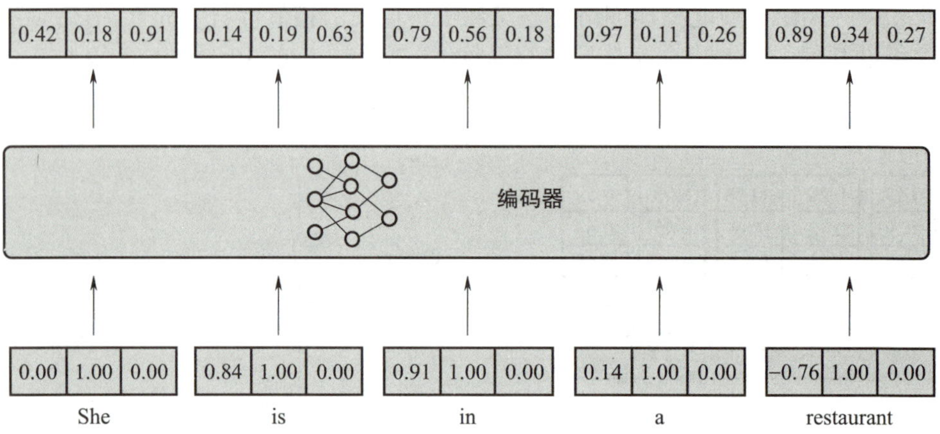

图 4–6 编码器

Transformer 的编码器是由多层结构堆叠而成，每一层主要完成两个任务：

（1）自注意力机制（Self–Attention），让每个词知道自己该关注句子里的哪些词，同时能够理解上下文。

（2）前馈神经网络（Feed–Forward），把自注意力机制处理后的信息，进一步抽象、压缩并提炼成更有意义的表达。每一层的输出传给下一层，逐步加深模型对句子的理解。编码器最终会输出一个“向量序列”，每个词都有一个向量，里面包含了：它本身的含义，它在句子中的作用，它和其他词之间的关系。这些向量就像是“信息浓缩包”，为后续的翻译、摘要、问答等任务提供高质量的输入。

自注意力机制是 Transformer 架构的核心组件之一，其核心思想是在处理一个词时，模型可以同时关注输入序列中的其他词，从而更好地理解上下文信息。自注意力机制通过计算两个词之间的相关性来决定注意力权重，如果两个词之间的相关性更强，它们之间的注意力权重就会越高。例如，在句子“The animal didn’t cross the street because it was too tired”中，模型要判断“it”是指“animal”还是“street”，需要结合“tired”等词的信息。自注意力机制能在处理“it”时重点关注这些关键词，从而加强对“The animal”的关注（图 4–7）。简而言之，自注意力机制让模型在处理每个词时，都能“借助”其他词的线索，形成对当前词更全面的理解。这种机制之所以叫“自”注意力，是因为每个词关注的是同一句子中的其他词，而不是来自另一个句子的序列。

自注意力机制的优势包括：

（1）处理全局关系：在理解每个词时都能看到整句话，理解长距离依赖（比如主语在句首，动词在句末，也能将其关联）。

（2）并行计算：不像传统 RNN 需要逐词顺序处理，自注意力机制同时处理整个句子，大大提高了效率。

（3）动态关注：不用死记词的固定顺序，能适应不同结构的句子。这些特点使其成为大语言模型中不可或缺的关键技术，而编码器有多个自注意力模块，可关注不同的信息。

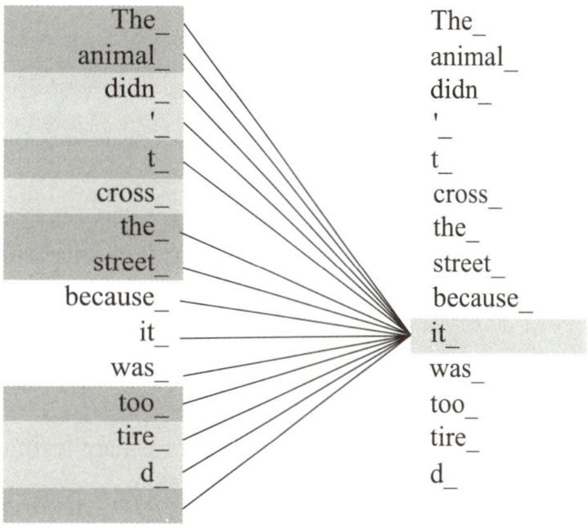

图 4-7 自注意力机制可视化

前馈神经网络则对自注意力模块的输出进行进一步的处理，增强模型的表达能力。

3. 解码器（Decoder）

解码器是 Transformer 的"表达模块"。它的任务是根据编码器理解的意思，逐字逐句地生成输出内容。例如，在翻译句子"She loves apples."时，解码器的工作过程见表 4-3。

表 4-3 解码器的工作过程

步骤	已生成的中文	解码器当前做的事
1	（空）	根据编码器输出，预测第一个词"她"
2	她	根据"她"和编码器输出，预测下一个词"喜欢"
3	她　喜欢	根据"她喜欢"和编码器输出，再预测下一个词"苹果"
4	她　喜欢　苹果	根据"她喜欢苹果"和编码器输出，判断应该结束，输出"。"或停止符号

整个过程中，解码器每一步只生成一个词，只能看到前面的词（不能偷看后面的答案），并始终参考编码器理解的整体语义。与编码器类似，Transformer 的解码器也是由多个"层"堆叠而成，每一层解码器通常包含三部分。

（1）掩码自注意力（Masked Self-Attention）：让每个词只看前面的词，避免"偷看未来"。

（2）编码 - 解码注意力（Encoder-Decoder Attention）：让每个词根据编码器提供的信息理解。

（3）前馈神经网络（Feed-Forward）：提炼语义，生成输出。

4.2.3 大语言模型的训练过程

从整体上看，训练 LLM 主要包括预训练"PreTraining"、后训练—监督微调"PostTraining-supervised fine-tuning"和后训练—人类反馈强化学习"PostTraining-reinforcement learning with human feedback"，如图 4-8 所示。通过上述阶段的训练，大语言模型能够生成更符合人类需求和偏好的输出，最终形成类似 ChatGPT 的对话模型。

1. 预训练

大语言模型不是一出生就能回答问题，它必须先看大量文本，反复练习语言表达，学会语言的规律和知识，这个过程就叫"预训练"，如图 4-9 所示。类比人类要成为写作高手，必须先大量阅读、模仿和练习，用猜词和填空的方式理解语言，大语言模型也是通过这种方式训练语言能力的。

大语言模型的预训练分为以下三个步骤。

步骤 1：下载并预处理互联网数据。从例如百科、新闻、论坛、小说等互联网平台下载大量

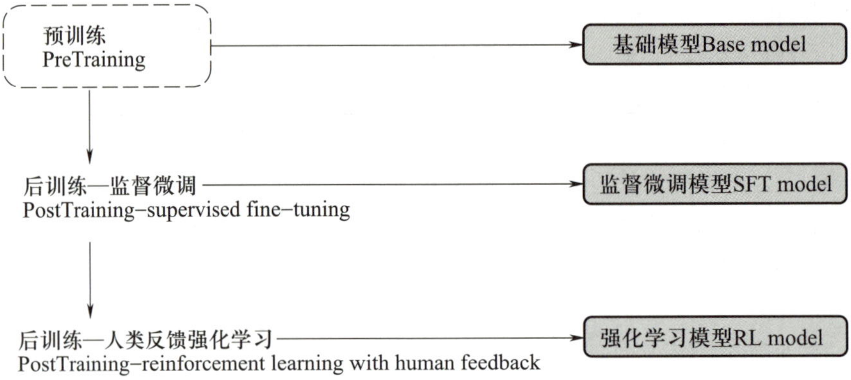

图 4-8　大语言模型的训练过程

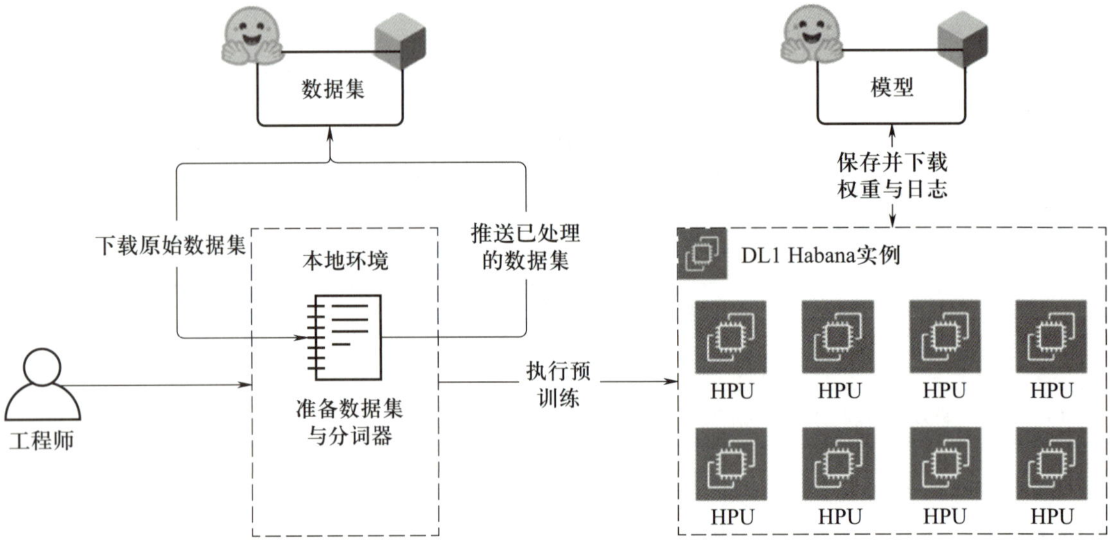

图 4-9　大语言模型的预训练示意图

的文本数据。这些文本数据会经过清洗和筛选，包括过滤黑名单网址、提取纯文本内容、语言筛选、去除重复数据和去除个人信息等，以确保文本数据质量。

步骤 2：将文字转为 token。分词就是把人类语言切成模型能理解的小块。比如英文单词“unbelievable”，可能会被切成“un”“believ”“able”三个 tokens。而中文“我爱北京天安门”可能会被切成“我”“爱”“北京”“天”“安”“门”六个 tokens。通过分词，可以将每个 token 转换成一个数字编号，然后再转换成向量，送进模型内处理。可在分词工具 Tiktokenizer 的官网上查看大语言模型是如何将文本拆解为 token 的，如图 4-10 所示。

步骤 3：神经网络的训练。模型训练的目标是预测下一个 token。比如输入句子：“中国的首都是”，模型需要判断下一个 token 最可能是什么（如“北京”）。模型会计算所有可能 token 的概率分布，并选择概率最高的作为下一个 token。在这一过程中，模型通过反向传播不断调整其内部参数，使预测结果更接近真实答案。

预训练的本质就是让模型在阅读海量文本的过程中，不断进行“猜词游戏”，逐步掌握语言的结构、知识与逻辑，从而具备语言理解与生成能力。这个阶段计算开销巨大，是整个训练中最耗资源的一步。完成预训练后得到的模型被称为基础模型（Base model），它还需要通过后续的微调，才能适应具体任务。

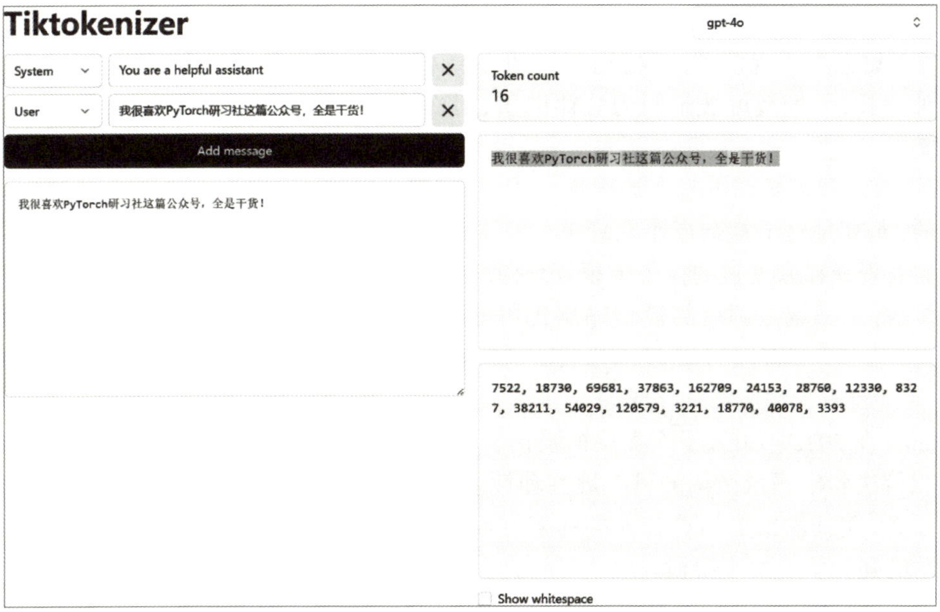

图 4-10 Tiktokenizer 展示将文本拆解为 token

2. 后训练—监督微调

大语言模型在预训练阶段通过大量文本学习了丰富的通用知识和语言能力。但若要在特定任务或领域中表现更优，还需要进行进一步的微调（Fine-tuning）。微调可以理解为“职业培训”。模型已经具备语言理解和基础表达能力，但要胜任特定工作，比如客服、写作助手或教育问答，就需要在相关领域的数据上再训练一轮，掌握专业表达方式和习惯。其中，监督微调（Supervised Fine-tuning，SFT）是最常见的方法。它利用新任务的少量人工标注数据，通过有监督学习方式对预训练模型进行调整，使其更好地适应新的任务需求。

（1）指令 / 对话微调（Instruction/Conversation Fine-tuning）。

ChatGPT 最初只是一个具备语言生成能力的大模型，但它并不总是“会好好说话”，可能缺乏礼貌，不清楚哪些话题应避免或无法精准回答用户的问题。为增强其实用性与交互性，需要通过指令 / 对话微调让模型学会遵循用户指令、展开多轮对话、遵守安全规范并拒绝不当请求。这类微调通常依赖高质量的“人类提问→模型回答”的对话样例，如图 4-11 所示。早期 GPT-3 所用的对话数据多由人工标注，覆盖能源、环境、冥想等多个主题。如今，许多数据集由 AI 自动生成，再经人工审核和编辑以确保质量。

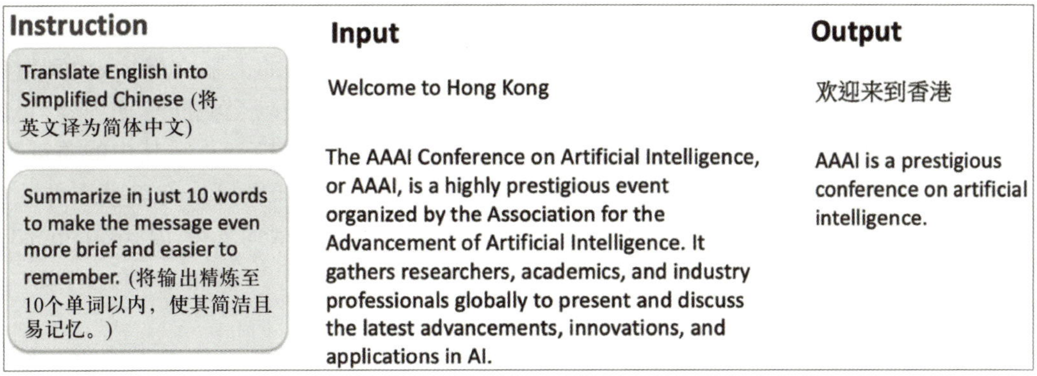

图 4-11 “人类提问→模型回答”的对话样例示意图

（2）特定领域微调（Domain-specific Fine-tuning）。

领域微调是在小规模专业数据上进一步训练模型，使其具备特定领域的知识与表达能力。通过这种方式，大模型可被定制为法律助手、问诊助手、教务助手等，更好地服务于具体任务和行业应用。

然而，特定领域微调本身有局限性。① 可扩展性局限：收集人类演示活动是劳动密集型且耗时的，尤其是对于复杂或小众任务；② 性能局限：简单模仿人类行为并不能保证模型会超越人类表现或在未见过的任务上很好地泛化。

此外，特定领域微调后的模型输出仍可能不符合人类偏好，存在“幻觉”（生成不真实或不准确内容）和“有害性”（输出不当或有风险信息）等问题。

3. 后训练—人类反馈强化学习

OpenAI 在 2022 年引入了人类反馈强化学习（Reinforcement Learning with Human Feedback，RLHF）以解决特定领域微调的可扩展性和性能局限。RLHF 通过强化学习和人类反馈来进一步微调模型，使其输出更加符合人类的偏好或期望。RLHF 的基本流程包括奖励模型训练和基于奖励的强化学习两个阶段。

（1）奖励模型训练：让人类对模型的多个回答打分（哪一个更好）。人类对模型生成的多个输出进行排名，创建一个偏好数据集，再用这个数据集训练一个奖励模型，让模型学会什么是更好的回答。

（2）基于奖励的强化学习：使用强化学习算法，结合奖励模型给出的反馈，进一步优化语言模型，使其倾向于生成更受人类欢迎的回答。

通过 RLHF 方法，模型能够利用人类反馈逐步提高性能，最终训练出能够生成高质量输出的模型。

4.2.4 大语言模型的推理

当大语言模型接收到一组输入 token 后，它会根据训练中学到的语言规律，为每个可能出现的下一个词分配一个概率。简单来说，它会“猜”下一个词最有可能是什么。但模型并不是总选“最有可能”的词，而是像掷一个带偏向的骰子那样，从所有候选词中“抽签”选一个。概率越高的词，被选中的机会也越大。因为这个过程有随机性，即使输入完全一样，输出结果也可能不同。通过这种方式，模型能灵活生成多样化的回答，甚至创作出训练数据中没有出现过，但在语言逻辑上合理的新句子。大语言模型的推理过程中会使用如下技术。

1. 上下文窗口大小

上下文窗口大小，指的是大语言模型在一次生成中可以“看到”的最大输入和输出的总长度，通常以 token 为单位。由于大语言模型的生成是基于“上下文预测”的，它每生成一个新 token，都会根据已有上下文重新计算预测结果。因此，能看到的上下文越多，模型对话越连贯，上下文理解越深。但如果输入过长甚至超出最大长度，模型就会截断早期内容，可能导致输出不连贯或忽略关键信息。例如，输入一本 5 万字的报告，请模型总结其中的关键观点。假设这相当于 80 千 tokens，普通 GPT-3 模型无法处理，而 GPT-4 则可以完整读取并生成摘要。当前，GPT-4、Gemma 3、Qwen 3、DeepSeek-V3 等大语言模型均支持 128 千 tokens 上下文长度。

2. 提示词工程

经过训练的大语言模型就像一个聪明的助手，但它的表现在很大程度上取决于提问的方式。提示词工程，就是与模型“沟通”的技巧与方法，目的是让它更准确地理解意图并给出理想回应。一个设计良好的提示词可以显著提升模型输出的准确性、相关性和完整性，而不当的提示可能导致回答模糊或偏离主题。因此，提示词工程的核心在于优化输入指令，引导模型生成符合预期的输出，是使用大语言模型过程中至关重要的一环。2023 年 11 月 8 日，新加坡政府科技局举办了首届 GPT-4 提示词工程竞赛，数据科学家 Sheila Teo 凭借创新的提示词设计框架 CO-STAR 夺得冠军。CO-STAR 框架包含六个关键要素，如图 4-12 所示。

- C（Context，上下文）：提供任务的背景信息，帮助模型理解具体应用场景。
- O（Objective，目标）：明确任务目标，确保模型聚焦于特定任务。
- S（Style，风格）：指定输出的写作风格（如名人风格或行业专家风格）。
- T（Tone，语气）：设定回应的情感态度（如正式、幽默、同情等）。
- A（Audience，受众）：明确目标受众（如领域专家、初学者、儿童等）。
- R（Response，响应）：规定输出的格式（如列表、JSON、专业报告等）。

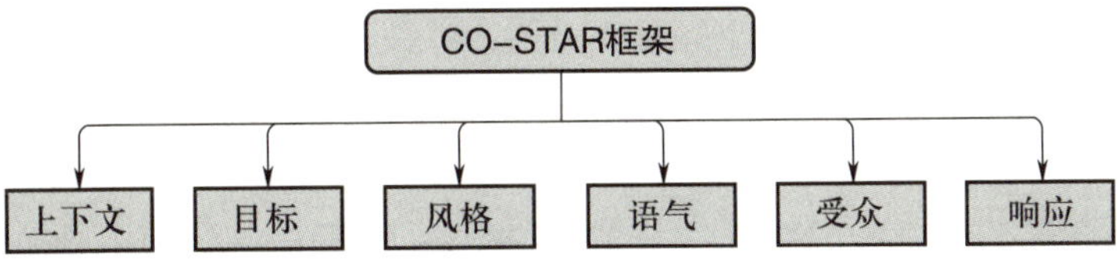

图 4-12　CO-STAR 框架示意图

3. 指令参数

大语言模型的指令参数是指在与模型交互时，通过调整这些参数灵活定义生成文本的风格、长度和创造性，以优化生成结果，满足不同场景的需求。常见的指令参数及说明见表 4-4。

表 4-4　常见的指令参数及说明

参数名称	说明	示例
温度（temperature）	控制输出的随机性，范围通常是 0 ~ 1。数值越低，回答越确定；数值越高，越有创意和发散性	temperature=0.2：适合摘要；temperature=0.8：适合写诗
最大长度（max_tokens）	限制模型输出内容的最大 token 数，避免生成过长内容	max_tokens=100：最多回答 80 ~ 100 个汉字
采样范围（Top_k/Top_p）	控制采样时的选择范围，影响生成的多样性与稳定性。Top_k 是选前 k 个概率最高的词，Top_p 是选累积概率达到 p 的词	Top_p=0.9：保留最可能的一部分（累积概率达到 0.9）的输出候选
停用词（stop sequences）	设定模型何时停止生成，用于控制输出结构或避免跑题	stop=["\n\n"]：遇到空行就停止生成
示例（Few-shot）	在提示词中给出一些样例，帮助模型“模仿”期望的格式或风格	Q：太阳从哪里升起？ A：东边；Q：地球是圆的吗？ A：是的

4. 思维链

思维链（Chain of Thought，CoT）是提示工程中的一种高级策略，通过将复杂问题拆解为一系列连贯的中间步骤，模拟人类的思考过程，从而显著提升大语言模型的推理能力。它强调“逐步推理”，每一步都建立在前一步基础上，避免模型直接跳到结论而出错。这种方式不仅提高了回答的准确性和可解释性，还特别适用于数学、编程、科学等需要多步思考的任务。比如，DeepSeek-R1 就采用思维链方式，有效提升了模型在复杂问题上的表现和思路透明度，如图 4-13 所示。目前，ChatGPT（GPT-4）、Claude、Gemini 等主流大模型也广泛应用这一技术。

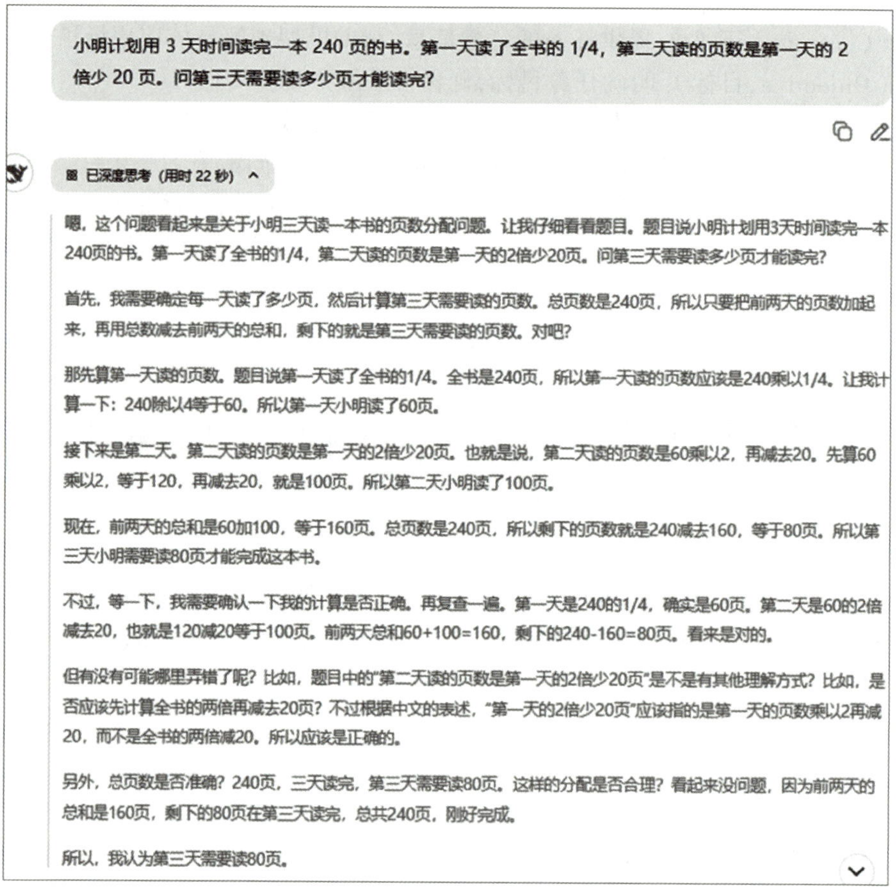

图 4-13　DeepSeek-R1 的深度思考示意图

5. 检索增强生成

大语言模型的知识来自预训练数据，更新频率有限。如图 4-14 所示，若 DeepSeek 的知识库更新截至 2023 年 10 月，当用户提问 2024 年的事件或新闻，模型可能无法准确回答，甚至可能凭空编造答案。

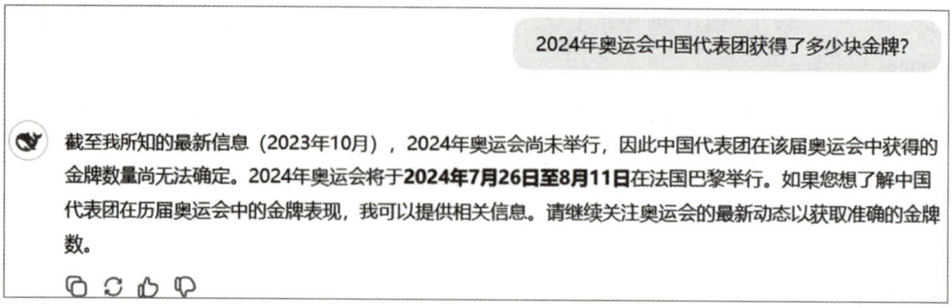

图 4-14　DeepSeek 回答结果

为了解决这一问题，出现了检索增强生成技术，它将信息检索技术与 LLM 相结合。检索增强生成技术的主要流程包括检索、增强和生成。

- 检索：从外部知识库或互联网获取与用户提问相关的信息。
- 增强：将检索到的信息作为提示，输入到大语言模型中，丰富其上下文。
- 生成：模型基于增强后的上下文，生成准确且相关的回答。

通过引入外部信息，检索增强生成技术有效弥补了语言模型知识更新滞后和易出现“幻觉”等问题，显著提升了回答的准确性、时效性和可信度。

以 DeepSeek 为例，用户启用“联网搜索”功能后，模型可实时检索外部信息，再基于结果生成准确回答（图 4–15）。目前，主流大语言模型（如 ChatGPT、Claude、Gemini 等）普遍已具备联网搜索能力，使其在处理实时资讯和专业知识时更具实用价值。

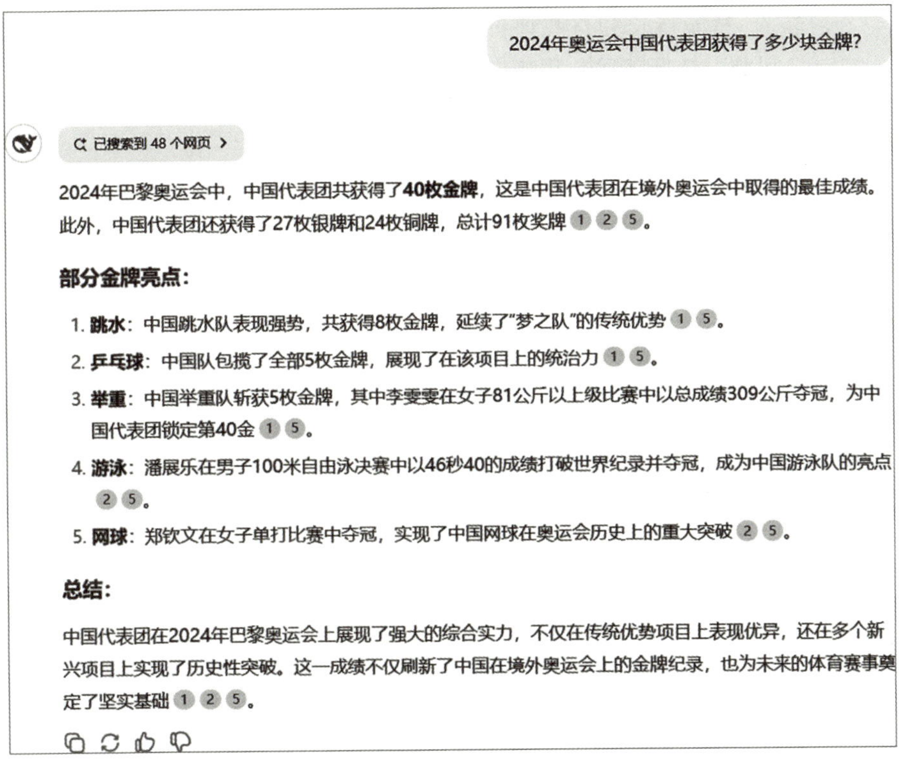

图 4–15　DeepSeek 联网搜索生成的结果

4.3　大语言模型的使用

如今大语言模型得到了迅速的发展，如何使用大语言模型成为了一个热门问题，本节将介绍大语言模型的网页端使用、插件、API 调用、本地部署和微调，辅助学习和工作。

4.3.1　网页端使用

随着大语言模型的迅猛发展，基于网页的应用场景日益丰富。网页端因其便捷性、实时性和跨平台等优势，成为用户与大语言模型交互的主要方式，极大地推动了技术的普及和应用深化。目前，诸如 ChatGPT、DeepSeek、Gemini 和文心一言等主流通用大模型，均已通过官方网站向用户开放。用户只需注册账号，在浏览器中直接输入自然语言指令即可与模型互动，无须安装任何软件。

任务案例：通过提示词生成面向宝马汽车公司销售的求职简历

任务描述

操作视频

通过提示词生成面向宝马汽车公司销售的求职简历

小张是一名市场营销专业刚刚毕业的大学生，计划申请宝马汽车公司（BMW）的销售顾问岗位。请帮助小张使用 DeepSeek 平台，精心设计提示词，生成一份专业、简洁的求职简历，突出与汽车销售相关的技能和经验，适配高端汽车品牌的需求，吸引宝马汽车公司面试官的注意。

简历要求

内容：包括个人信息、教育背景、求职意向、所获荣誉、兴趣爱好、工作 / 实习经验、技能特长和自我评价，强调销售业绩、沟通能力和对宝马品牌的了解。

风格：专业、简洁、积极向上，符合高端汽车销售岗位的职业形象。

字数：约 800 字。

任务目标

- 掌握 AIGC工具 DeepSeek 在网页端的使用方法。
- 学会撰写清晰、明确的提示词，与 AI 进行有效互动。
- 通过与 AI 进行多轮对话优化生成内容的质量。

一、知识准备

1. CO-STAR 框架的基本要素。
2. DeepSeek 的指令参数，详见表 4-4，例如：最大长度（max_tokens）和温度（temperature）。

二、任务实施

步骤 1：明确求职简历的相关信息。

个人信息：张 X，男，22 岁，联系电话为：138-× × × ×-5678，邮箱为 wei.zhang@example.com。

教育背景：XX 职业技术学院，市场营销专业，就读时间为 2023—2026 年。

工作经验：汽车 4S 店销售实习（达成月度销售目标 120%），校园汽车俱乐部活动策划。

技能特长：熟练使用 CRM 软件，普通话流利，英语 CET-4。

所获荣誉：校优秀学生干部、校三好学生和院级一等奖学金。

步骤 2：设计提示词。

参考 CO-STAR 框架，分析各个模块的具体内容，设计出准确的提示词，见表 4-5。

表 4-5　按照 CO-STAR 框架编写的提示词

Context 上下文	为一名市场营销专业刚刚毕业的大学生撰写一份求职简历，用于申请宝马汽车公司销售顾问岗位的面试，个人信息为：张 X，男，22 岁，联系电话为 138-× × × ×-5678，邮箱为 wei.zhang@example.com；教育背景为 XX 职业技术学院，市场营销专业（2023-2026 年）；工作经验为汽车 4S 店销售实习（达成月度销售目标 120%），校园汽车俱乐部活动策划；技能特长为熟练使用 CRM 软件，普通话流利，英语 CET-4；所获荣誉为校优秀学生干部、校三好学生和院级一等奖学金

续表

Objective 目标	生成一篇求职简历，体现小张的优秀，强调小张的销售业绩、沟通能力和对宝马品牌的了解，帮助小张得到面试官的认可
Style 风格	参考网络上的求职简历，需要严肃、专业且简洁的风格
Tone 语气	语言真诚、有感染力且积极，又能体现对销售顾问职位的渴望
Audience 受众	目标人群是宝马汽车公司面试官
Response 响应	输出内容包含 1. 简历标题； 2. 简历内容：个人背景 + 教育背景 + 工作经验 + 技能特长 + 所获荣誉 + 自我评价； 3. 简历长度控制在 800 字以内

最终整合出高质量的提示词为“帮我为一名市场营销专业刚刚毕业的大学生撰写一份求职简历，用于申请宝马汽车公司销售顾问岗位的面试，该同学的个人信息：张 ×，男，22 岁，联系电话为 138-××××-5678，邮箱为 wei.zhang@example.com；教育背景为 ×× 职业技术学院，市场营销专业（2023–2026 年）；工作经验为汽车 4S 店销售实习（达成月度销售目标 120%），校园汽车俱乐部活动策划；技能特长为熟练使用 CRM 软件，普通话流利，英语 CET-4；所获荣誉为校优秀学生干部、校三好学生和院级一等奖学金。生成一篇风格严肃、专业且简洁，语言真诚、有感染力且态度积极的求职简历，体现小张的优秀，强调小张的销售业绩，沟通能力和对宝马品牌的了解以及小张对该职位的渴望，帮助该同学得到面试官的认可。目标人群是宝马汽车公司面试官。输出内容包含简历标题，简历内容包含个人背景、教育背景、工作经验、技能特长、所获荣誉和自我评价，字数 800 字左右”。

步骤 3：访问 DeepSeek 官网，初始界面如图 4-16 所示。

图 4-16　DeepSeek 初始界面

步骤 4：根据提示词生成简历。

在图 4-16 的对话框中输入步骤 2 中得到的提示词，得到部分生成结果如图 4-17 所示，判断其内容是否自然流畅，格式是否符合简历要求等。

步骤 5：使用提示词改进生成内容。

根据上一步生成的结果，再次输入提示词“缩减个人背景中的内容，将其放入自我评价部分”，改进后的生成结果如图 4-18 所示。

步骤 6：通过调整指令参数改变模型输出结果。

张X的求职简历
应聘岗位：宝马汽车销售顾问
联系电话：138-××××-5678
邮箱：wei.zhang@example.com

个人背景

22岁，市场营销专业应届毕业生，热爱汽车行业，尤其对宝马品牌的文化、产品线及高端服务理念有深入研究。具备扎实的销售理论基础与实战经验，擅长客户需求分析及关系维护，目标是以专业和热情为宝马客户提供卓越的购车体验。

教育背景

XX职业技术学院 | 市场营销专业
2023年9月 - 2026年6月（预计毕业）

- 主修课程：消费者行为学、品牌管理、销售技巧、数字营销，均分排名专业前10%。
- 毕业论文方向：《高端汽车品牌客户忠诚度培养策略——以宝马为例》。

工作经验

1. XX汽车4S店 | 销售实习生
2025年6月 - 2025年12月

- **业绩导向**：超额完成月度销售目标120%，独立成交15台新车，客户满意度评分达98%。
- **流程优化**：协助梳理客户接待流程，缩短试驾预约时间20%，提升团队效率。
- **客户维护**：通过CRM系统分类客户需求，促成3名潜在客户二次到店并成交。

2. 校园汽车俱乐部 | 活动策划负责人
2024年3月 - 2025年5月

- **品牌联动**：策划"宝马科技日"校园活动，邀请区域经销商参与，吸引300+学生互动，获校方表彰。
- **团队协作**：带领5人团队完成活动落地，协调场地、宣传及嘉宾接待，预算控制精准。

技能特长

- **销售技能**：熟练掌握FABE销售法则，擅长挖掘客户隐性需求。
- **工具应用**：熟练使用Salesforce等CRM系统，可快速适应宝马内部销售平台。
- **语言能力**：普通话流利（二级甲等），英语CET-4，可应对基础商务沟通。
- **品牌知识**：深入研究宝马i系列电动车及M系列性能车技术亮点，能精准传递产品价值。

所获荣誉

- 校优秀学生干部（2025年，Top 5%）
- 校三好学生（2024年，综合成绩排名前10%）

自我评价

"用专业赢得信任，用热情驱动成交。"

- **热爱驱动行动**：长期关注宝马品牌动态，多次参与车主活动，深刻理解其"悦驾"理念。
- **数据证明能力**：实习期间的高转化率与客户好评，验证了我的销售敏锐度与服务意识。
- **持续成长心态**：渴望在宝马的体系内接受系统培训，成为兼具专业度与品牌情怀的销售顾问。

期待机会：希望加入宝马汽车，以年轻人的拼搏精神与扎实的技能，为团队贡献业绩，与品牌共同成长。

（注：简历篇幅控制在一页，重点突出与销售岗位匹配的业绩、沟通能力及品牌契合度。）

图 4-17 DeepSeek 部分生成结果

张X的求职简历

应聘岗位：宝马汽车销售顾问

联系电话：138-××××-5678

邮箱：wei.zhang@example.com

教育背景

XX职业技术学院 | 市场营销专业

2023年9月 - 2026年6月（预计毕业）

- 主修课程：消费者行为学、品牌管理、销售技巧、数字营销，均分排名专业前10%。
- 毕业论文方向：《高端汽车品牌客户忠诚度培养策略——以宝马为例》。

工作经验

1. XX汽车4S店 | 销售实习生

2025年6月 - 2025年12月

- **业绩导向**：超额完成月度销售目标120%，独立成交15台新车，客户满意度评分达98%。
- **流程优化**：协助梳理客户接待流程，缩短试驾预约时间20%，提升团队效率。
- **客户维护**：通过CRM系统分类客户需求，促成3名潜在客户二次到店并成交。

2. 校园汽车俱乐部 | 活动策划负责人

2024年3月 - 2025年5月

- **品牌联动**：策划"宝马科技日"校园活动，邀请区域经销商参与，吸引300+学生互动，获校方表彰。
- **团队协作**：带领5人团队完成活动落地，协调场地、宣传及嘉宾接待，预算控制精准。

技能特长

- **销售技能**：熟练掌握FABE销售法则，擅长挖掘客户隐性需求。
- **工具应用**：熟练使用Salesforce等CRM系统，可快速适应宝马内部销售平台。
- **语言能力**：普通话流利（二级甲等），英语CET-4，可应对基础商务沟通。
- **品牌知识**：深入研究宝马i系列电动车及M系列性能车技术亮点，能精准传递产品价值。

所获荣誉

- 校优秀学生干部（2025年，Top 5%）
- 校三好学生（2024年，综合成绩排名前10%）

自我评价

作为一名热爱汽车行业的市场营销专业应届毕业生，我对宝马品牌的文化、产品线及高端服务理念有着深入研究。凭借扎实的销售理论基础与实战经验，我擅长客户需求分析及关系维护，始终秉持"用专业赢得信任，用热情驱动成交"的理念。实习期间超额完成销售目标的经历，验证了我的销售敏锐度与服务意识。我渴望加入宝马汽车，以年轻人的拼搏精神和扎实技能，为客户提供卓越的购车体验，与品牌共同成长。

图 4–18　DeepSeek 改进后的生成结果

在使用 DeepSeek 时，可以通过调整指令参数来控制模型的行为和输出结果。以指令参数 max_tokens 为例，分别设置指令参数 max_tokens 为 100 和 500，使用步骤 2 中的提示词，部分生成结果如图 4-19 和图 4-20 所示。图 4-20 简历的内容更加丰富详细，这正体现了指令参数 max_tokens 控制生成结果的最大长度的作用，故 max_tokens 越大，生成文本越长。

三、知识拓展

1. 职位变体训练：尝试生成申请不同求职岗位的简历，探索不同求职岗位对提示词的影响。

2. 多语言简历：调整提示词生成英文版简历。

3. 求职信的生成：探索使用 DeepSeek 生成一封针对宝马汽车公司销售顾问岗位的求职信。

张X - 宝马汽车销售顾问应聘

电话：138-xxxx-5678 | 邮箱：wei.zhang@example.com

【教育背景】

XX职业技术学院 市场营销专业(2023-2026)

GPA 3.8/4.0，院级一等奖学金

【工作经历】

汽车4S店销售实习生

- 超额完成月度目标120%
- 客户满意度98%

校园汽车俱乐部策划

- 组织"宝马科技日"活动
- 吸引300+参与者

【核心技能】

- CRM系统专家
- 中英文沟通(CET-4)
- 宝马产品知识

【荣誉】

校优秀学生干部/三好学生

【自我评价】

热爱汽车销售，熟悉宝马品牌文化，以专业服务和热情态度为客户创造价值。

图 4-19 max_tokens 为 100 时模型的生成结果

张 伟 - 应聘宝马汽车销售顾问

电话：138-xxxx-5678 | 邮箱：wei.zhang@example.com | 22岁

教育背景

XX职业技术学院 | 市场营销专业 | 2023.09-2026.06（应届）

• 主修课程：市场营销、消费者行为分析、商务谈判、品牌管理
• GPA：3.8/4.0，专业排名前5%
• 毕业论文：《豪华汽车品牌客户体验优化研究》

工作经验

XX汽车4S店 | 销售实习生 | 2025.06-2025.12

• 超额完成月度销售目标120%，累计销售新车15台
• 熟练运用CRM系统管理客户信息，二次到店转化率达35%
• 参与制定试驾路线优化方案，客户试驾满意度提升25%

校园汽车俱乐部 | 活动策划部长 | 2024.03-2025.05

• 策划组织"宝马科技体验日"活动，吸引300+参与者
• 协调5人团队完成活动执行，获校"最佳商业活动"奖
• 建立校园潜在客户数据库，为合作4S店引流优质客户

核心能力

• 销售技能：精通FABE销售法则，擅长高端客户需求分析
• 软件应用：熟练操作Salesforce等CRM系统
• 语言能力：普通话二甲，英语CET-4（580分）
• 品牌认知：深度研究宝马产品线，特别关注i系列电动车型

荣誉奖项

• 院级一等奖学金（2025）
• 校优秀学生干部（2025）
• 校三好学生（2024）

自我评价

作为一名充满激情的市场营销专业毕业生，我不仅具备扎实的专业知识，更在汽车销售实践中证明了自身价值。我对宝马品牌充满热忱，深刻理解"Sheer Driving Pleasure"的品牌理念。在4S店实习期间，我以专业的销售技巧和真诚的服务态度赢得了客户的高度认可。期待加入宝马团队，将我的销售热情、学习能力和对汽车的热爱转化为卓越的业绩表现，与宝马共同成长。

（附：可根据具体岗位要求进一步调整重点内容）

图 4–20 max_tokens 为 500 时模型的生成结果

4.3.2 大模型插件

大模型插件是基于大语言模型的扩展工具，可集成至各类应用程序，增强智能化。作为连接大模型与第三方应用的关键桥梁，插件不仅扩展了模型的核心能力，还显著优化了用户体验。若将大模型比作具备强大计算能力但缺乏外部交互能力的“大脑”，插件则相当于其“感官”和“执行器”，使大模型能够获取更多数据，解析更丰富的信息并执行更复杂的任务。通过安装插件，大模型能够突破自身的局限性，实现更加多样化和高效的应用。

任务案例：使用 Wolfram 插件分析销售数据

操作视频

使用Wolfram插件分析销售数据

任务描述

某公司的销售部经理目前掌握了公司某年度的销售数据，详见表 4-6。现在需要使用 ChatGPT 中的 Wolfram 插件分析以上数据，生成关键统计指标（如总销售额、季度销售额和季度增长率）及可视化图表（每个季度销售额的饼图和每个月销售额的柱状图），为管理层提供决策依据，为制定下一年的销售策略做准备。

表 4-6 某公司某年度的销售数据

月份	1 月	2 月	3 月	4 月	5 月	6 月
销售额 / 美元	83 274.56	92 456.78	105 342.21	74 199.34	112 341.50	98 746.93
月份	7 月	8 月	9 月	10 月	11 月	12 月
销售额 / 美元	119 563.72	88 214.61	109 003.84	77 256.22	95 343.09	102 509.87

任务目标

- 掌握 ChatGPT 插件 Wolfram 在销售数据分析中的应用，完成统计计算和数据可视化。

一、知识准备

Wolfram Alpha 是一个广泛应用于科学、数学和数据分析领域的计算知识引擎，能够处理复杂的数学运算、符号推导、统计分析以及其他基于知识库的问题。Wolfram 插件是一款将 Wolfram Alpha 强大计算能力与 GPT 模型结合的插件工具。

二、任务实施

步骤 1：打开 GPT 网站。

访问并登录 ChatGPT 官网，初始界面如图 4-21 所示。

步骤 2：查找 Wolfram 插件。

点击界面左侧的“探索 GPT”选项，弹出如图 4-22 所示的界面，再点击“Wolfram”图标进入相应功能页面，如图 4-23 所示。若在“探索 GDT”界面中没有出现 Wolfram，则可以在“搜索 GPT”的文本框中输入“Wolfram”查找 Wolfram 插件。

步骤 3：打开 Wolfram 插件。

在 Wolfram 功能页面中点击“开始聊天”按钮，进入 Wolfram 插件初始界面，如图 4-24 所示。

步骤 4：分析关键统计指标。

输入提示词“1 月：83 274.56 美元；2 月：92 456.78 美元；3 月：105 342.21 美元；4 月：74 199.34 美元；5 月：112 341.50 美元；6 月：98 746.93 美元；7 月：119 563.72 美元；8 月：88 214.61 美元；9 月：109 003.84 美元；10 月：77 256.22 美元；11 月：95 343.09 美元；12 月：102 509.87 美元。以上为某公司某年度的销售数据，请计算出该销售数据对应的总销售额、季度销售额和季度增长率”，模型生成的关键统计数据结果如图 4-25 所示。

图 4–21　ChatGPT 初始界面

图 4–22 “探索 GPT”界面

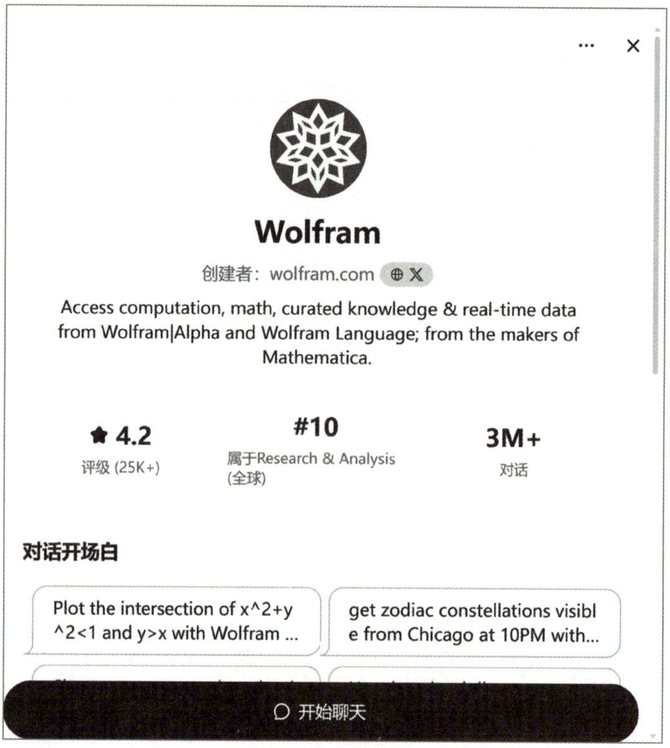

图 4-23 Wolfram 功能界面

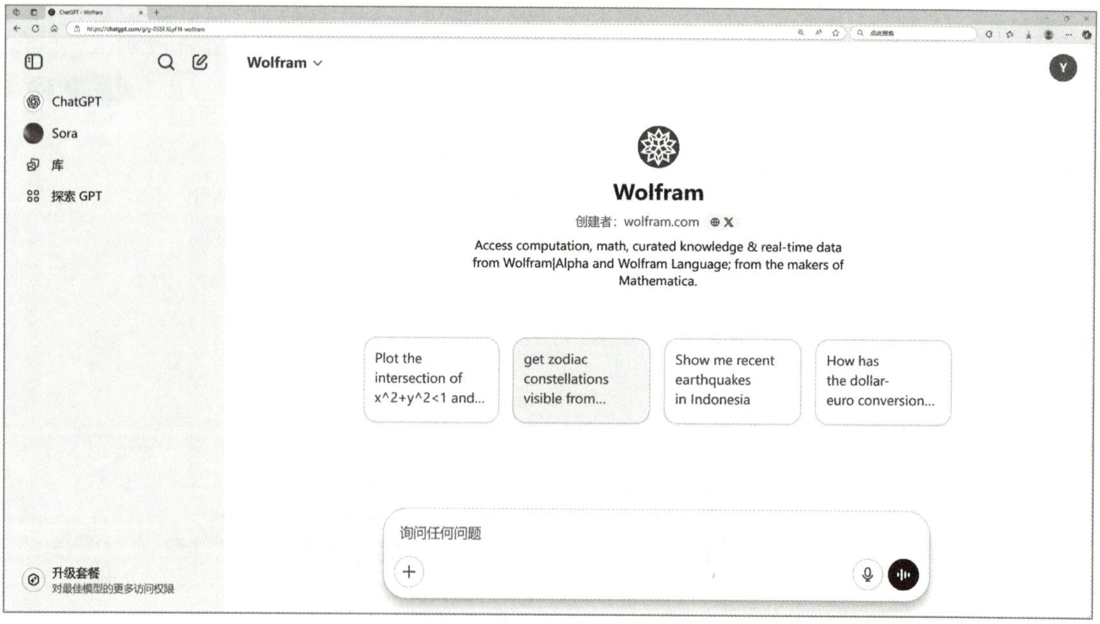

图 4-24 Wolfram 插件初始界面

为了计算总销售额、季度销售额以及季度增长率，我们首先需要分阶段分析销售数据。

1. 总销售额

总销售额即全年所有月份的销售额之和。

2. 季度销售额

季度销售额是每个季度（3个月）销售数据的和。具体分为：

- **第一季度 (1月-3月)**
- **第二季度 (4月-6月)**
- **第三季度 (7月-9月)**
- **第四季度 (10月-12月)**

3. 季度增长率

季度增长率的计算方法是：

$$\text{季度增长率} = \frac{\text{本季度销售额} - \text{上一季度销售额}}{\text{上一季度销售额}} \times 100\%$$

我将根据你提供的数据进行计算，并提供结果。

已与"api.wolframcloud.com"对话

根据计算结果：

1. 总销售额

总销售额为：**$1,158,252.67**。

2. 季度销售额

各季度的销售额分别为：

- **第一季度 (1月-3月)**: $83,274.56 + $92,456.78 + $105,342.21 = **$281,073.55**
- **第二季度 (4月-6月)**: $74,199.34 + $112,341.50 + $98,746.93 = **$285,287.77**
- **第三季度 (7月-9月)**: $119,563.72 + $88,214.61 + $109,003.84 = **$316,782.17**
- **第四季度 (10月-12月)**: $77,256.22 + $95,343.09 + $102,509.87 = **$275,109.18**

3. 季度增长率

- **第二季度增长率**: 1.50%
- **第三季度增长率**: 11.04%
- **第四季度增长率**: -13.16%

这些是季度间的销售增长趋势。

图 4-25 关键统计数据结果

步骤 5：数据可视化。

对销售数据进行可视化操作，得到每季度销售饼图和每月销售柱状图。输入提示词为"画出上述销售数据的每季度销售饼图和每月销售柱状图"，模型输出的销售数据可视化结果如图 4-26 所示。

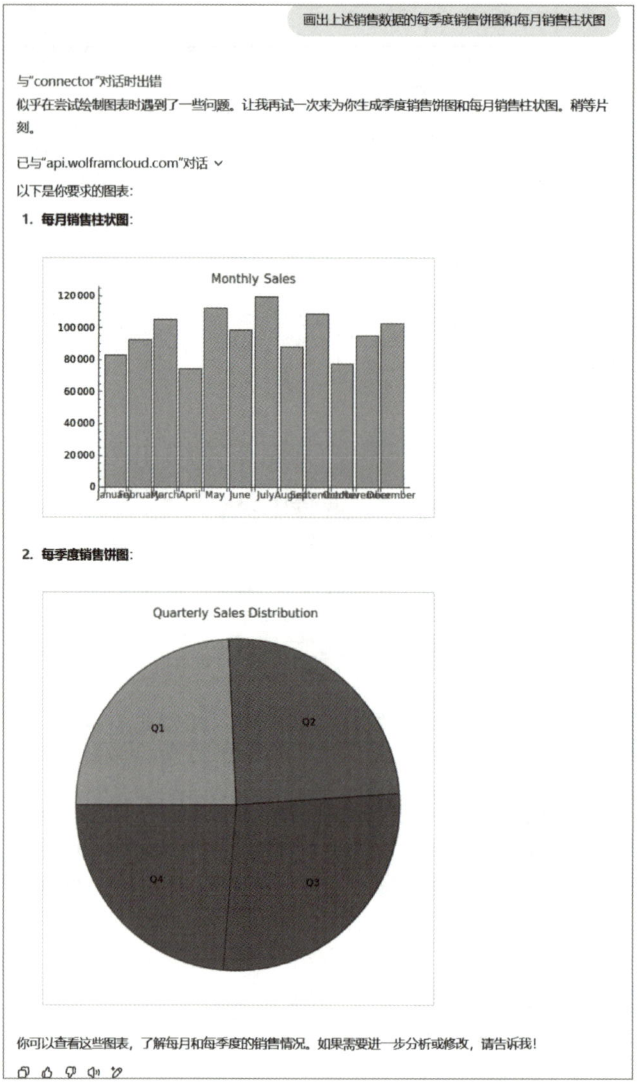

图 4-26 销售数据可视化结果

三、知识拓展

1. 使用 Wolfram 插件统计分析某班级学生成绩。
2. 使用 GPT 插件中的音乐创作插件 Song Maker 创作一首音乐伴奏。

4.3.3 API 调用

目前，很多大模型公司都提供了可以供用户二次开发使用的大模型 API。用户还可以根据自身的业务逻辑和需求，使用 API 将大模型的功能集成到自己的应用程序中，提升智能化。例如，在客服系统中集成大模型 API，能实现智能自动回复，提高客服效率。API 通常允许用户自定义各种参数，如模型的温度、最大生成长度、样本数量等，以更好地控制生成结果的质量和多样性。

任务案例：利用 Python 调用 DeepSeek 模型的 API

任务描述

一名大四学生即将利用“五一”假期，前往南京旅行，请使用 Python 调用 DeepSeek 模型的 API 制定一个三天两晚的出游计划。

操作视频

利用Python调用DeepSeek的API

任务目标

- 掌握 DeepSeek 模型的 API 调用方法。

一、知识准备

1. 集成开发环境 PyCharm 的使用方法。
2. 虚拟环境的配置方法。

二、任务实施

步骤 1：获取 DeepSeek 模型的 API keys。

（1）访问 DeepSeek 官方网站，进入如图 4-27 所示的初始界面。

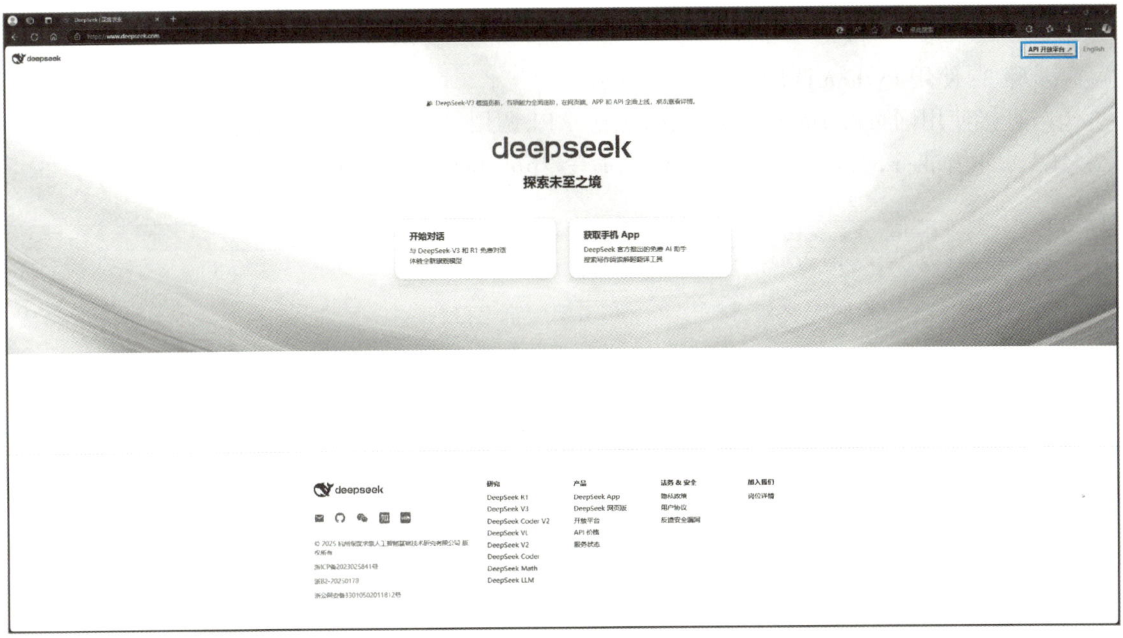

图 4-27 DeepSeek 初始界面

（2）点击右上角的“API 开放平台”按钮，进入后再点击左侧的“API keys”进入“API keys”管理界面，如图 4-28 所示。

（3）点击“创建 API key”按钮，弹出的“创建 API key”对话框如图 4-29 所示，将 API key 保存在安全且易于访问的地方。注意：用户无法再次查看 API key，如果丢失，将需要重新创建。

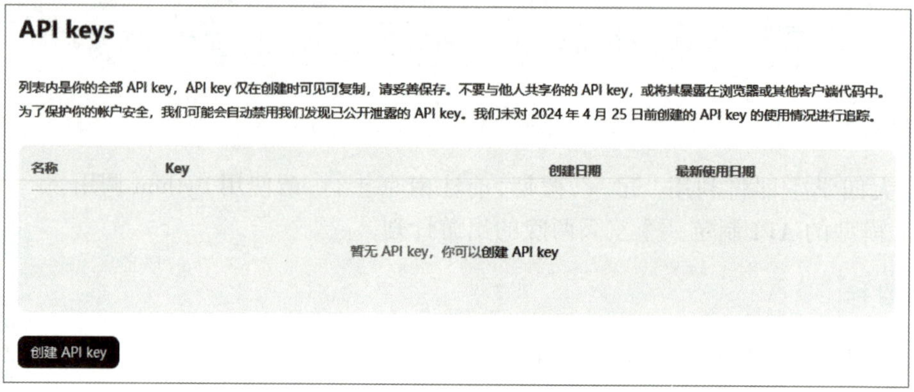

图 4-28 “API keys”管理界面

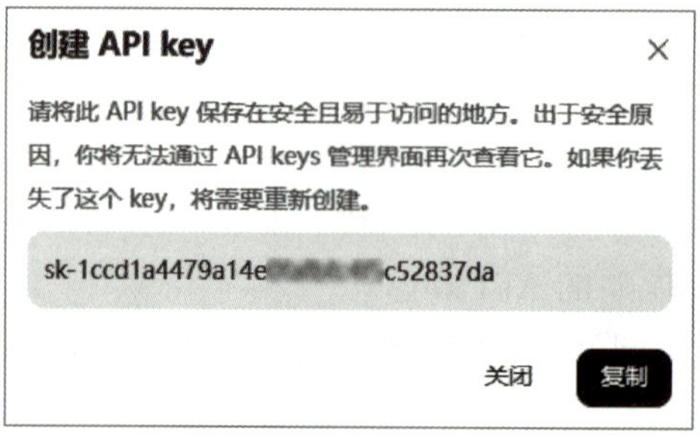

图 4-29 “创建 API key”对话框

步骤 2：使用 Python 调用 API 代码演示。

与直接使用网页版 DeepSeek 相比，通过 API 调用可以灵活使用参数控制大模型输出。

（1）环境准备，安装 OpenAI 库，输入命令“pip install openai”，如图 4-30 所示。

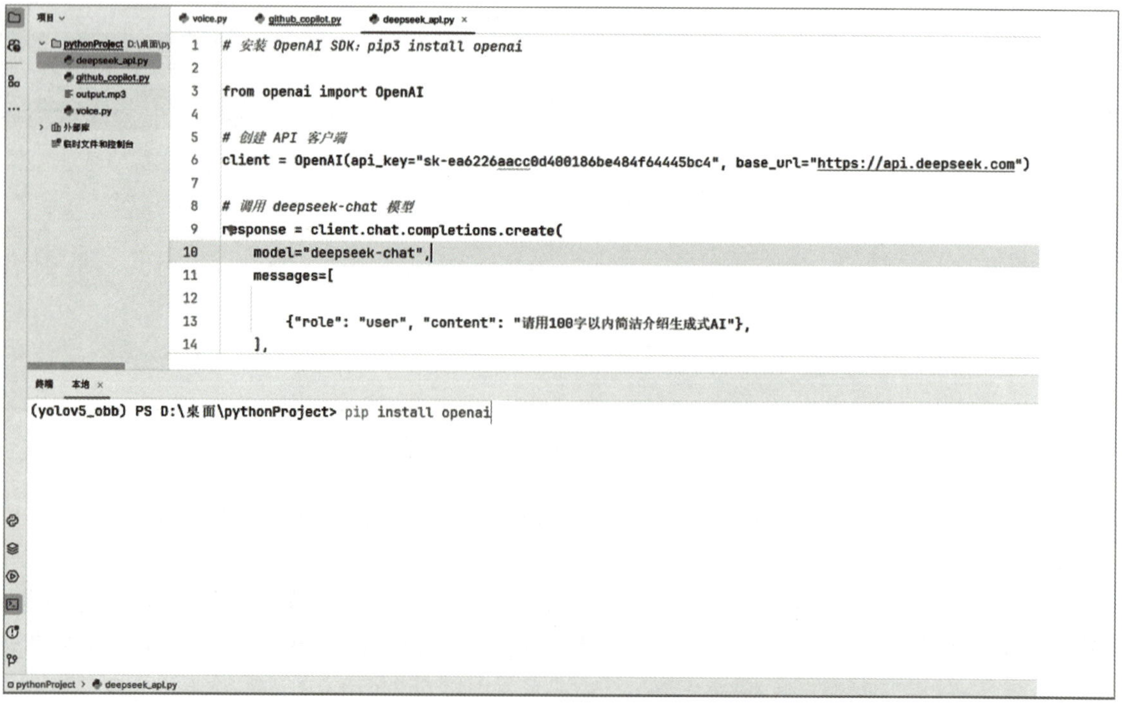

图 4-30 OpenAI 库安装界面

（2）在 PyCharm 中输入代码，其中“api_key”为步骤（3）中获取的 API key。输入提示词为“生成一个“五一”假期在南京游玩三天两晚的出游计划，以整段文字的形式显示”，如图 4-31 所示。

```python
# 1.py
from openai import OpenAI

client = OpenAI(api_key="sk-1ccd1a4479a14e[redacted]c52837da", base_url="https://api.deepseek.com")
response = client.chat.completions.create(
    model="deepseek-chat",
    messages=[{"role": "user","content":"生成一个"五一"假期在南京游玩三天两晚的出游计划，以整段文字的形式显示"}],
    max_tokens=500
)
print(response.choices[0].message.content)
```

图 4-31　在 PyCharm 中输入代码

模型输出结果为“‘五一’假期南京三天两晚游玩计划如下：第一天上午游览中山陵，感受孙中山先生的历史伟绩，随后前往音乐台欣赏鸽子飞舞。中午在南京大牌档（中山陵店）品尝盐水鸭、狮子头等特色菜。下午参观明孝陵，探索明朝皇家陵墓的宏伟，之后前往美龄宫了解宋美龄的生平。晚上夜游夫子庙秦淮河风光带，感受‘十里秦淮’的繁华，晚餐推荐奇芳阁的鸭血粉丝汤和小笼包。第二天上午漫步玄武湖公园，欣赏湖光山色，随后参观鸡鸣寺，感受佛教文化的庄严。中午在鸡鸣寺素斋馆体验素食美味。下午游览南京博物院，了解南京历史与文化，之后前往 1912 街区拍照打卡，感受民国风情。晚餐推荐民国红公馆的精致民国菜。第三天上午参观南京眼步行桥，欣赏长江美景，随后前往鱼嘴湿地公园放松身心。中午在江宴楼品尝江鲜美食。下午探索老门东历史文化街区，购买特色手信，之后根据时间安排返程。建议提前预约景点门票，交通以地铁为主，注意防晒和补水，合理安排休息时间。Enjoy your trip!”。此处设置了限制生成文本长度的参数 max_tokens 为 500，所以模型输出不会超过 500 个 token（约 500 个汉字）。

三、知识拓展

1. 改变 max_token 参数，比较输出结果的不同。
2. 模仿上述操作，调用百度的 ERNIE Speed 大模型 API，制定出游计划。

4.3.4　本地部署

在当今人工智能蓬勃发展的时代，将大模型成功部署到实际应用场景中，是从实验室研究迈向商业价值实现的关键一步。由于大模型的架构、规模以及功能特性存在差异，其部署成本和要求也各不相同。DeepSeek 不同版本模型的本地部署要求见表 4-7。用户需要根据计算机硬件配置来选择适配的模型版本，这样既能确保模型在硬件上稳定运行，又能充分发挥模型的性能优势，避免因硬件不兼容导致的资源浪费或功能受限等问题。

本地部署将所有数据运算在本地完成，数据不会上传至云端，可有效避免数据传输和云端存储可能带来的隐私泄露风险，满足用户对数据安全和隐私保护的需求。DeepSeek-R1 还可以满足定制需求，用户可对模型进行自定义知识库训练，进一步提升模型在特定领域的性能。

表 4-7 DeepSeek 不同版本模型的本地部署要求

模型名称	CPU	内存	硬盘	显卡
DeepSeek-R1-1.5B	最低 4 核（推荐 Intel/AMD 多核处理器）	大于或等于 8 GB	大于或等于 3 GB（模型文件约 1.5～2 GB）	非必需（纯 CPU 推理）若 GPU 加速可选大于或等于 4 GB 显存（如 GTX 1650）
DeepSeek-R1-7B	8 核以上（推荐现代多核 CPU）	大于或等于 16 GB	大于或等于 8 GB（模型文件约 4～5 GB）	推荐大于或等于 8 GB 显存（如 RTX 3070/4060）
DeepSeek-R1-8B	与 7 B 相近略高 10%～20%	与 7 B 相近略高 10%～20%	与 7 B 相近略高 10%～20%	与 7 B 相近，略高 10%～20%
DeepSeek-R1-14B	12 核以上	大于或等于 32 GB	大于或等于 15 GB	大于或等于 16 GB 显存（如 RTX4090 或 A5000）
DeepSeek-R1-32B	16 核以上（AMD Ryzen 9 或 Intel i9）	大于或等于 64 GB	大于或等于 30 GB	大于或等于 24 GB 显存（如 A100 40 GB 或双卡 RTX 3090）
DeepSeek-R1-70B	32 核以上（服务器级 CPU）	大于或等于 128 GB	大于或等于 70 GB	多卡并行（如 2x A100 80 GB 或 4x RTX 4090）
DeepSeek-R1-671B	64 核以上（服务器集群）	大于或等于 512 GB	大于或等于 300 GB	多节点分布式训练（如 8xA100/H100）

任务案例：本地部署 DeepSeek-R1-1.5B 模型

任务描述

操作视频

本地部署DeepSeek-R1-1.5B 模型

现有一批中文资料需要翻译成英文，某员工需要在本地部署一个 DeepSeek 大语言模型并使用该模型完成翻译工作，要求翻译内容准确、语句通畅且符合英文表达习惯。

任务目标

- 掌握 DeepSeek 在本地部署的方法；
- 学习如何使用本地部署的 DeepSeek。

一、知识准备

DeepSeek-R1 对硬件资源比较友好，对不同的硬件配置均有良好的适应性，能根据用户计算机硬件选择适配的模型版本。入门级设备拥有 4 GB 内存和核显就能运行 1.5 B（Billion，大模型参数的数量达到十亿）版本；进阶设备 8 GB 内存搭配 4 GB 显存就能驾驭 7 B 版本；高性能设备则可选择 32 B 版本。而且，DeepSeek-R1 支持在低配置计算机上运行，即使没有独立显卡，只要有足够的空余硬盘空间，也能完成部署，例如：部署最大的 6 710 亿参数的大模型至少需要 1 TB 的空余硬盘空间。

二、任务实施

步骤 1：下载安装 Ollama。

（1）访问 Ollama 官方网站，进入初始页面如图 4-32 所示。

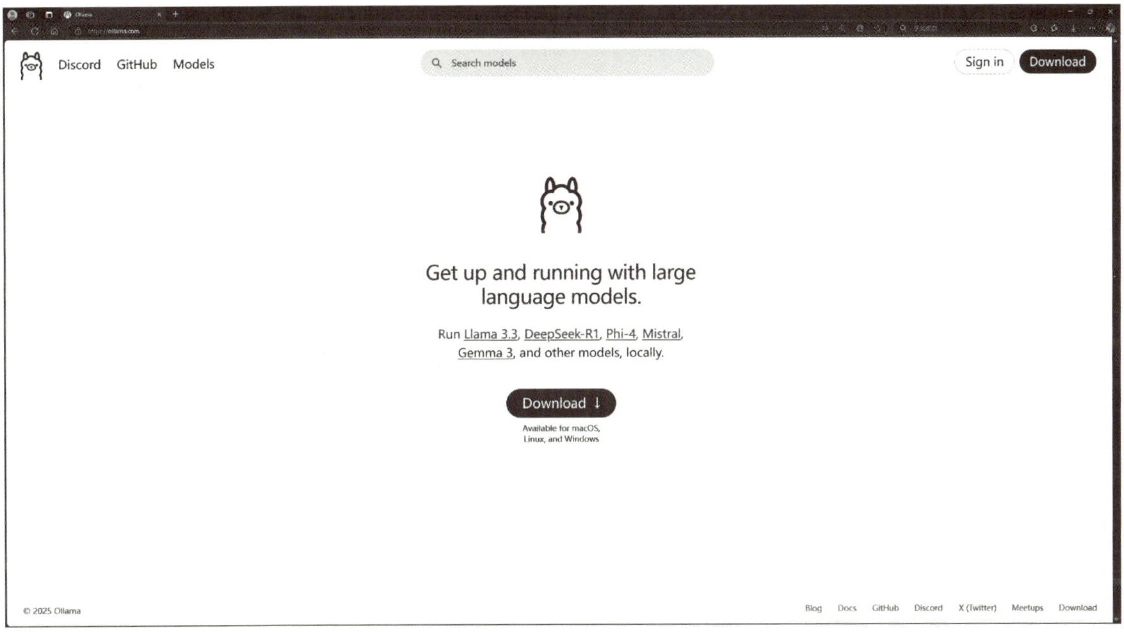

图 4-32 Ollama 初始界面

点击“Download”按钮后出现如图 4-33 所示的下载界面，根据计算机的操作系统选择相应的安装包进行下载。若操作系统为 Windows，则点击“Windows”图标，再点击“Download for Windows”按钮，下载安装包。

（2）下载完成以后，双击安装包文件“OllamaSetup.exe”进行安装。待安装完成后，在 Windows 系统中，单击“开始”菜单按钮，在菜单列表中选择“运行”选项，在弹出的对话框中输入“cmd”并按 Enter 键，打开命令窗口，输入命令“ollama—version”，如图 4-34 所示，验证 Ollama 是否安装成功。如果显示 Ollama 的版本号，那么说明安装成功。

步骤 2：下载 DeepSeek-R1-1.5B。

（1）根据计算机显存选择适配的 DeepSeek 模型，可以在命令窗口中输入命令“nvidia-smi”，查看计算机显存大小，如图 4-35 所示。

根据计算机显存信息选择合适的 DeepSeek 模型，此处建议选择参数较少、体积较小的 1.5B 版本（如果计算机的配置较高，也可以选择其他版本，参考表 4-7）。以 1.5B 版本为例，在命令窗口中输入命令“ollama run deepseek-r1：1.5b”，就可以自动下载 DeepSeek-R1-1.5B 大模型，如图 4-36 所示。

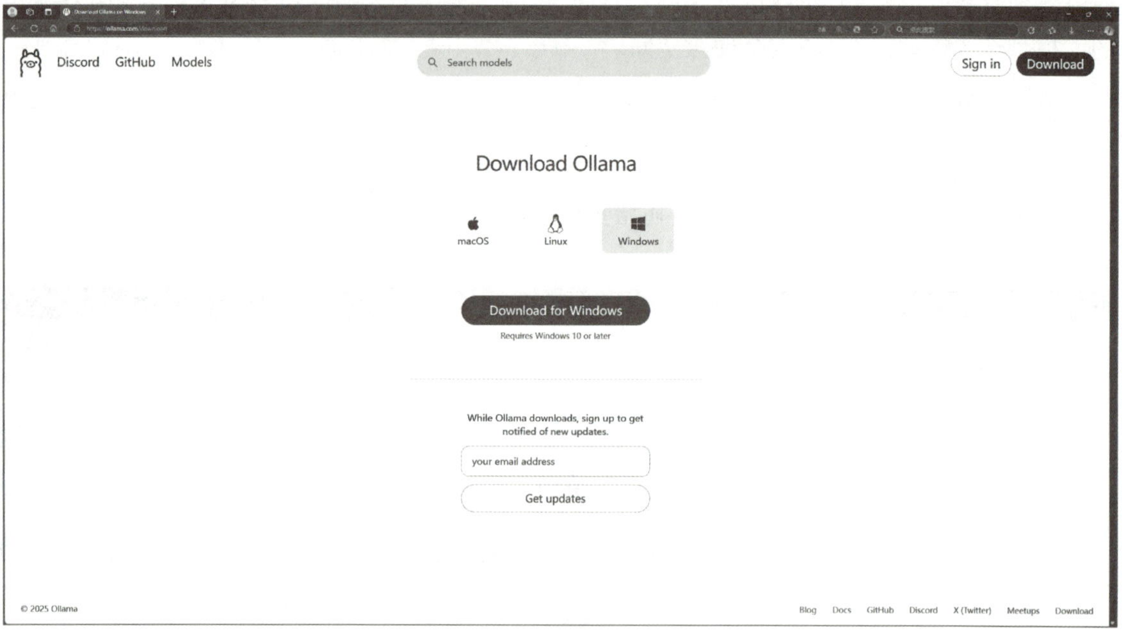

图 4–33 Ollama 下载界面

图 4–34 验证 Ollama 是否安装成功

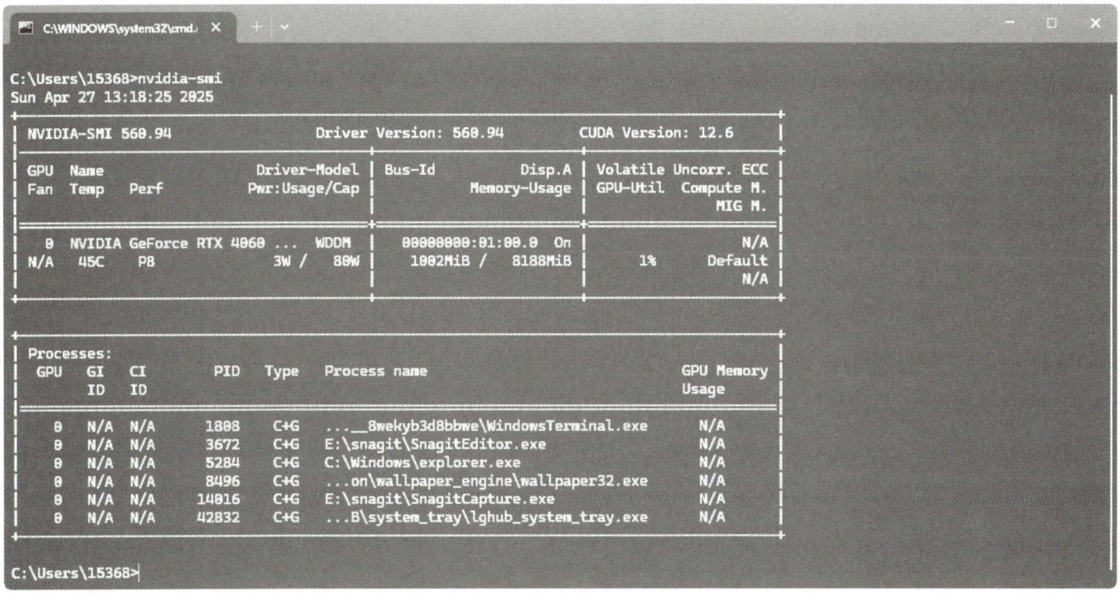

图 4-35 计算机显存查看界面

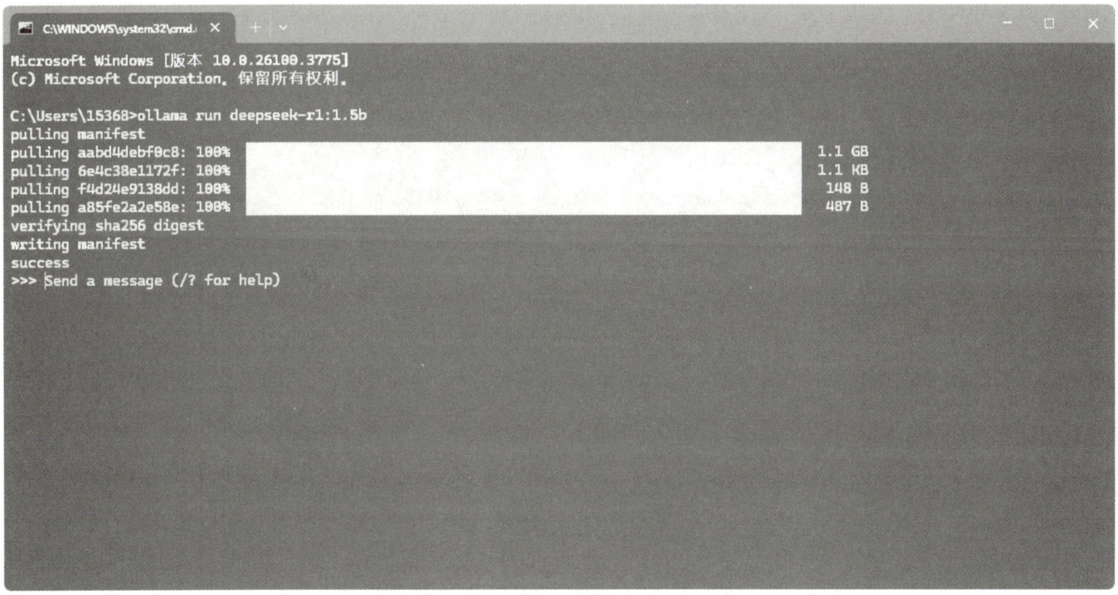

图 4-36 DeepSeek-R1-1.5B 大模型下载界面

（2）下载完成后，输入命令“ollama list”可以查看已下载的模型名字、大小等信息，如图 4-37 所示。

步骤 3：运行 DeepSeek-R1-1.5B。

在命令窗口中输入命令“ollama run deepseek-r1:1.5b”，即可启动 DeepSeek-R1-1.5B 大模型。用户可以直接输入问题获取答案，例如，输入“将‘比亚迪全年营收首次超过特斯拉，这标志着全球电动汽车市场格局的重大变化。’这段话翻译成英文，要求翻译准确且流畅”，将会获得如图 4-38 所示的回答。

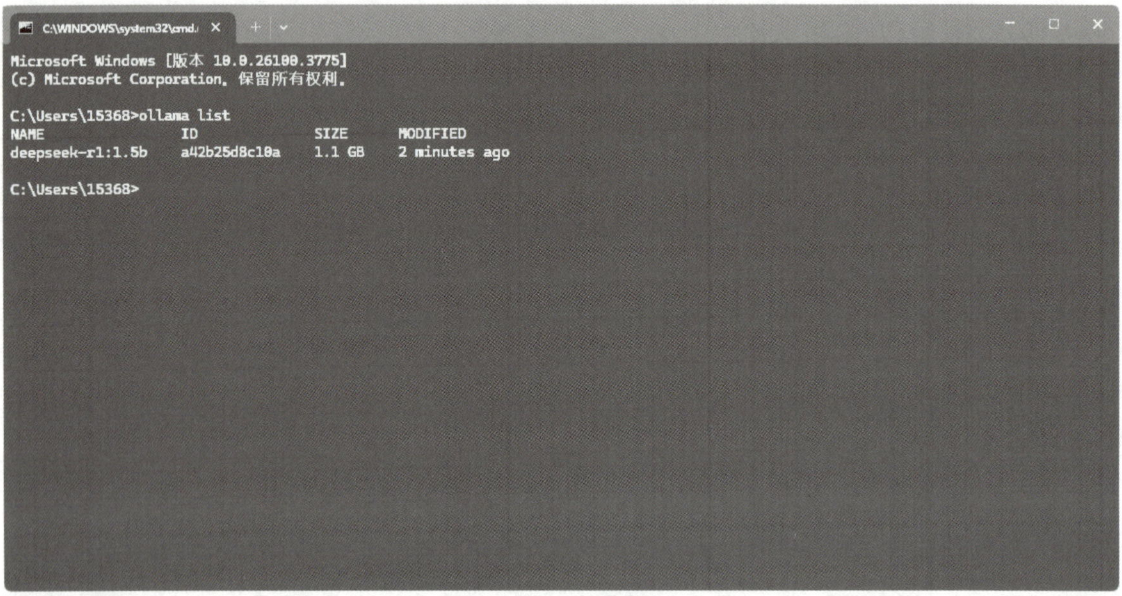

图 4-37 查看已下载的模型信息

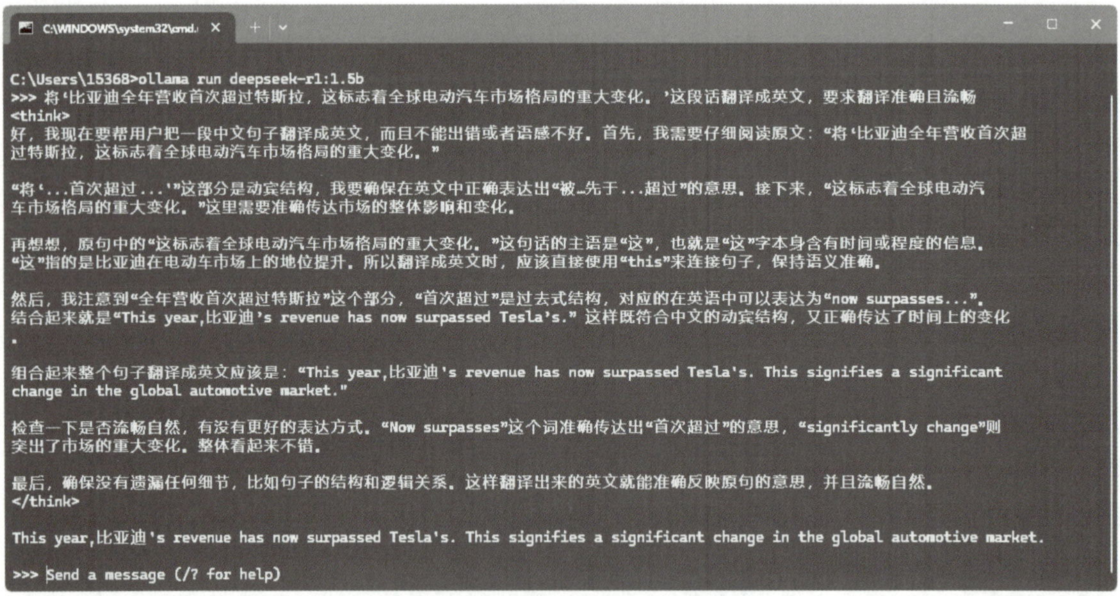

图 4-38 向 DeepSeek-R1-1.5B 大模型提问

三、知识拓展

1. 利用本地部署的 DeepSeek 模型，制定一日三餐的饮食计划。
2. 尝试在高配置服务器上部署 7 B 或更大的模型，比较内容生成的速度。

任务案例

微调DeepSeek

4.3.5 大模型的微调

在当今人工智能领域，预训练大模型因其广泛的知识储备与卓越的生成能力，已成为众多应用的基石。然而，面对特定领域或特定任务的需求，直接使用预训练模型往往不能充分发挥其效能。为了解决这一问题，需要对大模型进行微调（Fine-tuning）。

微调是指在预训练模型的基础上，通过使用与目标任务相关的小规模数据集，对模型进行进一步训练。其主要目的是让模型在特定领域中具有更高的准确率和更佳的表现，而不需要从零开始训练整个模型。微调不仅能大幅降低计算资源的消耗，而且能够利用预训练模型已经获得的丰富知识，实现针对性优化，能够在实际应用中取得更好的效果。

在众多微调工具中，Llama-Factory 因其简洁高效和广泛的适用性备受关注。Llama-Factory 专为 Hugging Face 格式的预训练大模型设计，支持多种微调方法，如全参数微调、LoRA（低秩适配）和 QLoRA（结合量化和低秩适配）等，既适用于全精度模型，也能应对量化模型的微调需求。微调 DeepSeek 的任务案例可扫描二维码查看。

4.4 生成式人工智能

2022 年末，OpenAI 发布的聊天机器人 ChatGPT 能够与用户进行自然流畅的对话，标志着生成式人工智能（生成式 AI）技术进入了新的发展阶段。此后，各类生成式人工智能应用加速涌现，2023 年被称为生成式人工智能元年。目前，生成式人工智能发展势头迅猛，已深深嵌入社会的各个领域，展现出巨大的潜力，有着广阔的发展前景。

4.4.1 生成式人工智能概述

1. 生成式人工智能的定义

生成式人工智能是人工智能领域的一个重要分支，通过深度学习等人工智能算法，从训练数据中学习数据的分布、模式与结构，然后利用这些知识自动生成与训练数据相似，但是包含全新内容的技术。生成的内容通常为文本、图像、音频、视频、代码等形式。例如，在自然语言处理领域，OpenAI 的 GPT 系列模型可以根据给定的主题或关键词，生成逻辑清晰、表达准确且语言流畅的文章；在计算机视觉领域，Stability AI 的 Stable Diffusion 模型则可以根据文本描述生成逼真的图像；在视频生成领域，Open AI 的 Sora 模型可以根据文本生成精彩的视频。

2. 生成式人工智能与判别式人工智能

生成式人工智能的独特之处在于它能够超越解读，利用人工智能创造出全新的内容。本书第 3 章所讲的线性回归模型、神经网络、支持向量机等模型都属于判别式人工智能，它们专注于学习输入数据与输出标签之间的映射关系，目标是对新的输入数据进行分类或回归。

下面通过一个例子来说明两者之间的区别。给定一组水墨画和油画的图像，生成式人工智能可以在这些图像上进行训练，学习水墨画和油画的各自特征。如图 4-39a 所示，生成式人工智能学习到水墨画的色彩以黑、白、灰为主色调；笔触多为中锋、侧锋、逆锋等不同笔法；画面构图通常留白且疏密得当；线条变化丰富多样。而油画的色彩丰富鲜艳、对比度强；笔触表现力强、风格多样；线条通常隐藏在色彩笔触中，用来辅助塑形；构图遵循焦点透视，有三角、圆形等形式。生成式人工智能学习到水墨画和油画的特征之后，可以生成新的水墨画和油画。而对于判别式人工智能，如图 4-39b 所示，侧重学习水墨画和油画两者之间的差异（如色彩、笔触、构图和线条），旨在准确区分给定的图像所属的类别，判断一张图片是水墨画还是油画。当提供一张具有鲜明色彩和厚重笔触的图像时，判别式人工智能可能会判断其为油画。

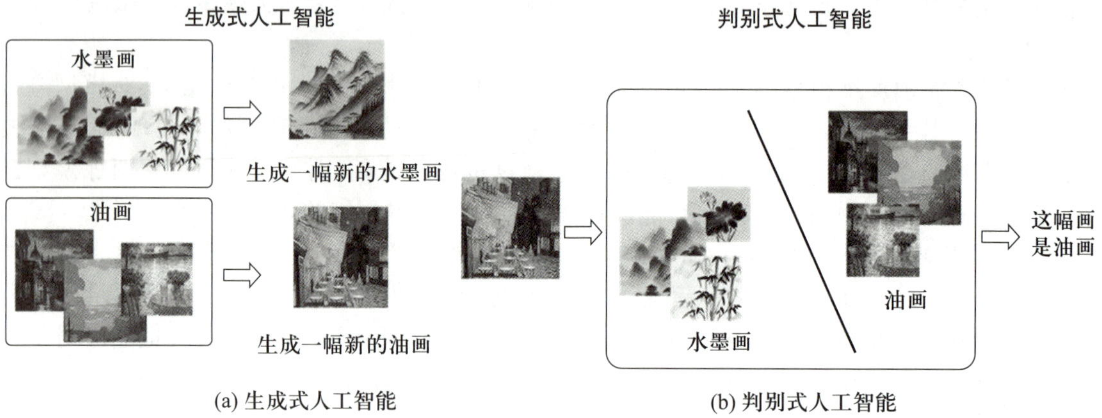

图 4-39 判别式人工智能和生成式人工智能的区别

3. 生成式人工智能与 AIGC

利用生成式人工智能所提供的各种技术和模型生成的具体内容，被称为人工智能生成内容（AIGC）。AIGC 强调“内容”本身，关注的是人工智能生成的内容及其在各个领域的应用效果。例如，ChatGPT 生成的文章，MidJourney 生成的图画。

生成式人工智能是实现 AIGC 的技术手段，强调“生成”能力，侧重于描述具有生成功能的人工智能技术、模型和方法等。例如，OpenAI 的 GPT 系列模型是生成式人工智能的典型代表，为 AIGC 在文本生成领域的广泛应用提供了强大的技术支撑。

随着生成式人工智能技术的不断进步，AIGC 的质量不断提升，形式愈发多样，应用场景也更为广泛。就拿图像生成来说，生成式人工智能对图像细节和语义的理解能力逐步增强，AIGC 的图像品质越来越高，应用也从基础的图片生成拓展到复杂的设计和动画制作等领域。但在实际应用中，尤其是在非技术领域，生成式人工智能和 AIGC 的概念经常会被混用。

4.4.2 生成式人工智能的发展历程

生成式人工智能的诞生离不开机器学习的演进，从最初的传统人工智能系统到现代深度学习模型的崛起，机器学习的不断发展为生成式人工智能提供了理论基础和技术支持。

1. 早期的生成模型（1960—1990 年）

1966 年，计算机科学家约瑟夫 · 魏岑鲍姆（Joseph Weizenbaum）开发了首个人机对话的程序 ELIZA，它通过匹配关键词与预设心理咨询模板生成回答。例如，当用户输入“我感到孤独”时，ELIZA 识别“孤独”这一关键词并触发模板匹配，进而回应“你为什么感到孤独？”。尽管 ELIZA 缺乏对语义的真实理解，但它首次展示了人机交互的潜力。然而，ELIZA 只是基于简单的模式匹配，依赖专家规则，因此在灵活性和智能性方面存在较大局限性。

20 世纪 80 年代，IBM 推出了语音打字机 Tangora，该设备采用隐马尔可夫模型（Hidden Markov Model，HMM）实现语音识别功能，这标志着生成式人工智能开始由规则驱动向数据驱动转变。除了 HMM 之外，贝叶斯网络、高斯混合模型等概率模型也可用于生成语音序列。然而，这些模型在表达复杂语义时存在不足，生成的内容常常存在逻辑不连贯的问题。

2. 深度学习时代的生成模型（2006—2020 年）

2006 年，深度学习技术开始受到关注，卷积神经网络和循环神经网络分别在图像和序列生成任务中表现出色，为后续生成式人工智能的发展奠定了基础。

2007 年，罗斯 · 古德温（Ross Goodwin）基于长短期记忆（Long Short-Term Memory,

LSTM）神经网络撰写了小说 *The Road*，这是全球第一部完全由人工智能创作的小说。LSTM 能够记住序列数据中的长期依赖关系，根据当前的输入和过去的记忆来生成输出。

2012 年，微软公司展示了一个基于深度神经网络的中英文同声传译系统，该系统可以自动将英文演讲者的内容通过语音识别、语言翻译、语音合成等技术生成中文语音。

2013 年，迪德里克·金马（Diederik Kingma）等人提出变分自编码器（VAE），结合概率建模与神经网络结构，广泛用于图像、文本、语音等领域的数据生成，并为扩散模型的发展提供启发。

2014 年，伊恩·古德费洛（Ian Goodfellow）等人提出生成对抗网络（GAN），首次实现高质量图像生成，推动生成式人工智能进入实用阶段。GAN 广泛应用于图像增强、风格迁移、图像补全等任务，GAN 的出现标志着生成式人工智能进入了一个新的阶段。

2015 年，杰斯恰·索尔·迪克斯坦（Jascha Sohl-Dickstein）等人提出扩散模型，为生成式人工智能提供了更稳定的生成路径。尽管初期生成效果较为有限，但其核心原理为后续模型的优化改进奠定了关键性基础，成为众多后续生成式大模型（如 DALL-E、Stable Diffusion、Sora 等）的技术基石。

2017 年，Google 提出 Transformer 架构，突破传统 RNN 在长距离依赖上的瓶颈，成为后续大模型和多模态生成的核心架构。

2018 年，NVIDIA 推出基于 StyleGAN 模型的人脸图像生成模型，可合成高质量、以假乱真的虚拟面孔（图 4-40），这些“人”在现实中并不存在，体现了 AI 合成的逼真度。

图 4-40 NVIDIA 基于 StyleGAN 模型生成的虚拟面孔

2019 年，DeepMind 推出了 DVD-GAN 模型，该模型能够生成连续且结构一致的视频片段，并在草地、街区等明确的场景中展现出色的表现。

2020 年，加州大学伯克利分校的乔纳森·霍（Jonathan Ho）等人对扩散模型进行了改进，提出了去噪扩散概率模型（DDPM），这极大提升了图像质量，并且首次在生成效果上超过 GAN，从而成为了新一代图像生成研究的主流方法。

3. 大模型时代的生成模型（2020 年至今）

在文本生成方面，GPT-3、ChatGPT、GPT-4 等大模型推动自然语言生成取得突破，具备出色的写作、问答和翻译能力。国内的文心一言、通义千问、DeepSeek 等模型广泛应用于教育、办公和客服场景，显著提升文本处理效率。

在图像生成方面，DALL-E、Midjourney、Stable Diffusion、SDXL 等模型可根据文本描述生成真实或富有艺术风格的图像，拓展了创意设计边界。

在音频生成方面，技术已从传统 TTS 发展至支持语音选择、情感表达及音乐生成。Whisper、VALL-E、Bark、Suno AI 等模型可实现高质量语音合成、音色克隆与音乐创作，推动了教育、娱乐和内容等相关产业的发展。

在视频生成方面，Sora、Pika、Runway 等模型融合语言、图像与动作信息，能将文本转化为连贯视频，支持复杂镜头和场景构建，广泛应用于影视、广告与数字人等领域。

4.4.3 生成式人工智能的核心技术

1. 生成对抗网络（GAN）

GAN 的主要由生成器（Generator，G）与判别器（Discriminator，D）组成，如图 4-41 所示。生成器 G 的目标是生成尽可能逼真的数据，使其与真实数据难以区分，以此骗过判别器 D。而判别器 D 的目标就是尽量把生成器 G 生成的虚假数据和真实数据区分开来。GAN 引入对抗训练机制：在训练过程中，生成器 G 和判别器 D 不断博弈，不断提升各自的能力。随着训练的进行，生成器 G 生成的数据越来越逼真，判别器 D 的辨别能力也越来越强，形成"道高一尺魔高一丈"的动态竞争局面，因此可以形象地将 GAN 看作一个"自我驱动的图灵测试机器"。

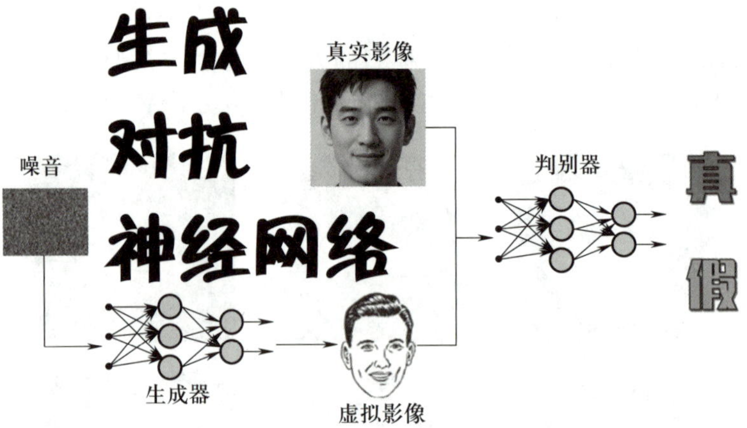

图 4-41 GAN 的工作原理

再举个比较形象的例子来说明 GAN 的工作原理。假设生成器 G 是一个专门做赝品的画师，判别器 D 是名画鉴别师。这个希望靠赝品画作浑水摸鱼的画师 G 请来一位名画鉴别师 D 来帮助自己提高临摹能力。但是名画鉴别师 D 唯一能帮助 G 的就是不厌其烦地每天鉴别 G 的新画作，并给出画作是否像真画的肯定或否定答案。起初 G 的画作虽在不断改进，但每一次都被 D 判定为赝品，经过成千上万次不断反复的训练，G 的画技逐渐炉火纯青，达到了以假乱真的地步，以至于鉴别师 D 也无法分辨真假了。

事实上，鉴别师 D 也是需要训练的，以更好地和赝品画师 G 进行对抗，提高 G 画作的乱真能力。通过将一些画作的真品和赝品呈给鉴别师 D，并告知他哪个是真，哪个是假，以此训练 D 的鉴别能力。曾经画师 G 绘制赝品的技艺已经让 D 鉴别不出真假了，但是经过进一步训练，D 的鉴别能力大大提升，又能洞察玄机地鉴别出 D 的画作是赝品了。在两者不断交替地对抗中，各自的本领都得到了极大的提高，但最终的检验标准还是市场。当 G 把作品拿到市场上，所有人都赞不绝口认为这是一幅伟大的名画时，GAN 的训练也就完成了。

GAN 是生成式人工智能的重要基石，GAN 领域的开创性论文 Generative Adversarial Nets 荣获了 2024 年度神经信息处理系统大会（Neural Information Processing Systems，NeurIPS）

授予的“时间检验奖（Test of Time Award）”，充分体现了 GAN 在学术界的深远影响。GAN 生成的图像通常更加清晰且质量较高，但也存在训练过程不稳定、难以收敛等问题。

2. 变分自编码器（VAE）

VAE 主要由编码器和解码器两部分构成，其工作原理如图 4-42 所示。编码器将输入数据映射到一个潜在空间，将输入的每个潜在特征表示为概率分布，以概率的形式描述对潜在空间的观察。当从潜在状态解码时，将从每个潜在状态分布中随机采样，生成一个特征向量作为解码器模型的输入。假设任何人像图片都可以用表情、肤色、性别、发型等几个潜在特征来描述，那么将一张人像图片输入 VAE 后将会得到这张图片在表情、肤色、性别、发型等特征上取值的概率分布。当从潜在状态解码时，会从每个潜在状态分布中随机采样，将生成的潜在特征向量输入解码器模型，再根据这些特征的取值重新生成人像图片。

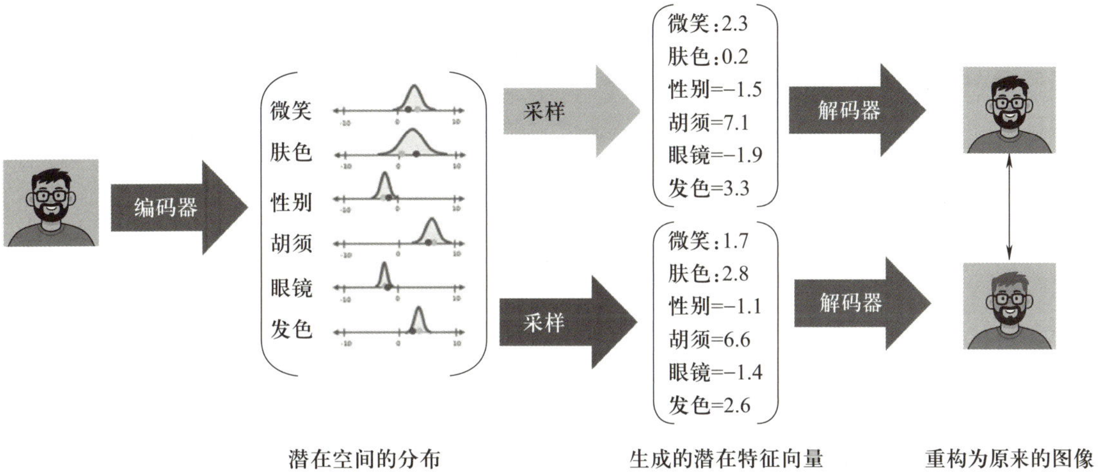

图 4-42 VAE 的工作原理

同样地，VAE 领域的开创性论文 Auto-Encoding Variational Bayes 也在 2024 年度国际学习表征会议（International Conference on Learning Representations，ICLR）上荣获了“时间检验奖（Test of Time Award）”的殊荣，进一步彰显了 VAE 研究的杰出贡献。VAE 使得生成式人工智能模型在生成高质量数据方面有了更大的改进，并且其训练过程相对稳定。但是 VAE 生成的图像通常较为模糊，质量不如 GAN 生成的图像，难以捕捉复杂的分布特征。

3. 扩散模型（Diffusion Models）

扩散模型借鉴了 VAE 的概率建模思想，同时避免了 GAN 训练的不稳定性，在图像生成质量和控制性方面取得了进一步提升。近年来，扩散模型迅速崛起，成为生成式人工智能领域的又一核心技术。

扩散模型的工作原理如图 4-43a 和图 4-43b 所示。具体来说，扩散模型包括两个主要过程：正向扩散过程和反向扩散过程。在正向扩散过程中，通过逐步向数据中添加噪声，破坏原始数据结构，最终生成接近标准正态分布的噪声。这一过程类似于物理中的扩散现象（如墨汁扩散），即一个有序的系统会逐渐变得无序。在反向扩散过程中，模型会学习如何一步步地去除噪声，从噪声中重建原始数据。假设有一张人像图片，正向扩散过程会逐步向图片添加噪声，直到图像完全失去可辨识性；而反向扩散过程则通过逐步去噪，最终还原出一张清晰的人像图。扩散模型通过这种“加噪声—去噪声”的双向过程，能够更好地捕捉数据的复杂分布特征，生成高质量、高复杂度的数据，在图像生成领域表现极为突出。扩散模型的训练过程相对稳定，且不需要对抗性训练，这使得它在生成性任务中具有显著优势。

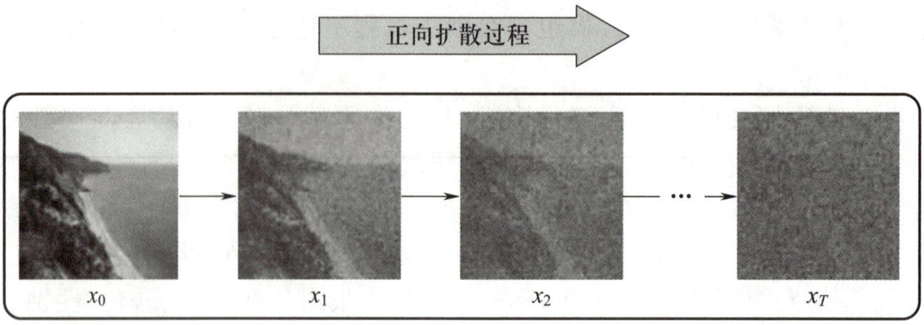

(a)

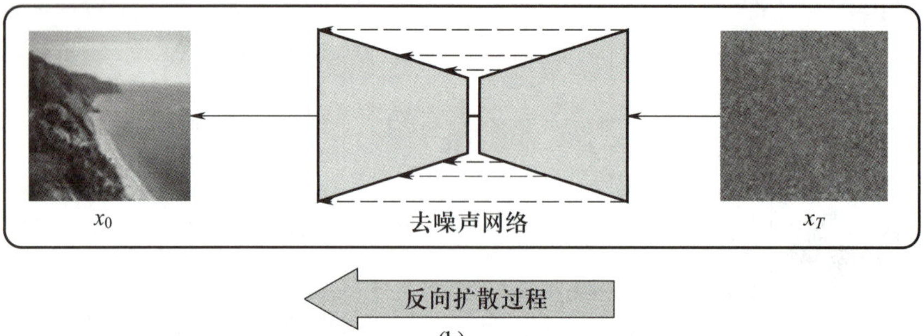

(b)

图 4-43　扩散模型的工作原理

与 GAN 相比，扩散模型在训练过程中更加稳定，生成结果在细节丰富性和结构一致性上表现优异，特别是在图像、音频与文本生成等任务中。扩散模型已经成为推动现代生成式人工智能快速发展的重要动力，也为人工智能在艺术创作、虚拟现实、辅助设计等领域的应用提供了新的可能。

4.5　本章小结

本章介绍了大语言模型（LLM）和生成式人工智能（Generative AI）的基本概念、技术原理与典型应用。大语言模型通过预训练学习海量文本，具备强大的语言理解与生成能力，是生成式人工智能的核心技术支撑。本章重点讲解了其底层结构——Transformer 架构、注意力机制与位置编码、预训练与微调，并引入了人类反馈强化学习（RLHF）、思维链（CoT）和检索增强生成（RAG）等关键技术，提升了模型的准确性、可控性和实用性。在介绍生成式人工智能模型时，本章涵盖了文本、图像、音频和视频等多模态内容的生成方式及使用的代表模型，展示了生成式人工智能在教育、办公、创作等场景中的广泛应用。最后，通过网页端使用、大模型插件、API 调用、本地部署、微调等方式，学习使用大模型的常用技能。通过学习本章，不仅掌握了大语言模型与生成式人工智能的技术基础，也培育了初步的实践应用能力。本章思维导图如图 4-44 所示。

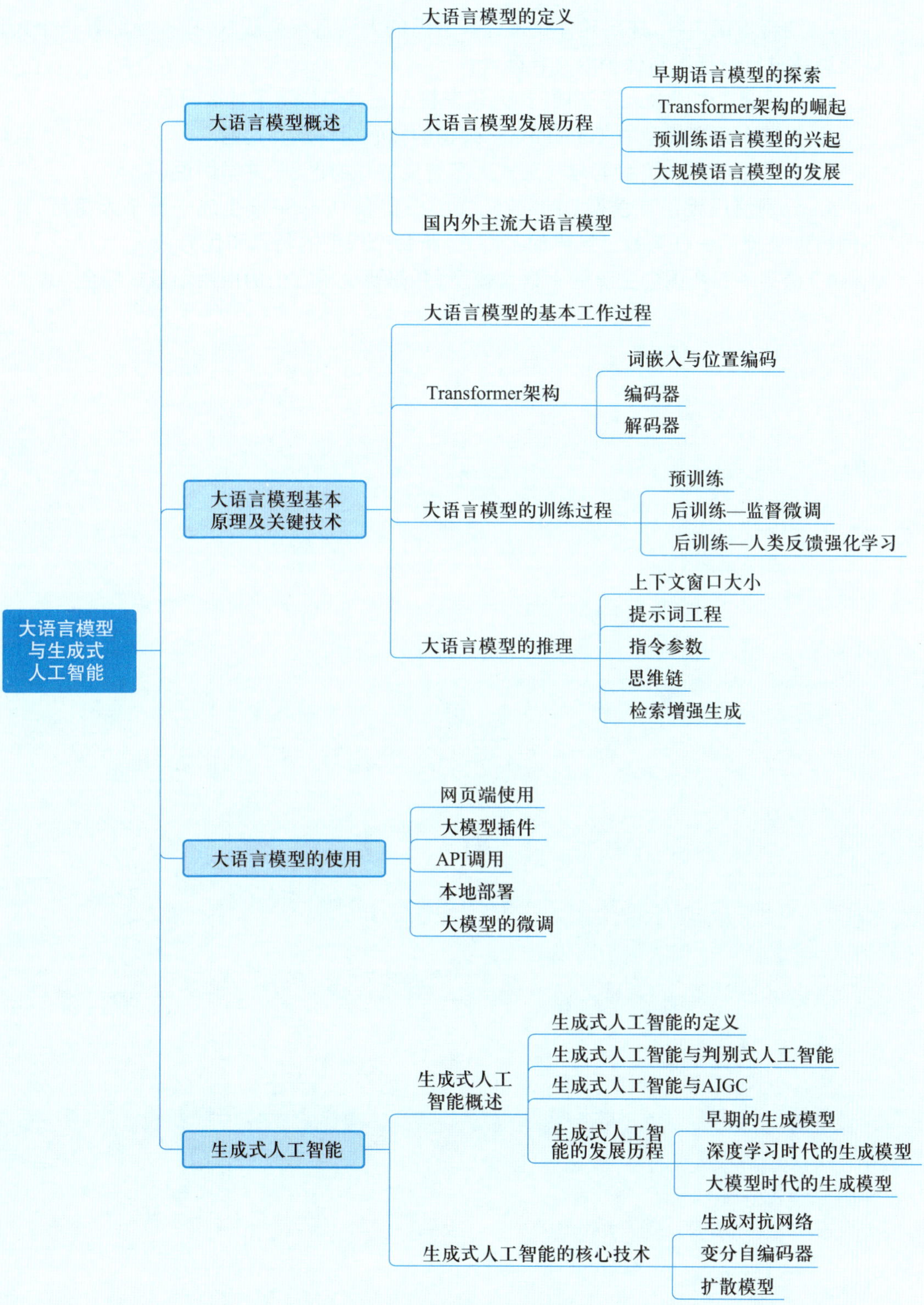

图 4-44　第 4 章思维导图

课后练习

1. 结合本章内容,按照硬件配置选择合适的大语言模型版本,在本地部署一个大语言模型并进行需要隐私保护的文档翻译。

2. 什么是“生成式人工智能”? 大语言模型在其中扮演了什么角色?

3. 简述大语言模型中 Transformer 架构的核心组件及其功能。

4. 对比生成式人工智能与判别式人工智能的核心区别,并举例说明。

5. 分别使用大语言模型 GPT-3.5、文心一言和 DeepSeek 生成一份个人简历,比较不同模型处理同一任务输出结果的不同,分析每个模型的特点和优势。

6. 请列举三个国内主流的大语言模型,并简要说明它们的应用场景或特色。

第5章 文本类AIGC实践应用

文本类AIGC是指利用人工智能技术自动生成文本的过程，旨在让计算机能够理解、交流并生成自然语言，是生成式人工智能应用最为广泛的领域。目前市面上有很多大语言模型，例如，深度求索的DeepSeek、字节跳动的云雀模型、百度的文心一言、阿里的通义千问、腾讯的混元助手、OpenAI的GPT、Google的Gemini等，都可以实现内容创作、语言翻译、自动问答、知识提取、内容改写以及代码生成等多种功能。

5.1 内容创作

大语言模型在文本内容创作领域正展现出变革性的影响力，极大地重塑了内容创作流程，主要包括以下几个方面。

（1）文学创作：AI可以辅助作家进行写作，生成故事大纲、情节片段等。例如，AI能根据设定的主题和风格，生成一篇科幻小说的大致框架，为作家提供创作灵感和基础。

（2）新闻写作：在体育、财经等领域，AI可快速根据数据和事实生成新闻报道。例如，一些媒体机构利用AI根据比赛数据自动生成体育赛事的简短报道，或根据财经数据撰写商业新闻。

（3）文案策划：在广告、营销等行业中，AI能生成产品描述、广告语、媒体文案等。例如，根据产品特点和目标受众，AI可以生成吸引人的产品宣传文案，提高产品推广率。

任务案例：利用DeepSeek创作面向小红书用户的产品宣传文案

任务描述

操作视频

利用DeepSeek创作面向小红书用户的产品宣传文案

小李是一名小红书电商平台运营助理，需要为一款智能水杯撰写一则产品宣传文案，该文案将用于种草推广，主要面向年轻消费人群。文案要求如下：

- 展现产品三大卖点（测温显示、提醒喝水和语音控制）；
- 风格贴合小红书用户喜好的种草文案；
- 结构清晰（开场白—产品介绍—结束语）；
- 文案语言自然、富有亲和力，整体字数控制在500字以内。

任务目标

- 掌握AIGC工具DeepSeek在内容创作中的实际应用；
- 学会撰写清晰、具体的提示词，与AI进行有效交互；

- 通过与 AI 多轮对话优化文案内容，提升 AI 输出内容的质量。

一、知识准备

1. DeepSeek 是具有强大的自然语言处理能力的国产 AI 大模型，支持代码生成、文本创作、逻辑推理、知识问答等功能。DeepSeek 的长文本上下文处理能力（128 千 tokens），可高效解析复杂文档，并支持上传文件（PDF、Word、Excel 等）进行智能分析，适用于编程辅助、学术研究、办公自动化等场景，提供精准、高效的 AI 解决方案。

2. CO-STAR 框架是一种结构化设计方法，包含 6 个核心要素：Context（上下文）设定应用场景，Objective（目标）明确任务，Style（风格）定义输出形式，Tone（语气）控制表达方式，Audience（受众）指定使用者群体，Response（响应）规定结果格式。通过这 6 个维度的自由组合，可精准控制 AI 生成内容的质量。

二、任务实施

步骤 1：明确智能水杯的相关产品信息。

平台：小红书；产品：智能水杯；卖点：测温显示、提醒喝水和语音控制；目标用户：学生、上班族和追求健康生活的群体。

步骤 2：设计提示词。

参考 CO-STAR 框架，设置各个模块的具体内容，整合出高质量的提示词，见表 5-1。

表 5-1 设计提示词

模块	内容
Context 上下文	你正在为一款智能水杯设计宣传文案，该水杯有三大核心功能：测温显示、提醒喝水和语音控制
Objective 目标	生成一篇语言风格自然、内容真实且有种草效果的小红书图文文案，帮助用户了解产品优势并激发购买欲望
Style 风格	参考小红书平台流行的“生活化 + 分享式”风格，模仿日常用户种草笔记的写法，注重亲切感和真实性
Tone 语气	真诚、轻松且有感染力，像朋友间的日常安利，适当使用表情、感叹词
Audience 受众	目标人群是大学生、白领和追求健康生活的群体
Response 响应	输出内容包含： 1. 标题（带标签或表情符号）； 2. 正文内容包括：生活引入 + 功能介绍 + 使用感受 + 产品推荐； 3. 文案长度控制在 500 字以内

最终整合出高质量的提示词如下：帮我写一篇小红书风格的种草文案，产品是“智能水杯”，主要功能包括测温显示、提醒喝水和语音控制，语气真诚自然，目标人群是大学生、白领和追求健康生活的群体。输入内容包括标题和正文内容，正文内容包括：生活引入 + 功能介绍 + 使用感受 + 产品推荐，字数 500 字以内。

步骤 3：使用 DeepSeek 生成文案初稿。

在 DeepSeek 文本框中输入提示词，查看 AI 生成文案，如图 5-1 所示，判断其内容是否自然流畅，产品是否卖点突出。

开场分享（痛点共鸣）

"姐妹们！作为一个每天在图书馆写论文的毕业生/办公室久坐的打工人，我真的是'沙漠体质'本人经常一整天下来，杯子里的水只喝了两口...直到室友给我安利了这个'**SmartH2O智能水杯**'，现在连我妈都夸我皮肤变亮了！"

产品介绍（三大核心卖点）

❶【1秒测温】泡咖啡再也不烫嘴！

- 杯盖上有个**实时温度屏**，喝水前瞄一眼就知道水温多少度！45°泡奶、60°喝蜂蜜水、85°冲咖啡...精准到像实验室仪器
- *（附一张水杯显示52°C的图：'这个温度喝花茶刚刚好！'）*

❷【震动提醒】健忘症救星！

- 每小时自动震动提醒，**APP还会记录喝水量**！我的一周喝水记录从'荒漠模式'变成'绿洲模式'
- *（截图对比：周一200ml vs 周五1800ml）*

❸【语音控制】动嘴不动手！

- 喊一声"小水小水，提醒我喝水"，它就会在30分钟后叮你！**上课/开会时偷偷语音操控**，社恐人感动哭

使用感受（场景化安利）

"最戳我的是它的'**带娃模式**'！上次帮我姐带娃，直接喊'小水定个泡奶闹钟'，不用手忙脚乱试水温了

而且颜值超高！磨砂质感+极简屏显，在图书馆用总被问链接...

（插播一张水杯+MacBook+咖啡的ins风桌拍）

结尾推荐（促单+福利）

"现在买还送**便携硅胶套+贴纸DIY套装**！学生党用【STUDENT10】还能减20块

真心建议所有'喝水困难户'试试，皮肤不干了、便秘好了...这钱比买面膜值！#智能水杯 #学生党好物 #养生黑科技"

图 5-1　DeepSeek 初次生成结果

步骤 4：与 DeepSeek 多轮交互优化文案。

在 DeepSeek 文本框中再次输入提示词"加一个小红书风格的标题，比如带表情的或带 # 标签的"。DeepSeek 生成结果如图 5-2 所示。

继续优化生成的文案结果，在 DeepSeek 文本框中输入提示词"让语气更像大学生日常分享，多用表情和口语"。DeepSeek 生成结果如图 5-3 所示。

当然！这里再补充几个小红书风格的标题，带表情和标签，更吸睛更有网感~

1. **被这个水杯"管"着喝水后...皮肤真的会发光！#智能水杯 #养生必备**
2. **打工人必备！这个水杯会"催"我喝水...再忙也不怕干到裂开！#办公室神器**
3. **谁懂啊！这个水杯居然会"撒娇"提醒我喝水...#黑科技 #学生党好物**
4. **每天2000ml喝水计划达成！全靠这个会"说话"的杯子...#健康生活 #懒人福音**
5. **被同事追着问链接的水杯！能测温+提醒+语音...太香了！#智能好物 #打工人必备**

图 5-2　与 DeepSeek 二次交互生成结果

标题:

😱谁懂啊！！这个水杯居然会叫我"宝"！！本懒癌患者终于爱上喝水了💦 #宿舍好物 #大学生必备

正文:

开场碎碎念:

救命！！姐妹们快来看我的新宠！！👀
作为一个每天赶早八+熬夜赶due的大学生
我真的可以三天不吃饭但绝对不能一天不喝奶茶🧋
（懂的都懂！！）
结果上周体检查出尿酸偏高...医生让我多喝水😭
但是！！本懒癌晚期真的会忘记喝水啊谁懂！！

产品安利:

直到我发现了这个会说话的智能水杯！！
它真的！！我哭死！！😭
✨每次到点喝水就会用超可爱的声音喊:"宝～该喝水啦～"
（啊啊啊这谁顶得住啊！！）
✨还能显示水温！！再也不用担心烫嘴了！！
✨最绝的是APP会记录喝水量！！本数据控狂喜！！

使用体验:

用了两周我的变化👇
✅皮肤状态upup！！素颜去上课都被同学问用了什么护肤品
✅再也不用担心上课犯困了！！（之前老是渴到头晕）
✅连我那个天天喝可乐的室友都被种草了哈哈哈

结尾暴风推荐:

真的！！所有不爱喝水的姐妹都给我冲！！
现在买还送超可爱的贴纸！！
（我已经把杯子贴成女明星了哈哈哈）
从此告别"沙漠大干皮"！！💦

#大学生好物 #懒人必备 #宿舍神器 #今天你喝水了吗
（求求你们快去买！！真的香哭了！！）

图 5-3 与 DeepSeek 三次交互生成结果

三、知识拓展

1. 风格变体训练：尝试用不同身份（如健身达人）重写文案，探索人设风格对表达的影响。

2. 平台适配训练：将同一内容分别改写为抖音脚本文案、微博短评和商品详情页介绍，感受 DeepSeek 在不同场景中的应用差异。

5.2 语言翻译

大语言模型凭借强大的上下文理解能力与自然流畅的文本生成能力，能够产出高质量的翻译成果。特别是在处理蕴含隐喻、习语或具有文化特征的文本时，它能够更为精准地捕捉并传达原文意图。目前众多开发翻译应用的公司纷纷接入各类大语言模型，开发各种 AI 翻译平台，如图 5-4 所示的有道翻译。

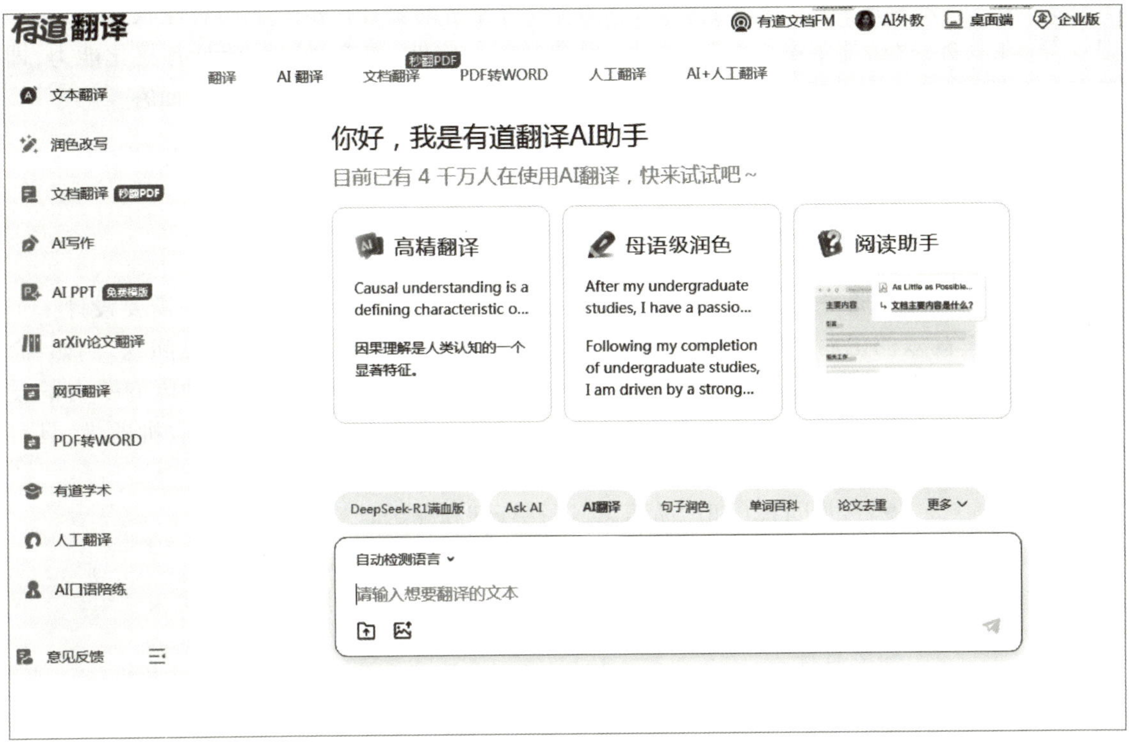

图 5-4　有道翻译

事实证明，AI 翻译质量远胜于传统机器翻译。以“他在公司里是个老黄牛”这句话的翻译为例，传统机器翻译给出的结果是“He is an old bull in the company.”，这样的翻译仅仅停留在字面意思；AI 翻译则为“He is a hardworking and diligent person in the company.”。从上述例子中可以看出，传统机器翻译在应对复杂语境、文化差异以及口语化表达等情况时，往往输出死板、字面化的结果，无法有效传达原文的深层含义，导致译文与目标语言的文化习惯相悖。与之形成鲜明对比的是，AI 翻译能够深入理解语言背后的真实含义，生成的译文更加自然，高度贴合真实语境，符合目标语言的表达习惯，实现了真正意义上基于“思维方式”的翻译。

5.3 自动问答

大语言模型实现自动问答主要包括以下步骤：

（1）问题理解。凭借对海量文本数据的学习，结合自然语言处理技术，大语言模型能够准确理解用户提出的问题，包括语义、上下文和意图。

（2）信息检索与整合。在理解问题的基础上，大语言模型结合内置的知识库或接入外部搜索引擎获取补充信息，确保回答的准确性和全面性。

（3）答案生成。基于对问题的理解和检索到的信息，模型对已有知识或检索结果进行加工，生成符合逻辑、语句通顺、内容准确的答案。例如，面对“简述量子力学中薛定谔方程的主要内容及应用”这一问题，大语言模型能理解量子力学、薛定谔方程等关键概念，在物理学科知识体系里精准找到薛定谔方程的定义、数学表达式、适用场景等内容，将碎片化知识整合，给出完整回答。

大语言模型的自动回复问题功能可以在多个领域和场景中应用。例如，在电商领域，当消费者询问商品信息、物流进度等问题时，能迅速提供准确信息，提升用户购物体验；在教育领域，能为学生答疑解惑，辅助在线学习；在医疗领域，能帮助患者初步了解疾病症状，提供治疗建议等；在政务系统，能解答民众对政策法规的疑问。此外，智能客服系统具有泛化能力，即使面对新领域、新形式的问题，也能基于已有知识和学习能力，尝试给出合理的回答。

任务案例：利用智谱清言智能体打造一款电商客服机器人

任务描述

电商平台的技术运营人员主要负责优化在线服务的体验，现需要设计一个高效的电商客服机器人，及时回复用户在购物过程中遇到的常见问题，例如，商品介绍、发货物流、退换货政策等。本任务将使用智谱清言帮助电商平台的技术运营人员打造一个态度友好、服务专业且响应及时的电商客服机器人，具有如下功能：

操作视频

利用智谱清言智能体打造一款电商客服机器人

- 常见问答（如产品信息、库存查询和配送时效）；
- 订单管理（下单、支付提醒和售后流程指引）；
- 个性化推荐（基于用户历史浏览和购买偏好）。

任务目标

- 掌握使用智谱清言搭建垂类客服问答智能体的基本流程；
- 掌握设计提示词的方法，引导大语言模型准确响应特定领域的问题；
- 实现知识库接入、多轮对话设计与用户模拟交互。

一、知识准备

1. 智谱清言平台是一款面向企业和开发者的可视化 AI 智能体管理工具，它集成了多模型选择、知识库接入与向量检索、拖拽式对话流程设计、实时调试与模型参数调优、一键部署及多渠道接入（如网页、小程序、企业微信等）、全链路监控与数据分析等功能，帮助用户快速构建、上线并持续优化高效的智能客服、问答和推荐系统。

2. 知识库为智能体提供核心数据支持，通过上传文件或 URL 链接，分类存储相关信息，辅助 AI 快速检索并生成准确回复。

二、任务实施

步骤 1：知识库构建。

智谱清言平台支持创建知识库，可通过上传 FAQ 文档（常见问题解答文档）、产品说明书、客服对话历史记录等文本文件，或添加 URL 链接等方式，构建电商客服机器人的核心数据基础。为提升问答准确性和检索效率，知识库内容需进行合理分类，如"产品咨询""订单管理""个性化推荐"等。本任务整理了一个包含以上三类内容的知识库文件，其内容如图 5-5 所示，将其保存为"txt"格式。

步骤 2：智能体角色设定。

智能体角色设定是指对智能体行为、角色和功能进行定义，通过清晰的语言指导大模型理解任务场景、回复语气风格及响应逻辑。本任务的电商智能客服机器人描述如下。

你是一名电商平台智能客服，能够处理用户的产品咨询、订单管理和个性化推荐三大核心需求，具体包括如下内容。

```
# 电商客服机器人知识库
# 平台：通用电商
# 分类：产品咨询、订单管理、产品推荐
# 格式：问题 | 答案 | 关键词

## 产品咨询
问题：如何查询商品库存？
答案：进入商品页面，查看“库存”状态，或联系在线客服确认实时库存情况。
关键词：库存、商品、查询

问题：这款鞋子的材质是什么？
答案：鞋子材质通常标注在商品详情页，常见为皮革或合成纤维，请查看商品描述或咨询客服。
关键词：材质、鞋子、商品

问题：配送需要多长时间？
答案：下单后通常1~3天发货，具体配送时效取决于物流公司和收货地址，详情见商品页面。
关键词：配送、时效、物流

问题：衣服有尺码表吗？
答案：商品详情页提供尺码表，建议参考页面中的尺码建议或咨询客服以确保合适。
关键词：尺码、衣服、商品

## 订单管理
问题：如何取消订单？
答案：登录账户，进入“我的订单”，选择“待发货”订单，点击“取消订单”并按提示操作。
关键词：取消、订单、管理

问题：支付失败怎么办？
答案：检查账户余额或支付方式是否正确，重新尝试支付，或联系客服获取帮助。
关键词：支付、失败、订单

问题：退货流程是怎样的？
答案：登录账户，在“我的订单”中选择需要退货的订单，点击“申请退货”，按提示填写信息并寄回商品。
关键词：退货、售后、流程

问题：如何查询订单物流？
答案：进入“我的订单”，点击订单详情中的“查看物流”，即可看到物流公司和运单号。
关键词：物流、订单、查询

##个性化推荐
问题：有适合搭配的商品推荐吗？
答案：建议搭配同色系或互补风格的商品，如T恤配牛仔裤，具体推荐可查看商品页的“相关商品”模块。
关键词：搭配、推荐、商品

问题：有什么优惠活动？
答案：当前可能有满减或折扣活动，请查看首页“促销专区”或咨询客服获取最新优惠信息。
```

图 5-5　电商客服机器人知识库

- 产品咨询：可回答产品规格、库存、材质等；
- 订单管理：支持下单流程、支付提醒、取消 / 退换等；
- 个性化推荐：结合用户历史浏览和购买偏好，推荐相关商品。

请以专业又亲切的语气回复，必要时可引导多轮对话，遇到无法回复的问题时请提供友好引导或替代方案。

步骤 3：搭建智能体。

（1）进入智谱清言官网，如图 5-6 所示，点击左侧下方的“创建智能体”按钮。

（2）出现如图 5-7 所示的配置智能体对话框，在文本框中输入步骤 2 中的智能体角色设定，并点击“生成配置”按钮即可完成智能体的初步配置。

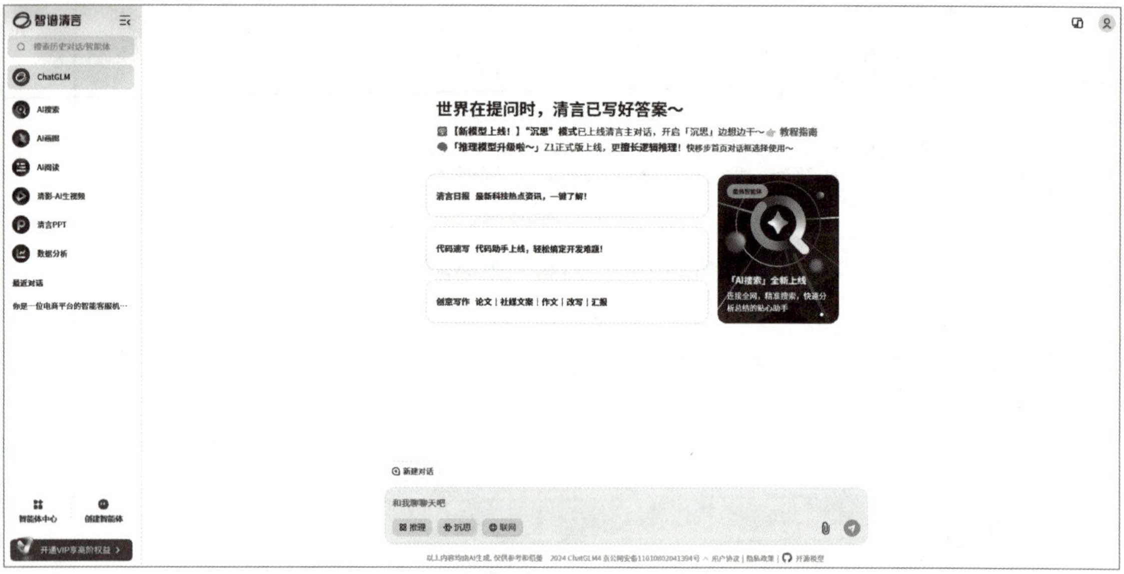

图 5-6　智谱清言官网

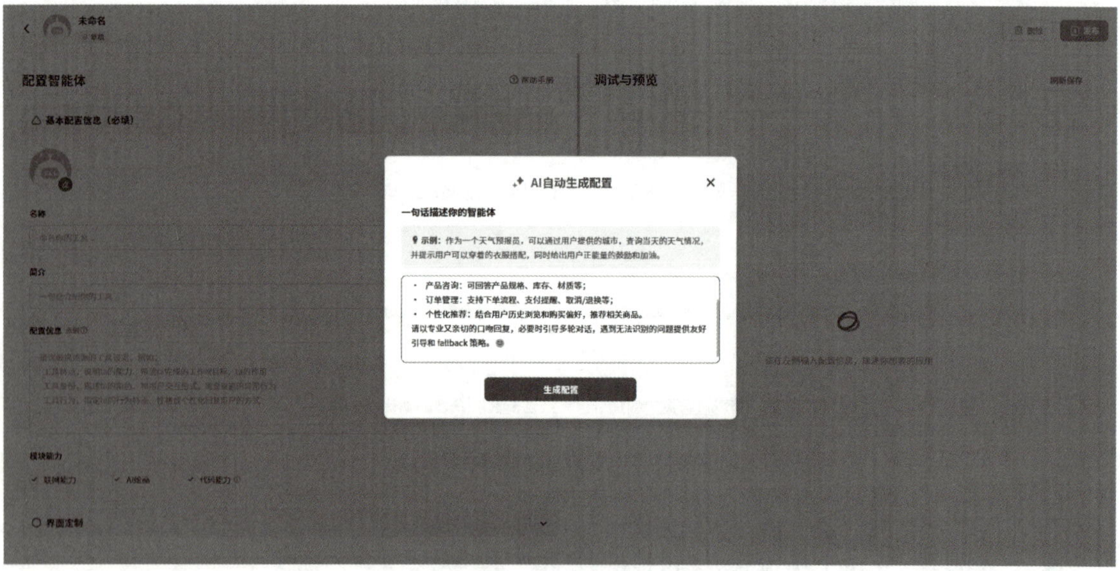

图 5-7　配置智能体对话框

（3）智能体初步配置完成后，系统将生成如图 5-8 所示的“电商小智”智能体。界面右侧会根据智能体的角色设定自动生成一个名称（如“电商小智”），用户也可根据需要将其手动修改为自定义名称。

（4）点击图 5-9 的左侧的“知识库配置”按钮，再点击“上传文件”按钮，将之前准备的知识库文件上传，对智能体进行进一步的优化，确保其在实际对话中能够快速匹配用户问题并生成准确、专业的回答。

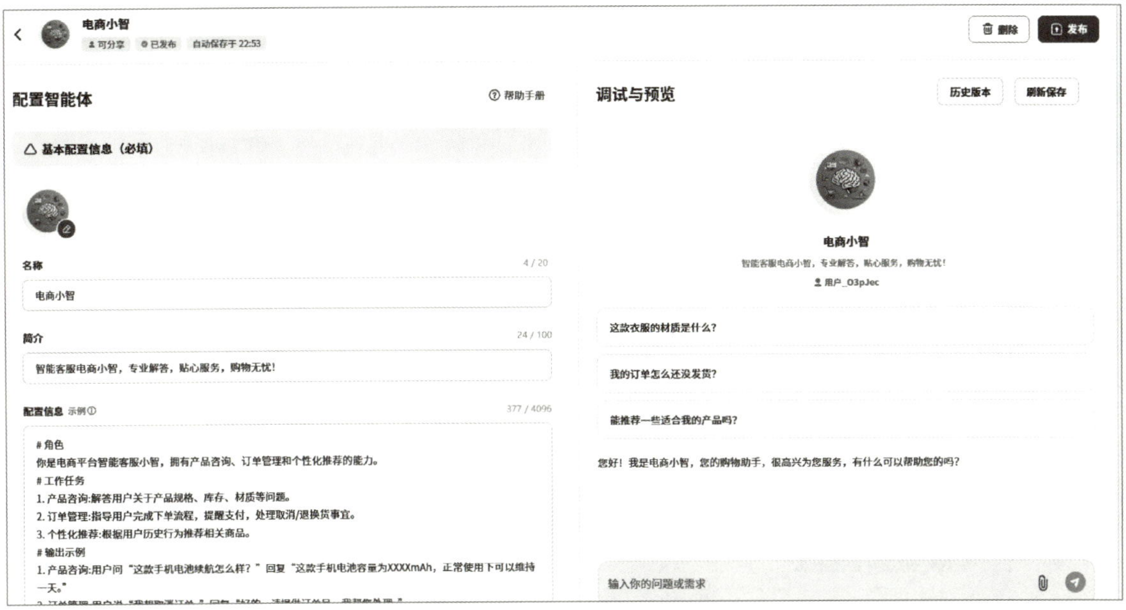

图 5-8 “电商小智”智能体

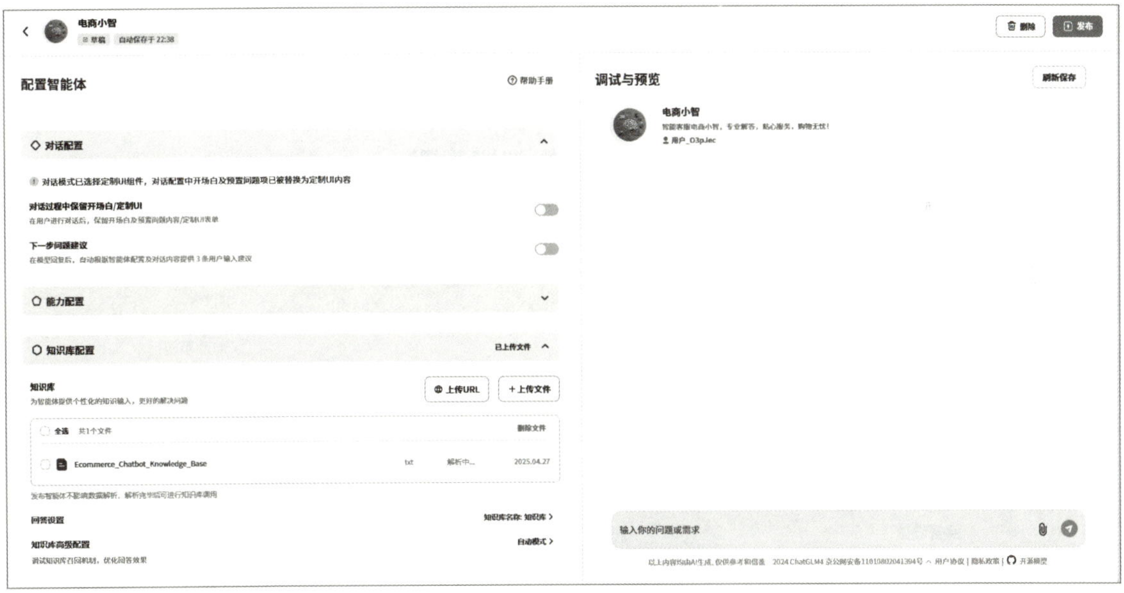

图 5-9 智能体的“知识库配置”

注意：智谱清言智能体的知识库支持上传多种类型的文件，包括但不限于以下几种：文本文件（如 pdf、doc、docx、txt、xls、xlsx 等格式）、音频文件（如 wav、mp3、wma、aac、ogg、amr、flac、m4a 等格式）、图片（如 jpg、fig、tiff 等格式）、电子书（如 epub、mobi、azw3、pdf 等格式）等。此外，也可以通过 URL 导入网页内容。

（5）点击图 5-9 中的“对话配置”按钮，在如图 5-10 所示的界面中设置电商客服机器人的开场白以及设计预置问题供用户选择提问。

（6）最后点击“高级配置”按钮，在如图 5-11 所示的界面中对电商客服机器人回答的“生成多样性”进行配置。通过更改“生成多样性”的值控制智能体输出的随机性，值越大（例如：0.8），输出更随机，更具创造性；值越小（例如：0.2），输出会更趋于稳定。

图 5-10　智能体的“对话配置”

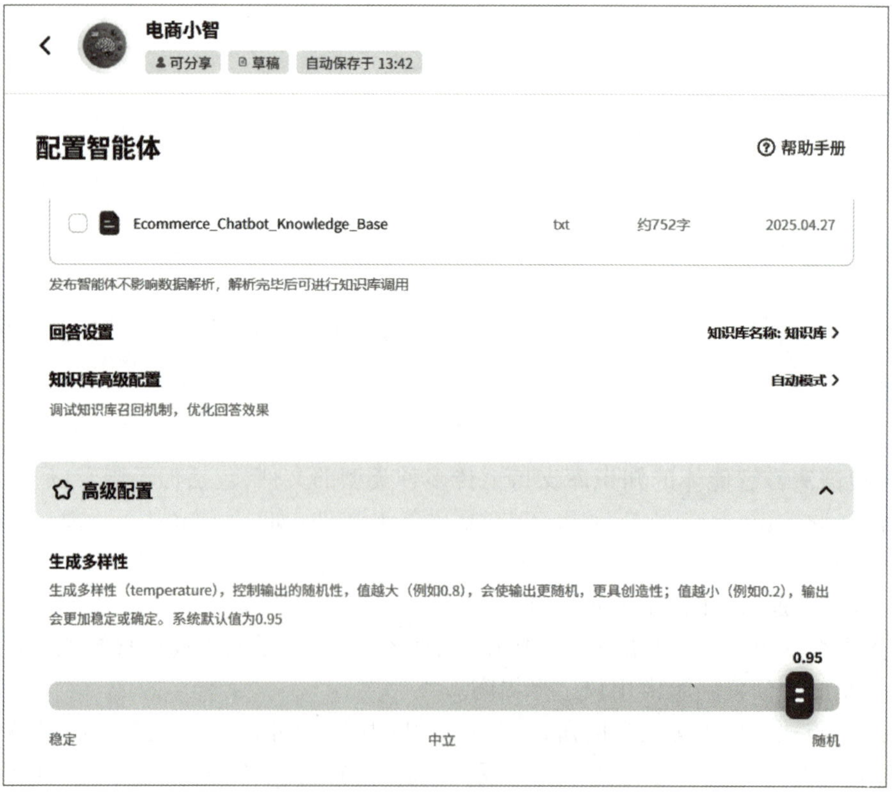

图 5-11　智能体的“高级配置”

步骤 4：模拟用户进行提问。

在如图 5-8 所示的右侧对话框中输入电商客服常遇到的问题，如商品配置，物流、售后等问题，模拟用户提问测试的结果如图 5-12 所示。

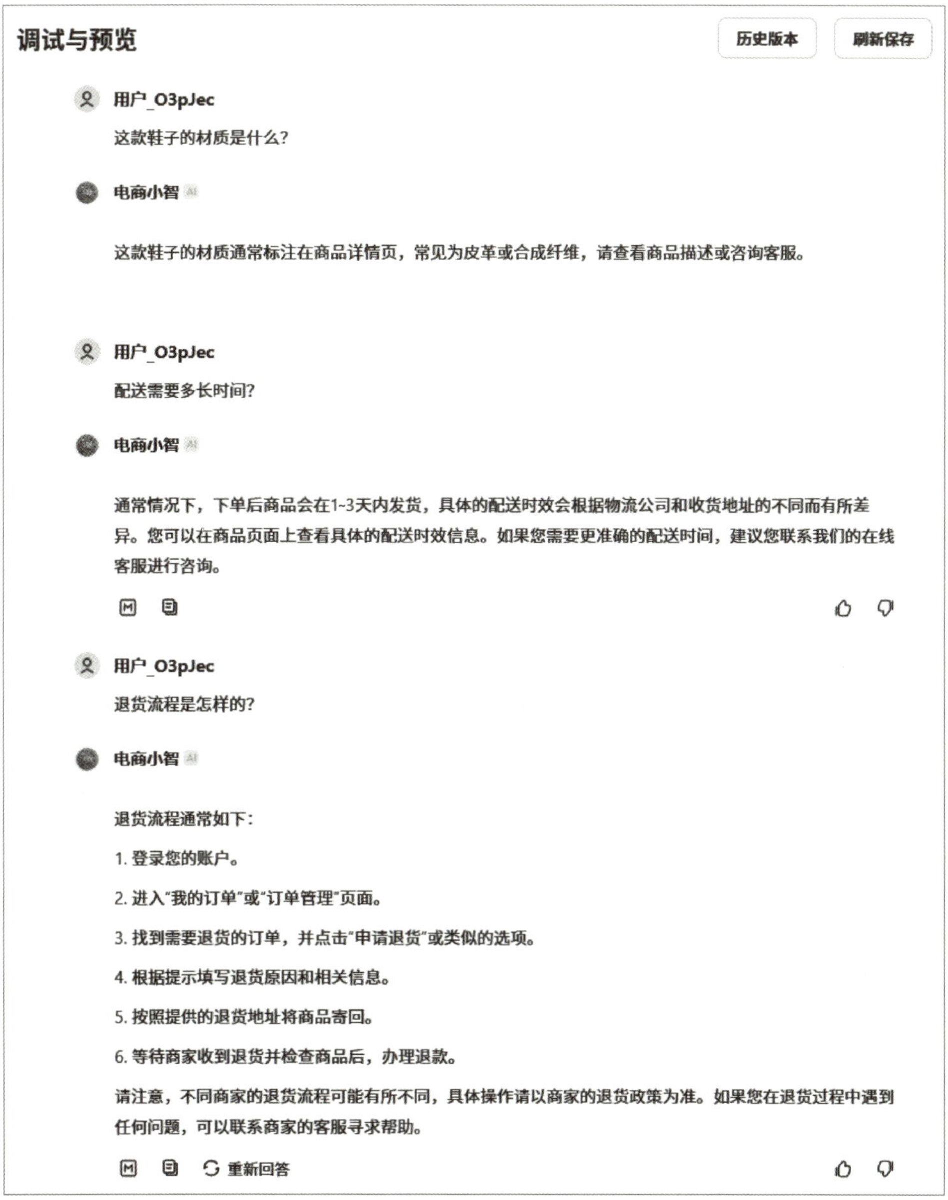

图 5-12 模拟用户提问测试的结果

步骤 5：优化智能体。

观察智能体回答的准确性、语气自然度和信息覆盖度，如果智能体回答不够满意，那么可以重复步骤 3 进行多轮调试优化提示词或补充知识库来提升智能体的性能。

步骤 6：发布电商客服机器人。

（1）测试完成后，点击如图 5-13 所示的界面右上角的“发布”按钮来发布智能体。在弹出的列表中选择“分享：通过链接打开可对话”或“公开：提交到智能体中心”选项。

图 5-13　发布智能体

（2）若在发布时选择“分享：通过链接打开可对话”，系统将生成分享智能体的二维码链接，如图 5-14 所示，便于用户扫码或点击链接直接进行对话体验。若在发布时选择“公开：提交到智能体中心”，如图 5-15 所示，该智能体将被收录至智谱清言的“智能体中心”，供其他用户在线搜索并使用。无论是通过链接访问，还是在平台中心查找，任何人均可与构建的电商客服机器人进行自然语言交互。

图 5-14　分享智能体

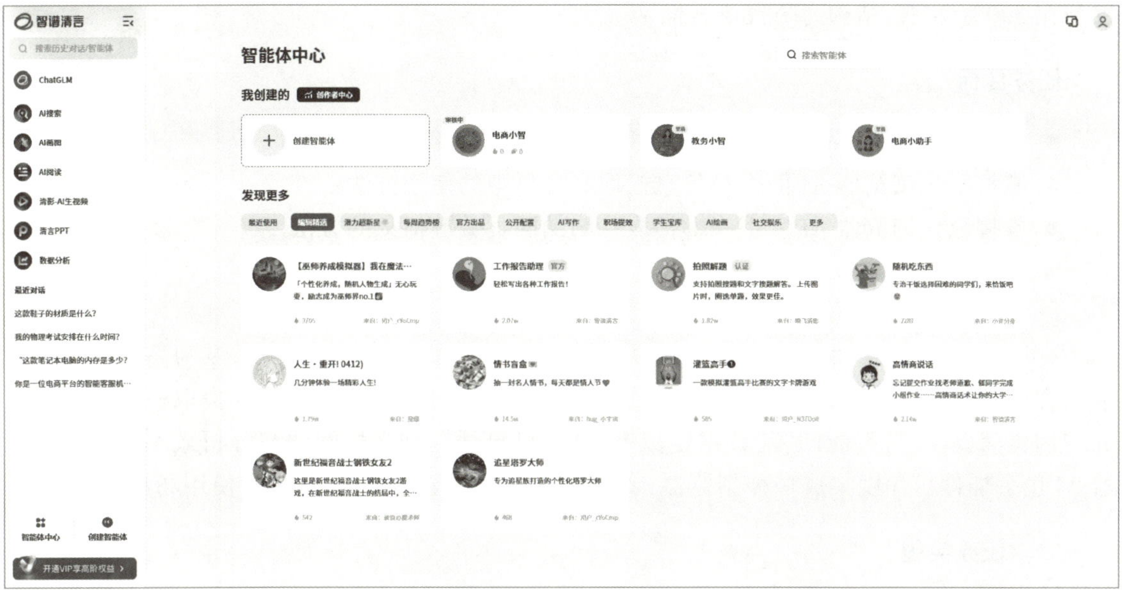

图 5-15 公开智能体

三、知识拓展

学校教务部门工作人员想要开发一款教务小助手机器人，请尝试使用智谱清言平台开发智能体，帮助学生和教师处理教务相关咨询，例如：课程安排查询、考试时间确认、选课流程指导等。

5.4 知识提取

大语言模型能够快速处理大量文本数据，通过理解文本的语义和结构，从长文本中提炼出核心信息，生成简洁且准确的摘要。例如，在学术研究领域，能自动提炼出论文的研究目的、方法和结论等关键内容，帮助读者快速了解论文全貌；在企业会议中，可以对会议内容进行处理，生成会议纪要，记录会议的讨论内容、决策结果和任务安排等关键信息，方便参会人员回顾会议内容，也方便未参会人员快速了解会议情况。

任务案例：利用豆包浏览器 AI 助手插件高效完成 AI 汽车行业发展报告的信息提取

任务描述

小王是一名汽车行业市场分析实习生，为帮助公司快速了解 AI 技术在汽车行业的发展趋势以制定营销策略，需要对一份长达 15 页的《中国 AI 汽车行业发展趋势研究与未来前景分析报告》进行信息提取，提炼关键内容，并生成一份行业趋势简报，供上级领导参考。本任务的信息提取要点包括：

- AI 在汽车行业的三大应用领域（如辅助驾驶、智能座舱和车联网）；
- 主要发展趋势（如政策支持和技术突破）；
- 未来前景（如市场规模预测）；
- 简报需要包含标题、概述、关键趋势、未来前景和总结，共 5 个部分，字数

操作视频

利用豆包浏览器AI助手插件高效完成AI汽车行业发展报告的信息提取

控制在 500 字左右，结构清晰且语言简洁。

任务目标

- 掌握如何在 Edge 浏览器中安装并启用豆包浏览器 AI 助手插件；
- 掌握豆包浏览器 AI 助手在信息提取和分析中的使用方法；
- 掌握豆包浏览器 AI 助手一键提取并归纳网页关键信息的方法。

一、知识准备

豆包浏览器 AI 助手是一款基于大语言模型技术的 AI 智能阅读工具，专为高效处理长文本内容而设计。它可快速解析 PDF、网页、行业报告等多种格式文档，自动提取核心信息并生成结构化摘要，支持智能问答、数据定位等功能，可显著提升文档阅读与分析效率。豆包浏览器 AI 助手插件可深度集成多种浏览器，支持网页内容一键解析，适配高频使用场景。

二、任务实施

步骤 1：查找豆包浏览器 AI 助手插件。

以 Edge 浏览器为例，点击浏览器右上角的 ··· 图标，再依次点击“扩展→获取 Microsoft Edge 扩展”，然后在弹出界面的检索框中输入“豆包”，查找豆包浏览器 AI 助手插件，如图 5-16 所示。

图 5-16 查找豆包浏览器 AI 助手插件

步骤 2：安装豆包浏览器 AI 助手插件。

选择下载量较多的“豆包，浏览器 AI 助手”插件，点击右侧的“获取”按钮，在弹出的对话框中点击“添加扩展”按钮（图 5-17），即可完成豆包浏览器 AI 助手插件的安装。安装完成后，点击浏览器右上方的 图标（图 5-18），可以看到已经安装好的豆包浏览器 AI 助手插件。在如图 5-18 所示的页面中点击 图标，即可将该插件固定在浏览器的工具栏，便于使用。

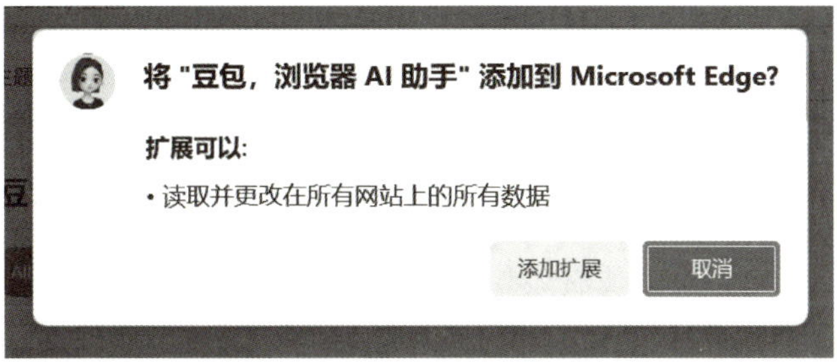

图 5-17 添加豆包浏览器 AI 助手插件

图 5-18 查看已经安装好的豆包浏览器 AI 助手插件

步骤 3：使用豆包浏览器 AI 助手提取并归纳网页信息。

（1）在浏览器中打开需要阅读的网页或文档内容，然后点击浏览器工具栏上的豆包浏览器 AI 助手图标 。此时，浏览器右侧会弹出如图 5-19 所示的“豆包，浏览器 AI 助手”侧边栏。点击下方的“总结此页面”按钮，总结页面的生成结果如图 5-20 所示。

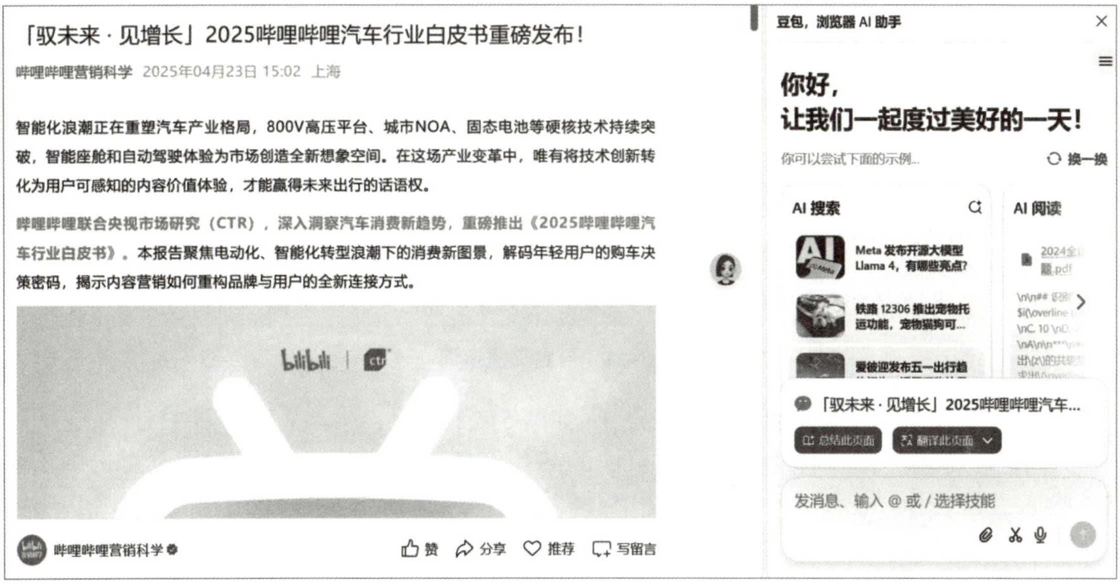

图 5-19 “豆包，浏览器 AI 助手”侧边栏

全文总结
智能化浪潮推动汽车产业格局重塑，800V 高压平台、城市 NOA、固态电池等硬核技术不断突破，智能座舱和自动驾驶带来新体验。在此产业变革下，将技术创新转化为用户可感知的内容价值体验，才能赢得未来出行话语权。哔哩哔哩联合央视市场研究（CTR）推出《2025 哔哩哔哩汽车行业白皮书》，聚焦电动化、智能化转型下的消费新图景，解读年轻用户购车决策密码，揭示内容营销重构品牌与用户连接的方式。针对汽车营销三大错位局面，B 站提出三大解决方案，借助内容生态优势助力车企破局。同时，B 站的 MATES 人群资产模型将汽车消费过程可视化，通过建立动态时间窗口机制等，精准捕捉用户购车心理，把握决策关键节点。文末还提供了获取报告下载链接的方式。
重要亮点

- **汽车产业变革趋势**：智能化浪潮重塑汽车产业格局，800V 高压平台、城市 NOA、固态电池等硬核技术持续突破，智能座舱和自动驾驶体验为市场带来新想象空间。在变革中，将技术创新转化为用户可感知的内容价值体验至关重要，这是赢得未来出行话语权的关键。
- **行业白皮书的推出**：哔哩哔哩联合央视市场研究（CTR）重磅推出《2025 哔哩哔哩汽车行业白皮书》，此报告聚焦电动化、智能化转型浪潮下的汽车消费新图景，致力于解码年轻用户购车决策密码，以及揭示内容营销如何重构品牌与用户全新连接方式，对汽车行业发展具有重要参考价值。
- **B 站的汽车营销解决方案**：面对汽车营销三大错位局面，B 站创新推出“深度种草锁定品牌偏好、贴近用户兴趣精准破圈、瞄准增量用户获得优质线索”三大解决方案。B 站凭借自身内容生态优势，为车企突破营销困局提供有效途径，助力车企更好地开展营销活动。
- **MATES 人群资产模型**：B 站的 MATES 人群资产模型把汽车消费的“黑箱”变成可视化路径。它不只是简单的五步标签，而是通过建立动态时间窗口机制，整合广告、品牌账号及用户互动等多维数据，并重点优化购车咨询、试驾预约等高意向行为的识别权重，精准捕捉用户购车心理，帮助车企把握用户决策关键节点。

图 5-20　总结页面的生成结果

（2）用户还可以根据具体的任务需要，按照提示词撰写技巧在图 5-19 的文本框中自行输入提示词，自定义提示词如图 5-21 所示。

你是一个擅长总结长文本的助手，能够总结用户给出的文本，并生成摘要。
工作流程
一步一步思考，阅读用户提供的内容，并完成以下操作。
打标签
阅读文章内容后给文章打上标签，标签通常是领域、学科或专有名词。
一句话总结
阅读文章内容后，总结文章内容，并用一句话总结这篇文章。
摘要
总结文章内容并写成摘要，详细地列举文章的大纲，要完整体现文章要点。

图 5-21　自定义提示词

使用自定义提示词总结页面的生成结果，如图 5-22 所示。

步骤 4：若用户在阅读过程中对网页中的某些信息不太理解时，可以在网页上选中该内容，唤起豆包进行“AI 搜索”“解释”或“翻译”，如图 5-23 所示。若点击“解释”按钮，则可查看词语的详细释义与理解，如图 5-24 所示，帮助用户快速获取相关信息。

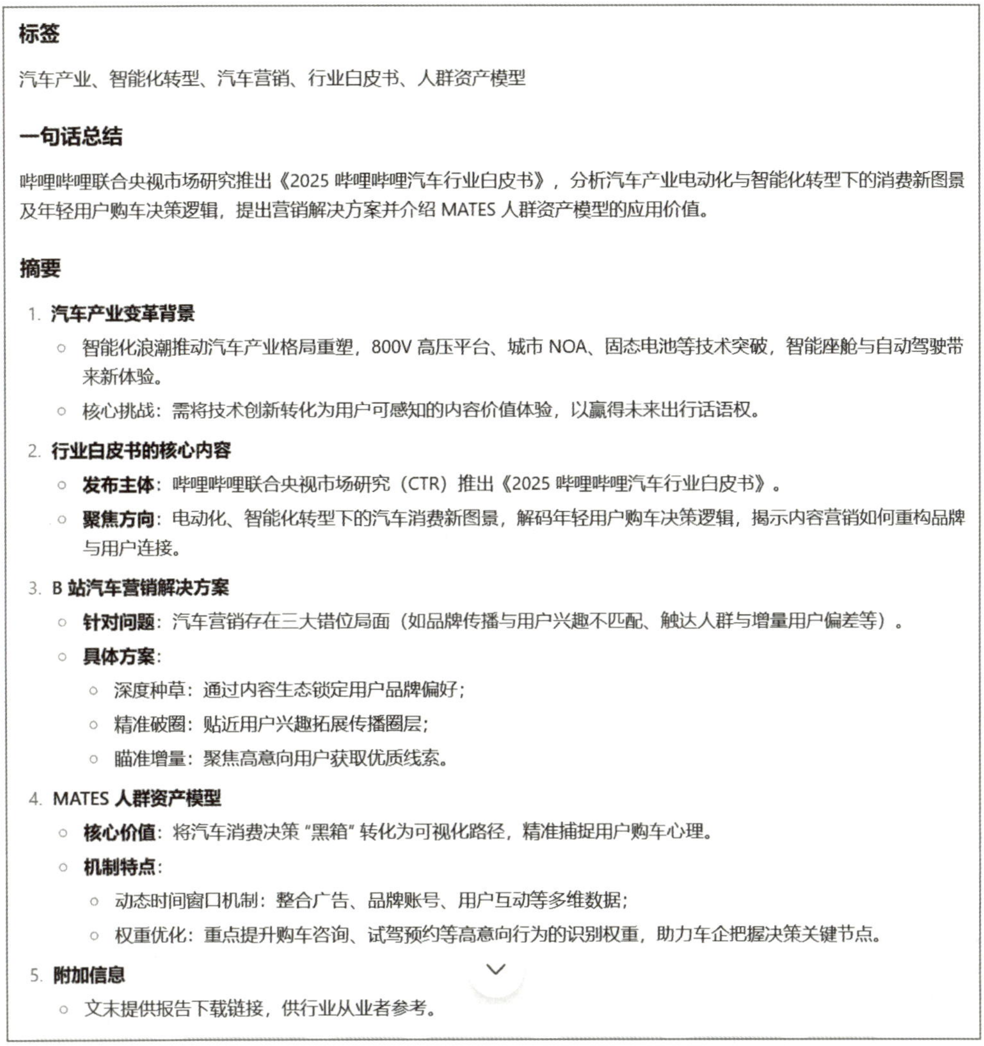

标签

汽车产业、智能化转型、汽车营销、行业白皮书、人群资产模型

一句话总结

哔哩哔哩联合央视市场研究推出《2025 哔哩哔哩汽车行业白皮书》，分析汽车产业电动化与智能化转型下的消费新图景及年轻用户购车决策逻辑，提出营销解决方案并介绍 MATES 人群资产模型的应用价值。

摘要

1. **汽车产业变革背景**
   - 智能化浪潮推动汽车产业格局重塑，800V 高压平台、城市 NOA、固态电池等技术突破，智能座舱与自动驾驶带来新体验。
   - 核心挑战：需将技术创新转化为用户可感知的内容价值体验，以赢得未来出行话语权。
2. **行业白皮书的核心内容**
   - **发布主体**：哔哩哔哩联合央视市场研究（CTR）推出《2025 哔哩哔哩汽车行业白皮书》。
   - **聚焦方向**：电动化、智能化转型下的汽车消费新图景，解码年轻用户购车决策逻辑，揭示内容营销如何重构品牌与用户连接。
3. **B 站汽车营销解决方案**
   - **针对问题**：汽车营销存在三大错位局面（如品牌传播与用户兴趣不匹配、触达人群与增量用户偏差等）。
   - **具体方案**：
     - 深度种草：通过内容生态锁定用户品牌偏好；
     - 精准破圈：贴近用户兴趣拓展传播圈层；
     - 瞄准增量：聚焦高意向用户获取优质线索。
4. MATES **人群资产模型**
   - **核心价值**：将汽车消费决策"黑箱"转化为可视化路径，精准捕捉用户购车心理。
   - **机制特点**：
     - 动态时间窗口机制：整合广告、品牌账号、用户互动等多维数据；
     - 权重优化：重点提升购车咨询、试驾预约等高意向行为的识别权重，助力车企把握决策关键节点。
5. **附加信息**
   - 文末提供报告下载链接，供行业从业者参考。

图 5–22　使用自定义提示词总结页面的生成结果

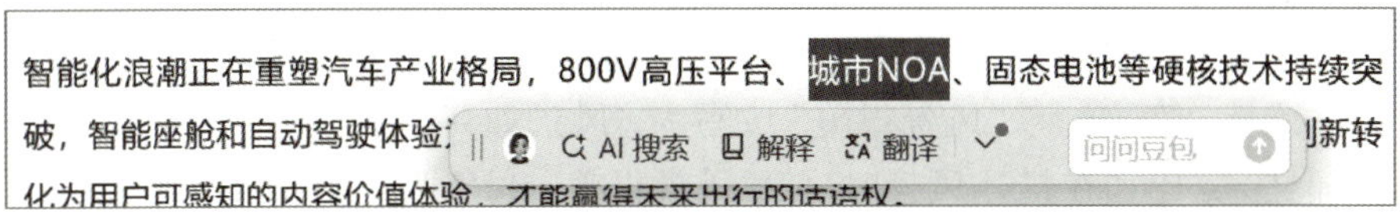

图 5–23　唤起豆包进行"AI 搜索""解释"或"翻译"

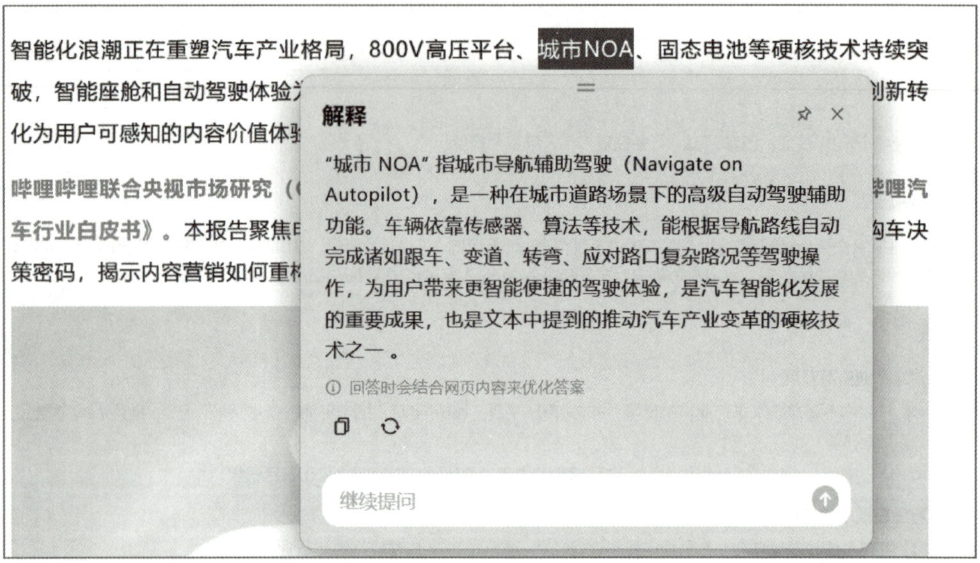

图 5-24　解释“城市 NOA”

三、知识拓展

1. 利用豆包浏览器 AI 助手提取两份人工智能行业未来发展趋势报告的关键信息，对比其异同。随后，将提取的内容导入 DeepSeek，要求整合观点、识别冲突，并生成一份综合性的行业发展趋势报告。

2. 找到两篇针对不同品牌最新旗舰手机的详细评测文章，利用豆包浏览器 AI 助手提取它们在处理器性能、相机表现、电池续航和屏幕品质方面的关键数据和用户评价，并生成一个简要的信息总结或对比表格。

5.5 内容改写

大语言模型可以对给定文本进行修改、优化和转换，以满足不同的表达需求，可以从以下几个方面改写。

（1）风格调整：根据不同需求改变文本风格，如正式与非正式、幽默与严肃、文艺与平实等风格的转换。例如，利用 DeepSeek 将一段介绍人工智能的定义和作用的文本转换成面向中小学生科普的文本风格，如图 5-25 所示。

（2）词汇替换：将文本中的词语替换为同义词、近义词或更准确、生动的表述，提升文本的丰富度和准确性。例如，将“风景很美”改写为“风景如诗如画，美得摄人心魄”。

（3）增加文采：比如在描述风景时，将“风景很美”润色为“景致绮丽如画”。

（4）校正错误：大语言模型还能识别文本中的多种错误，例如：拼写错误、语法错误、标点符号使用不当等。当把“their”误写成“thier”时，可被大语言模型轻松识别并给出修改建议。在实际应用中，新闻传媒领域可用 AI 快速完成新闻初稿并校对润色，降低时间成本；学术出版中，AI 改写功能可以辅助科研人员校对润色论文，提升论文的发表成功率；个人创作时，AI 改写为作家、博主提供文本的精细加工辅助。

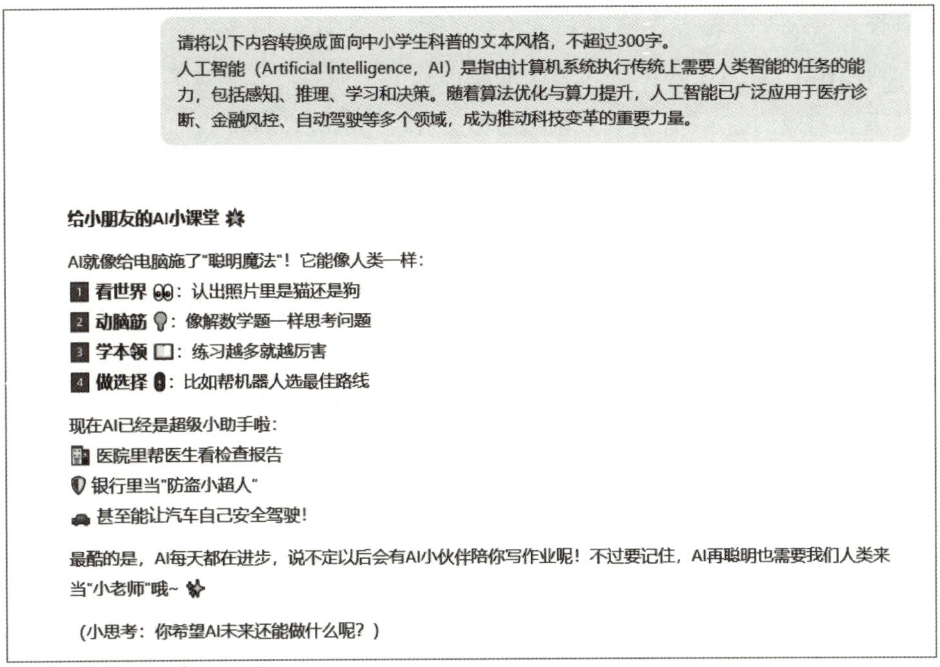

图 5–25　利用 DeepSeek 进行科普的文本风格转换

5.6 代码生成

AI 生成代码指的是利用人工智能技术，自动生成符合特定语法和功能要求的程序代码，其核心目标是让计算机理解编程需求，编写的代码符合语法和逻辑，极大地提高软件开发的效率和质量，这是生成式 AI 在软件开发领域的重要应用方向。

目前，市面上已有多种可以生成代码的大语言模型的工具。例如，GitHub 和 OpenAI 联合开发的 AI 编程助手 Copilot，Amazon 开发的 CodeWhisperer，Meta 推出的 Code Llama。另外，我国也有不少企业和机构在积极探索，一些自研的 AI 代码生成模型也在逐渐崭露头角。例如，深度求索开发的 DeepSeek-Coder，上海交通大学、字节跳动和香港科技大学联合研发的 CodeGeeX。这些模型能够理解开发者的需求指令，生成代码片段，完成代码补全，修正代码错误，甚至实现自动化的功能开发与单元测试，大大提升了编程效率与开发体验。

任务案例：利用 GitHub Copilot 开发简易计算器

任务描述

一名初学编程的开发者正在学习如何用 Python 编程，想要借助 GitHub Copilot 的自动补全和智能建议功能，快速完成一个具备加、减、乘、除四则运算功能的简易计算器程序，并进行调试和优化，开发要求：

- 程序支持基本的加、减、乘、除四则运算；
- 用户可通过输入选择操作符与数字；
- 输出结果清晰，并能处理除零错误等常见异常；
- 代码结构清晰，函数划分合理。

操作视频
利用GitHub Copilot 开发简易计算器

任务目标

- 掌握 GitHub Copilot 在代码开发中的辅助功能与实际应用方法；
- 学会提出有效的提示词（注释或函数名称），引导 GitHub Copilot 自动补全，提升代码质量；
- 培养 AI 编程助手工具 GitHub Copilot 的应用能力。

一、知识准备

GitHub Copilot 是由 GitHub 和 OpenAI 合作开发的一款人工智能编程助手工具，能够理解编程语言的语法和上下文，可基于注释、函数名和上下文生成建议代码，旨在提高编程效率，减少重复性工作，并帮助开发者探索新的编程解决方案。GitHub Copilot 利用了 OpenAI 的 Codex 模型（一个基于大量公开代码库训练的自然语言处理模型），可以作为插件集成到各种代码编辑器中，如 Visual Studio Code、PyCharm 等。

二、任务实施

步骤 1：安装 GitHub Copilot 插件。

（1）打开 PyCharm，单击左上角"File"选项卡，弹出如图 5-26 所示的"File"选项列表。

（2）单击"Settings"选项后，进入如图 5-27 所示的"Settings"设置界面，选择左侧的"Plugins"选项，在搜索框中输入"Copilot"。

（3）Github Copilot 插件安装如图 5-28 所示。

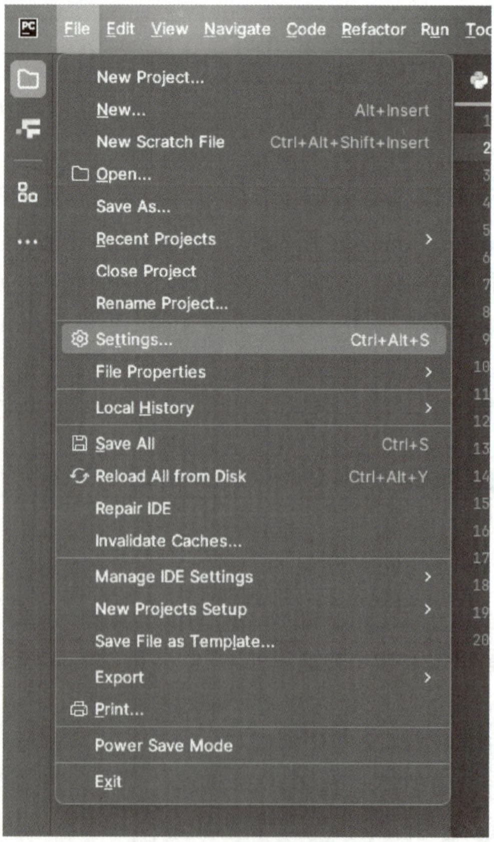

图 5-26 "File"选项列表

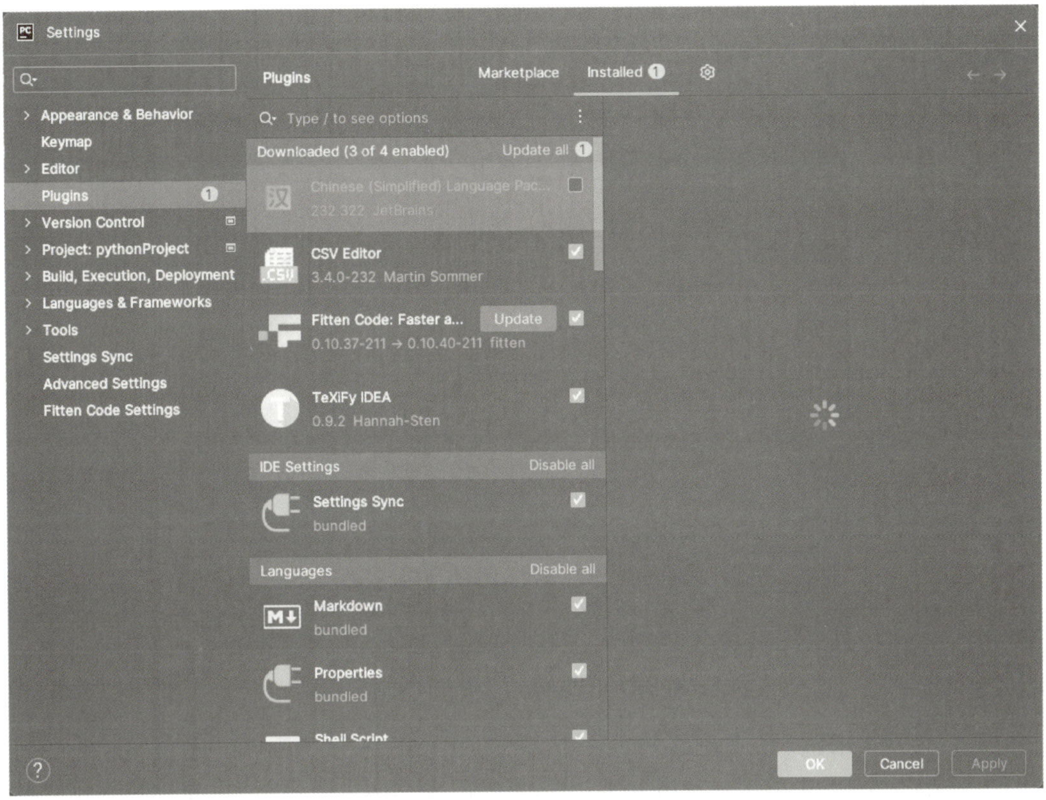

图 5–27 “Settings”设置界面

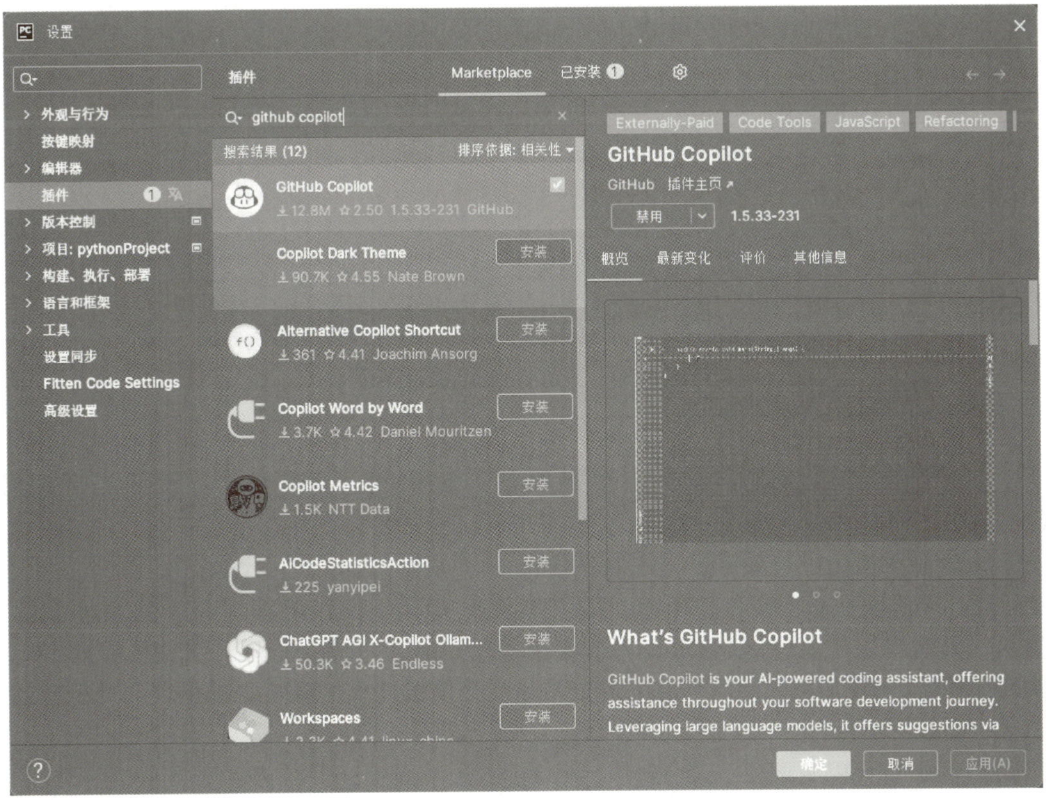

图 5–28 Github Copilot 插件安装

安装完成后，重启 PyCharm。如图 5-29 所示，若界面左下方出现了“Sign in to GitHub”按钮，则说明 GitHub Copilot 插件已经安装成功。

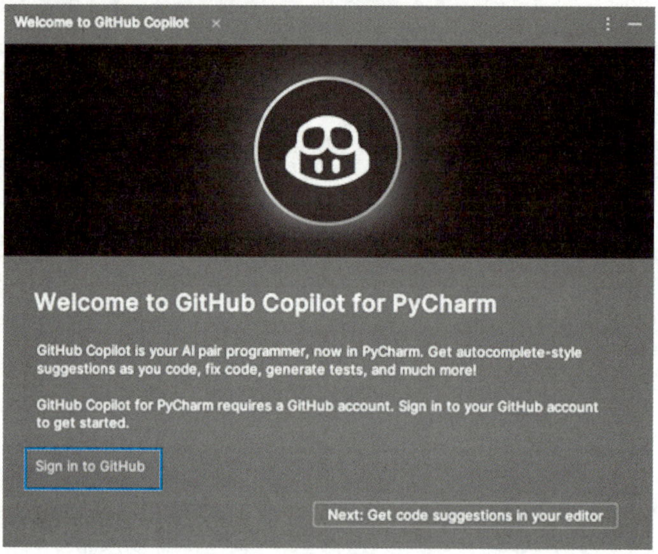

图 5-29 验证 Github Copilot 插件安装成功

步骤 2：使用 GitHub 账户登录。

（1）单击图 5-29 中的“Sign in to GitHub”按钮，在 PyCharm 的右下角弹出提示界面，如图 5-30 所示。

图 5-30 登录 GitHub 提示界面

（2）单击“Copy and Open”按钮，系统会弹出 GitHub 网页登录界面，如图 5-31 所示。

（3）注册登录后出现的设备激活界面如图 5-32 所示，输入设备激活码后即可在 PyCharm 中使用 GitHub Copilot 插件。

步骤 3：使用 GitHub Copilot 插件生成代码。

新建“calculator.py”文件，GitHub Copilot 在 PyCharm 的代码编辑器中将自动激活，并在键入代码时提供建议，可以通过按 Tab 键来接受建议。首先在程序开头输入注释“# 一个简单的计算器，实现加减乘除”，GitHub Copilot 就会根据这些信息自动提供代码补全建议，如图 5-33 所示。

步骤 4：运行代码测试。

如图 5-34 所示，运行代码后输入想要进行运算的数字，可以完成相应的运算。

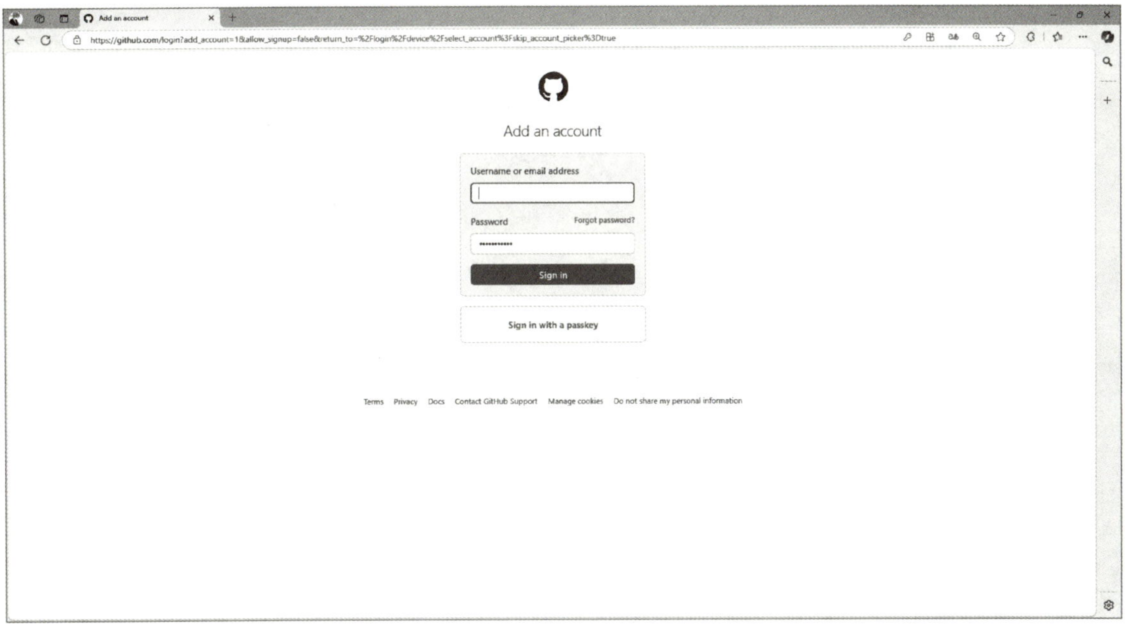

图 5–31　GitHub 网页登录界面

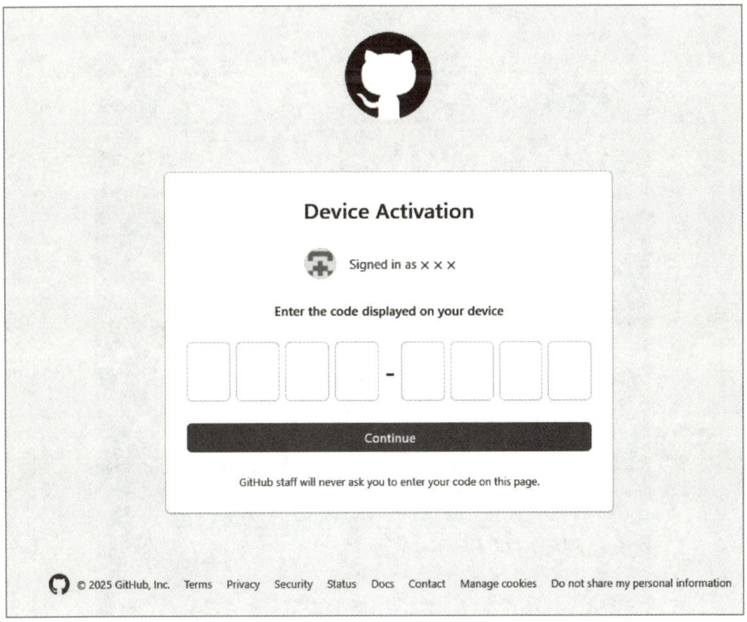

图 5–32　设备激活界面

```
#一个简单的计算器，实现加减乘除
def add(x, y):  1个用法
    """Add two numbers."""
    return x + y
def subtract(x, y):  1个用法
    """Subtract two numbers."""
    return x - y

def  multiply(x, y):  1个用法
    """Multiply two numbers."""
    return x * y
def divide(x, y):  1个用法
    """Divide two numbers."""
    if y == 0:
        raise ValueError("Cannot divide by zero.")
    return x / y
def calculator():...

if __name__ == "__main__":
    calculator()
```

图 5-33 GitHub Copilot 提供代码补全建议

```
Select operation:
1. Add
2. Subtract
3. Multiply
4. Divide
Enter choice (1/2/3/4): 1
Enter first number: 12
Enter second number: 21
12.0 + 21.0 = 33.0
Do you want to perform another calculation? (yes/no): yes
Enter choice (1/2/3/4): 2
Enter first number: 21
Enter second number: 12
21.0 - 12.0 = 9.0
Do you want to perform another calculation? (yes/no): yes
Enter choice (1/2/3/4): 21
Invalid choice. Please select a valid operation.
Do you want to perform another calculation? (yes/no): yes
Enter choice (1/2/3/4): 3
Enter first number: 12
Enter second number: 12
12.0 * 12.0 = 144.0
Do you want to perform another calculation? (yes/no): yes
Enter choice (1/2/3/4): 4
Enter first number: 12
Enter second number: 12
12.0 / 12.0 = 1.0
Do you want to perform another calculation? (yes/no): no

进程已结束，退出代码为 0
```

图 5-34 运行代码测试

三、知识拓展

使用 GitHub Copilot 在 PyCharm 中编写的一个温度转换工具，可精准实现摄氏度（℃）与华氏度（℉）的双向转换。

5.7 本章小结

本章围绕文本类 AIGC 实践应用展开，系统介绍了生成式人工智能在内容创作、语言翻译、自动问答、知识提取、内容改写和代码生成等领域的应用方法。借助 DeepSeek、智谱清言、豆包浏览器 AI 助手、GitHub Copilot 等主流 AIGC 工具，学习使用大语言模型进行文本（代码）生成与优化的基本技能。实践任务不仅涉及提示词设计（如 CO-STAR 框架）的基本技巧，还通过多轮交互提升了与 AI 协作创作文本的能力，体验了从原文阅读到高效提炼，再到内容重组的完整流程。通过完成任务案例，可以增强在电商营销、行业分析、客服智能体搭建、基础编程等不同场景下应用 AIGC 工具的实力。总体来看，文本类 AIGC 作为生成式人工智能应用中最成熟、最广泛的领域，正在深刻重塑内容生成、信息处理与人机协作的方式。掌握文本类 AIGC 工具的应用，将为未来的学习、工作和创新实践奠定坚实的基础。本章思维导图如图 5-35 所示。

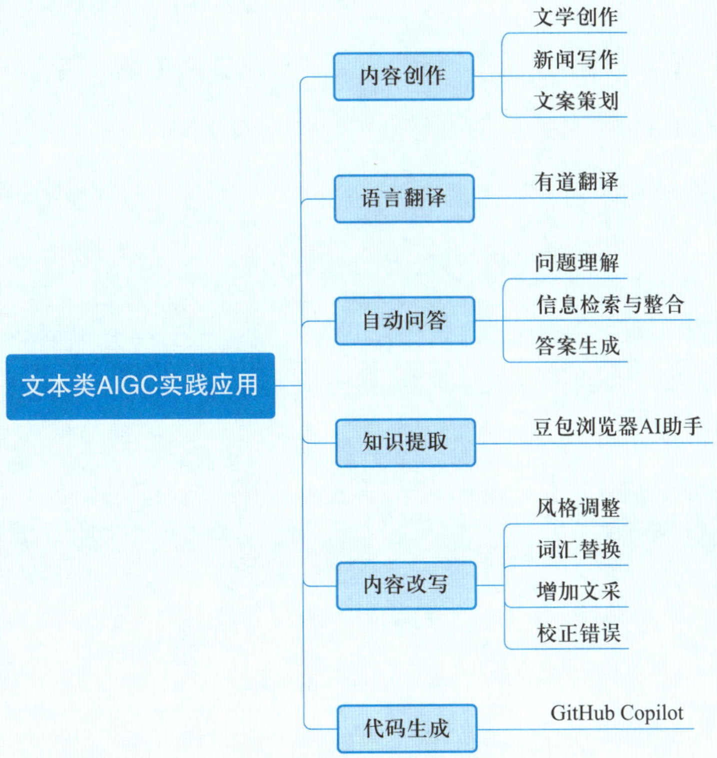

图 5-35 第 5 章思维导图

课后练习

1. 使用 DeepSeek 为一款智能手表生成三篇不同平台（小红书、微博和淘宝商品详情页）的推广文案，分别体现生活化、热点话题和严谨的技术风格，分析不同平台的表达差异及 AIGC 在跨平台创作中的优势。

2. 选取中文古诗词（如《静夜思》），分别用传统机器翻译和 AI 翻译工具将其译成英文，对比两者在意象传达、韵律节奏和文化负载词处理上的差异，并揭示 AI 翻译如何通过上下文理解超越传统机器翻译的字面转换。

3. 利用 GitHub Copilot 开发"BMI 指数计算器"的 Python 程序，通过注释引导生成代码并添加异常处理，对比人工编写代码与 AI 生成代码的效率差异，附代码截图及测试案例。

4. 小明是一家智能家居公司的海外市场专员，要为新产品（如智能灯泡）制定覆盖英文、西班牙语和日语的完整营销方案。要求：使用 AIGC 工具生成核心的中文卖点文案，再通过 AI 翻译适配不同语种，并针对各国文化特点设计差异化的社交媒体推广策略，最终输出"多语言营销文档"和"推广策略对比分析表"。请帮助小明完成任务。

第6章 视听类AIGC实践应用

随着生成式人工智能技术的不断进步,内容创作领域正在迎来深刻变革。除了文本生成,AI在图像、音频、视频等多种视听媒介上的生成与处理能力也日益强大,极大地拓展了内容表达的形式。从“用一句话生成一幅画”到“用几秒钟制作一段配音或短视频”,视听类内容的创作方式正在被彻底革新。本章将围绕视听类AIGC实践应用展开,通过一系列任务案例,掌握使用典型AIGC工具完成图像生成、音频合成、视频生成等任务的方法,提升多模态内容创作与创新表达的综合实力。

6.1 图像类AIGC实践应用

AI生成图像突破了传统图像创作的方式,借助强大的算法和模型,让计算机能够根据文本指令或输入数据自动生成各种逼真、富有创意的图像,已成为当前极具活力和发展潜力的AIGC应用领域之一。这类技术通常基于扩散模型或生成对抗网络,具备强大的图像建构能力。AI生成的图像可以由AI全新创作,也可以基于现有图像修改或增强。从艺术创作到工业设计,从娱乐产业到科学研究,AI生成图像正广泛地渗透到各个行业,改变了传统图像创作和处理的方式,带来全新的视觉体验和创作可能。在AI生成图像领域,大语言模型与图像生成技术的融合开辟了创意新赛道,众多功能强大的开发工具和模型应运而生。

- Stable Diffusion:由Stability AI公司推出,作为开源扩散模型的典型代表,它凭借高度可定制性与从文本到图像的生成功能,在艺术创作和设计领域备受欢迎。设计师可根据需求调整参数,将创意想法转化为独特的视觉作品。
- DALL·E系列:由美国OpenAI公司基于Transformer架构与扩散模型技术打造,能生成与文本描述高度契合的图像。该系列在创意设计和教育领域应用广泛,用户可通过OpenAI的官方平台,输入简单指令或图像、文本提示完成图像生成,实现多样化的艺术创作。当前的最新版本DALL·E 3已集成至ChatGPT中,能轻松生成、编辑图像。
- Imagen:Google的Imagen以扩散模型为技术根基,在生成高质量图像上独具优势,在处理复杂文本描述、生成细节丰富的图像时也表现卓越,适合用于对图像质量要求较高的场景。
- StyleGAN系列:NVIDIA的StyleGAN系列基于生成对抗网络,在虚拟人物生成和影视制作领域大放异彩,能够创造出逼真、风格多样的虚拟角色。
- MidJourney:作为一款融合生成对抗网与扩散模型的图像生成工具,MidJourney专注于艺术风格图像生成,支持图生图、文生图等多种功能,满足用户对不同艺术风格图像的创作需求。
- InstantID:我国小红书团队开发的InstantID图像生成工具,基于扩散模型可依据一张照片快速产出多种风格的高质量 AI 写真，同时精准保留人物面部特征，为用户提供个性化的写真创作体验。

● 豆包 APP：字节跳动的豆包 APP 在图像生成方面功能完备，不仅支持文生图，还能将图像与文本融合生成全新图像。此外，其强大的局部重绘、扩图、擦除等编辑拓展功能，为用户的图像创作与优化提供了更多可能。

按照输入内容的模态，可以将 AI 生成图像分为文本生成图像、文本 + 图像生成图像和图像 + 图像结合生成图像。

6.1.1　文本生成图像

由文本生成图像直接依据文本描述生成全新的图像，无须输入任何原始图像。该技术基于对海量“文本—图像对”数据的训练，使 AI 模型构建起文本语义与图像特征之间的映射关系。模型能够深入理解文本中的语义信息和上下文关系，将文本准确地转化为具有丰富细节和高分辨率的图像。例如，输入“用梵高的绘画风格画一片星空”的提示词，AI 即可自动模仿梵高的笔触、色彩特点等生成一幅具有梵高绘画风格的星空图。

任务案例：利用豆包生成“低碳生活”主题公益海报

任务描述

操作视频

利用豆包生成“低碳生活”主题公益海报

一名艺术设计实习生受环保公益组织委托，需要为“低碳生活”主题活动设计一张视觉吸引力强、内容具有传播力的公益宣传海报，用于社交媒体推广，倡导绿色生活。请使用豆包快速生成符合主题的海报设计，并通过优化提示词提升海报内容质量，设计要求如下。

● 内容：包含“低碳生活”元素（如绿色植物和自行车），传递环保正能量；
● 风格：清新简约，适合年轻人群，色彩以绿色、蓝色为主；
● 构成：包含主视觉（如绿色地球或低碳景观）、标题（如低碳生活）和宣传语（如绿色出行）；
● 尺寸：1 080 像素 ×1 920 像素的图像（适配小红书、抖音等社交媒体）。

任务目标

● 掌握豆包在图像生成中的文生图功能以及相应的使用技巧；
● 了解如何通过设计提示词引导 AI 生成符合预期的图像内容；
● 提高与 AI 多轮对话、协作优化生成图像内容的能力。

一、知识准备

● 提示词工程：了解描述性语言如何影响 AI 视觉输出；
● 公益传播基本逻辑：传达理念、引发共鸣和激发行动；
● 图像设计基础要素：构图、配色、文字排布和情感表达。

二、任务实施

步骤 1：准备设计需求文档。

海报主题：低碳生活；

元素：包含自行车、绿色植物；

风格：清新简约；

构成：主视觉为“绿色地球或低碳场景”，标题为“低碳生活”，宣传语为“绿色出行”，尺寸为“1 080 像素 ×1 920 像素”；

传播目标：提高公众对节能减排、绿色出行、环保习惯等低碳行为的意识与参与度。

步骤 2：设计提示词。

结合 CO-STAR 框架的基本结构，分析各个模块的具体内容，从而设计出准确的提示词，见表 6-1。

表 6-1 设计提示词

模块	内容
Context 上下文	一名艺术设计实习生受环保公益组织委托，为“低碳生活”主题活动设计一张视觉吸引力强、内容具有传播力的公益海报，用于社交媒体推广，倡导绿色生活方式。海报需在小红书、抖音等平台引发年轻人群的共鸣，传递环保理念
Objective 目标	创作一张兼具视觉冲击力和情感共鸣的公益海报，激发公众对低碳行为的兴趣与参与度，重点推广绿色出行、节能减排和环保生活习惯。海报需直观传达“低碳生活，从我做起”的行动号召
Seyle 风格	海报风格清新简约，迎合年轻人群审美，采用扁平插画风或手绘风，突出“环保”“自然”“活力”关键词。色调以绿色、蓝色为主，搭配米白和浅橙色点缀，构图简洁，视觉焦点明确，适合 1 080 像素 ×1 920 像素的竖版社交媒体格式
Tone 语气	正能量、鼓舞人心、富有号召力，传递希望与行动力。包含醒目的标题“低碳生活”和宣传语“绿色出行”，鼓励公众从小事做起，践行环保
Audience 受众	目标人群是小红书、抖音等社交媒体用户
Response 响应	图像主体描述：展现低碳生活场景（如年轻人骑自行车、使用环保袋），融入绿色植物、城市绿道等元素； 情感氛围：清新自然、积极向上，传递环保生活的希望与活力； 画面风格：扁平插画风，简洁明快，适合社交媒体传播； 颜色关键词：绿色、蓝色为主，辅以米白、浅橙，营造自然与活力的视觉效果； 文字排布：标题“低碳生活”，宣传语“绿色出行”，字体简洁、易于阅读

最终整合的提示词：

“生成一张‘低碳生活’主题的公益海报，尺寸为 1 080 像素 ×1 920 像素，适合小红书、抖音等社交媒体传播。整体氛围清新、自然、充满希望与活力。构图简洁，视觉焦点突出，主体为一名年轻人骑自行车在城市绿道上，背景为蓝天白云、绿色城市景观，包含高楼、绿树成荫的公园、蜿蜒的河流及河岸步道，展现低碳生活的日常场景。画面融入绿色植物、环保袋购物等元素，强化环保氛围。主色调为绿色和蓝色，辅以米白和浅橙点缀，增强视觉吸引力。标题为‘低碳生活’，宣传语为‘绿色出行’，字体简洁清晰，传递正能量与行动号召。”

步骤 3：输入提示词后，获得公益海报图像初稿，如图 6-1 所示。

图 6–1 豆包生成的公益海报图像初稿

步骤 4：根据生成的公益海报图像内容，进一步优化。例如，增加对画面风格的限制，可以在原先提示词的基础上增加"画面风格为扁平插画"，豆包二次优化生成的公益海报图像如图 6–2 所示。

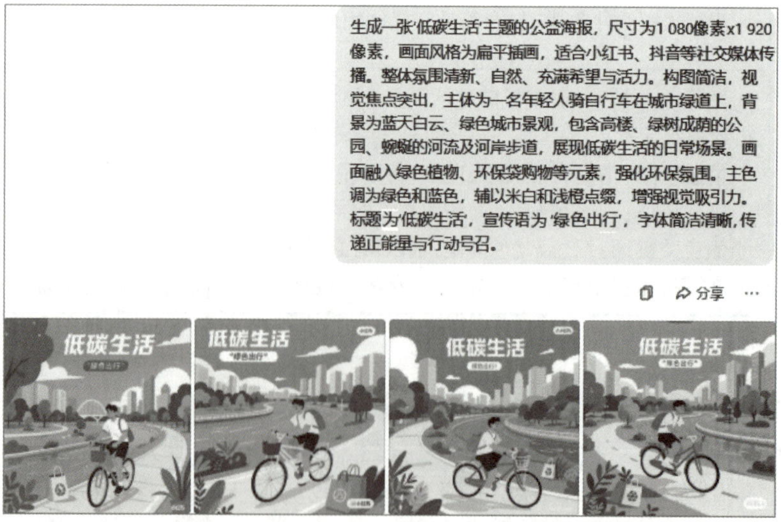

图 6–2 豆包二次优化生成的公益海报图像

步骤 5：如果希望在图片中增加垃圾分类的内容，可以在现有的提示词基础上增加"在图片中增加垃圾分类的内容"，豆包三次优化生成的公益海报图像如图 6–3 所示。

图 6-3　豆包三次优化生成的公益海报图像

三、知识拓展

1. 风格变体：使用豆包生成不同风格的低碳海报（如手绘风格或 3D 风格），比较其视觉效果。

2. 平台适配：将海报改编为抖音视频封面或微信公众号头图，调整尺寸和元素设计。

6.1.2　文本 + 图像生成图像

文本 + 图像生成图像是生成式人工智能中一种融合语言理解与视觉引导的多模态生成方式。该技术综合利用用户输入的文本描述与参考图像信息，生成既符合语义指令，又保留图像结构或风格特征的全新图像，兼具创作引导性与风格控制力。与单纯的“文本生成图像”相比，这一方法在生成过程中能够更好地遵循用户提供的画面构图、形状轮廓、颜色分布或主体姿态等信息，实现“基于已有画面，进行语义驱动创作”，当前在多个领域有着广泛且重要的应用。

（1）风格迁移。将文本所描述的风格或图像中蕴含的风格特点迁移到另一张图像上，使目标图像呈现出特定风格的技术。例如，有一张普通的风景照片，输入“将这张照片转换为印象派风格”的提示词，AI 会分析印象派的色彩、笔触等特点，然后将原始风景照片转换为具有印象派风格的图像。在艺术创作领域，艺术家可以利用风格迁移技术，快速将自己的作品转换为不同大师的风格，拓展创作思路和表现形式；在文化遗产保护领域，可将古老壁画等文物的风格迁移到现代数字作品中，以新的形式展示和传播文化遗产；在广告设计领域，能根据品牌的风格需求，将特定的艺术风格迁移到产品图片上，增强广告的艺术感和吸引力。

（2）内容融合。通过分析文本描述中的元素和语义信息以及图像的内容和结构，在图像上找到合适的位置和方式将文本描述的内容融入图像中，融合后的图像既包含原始图像的主体内容，又有根据文本添加的新元素，且整体看起来自然和谐。例如，给定一张城市街景图像，要求输入“添加一群飞翔的白鸽”的提示词，AI 会分析街景的天空部分，找到合适位置，将白鸽图像合理地融入街景中，形成一幅新的图像。

（3）图像补全。当图像存在缺失部分或需要对其进行拓展时，AI 根据图像已有的内容和输入的文本提示，对缺失或需要拓展的部分进行内容生成和填充。它会学习图像的整体风格、纹理、色彩等特征，以及文本所描述的内容要求，生成合理的图像内容，使补全或拓展后的图像在视觉上保持连贯和完整。例如，给定一张只拍摄了一半的建筑照片，输入“补全建筑的另一半并添加一些周围的树木和道路”的提示词，AI 会根据已有的建筑风格和结构，生成建筑的另一半，并合理地添加树木和道路等元素。

在图像修复领域，对于破损、老旧的照片等，可以通过图像补全恢复图像的原貌；在地图绘制和地理信息处理领域，可根据部分地理图像和文本描述的地理特征，对地图进行拓展和完善；在室内设计领域，设计师可以根据已有的房间局部图像和设计思路，通过文本输入来拓展和完善房间的设计，生成完整的室内设计效果图。

（4）高分辨率图像重建。通过学习大量图像数据，AI 能够推测出低分辨率图像中缺失的细节信息，将低分辨率的图像转换为高分辨率的图像，提升图像的清晰度和细节。在安防监控领域，使用分辨率增强技术能完善低分辨率监控画面的细节，提高人脸、车牌等关键信息的识别率。

任务案例：“一键净风景”——利用豆包去除风景照中的不速之客

任务描述

摄影爱好者经常拍摄美丽的风景照片，但有时照片中会出现一些影响美观的“不速之客”，例如：游客、杂物、电线杆等。本任务利用豆包快速、高效地擦除这些“不速之客”，使照片呈现出更加纯净、唯美的自然景观，成为更完美的摄影作品。任务要求：图像处理效果应自然、真实，尽可能保留原始风景的质感。

任务目标

- 学会使用豆包进行图像编辑，特别是目标移除功能；
- 掌握提示词设计技巧，引导 AI 准确识别和擦除照片中的指定物体；
- 撰写合适的提示词，引导 AI 进行合理的图像补全。

一、知识准备

豆包的功能涵盖图像生成、编辑和分析等多个方面。在图像处理领域，豆包能够通过简单的文字指令完成抠图、擦除、区域重绘、扩图等操作，同时支持风格转换、背景更换、智能换装等创意功能，为用户提供高效便捷的图像编辑体验。

二、任务实施

步骤 1：获取需要处理的风景照，明确要擦除的对象。

图 6-4 为待处理的风景照片，可以看到画面前方有两位路人和一块武功山的路牌，遮挡了原本的自然美景。为了还原画面的自然风光，使用豆包对这些对象进行擦除处理。

图 6–4　待处理的风景照片

步骤 2：根据需要擦除的对象，参考撰写提示词的技巧，设计提示词。

- 需要擦除的物体描述（例如："擦除照片中的游客""擦除电线杆""擦除地上的垃圾"）；
- 物体的位置和范围（例如："画面左侧的背包""近景中的三个人""远处山顶的信号塔"）；
- 周围环境的描述（例如："保持背景天空的自然""修复被遮挡的草地纹理""使海面过渡平滑"）；
- 期望的修复效果（例如："自然融合背景""无痕迹去除""保留画面细节"）。

最终整合出高质量的提示词如下：

请帮我擦除照片中的行人，仅保留原始风景，包括远处山脉、蓝天和前方的草地。擦除区域请使用自然的纹理进行填补，保持画面过渡真实、无违和感。

步骤 3：登录豆包官网并输入提示词，生成处理后的照片。

点击上传文件图标 ，导入待处理的风景照片，在对话框内输入设计好的提示词，如图 6–5 所示。豆包初次处理结果如图 6–6 所示，查看生成的图像是否符合要求。

步骤 4：与豆包进行多轮交互，优化图像。

根据生成的图像，豆包在擦除行人后，留有不真实的草地，且山脉之间的雾气也没有真实表现出来。因此，需要对提示词进行优化，优化后的提示词如下：

请帮我擦除照片前方两位游客的人头和画面中央的路牌，仅保留原始风景元素，包括远处的山脉、蓝天以及山脉之间的雾气。请使用自然、细腻的纹理填补擦除区域，确保画面过渡自然，整体效果真实且无违和感。

豆包二次优化处理结果如图 6–7 所示。经过优化后的图像与最初生成的版本相比，真实感大幅提升。多余的元素被巧妙地擦除，画面的自然风光得以完美还原，仿佛置身于真实的场景之中。

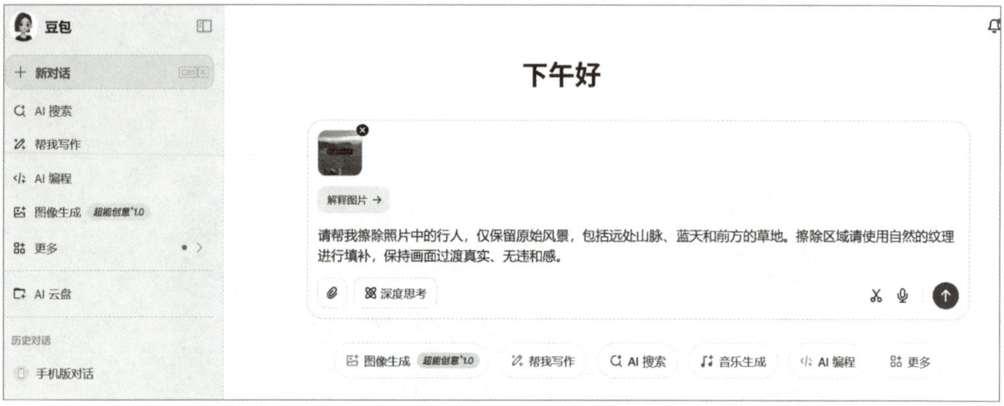

图 6-5　登录豆包官网并输入提示词

图 6-6　豆包初次处理结果

图 6-7　豆包二次优化处理结果

三、知识拓展

1. 提示词优化训练：尝试从不同维度优化擦除提示词，如“指定擦除区域范围”“保留哪些元素”“填补方式”等，探索精细化指令对图像生成质量的影响。

2. 模型适配训练：使用其他图像生成工具（如文心一言）完成相同的擦除任务，对比它们在处理细节、真实感和速度上的差异。

3. 探索不同的擦除效果：尝试使用豆包擦除不同类型的“不速之客”，并比较不同的处理效果。

6.1.3　图像 + 图像结合生成图像

图像 + 图像结合生成图像是模型在同时接收两张或多张图像作为输入的基础上，综合它们的结构特征、风格元素或内容信息，生成一张新图像的技术。图像 + 图像结合生成图像主要包括以下应用。

（1）风格迁移。输入两张图像，一张作为风格图像，提供需要迁移的风格特征，另一张作为内容图像，确定最终生成图像的内容特征。提取风格图像的风格特征和内容图像的内容特征，然后将风格特征与内容特征融合生成新图像。例如，图 6–8 将梵高《星夜》的风格特征，如独特的笔触、色彩和光影效果等，迁移到另一张普通的风景图上，让风景图具有梵高绘画的艺术风格。相比于使用文本与图像生成图像的方式，用户可以非常清楚地看到风格迁移的目标，对最终效果有较为明确的预期。

风景图　　《星夜》　　迁移效果图

图 6–8　梵高《星夜》风格迁移效果图

（2）图像合成。将一幅图像直接放在另一幅图像之上，通过调整透明度等参数，使两者融合在一起。图像合成可以用于添加水印、logo 等元素到图像中，或者创建一些简单的合成效果，如在风景照片上添加一些装饰性的元素。

（3）高分辨率图像重建。通过整合多张图像的互补信息，生成一张质量更高、信息更丰富的新图像。在医学领域，可以将同一部位不同模态的医学图像（如 CT 图像提供的解剖结构信息和 PET 图像提供的功能信息）通过 AI 技术融合重建一张高分辨率图像。

（4）立体图像重建。从多张不同视角的图像中重建三维场景或物体。在文化遗产保护领域，可以利用从多角度拍摄的文物照片重建三维场景，让参观者身临其境地感受历史，如图 6–9 所示。在影视制作领域，根据几张参考图像可以快速构建出逼真的三维场景。

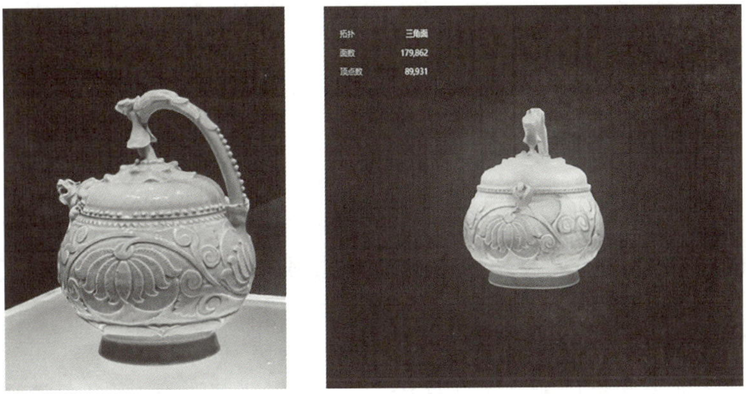

文物图　　三维重建文物图

图 6–9　文物照片三维重建效果图

（5）图像拼接。将多张具有重叠区域的图像对齐并拼接成一张全景图。例如，在旅游拍摄中，游客可以将拍摄的多幅局部风景照片拼接，生成全景图像。

6.2 音频类 AIGC 实践应用

生成式人工智能在音频领域的应用正变得越来越广泛。凭借深度学习和自然语言处理等先进技术，AI 模型能够根据不同的输入，如文本、图像等，生成自然流畅的语音、富有表现力的音乐以及逼真的音效。AI 生成音频可以满足各种应用场景的需求，例如，为视频添加配音，为游戏创作背景音乐以及为虚拟现实体验生成沉浸式音效等。

6.2.1 文本转换语音

文本转换语音技术是将自然语言文本转成语音。深度学习模型（如 Transformer、GAN 等）通过大量语音数据的训练，学习人类语音的特征和规律，生成自然流畅的语音。这项技术已经被广泛应用于语音助手、有声书、语音播报等领域。当前，文本转换语音技术不仅能够通过人工智能生成各式各样的语音，并且语音的自然度和情感表达都达到了较高水平。例如，百度的 ERNIE Sound 通过学习大量文本和语音数据，不仅能准确把握文本中的情感倾向，如欢快、悲伤、愤怒等，还能根据不同的角色设定调整音色和语调，实现个性化的语音合成。

任务案例：利用 TTSMaker 为视障用户生成高质量电子书语音

任务描述

操作视频

利用TTSMaker为视障用户生成高质量电子书语音

一家数字出版机构的助理编辑需要利用 TTSMaker 文本转语音工具，将一本电子书的文本转换为高质量的语音读本，以便为视障用户提供更好的阅读体验。本任务基于一本经典图书中的章节，引导 AI 生成清晰、自然且情感饱满的朗读音频，具体要求如下。

- 内容：电子书全文（如《从百草园到三味书屋》），确保语音完整覆盖文本内容；
- 语音风格：清晰、自然且情感饱满，适合长时间聆听；
- 音质：清晰、高保真，语速适中（默认或稍慢，约 0.8 倍），音量均衡，适合视障用户通过耳机或扬声器收听；
- 格式：MP3 格式，适配无障碍播放设备（如智能手机、数字阅读器）。

任务目标

- 熟悉 TTSMaker 的基本操作流程，包括文本预处理、参数调整和文件导出；
- 掌握 TTSMaker 在文本转换语音中的应用，特别是在无障碍场景中的实际应用。

一、知识准备

TTSMaker 是一款免费易用的文本转换语音工具，支持多语言、多音色选择，并可灵活调整语速、语调等参数，帮助快速生成自然流畅的语音内容，适用于配音制作、辅助阅读等场景。

二、任务实施

步骤 1：准备电子书文本。

本任务选择鲁迅先生的散文集《朝花夕拾》中的经典篇章——《从百草园到三味书屋》,作为电子书语音合成的素材章节。

步骤 2：访问 TTSMaker。

TTSMaker 官网界面如图 6-10 所示。在界面右侧“选择文本语言”下拉列表框中选择“中文-Chinese 简体和繁体”选项,并根据个人偏好选择不同的发音人,点击“试听音色”按钮可预先试听所选声音的效果。

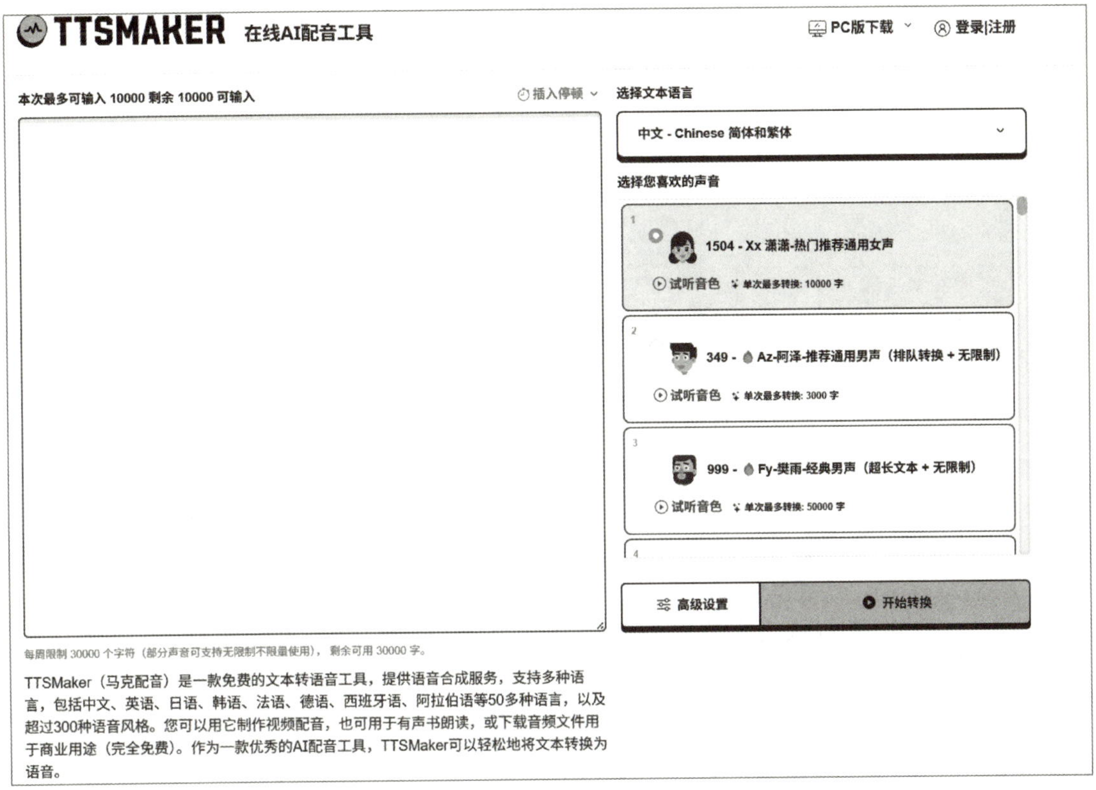

图 6-10　TTSMaker 官网界面

步骤 3：设置相关参数。

点击图 6-10 中的“高级设置”按钮,在弹出的“高级设置”对话框(图 6-11)中设置语音转换相关选项,可以根据内容类型设置语速、音量、停顿时间、文件格式以及背景音乐等。

步骤 4：粘贴或上传文本内容。

将电子书中的内容复制粘贴到 TTSMaker 的文本输入框中。若文本内容较长,则可以将其拆分成多段,分批次粘贴转换,便于语音处理和下载。

步骤 5：转成电子书语音。

在选择合适的声音,并完成相关配置后,点击“开始转换”按钮,系统将在几秒钟内将这段文本转换成语音,如图 6-12 所示。

步骤 6：试听优化调整。

可在线试听语音效果,确认语速、情感与发音准确性。不满意可返回“高级设置”对话框,调整参数后重新生成语音,直至达到满意的效果。

步骤 7：下载音频文件。

若试听无误,可点击“下载文件到本地”按钮将语音保存到本地计算机。

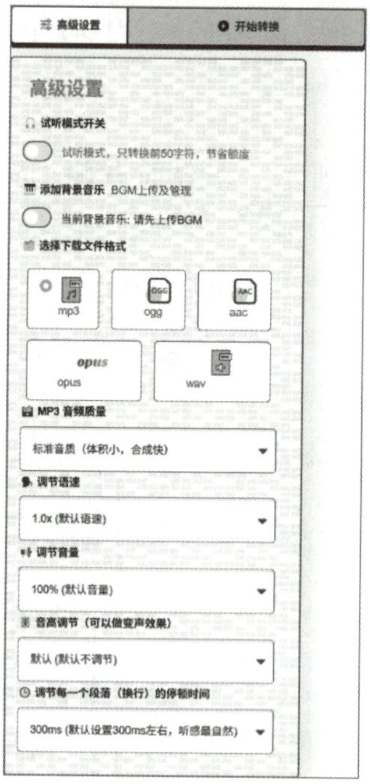

图 6-11　“高级设置”对话框

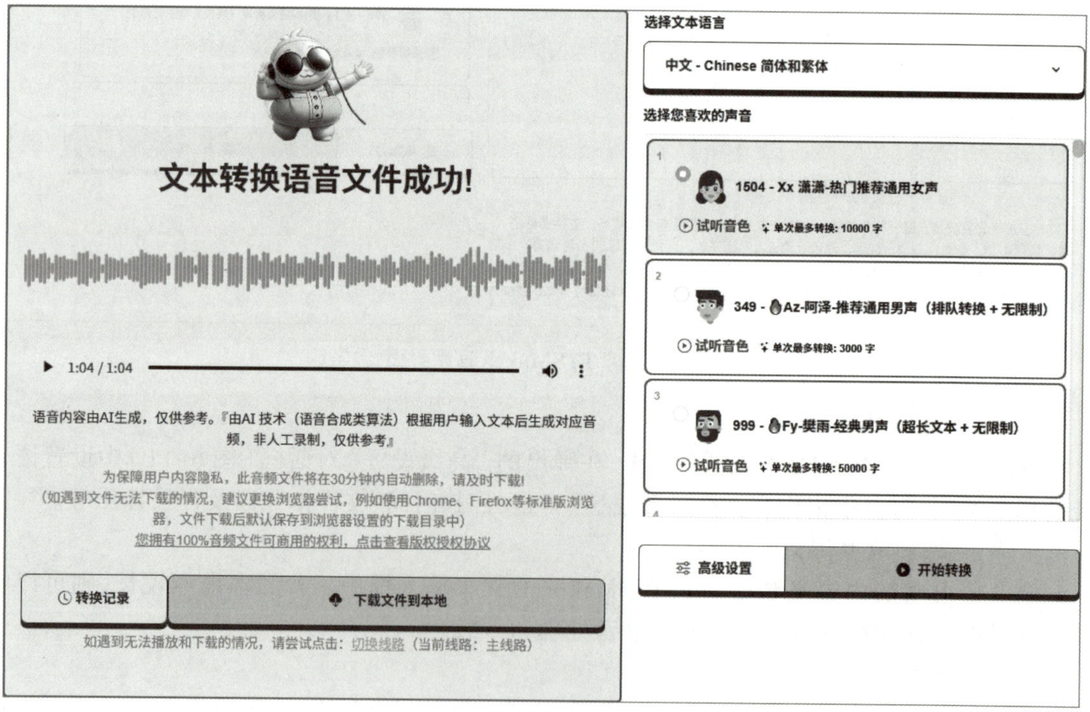

图 6-12　文本转换语音

二、知识拓展

1. 尝试为不同听众生成定制语音版本，例如：为儿童朗读绘本内容，使用更生动欢快的音色；为老年人朗读新闻资讯，选择语速较慢、音调柔和的语音。

2. 使用 TTSMaker 生成英文或方言（如四川话）版本的电子书语音，服务更多的视障用户。

6.2.2 音乐创作

音乐创作是借助特定算法与模型创作音乐作品。基于深度学习模型，像循环神经网络（RNN）、变分自编码器（VAE）等，对海量音乐数据进行深入学习，掌握音乐的旋律、节奏以及和声等要素的内在规律，进而生成具有较高品质的音乐。这项技术广泛应用于音乐创作、影视配乐、游戏音乐等领域，极大地丰富了音乐创作的手段和形式。音乐创作的方式主要分为如下几个类型。

（1）由文本到音乐生成。用户输入一段文本描述，AI 根据文本中的情感、场景等信息生成相应的音乐。例如，美国 AI 公司 SUNO 开发的同名软件可以输入简单的文本提示，如音乐风格、歌词主题等，快速生成高质量的音乐作品，包括旋律、伴奏和歌词。

（2）由图像和视频到音乐生成。AI 根据图像或视频的内容，生成与之匹配的音乐。该技术通过学习大量的图片、视频和音乐数据，不仅能够逐帧识别和理解视频画面的明暗、色彩、情绪等细微变化，还能同时理解音乐的和弦、旋律、歌词和演唱风格等复杂特征，生成与画面高度契合的完整歌曲。

（3）风格迁移。利用 AI 将一种音乐风格的特征应用到另一种风格的音乐中，创造出独特的音乐作品。例如，Stability AI 公司开发的 Stable Audio AI 的“audio-to-audio”音乐生成模型，支持多种不同风格音乐的转换。用户只需提供源音乐数据，再配上相应的音乐风格描述文本，就能实现源音乐数据的风格转换，拥有全新的风格。

（4）音乐补全。对于不完整的音乐片段，AI 可以根据上下文信息，自动补全缺失的部分，使其成为完整的音乐作品。例如，OpenAI 的 MuseNet 能够将用户上传的简短音乐片段拓展和延伸，为音乐创作提供了全新的思路和方式。

6.2.3 语音克隆

语音克隆指通过深度学习模型，如 Tacotron 2 或 WaveNet，从提供的音频样本中学习说话者的音色和语音特征，然后生成具有高度相似音色和风格的语音。这项技术广泛应用于影视作品、动画配音、内容创作、个性化语音助手、有声读物等领域。当前，语音克隆技术还能够通过人工智能进行各种语言的语音转换，并且语音的相似度和自然度都达到了较高水平。但需要注意的是使用语音克隆技术必须遵循相关法律法规，确保合理合法地使用。

任务案例：利用 CosyVoice 生成个性定制化广告配音

任务描述

一名数字媒体实习生受广告公司委托，需要为某品牌（如健康饮品）制作一则 30 s 的社交媒体广告配音，广告文案为“清爽一夏，畅饮健康！XX 饮品，年轻人的选择！”。广告需要传递热情、亲切的情感，吸引年轻消费者，适配抖音、小红书等平台。本任务使用阿里云 CosyVoice 模型（通过 API）完成，具体要求如下。

操作视频

利用CosyVoice生成个性定制化广告配音

- 广告脚本：使用中文普通话；
- 语音风格：表达清晰，有感染力，热情、亲切，适合年轻消费者；
- 音质：高保真，语速适中（约 0.9 倍），音量均衡，适合社交媒体视频背景音；
- 格式：MP3 格式，适配视频编辑软件；

- 输出的语音需自然、流畅，与人类真实语音高度相似；
- 适用于广告产品配音。

任务目标

- 学会使用 CosyVoice 等 AI 配音工具，选择合适的语音类型、语速、语调等参数，生成符合广告风格和需求的配音；
- 掌握优化广告文案，提升配音效果的方法；
- 探索 AIGC 在广告领域的应用，为品牌宣传提供更多可能性，体验“用自己的声音为广告配音”的 AI 内容创作流程；
- 对声音表达进行个性化与专业化优化，从而增强短视频广告的吸引力与表现力。

一、知识准备

CosyVoice 是阿里通义实验室推出的多语言生成式语音合成大模型，具备高拟人度、丰富的情感表达及低延迟的输出等特性。该大模型支持中、英、日、韩等多语种和音色，适用于数字人交互、智能客服和有声读物制作等场景。其核心优势在于仅需少量语音样本即可实现语音克隆，且合成效果自然流畅。目前 CosyVoice 已开源多个版本，正在成为语音合成领域的重要代表之一。

二、任务实施

步骤 1：准备广告文案。

准备好需要配音的广告文案，示例文案“清爽一夏，畅饮健康！XX 饮品，年轻人的选择！”，也可以使用 DeepSeek 等 AIGC 工具自动生成其他广告文案。

步骤 2：采集目标任务的语音数据。

在安静环境中使用手机录音，连续朗读 5 s 以上，确保语音自然、富有情感，为语音克隆提供高质量的原始音频。

步骤 3：将录制的目标声音文件上传到阿里云的“对象存储 OSS”。

（1）打开浏览器，访问阿里云官网，登录界面如图 6-13 所示，点击“控制台”。

图 6-13　阿里云官网登录界面

（2）阿里云控制台界面如图 6-14 所示，点击左上角的菜单图标，在弹出的“产品与服务”列表中选择“对象存储 OSS”选项，如图 6-15 所示。

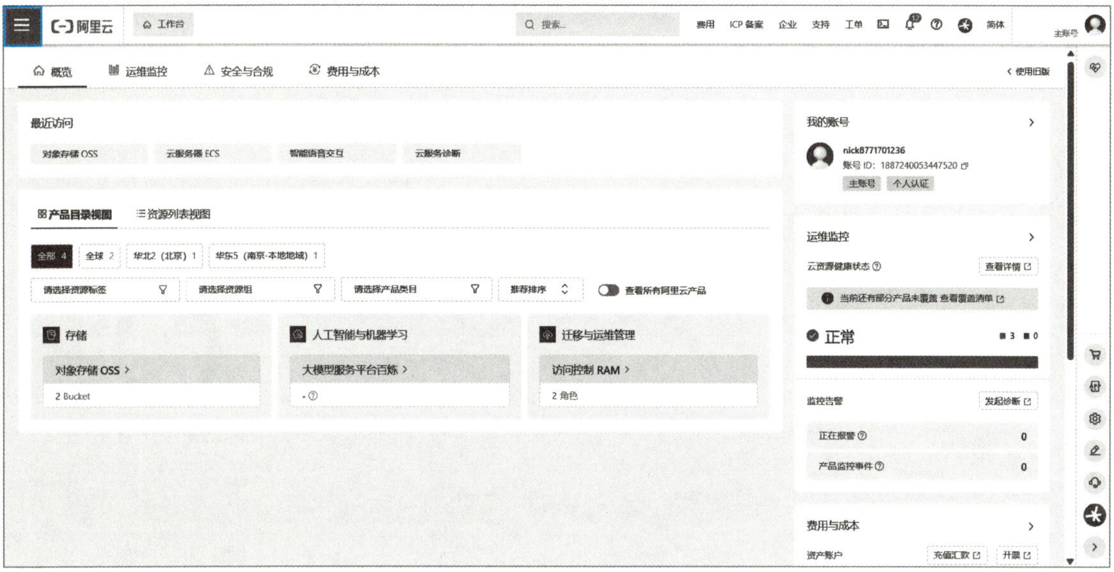

图 6-14　阿里云控制台界面

图 6-15　“对象存储 OSS”选项

（3）在“对象存储 OSS”界面中，点击左侧“Bucket 列表”选项，如图 6-16 所示。

（4）点击“创建 Bucket”按钮，如图 6-17 所示。

（5）“创建 Bucket”对话框如图 6-18 所示，选择“快捷创建”选项，在输入“Bucket 名称”并选择“地域”之后，点击“完成创建”按钮。

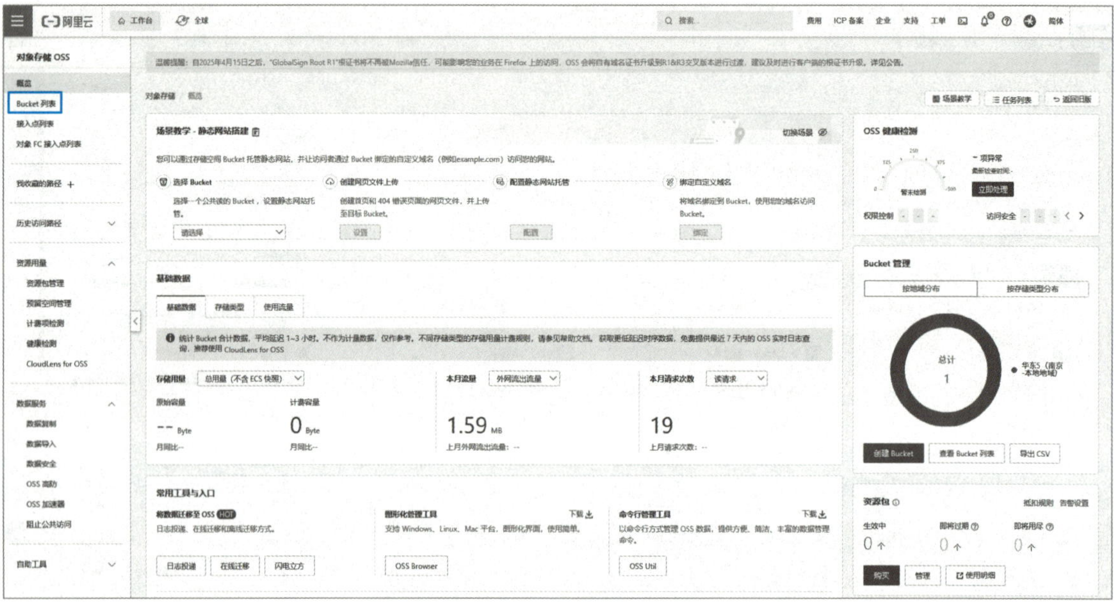

图 6–16 “Bucket 列表”选项

图 6–17 “创建 Bucket”按钮

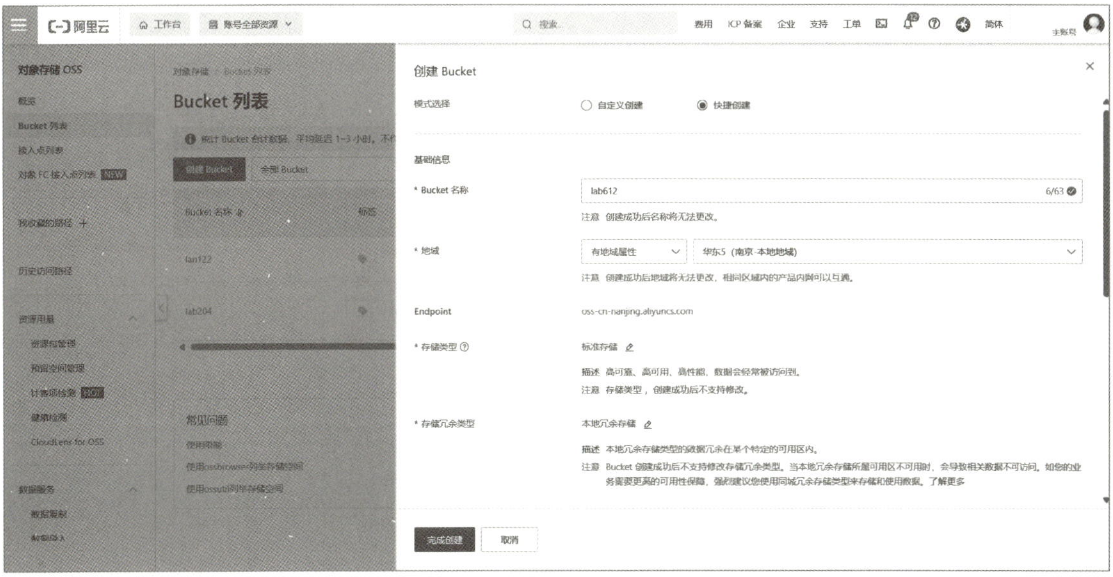

图 6-18　“创建 Bucket”对话框

（6）Bucket 创建成功，如图 6-19 所示，点击“进入 Bucket”按钮。

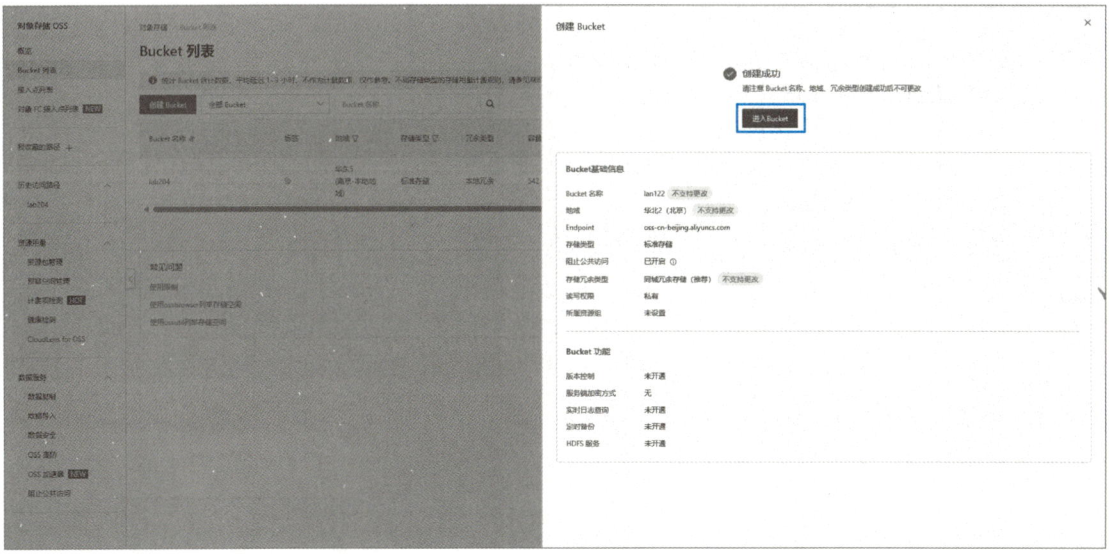

图 6-19　“进入 Bucket”按钮

（7）点击图 6-20 中的“上传文件”按钮，然后选择“扫描文件”或“扫描文件夹”将录音数据上传。

（8）上传成功之后，点击左侧列表中的“文件列表”选项，再勾选刚刚上传的文件，点击“导出 URL 列表”按钮，如图 6-21 所示。

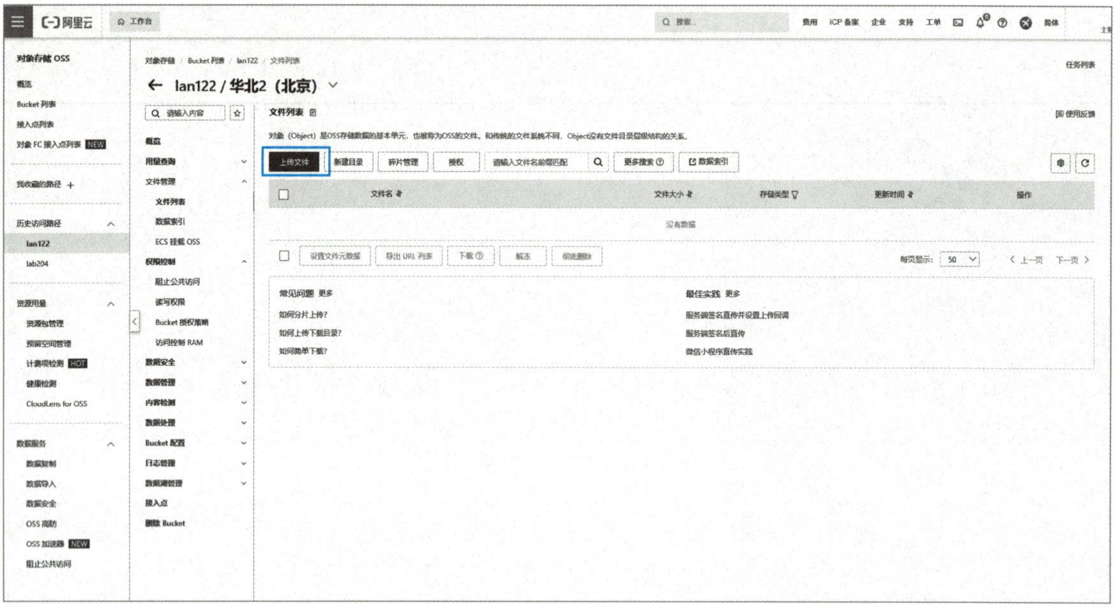

图 6–20　“上传文件”按钮

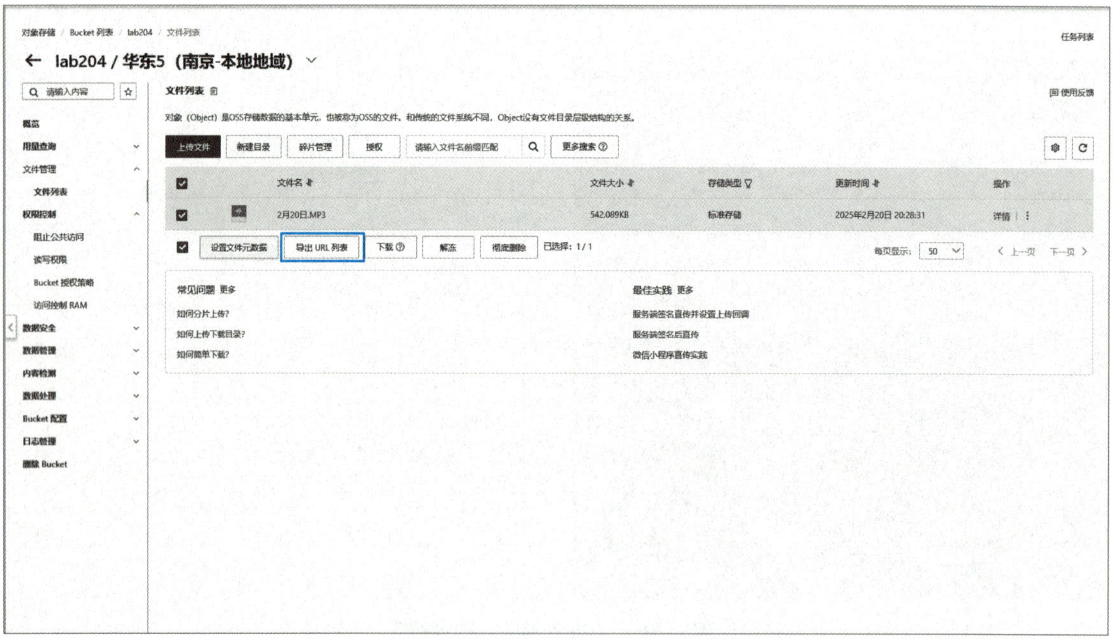

图 6–21　“导出 URL 列表”按钮

（9）完成后在浏览器的下载列表中会出现一个“csv”格式的文件，打开该文件并复制其中的 URL 备用。

步骤 4：申请 CosyVoice API Key。

（1）在“产品与服务”列表中选择“人工智能与机器学习”选项，再点击“大模型服务平台百炼”选项，如图 6–22 所示，进入“阿里云百炼”平台后可以领取免费的推理额度。

（2）在“阿里云百炼”界面上方的标题栏中点击“API 参考”选项，如图 6–23 所示。

图 6–22 “大模型服务平台百炼”选项

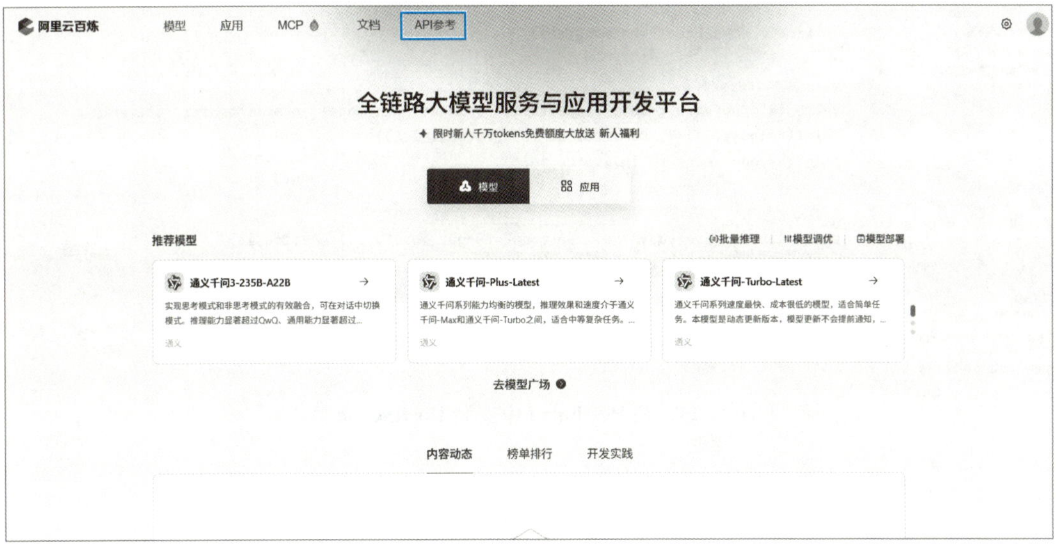

图 6–23 “API 参考”选项

（3）在左侧列表中点击“获取 API Key”选项，进入“获取 API Key”界面（图 6-24），再点击“创建我的 API-KEY”按钮，创建成功后点击“查看”即可得到 API Key。

步骤 5：CosyVoice 完成为广告配音的流程。

（1）在 PyCharm 中安装 DashScope 库，在命令窗口中输入命令“pip install-U dashscope”，如图 6-25 所示。

图 6-24　“获取 API Key”界面

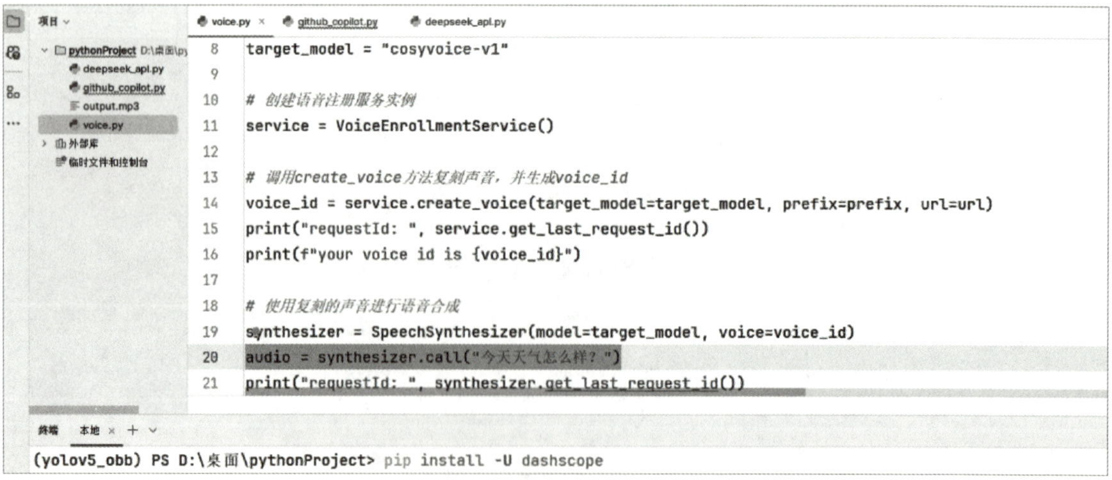

图 6-25　在 PyCharm 中安装 DashScope 库

（2）如图 6–26 所示，用代码实现广告配音。将代码中的“dashscope.api_key”和“url”的值更改为之前保存的 API Key［步骤 4（3）］和 URL［步骤 3（9）］，代码中“audio=synthesizer.call（“清爽一夏，畅饮健康！ XX 饮品，年轻人的选择！”）”即为想要进行配音的文本。运行代码后将会生成使用自己声音配音的 MP3 音频文件，保存至本地计算机。

代码实现

用代码实现广告配音

```
1   import dashscope
2   from dashscope.audio.tts_v2 import VoiceEnrollmentService, SpeechSynthesizer
3
4   dashscope.api_key = "sk-7748f8b2[redacted]44b17d5a1c82f"  # 如果您没有配置环境变量，请在此处用您的API-KEY进行替换
5   url = "https://lab204.oss-cn-nanjing.aliyuncs.com/2%E6%9C%8820%E6%97%A5.MP3?Expires=1740062605&OSSAccessKeyId=TMP.3KdgCp
6   prefix = 'prefix'
7   target_model = "cosyvoice-v1"
8
9   # 创建语音注册服务实例
10  service = VoiceEnrollmentService()
11
12  # 调用create_voice方法复刻声音，并生成voice_id
13  voice_id = service.create_voice(target_model=target_model, prefix=prefix, url=url,)
14  print("requestId: ", service.get_last_request_id())
15  print(f"your voice id is {voice_id}")
16
17  # 使用复刻的声音进行语音合成
18  synthesizer = SpeechSynthesizer(model=target_model, voice=voice_id)
19  audio = synthesizer.call("清爽一夏，畅饮健康！XX饮品，年轻人的选择！")
20  print("requestId: ", synthesizer.get_last_request_id())
21
22  # 将合成的音频文件保存到本地文件
23  with open("output.mp3", "wb") as f:
24      f.write(audio)
```

图 6–26　用代码实现广告配音

步骤 6：校对和优化生成的配音。

仔细听取生成的 MP3 音频文件，检查是否存在发音错误、停顿不当、语调不自然等问题。若需要调整，则可以修改上述代码 18 行的“SpeechSynthesizer”类参数来调整音量、语速和语调等，参数的含义如图 6–27 所示。例如，将音量设置为 50 的代码为“synthesizer=SpeechSynthesizer（model=target_model，voice=voice_id，volume=50）”。

步骤 7：整合并发布广告。

将生成的广告配音与广告视频或其他素材使用剪辑软件整合并发布。

参数名称	数据类型	参数说明
volume	int	合成音频的音量，取值范围：0~100。 注意　该字段在不同版本的 DashScope SDK 中有所不同： • 1.20.10 及以后版本的 SDK：volume • 1.20.10 以前版本的 SDK：volumn
speech_rate	float	合成音频的语速，取值范围：0.5~2。 • 0.5：表示默认语速的 0.5 倍速。 • 1：表示默认语速。默认语速是指模型默认输出的合成语速，语速会因音色不同而略有不同。约每秒钟 4 个字。 • 2：表示默认语速的 2 倍速
pitch_rate	float	合成音频的语调，取值范围：0.5~2

图 6–27　“SpeechSynthesizer”类参数含义

三、知识拓展

1. 多语种配音：生成英文版配音（如“Refresh your summer with XX Drink!”），测试 CosyVoice 的跨语言配音能力。

2. 研究如何提高语音克隆的自然度和情感表达能力，学习如何采集更高质量的语音数据或调整 AI 配音参数等，使生成的克隆语音更加自然、生动，更具情感感染力。

6.2.4 音效合成

在模拟自然音效方面，AI 可以通过对大量自然声音进行采样和分析，学习其特征和变化规律，从而生成逼真的自然音效。Remusic.AI 的 Remusic 音效生成平台能够根据文本描述快速生成各种类型的音效，适用于多种场景，如视频制作、游戏开发、音乐创作等。例如，若要生成雨声，AI 模型会学习不同强度、频率的雨滴声以及雨滴落在不同物体上产生的声音变化，然后根据设定的参数，如小雨、大雨、暴雨等，生成相应的雨声效果。在模拟动物音效时，AI 模型会分析动物声音的频谱特征、发声模式等，进而合成出栩栩如生的动物音效。

6.3 视频类 AIGC 实践应用

视频生成是 AI 模型展现潜力的又一重要舞台，AI 算法分析文本、图像、音频等输入数据，生成时间维度上连贯的动态画面，无须传统的人工拍摄或逐帧绘制。AI 生成视频在影视制作、游戏开发、教育、广告等多个领域有广泛应用，为内容创作带来更多的创新和变革。例如，AI 可辅助特效生成，搭建虚拟场景，降低制作成本与周期，为创作提供丰富素材。在电影《阿丽塔：战斗天使》中，主角阿丽塔的形象借助 AI 和动作捕捉技术得以生动呈现。由 AI 生成的动画《The Crow》获得了 2022 年戛纳电影节最佳短片奖，如图 6-28 所示。尽管 AI 生成视频取得了显著进展，但目前在生成视频的质量、连贯性、语义准确性等方面仍存在一定的提升空间。按照输入内容的模态，可以将 AI 生成视频分为“由文本生成视频”“由图像生成视频”“由视频生成视频”和“多模态混合生成视频”。

6.3.1 由文本生成视频

文本驱动生成视频是指基于对动作、场景变化、时间顺序等文本信息的理解，将静态的文本转化为动态的视频。Sora 是 OpenAI 发布的首个文生视频模型，可以根据用户的文本提示快速制作长达 1 min 的高保真视频。例如，输入“一只小狗在花丛中追逐蝴蝶”，Sora 会根据对文本语义的理解生成相应的视频。

6.3.2 由图像生成视频

由图像生成视频是基于单张或多张静态图像，通过深度学习模型生成具有时间连续性的动态视频。该技术结合了图像生成与视频建模能力，能够模拟人物表情变化、物体运动、场景切换等动态过程。与传统的视频编辑不同，图像生成视频不依赖已有的动态素材，而是通过神经网络学习图像中的语义与结构信息，自动生成自然连贯的运动帧，从而实现“让图片动起来”。这项技术在影视制作、广告创意、社交媒体等领域具有广泛的应用前景，极大地降低视频制作的门槛和周期。

图 6-28 AI 生成的动画《The Crow》

任务案例：利用可灵 AI 生成南京城市宣传片

任务描述

操作视频

利用可灵AI生成南京城市宣传片

一名城市宣传部门的策划人员正在为南京城市的品牌推广项目制作动态宣传片。请以“南京——古韵与现代交融”为主题，帮他制作一段南京城市宣传短视频。视频需画面与文字配合自然，突出南京的古都风韵和现代化发展特色，吸引年轻游客到南京旅游，适用于短视频平台推广或数字展播，具体要求如下。

- 精选代表南京城市特征的高质量垂直构图照片；
- 结合 CO-STAR 框架设计提示词，采用详细且富有表现力的创意描述，引导 AI 进行风格控制与内容增强；
- 多轮优化提示词，提升视频的质量，使其既具备“城市宣传片”的专业质感，也富有南京独特的文化气息；
- 利用可灵 AI，将静态图片与动态特效、文字浮现、音乐节奏等多模态要素融合。

任务目标

- 掌握使用可灵 AI 进行图文生成视频的基本操作流程；
- 学会设计 AIGC 生成视频的脚本与提示词；
- 通过多轮优化提示词（如调整镜头运动、场景细节），生成高质量视频。

一、知识准备

可灵 AI 是由快手科技开发的一款先进 AI 视频生成工具，专注于文生视频和图生视频，支持将文本提示词或静态图片转化为高质量视频，最高可达 1 080 p 分辨率、30 f/s，最长可达

2 min。可灵 AI 采用 3D 时空联合注意力机制和扩散变换器架构，能模拟真实物理运动，生成有电影感的画面，适合营销、广告、社交媒体等场景。

二、任务实施

步骤 1：准备城市照片素材。

收集高质量的南京城市照片素材作为可灵 AI 图生视频功能的参考图像，照片分辨率不低于 1 080 像素 ×1 920 像素，优先选择横屏构图（16∶9），以适配宣传视频的输出格式。照片素材应全面展现南京的城市风貌，兼具古韵（如音乐台、秦淮河）与现代元素（如新街口、南京眼），以增强宣传效果，如图 6-29 所示。

图 6-29　城市照片素材

步骤 2：设计提示词。

参考 CO-STAR 框架（图 4-12），设计高质量提示词。

Context 上下文：你是一名创作者，正在为南京打造一段城市旅游宣传短片。该宣传片需突出南京“古韵与现代交融”的城市特征，适用于抖音、小红书等短视频平台。

Objective 目标：生成一段视觉质感突出、融合古典与现代元素的 5 s 短视频，包括秦淮河、音乐台（古韵）、新街口和南京眼（现代）等代表性地标，通过动态特效与音乐，唤起观众对南京的城市印象与情感共鸣。

Style 风格：电影级质感，色调温暖，主打金色夕阳与夜间霓虹，适当加入水墨浮动、落叶飘洒、流光穿梭等动态元素。转场使用电影感交叉溶解。

Tone 语气：热情、充满魅力，画面节奏舒缓但富有韵律，表现城市的包容与魅力。

Audience 受众：吸引年轻游客，特别是喜欢旅游、文化、美食的社交媒体活跃用户。

Response 响应：视频时长约 5 s；画面比例 1 080 像素 ×1 920 像素，横屏；配字幕“南京”，附加英文“NANJING”浮现动画。

最终生成的提示词如下：

请根据上传的南京城市代表性照片素材生成一段 5 s 城市宣传视频，适配抖音 / 小红书平台，视频画面比例 1 080 像素 ×1 920 像素（横屏），4K 清晰度，画面风格为电影级质感。整体色调偏暖（金色、橘黄为主），融合夕阳光感和夜景霓虹。每张图片展示时长为 1 ~ 2 s，采用电影感交叉溶解转场。视频内容需体现“古今融合”的主题：若图片中出现秦淮河，则叠加动态水面倒影特效，增强古韵感；若出现音乐台，则添加轻盈落叶粒子效果，营造诗意氛围；若出现南京眼大桥，则添加科技感流光穿梭动画，突出现代感；若出现新街口街景，则加入都市灯光流动效果，体现城市活力。视频中央浮现“南京”二字，字体为水墨书法体（类似王羲之风格），颜色为烫金，叠加半透明水墨背景，出现方式为“渐显 + 轻微呼吸动画”，结尾加英文“NANJING”字样。背景音乐为舒缓中国风器乐（可自动匹配）。整体情感基调为热情、温暖、富有文化氛围。

步骤 3：访问可灵官网。

访问可灵的官网，在“创作工具”下拉菜单中选中“AI 视频”选项（图 6-30），进入如图 6-31 所示的“视频生成”界面。

步骤 4：选择城市的素材并输入提示词。

点击“图生视频”栏目中的“多图参考”按钮，上传准备好的关于南京的城市素材照片，在“创意描述”文本框中输入步骤 2 中设计好的提示词，如图 6-32 所示。

在“创意描述”文本框下方设有四个可调参数，分别为“生成质量”“视频时长”“画面比例”以及“生成数量”，用户可根据实际需求进行相应设置，本任务中选择使用默认参数。

为了方便用户使用，可灵 AI 还接入了 DeepSeek 帮助用户设计提示词，当点击“DeepSeek”按钮并输入“四张照片慢慢切换，且画面中央出现‘南京’两个字”，自动生成如下提示词：

请根据上传的南京城市照片素材生成一段城市宣传片，要求：采用电影级质感，16∶9 横屏比例，4K 分辨率每张图片展示时长为 1 s，使用电影感交叉溶解转场效果。画面中央始终叠加半透明水墨效果动态浮现的“南京”二字。字体：书法体（类似王羲之行书风格）；颜色：烫金色带细微光晕；动画：从透明度 30% 渐显到 70%，伴有轻微呼吸浮动效果；背景音乐添加舒缓的中国风弦乐（可自动匹配）。根据图片内容智能添加以下元素：若出现秦淮河画面，

图 6-30 “AI 视频”选项

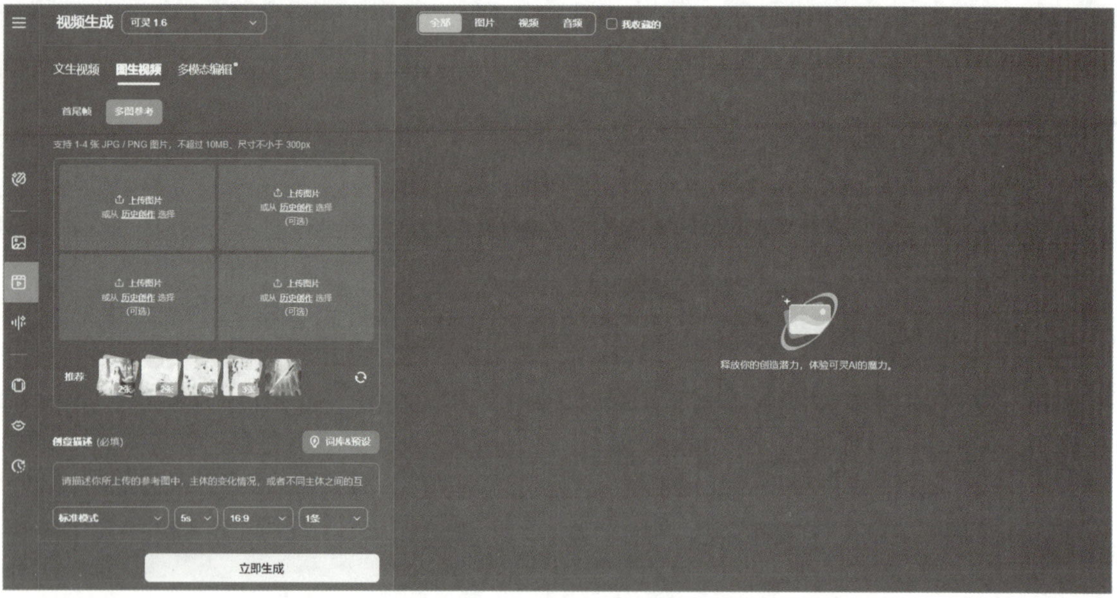

图 6–31　“视频生成”界面

图 6–32　上传图片并输入提示词

添加动态水面反光效果；若出现现代建筑，添加流光穿梭特效；若出现梧桐树，添加落叶粒子效果；结尾保留第一张图片 1 s，同时“南京”二字下方渐显英文“NANJING”字样。整体色调调整为暖金色调，适当增加电影感暗角。

步骤 5：点击“立即生成”按钮，等待一定时间后，即生成视频初稿，如图 6–33 所示。

图 6–33　可灵 AI 图生视频初稿

步骤 6：若生成的视频初稿不符合预期，则再优化修改提示词。

由于生成的视频中存在图像内容无中生有以及转场不够流畅的问题，现对提示词进行了优化调整，以提升视频的真实性与过渡的自然度。修改后的提示词如下：

请根据上传的南京城市代表性照片素材，生成一段约 5 s 的城市宣传视频，适配抖音 / 小红书平台（横屏格式，1 080 像素 ×1 920 像素，4K 清晰度）。严格保留原图构图与细节，避免重绘、变形或无中生有的画面内容。每张图片展示时长为 1.3 s 左右，使用缓慢淡入淡出或交叉溶解作为转场，确保画面过渡自然流畅，避免跳帧或突变。整体风格为电影质感，色调偏暖（融合金色夕阳与橘黄霓虹），突出“古今融合”的城市主题。根据图片内容，仅在图像基础上适度叠加以下轻量动态特效：若包含秦淮河，叠加柔和的水面倒影动态光影，增强古韵；若为音乐台场景，加入缓慢飘落的梧桐叶粒子，渲染诗意氛围；若为南京眼大桥，添加简约流光穿梭线条，突出现代感；若为新街口街景，加入微弱都市灯光流动，表现繁华动感。画面中央缓缓浮现“南京”二字，字体为书法水墨风（参考王羲之风格），颜色为烫金，配以淡墨背景云纹，呈现方式为“渐显 + 轻微呼吸”动画。视频结尾在最后一张图上叠加“NANJING”英文，字体简洁现代。背景音乐建议为节奏舒缓的中国风器乐（系统可自动匹配）。整体情绪基调为温暖、热情、富有文化气息。

步骤 7：将优化后的提示词再次输入“创意描述”对话框，生成二次优化视频结果如图 6–34 所示。

图 6-34 可灵 AI 二次优化图生视频结果

三、知识拓展

利用可灵 AI 或即梦 AI，选择自己家乡的代表性景点、地标建筑、自然风光等素材，制作一段专属的家乡城市宣传片。

6.3.3 由视频生成视频

视频驱动生成视频是指以一段输入视频为基础，通过 AI 模型对其进行加工、重构或扩展，生成新的动态视频内容。与图像生成不同，视频生成需同时处理空间（画面）与时间（帧序列）两种信息，因此其核心技术是时空一致性建模，即：在保持时间连续性的同时，实现对视觉内容的精准控制和风格转换。由视频生成视频的任务通常包括以下几类。

（1）风格迁移：将输入视频中的画面风格转换为特定艺术风格（如油画、水墨、赛博朋克等），保持内容结构不变；

（2）分辨率增强：利用 AI 将低清晰度视频转化为高分辨率版本，提升视觉质量；

（3）内容编辑：对视频中的物体、人物或背景进行替换、删除或重绘，如 AI 换背景、服饰重绘等；

（4）场景转换：保留原视频的运动轨迹或镜头节奏，将其中的视觉元素替换为另一种风格或内容（如将现实风格转化为科幻动画）。

6.3.4 多模态混合生成视频

多模态输入提供了更丰富全面的信息，帮助模型更准确地理解用户意图，生成的视频会更加精准、生动且富有创意。因此，在视频生成领域，通常会采用多种输入模态来生成视频。具体而言，常见的模态组合方式包括文本 + 图像、文本 + 音频、图像 + 音频以及将三者结合起来的综合模态方式。例如，输入“一场浪漫的日落”的文本描述、一张日落照片和一段钢琴曲，模型可以生成日落场景的动态视频，并融入钢琴曲增添情感氛围。各大公司的 AI 视频生成工具也往往支持多模态输入，方便用户根据需求创作。

任务案例：使用 KreadoAI 制作电商产品介绍数字人

任务描述

操作视频

使用KreadoAI制作电商产品介绍数字人

小周作为家居生活类品牌在小红书的内容运营人员，正在为一款智能香氛机制作种草视频。为了提升内容温度与信任度，他需要使用 KreadoAI 工具，创建一个数字人讲解员，以真人化、亲和力强的方式介绍这款智能家居好物，具体要求如下。

- 展现香氛机三大核心卖点（智能扩香 / 手机 App 远程控制 / 多种香型可选）；
- 视频语言自然、有感染力，贴近小红书用户风格；
- 格式与时长：MP4 格式，20 s，包含欢快愉悦的背景音乐；
- 数字人形象健康自然，表情、口型匹配语音。

任务目标

- KreadoAI 数字人生成核心流程，包括脚本设计、数字人选择和后期优化；
- 掌握数字人脚本的撰写方法；
- 提高电商产品的内容视觉传播效果与用户好感度。

一、知识准备

KreadoAI 是易点天下旗下的人工智能数字营销创作平台，专注于使用多模态大模型技术生成低成本、高效率的数字内容，尤其在数字人视频制作与跨境营销领域表现突出。其核心技术融合自研的生成式 AI 算法，结合行业数据训练，支持多种国家语言和动态生成超写实数字人，包含数字人直播、AI 模特图、多语言营销文案等功能。

二、任务实施

步骤 1：产品信息梳理。

产品：智能香氛机。

卖点：智能扩香，根据时间段自动释放香气；

手机 App 远程控制，无论是否在家都能调节香型、浓度；

多种香型可选，沉香 / 海盐 / 柑橘 / 玫瑰等可随心切换。

步骤 2：准备产品素材。

产品脚本：想在家随时拥有高级感的香气氛围？我最近真的爱上这台智能香氛机，它可以自动定时扩香，每天早上醒来，整个房间都是柑橘香味的阳光，而且用手机 App 就能远程调节，无论是否在家，都能提前布置好家的味道。

注意：这里也可以使用 DeepSeek 等 AIGC 工具辅助撰写产品脚本。

产品图片：下载智能香氛机高清图片（1 080 像素 ×1 920 像素，JPG 格式，小于 5 MB）

步骤 3：KreadoAI 制作数字人视频。

（1）访问 KreadoAI 官网，进入之后的界面如图 6-35 所示。

（2）点击图 6-35 中的“立即创作免费视频”按钮，进入如图 6-36 所示的“创建视频”界面。

图 6-35　KreadoAI 官网界面

图 6-36　“创建视频”界面

（3）点击“立即创建视频”按钮，在如图 6-37 所示的界面中根据产品特点挑选数字人形象，可预览表情和口型的同步效果，确保选取的数字人具有亲和力。

（4）确定数字人形象之后，输入数字人文案。在如图 6-37 所示的界面中点击右侧边栏中的“语音”选项卡，定义数字人将要说出的文案或者直接上传一段音频。本任务在“文本驱动”下方的文本框内直接输入步骤 2 准备好的产品脚本，作为数字人将要说出的文案。

（5）设置语音参数。在图 6-38 中选择“灿灿”数字人。在“语音设置”栏中调整“语调”为“100%”，“语速”为“1 x”，“音量”为“106%”。

图 6–37 数字人形象挑选与文案设置

图 6–38 数字人语音设置

（6）上传香氛机产品的图片作为背景。点击图 6–39 右侧边栏的“上传”选项卡，进入“自定义上传”界面，上传香氛机图片，并将数字人缩放至合适的位置。

（7）为视频配上欢快愉悦的背景音乐。在如图 6–40 所示的界面中依次点击“音乐→音乐库→欢快愉悦”。在主题为“欢快愉悦”的多首音乐中选择一首符合产品介绍的音乐，在如图 6–41 所示的界面中设置音乐参数包括音量、渐入和渐出的时间。

图 6–39 上传香氛机图片

图 6–40 背景音乐选择

图 6-41　音乐参数设置

（8）点击“提交生成视频”按钮，等待一段时间即可生成香氛机产品介绍视频。预览生成的数字人表情是否自然，口型与语音是否同步，产品展示是否突出（如香氛机细节等）。

（9）若需优化，则可以调整语音的语调、语速或者音乐的音量、键入和渐出时间等参数，再次重新生成视频，完成后保存最佳版本为 MP4 格式。

三、知识拓展

1. 为智能香氛机种草视频添加自动字幕和表情包，增加趣味性，吸引小红书用户互动。

2. 更换数字人形象和介绍的产品（如鼠标），创作新的产品脚本，体会使用提示词的差异。

6.4 本章小结

本章围绕视听类 AIGC 的实践应用展开，系统介绍了 AI 在图像生成、音频生成、视频生成等领域的关键技术与典型应用。通过学习本章，不仅体会了 AIGC 在视觉与听觉创作领域的强大潜力，还提升了跨模态内容策划、创意表达，与 AIGC 工具协作应用的综合能力。当前视听类 AIGC 应用为内容生产、教育培训、营销推广等多个行业注入了新的活力，掌握相关技能将为未来的学习与职业发展拓宽道路。本章思维导图如图 6-42 所示。

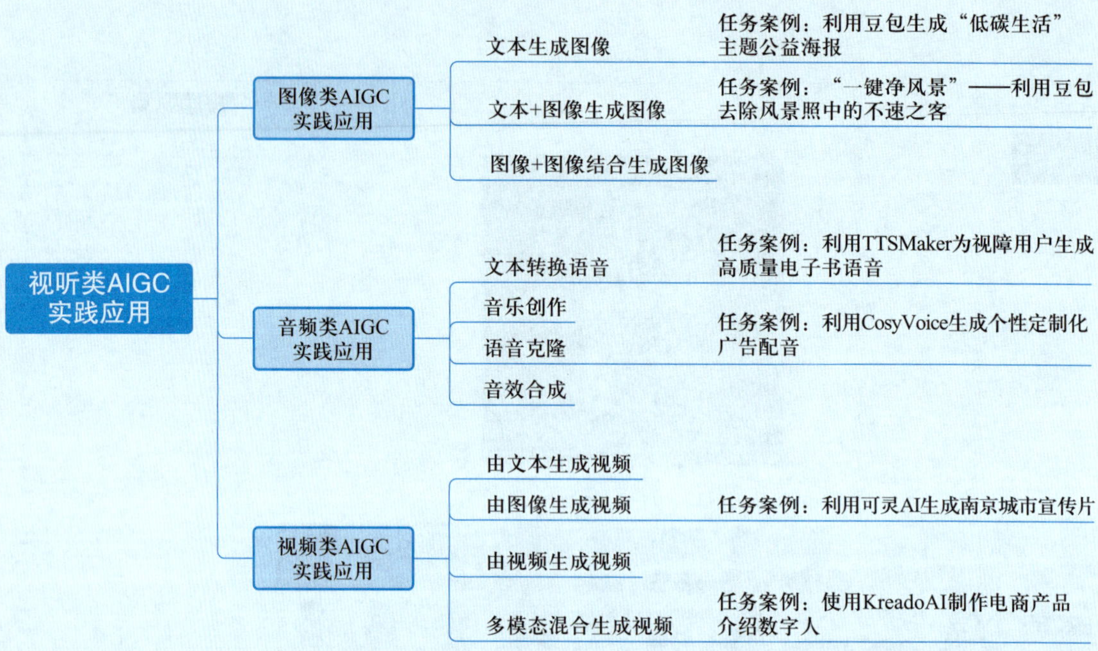

图 6-42　第 6 章思维导图

课后练习

1. 一名电影宣传人员需要为动画电影《哪吒》设计多款宣传海报。请使用 AI 图像生成工具，根据电影的主题、类型和目标观众，帮助他创作出具有吸引力和艺术性的海报，具体要求如下。

（1）提供电影的基本信息：电影名称、类型、导演、主演、剧情简介和目标观众。

（2）AI 生成三款风格不同的电影海报，分别突出电影的不同特点。

（3）海报包含：电影名称、主演、上映日期等必要信息，并注重构图、色彩、字体等设计元素。

2. 一名旅游博主希望为自己的频道制作一段个性化的旅行宣传片，以吸引更多粉丝。请使用 AI 视频生成和编辑工具，帮助他快速生成不同主题和风格的旅行短视频。例如，选择三亚作为旅行目的地，准备相关的旅行素材，包括照片、视频片段和游记等；使用 AI 视频生成和编辑工具生成宣传片，并完成宣传片的剪辑和拼接，背景音乐和音效的添加。

第 7 章

办公类 AIGC 实践应用

在现代办公场景中，生成式人工智能技术的快速发展，为日常办公任务注入了前所未有的效率与创造力。从公文写作到数据分析，再到工作汇报，AIGC 工具正悄然改变传统办公的方式与节奏。本章将以合同生成、数据分析及演示文稿设计等典型岗位任务为载体，介绍 AIGC 在典型办公软件 WPS（图 7-1）中的实践应用，深入体验 WPS AI 如何高效辅助办公文案的撰写、信息的组织与表达，从而提高工作效率并激发创新能力。

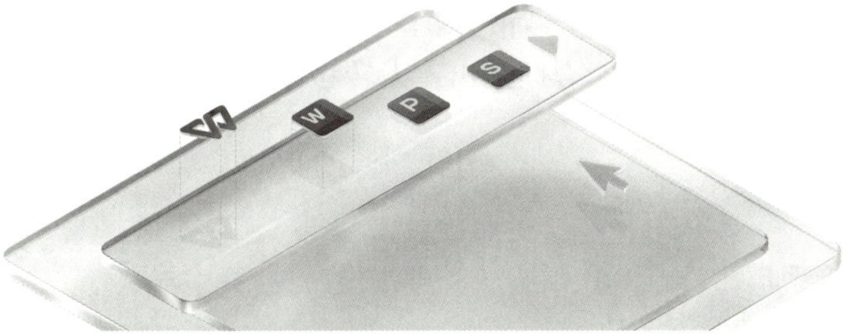

图 7-1　典型办公软件 WPS

7.1　WPS AI 处理文本文档

在之前的文本文档撰写过程中，几乎所有的文本都需要人工输入，而对于一些有特定格式要求规范的文本，完全重新编写极大地浪费了时间。目前，大模型的快速发展使得文本生成已经变得非常容易。若将人工智能与文档编辑软件（如 WPS、Word 等）结合，可快速生成具有特定格式的文本，从而有效提高办公效率，节省办公时间。目前，WPS AI 已经初步具备文档生成、修改、续写、重写、扩写和缩写的能力，还能根据不同的风格对文档内容进行润色与排版。

任务案例：合同文本的自动生成及排版

操作视频

合同文本的自动生成及排版

任务描述

小王刚刚入职某公司，上级领导欲采购一批办公用品，需要出具一份产品购销合同，拟采购的办公用品清单见表 7-1。

表 7-1 拟采购的办公用品清单

商品名称	规格	数量	单价 / 元
办公电脑	i5-12100，8 G，1 T SSD	5	3 300.00
打印机	A4 黑白激光双面打印、扫描、复印	5	3 000.00
办公桌椅	标准款	5	3 300.00
合计			48 000.00

任务目标

- 掌握 AIGC 工具在合同撰写中的实际应用；
- 学会撰写清晰、具体的提示词（Prompt），与 AI 进行有效协作；
- 利用 AIGC 工具实现文本文件的辅助排版。

一、知识准备

思考：什么是合同？办公用品购销合同属于什么类型合同？

合同是民事主体之间设立、变更、终止民事法律关系的协议。本任务涉及的办公用品购销合同就属于典型的买卖合同。买卖合同是出卖人转移标的物的所有权于买受人，买受人支付价款的合同。

二、任务实施

步骤 1：合同框架搭建。

（1）打开 WPS，新建文本文档。

（2）按下两次 Ctrl 键唤起 WPS AI，如图 7-2 所示。

（3）在弹出的输入框中输入“生成一份办公用品购销合同”的提示词，并按 Enter 键，如图 7-3 所示。

（4）WPS AI 根据提示词生成的部分合同文本，如图 7-4 所示。

（5）待 WPS AI 完成合同文本生成后，如图 7-5 所示，单击“保留”按钮，保存当前的合同文本。可以看到合同中添加了“附件一：办公用品清单”，因此还需要生成办公用品清单。

（6）在文末再次按下两次 Ctrl 键，在输入框中输入“生成一份办公用品清单，包括商品名称、规格、数量、单价等详细信息”，如图 7-6 所示，并按 Enter 键确认。

（7）待 WPS AI 完成办公用品清单的生成后，单击“保留”按钮，保存办公用品清单，如图 7-7 所示。

步骤 2：合同内容填写。

（1）填写购买方的信息，如图 7-8 所示。

（2）填写销售方的信息，如图 7-9 所示。

（3）填写交货时间和地点，如图 7-10 所示。

（4）填写付款方式，如图 7-11 所示，其中人民币要求大写可通过 AI 转换实现，如图 7-12 所示。

（5）填写违约责任，如图 7-13 所示。

（6）填写办公用品清单，如图 7-14 所示。

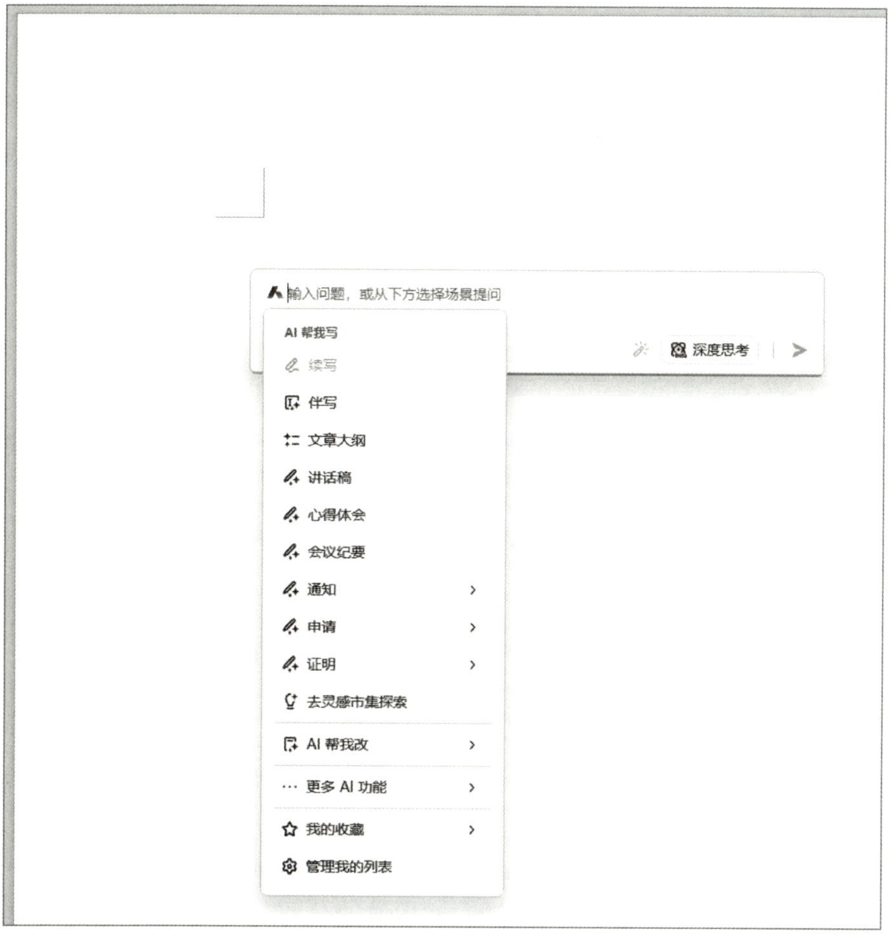

图 7–2　唤起 WPS AI

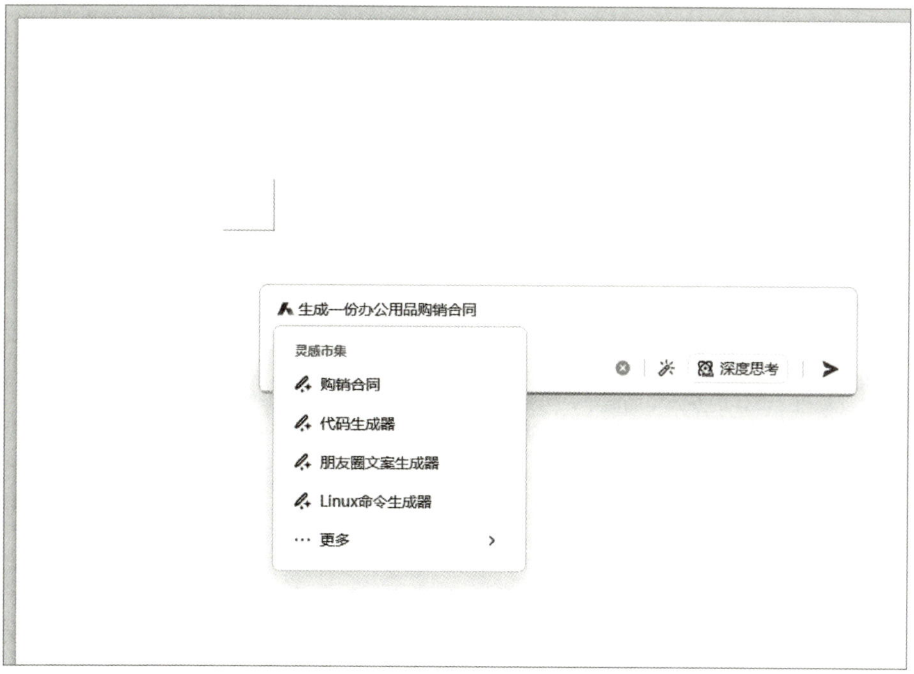

图 7–3　输入提示词

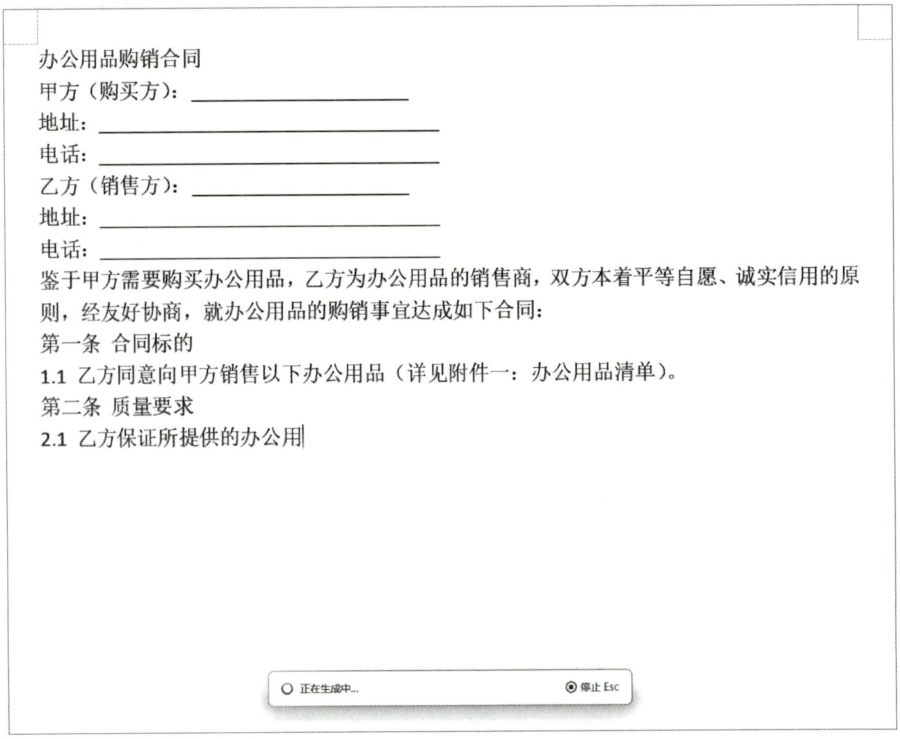

办公用品购销合同

甲方（购买方）：____________________

地址：______________________________

电话：______________________________

乙方（销售方）：____________________

地址：______________________________

电话：______________________________

鉴于甲方需要购买办公用品，乙方为办公用品的销售商，双方本着平等自愿、诚实信用的原则，经友好协商，就办公用品的购销事宜达成如下合同：

第一条 合同标的

1.1 乙方同意向甲方销售以下办公用品（详见附件一：办公用品清单）。

第二条 质量要求

2.1 乙方保证所提供的办公用

图 7-4 WPS AI 生成的部分合同文本

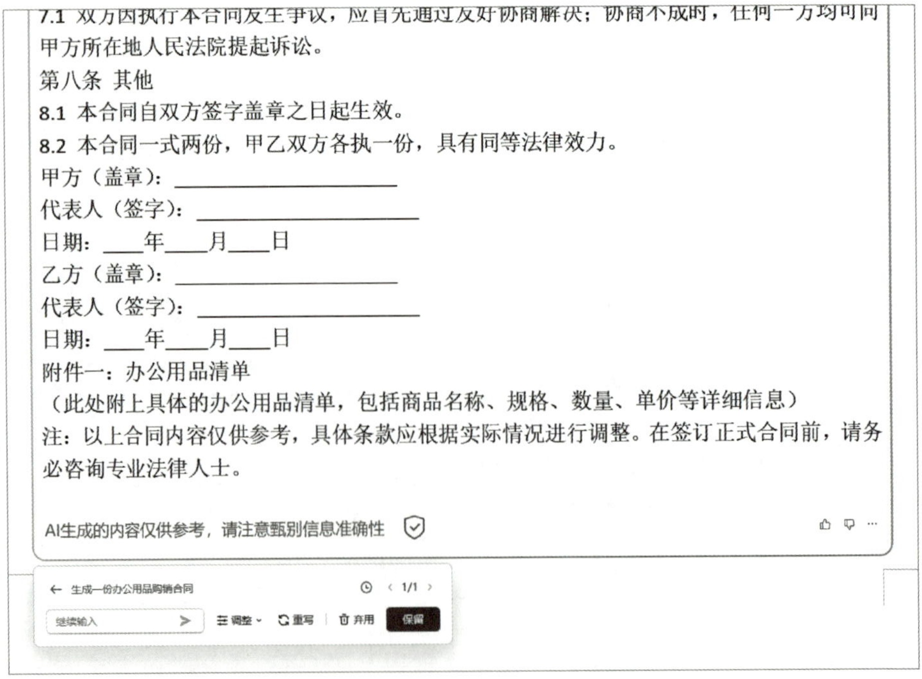

7.1 双方因执行本合同发生争议，应首先通过友好协商解决；协商不成时，任何一方均可向甲方所在地人民法院提起诉讼。

第八条 其他

8.1 本合同自双方签字盖章之日起生效。

8.2 本合同一式两份，甲乙双方各执一份，具有同等法律效力。

甲方（盖章）：____________________

代表人（签字）：____________________

日期：____年____月____日

乙方（盖章）：____________________

代表人（签字）：____________________

日期：____年____月____日

附件一：办公用品清单

（此处附上具体的办公用品清单，包括商品名称、规格、数量、单价等详细信息）

注：以上合同内容仅供参考，具体条款应根据实际情况进行调整。在签订正式合同前，请务必咨询专业法律人士。

图 7-5 WPS AI 完成合同文本生成

乙方（盖章）：________________
代表人（签字）：________________
日期：____年____月____日
附件一：办公用品清单
（此处附上具体的办公用品清单，包括商品名称、规格、数量、单价等详细信息）
注：以上合同内容仅供参考，具体条款应根据实际情况进行调整。在签订正式合同前，请务必咨询专业法律人士。

图 7-6　输入生成办公用品清单的提示词

办公用品清单

商品名称	规格	数量	单价
-	-	-	-

图 7-7　WPS AI 完成办公用品清单的生成

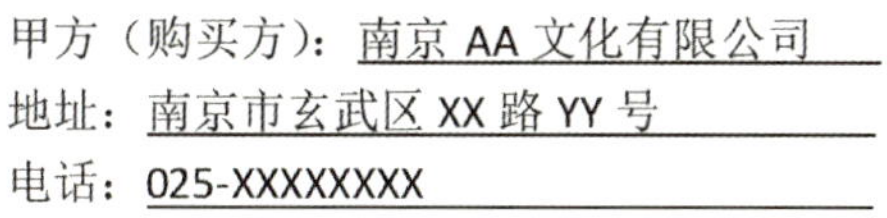
甲方（购买方）：南京 AA 文化有限公司
地址：南京市玄武区 XX 路 YY 号
电话：025-XXXXXXXX

图 7-8　填写购买方的信息

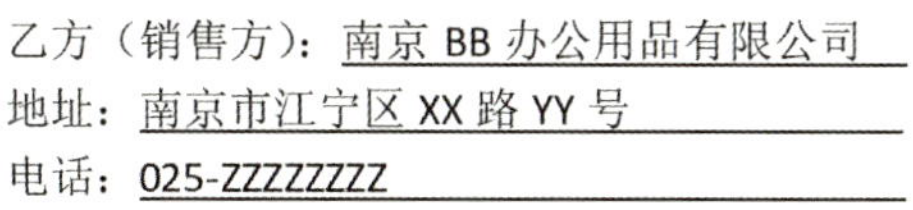
乙方（销售方）：南京 BB 办公用品有限公司
地址：南京市江宁区 XX 路 YY 号
电话：025-ZZZZZZZZ

图 7-9　填写销售方的信息

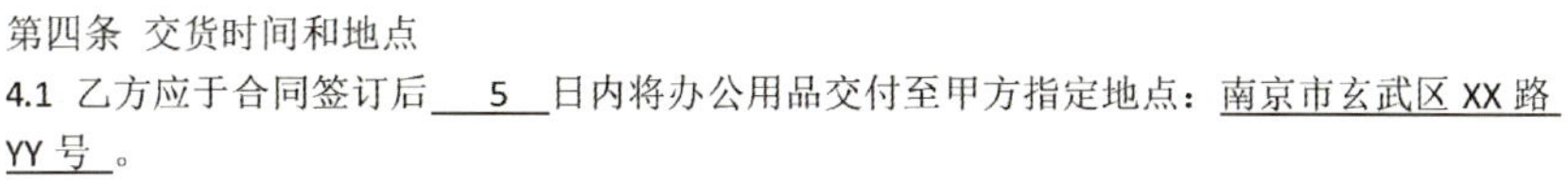
第四条 交货时间和地点
4.1 乙方应于合同签订后＿5＿日内将办公用品交付至甲方指定地点：南京市玄武区 XX 路 YY 号。

图 7-10　填写交货时间和地点

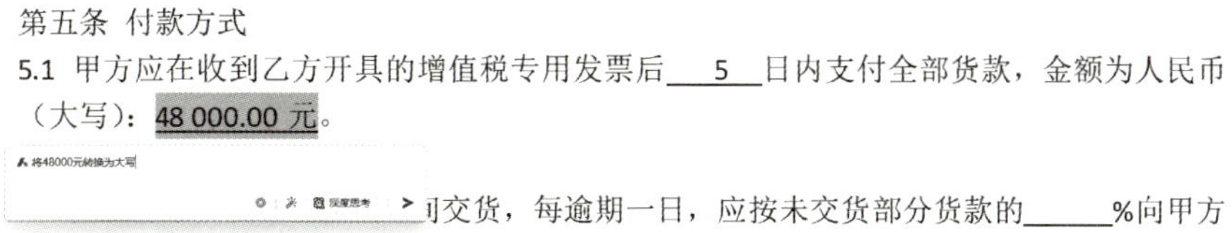
第五条 付款方式
5.1 甲方应在收到乙方开具的增值税专用发票后＿5＿日内支付全部货款，金额为人民币（大写）：48 000.00 元。

…]交货，每逾期一日，应按未交货部分货款的＿＿%向甲方

图 7-11　填写付款方式

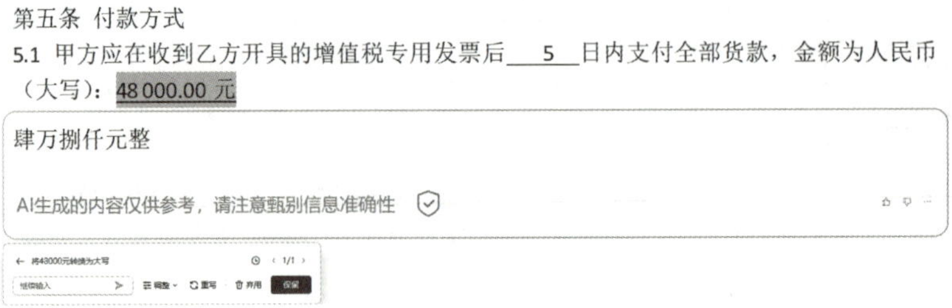

图 7-12 AI 实现人民币大小写转换

第六条 违约责任

6.1 如乙方未能按合同约定时间交货，每逾期一日，应按未交货部分货款 1 %向甲方支付违约金。

6.2 如甲方未能按合同约定时间支付货款，每逾期一日，应按未付款部分的 1 %向乙方支付违约金。

图 7-13 填写违约责任

办公用品清单

商品名称	规格	数量	单价/元
办公电脑	i5-12100, 8 G, 1 T SSD	5	3 300.00
打印机	A4黑白激光双面打印、扫描、复印	5	3 000.00
办公桌椅	标准款	5	3 300.00

图 7-14 填写办公用品清单

步骤 3：合同格式自动排版。

（1）选中全部合同文件，单击“WPS AI”选项卡，再单击“AI 排版”选项，如图 7-15 所示。

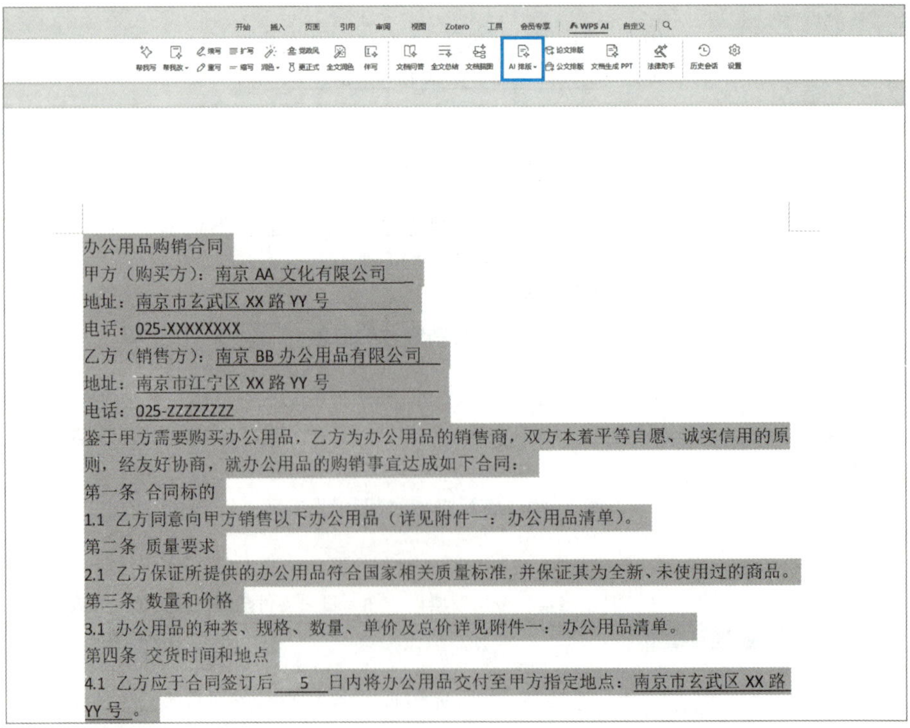

图 7-15 “AI 排版”选项

（2）在界面右侧的“AI 排版”侧边栏（图 7–16）中，单击“合同协议”的“开始排版”按钮，进行合同文本的自动排版。

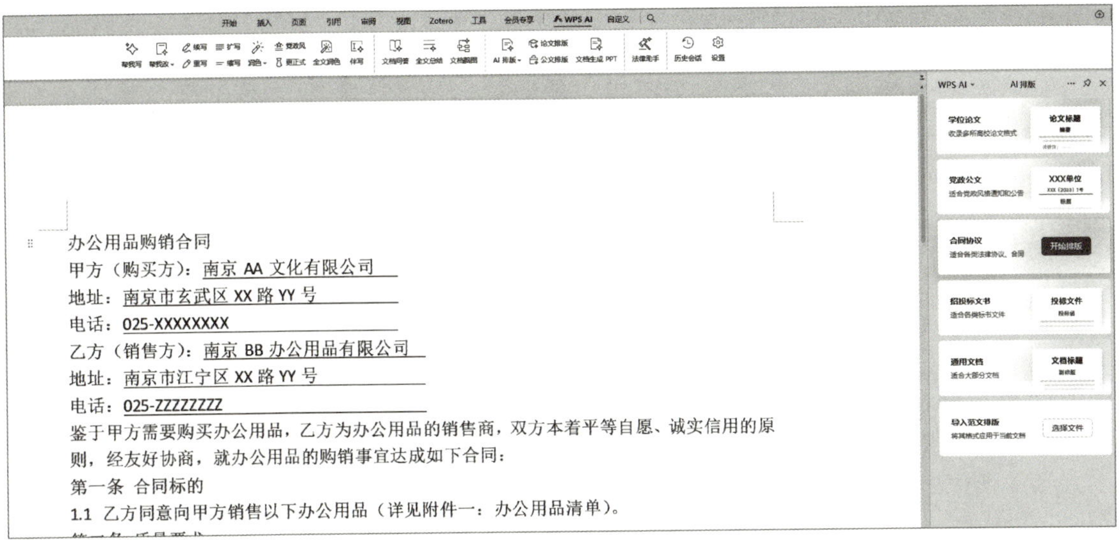

图 7–16 “AI 排版”侧边栏

（3）单击“应用到当前”按钮，对 AI 自动排版的结果进行确认，如图 7–17 所示。

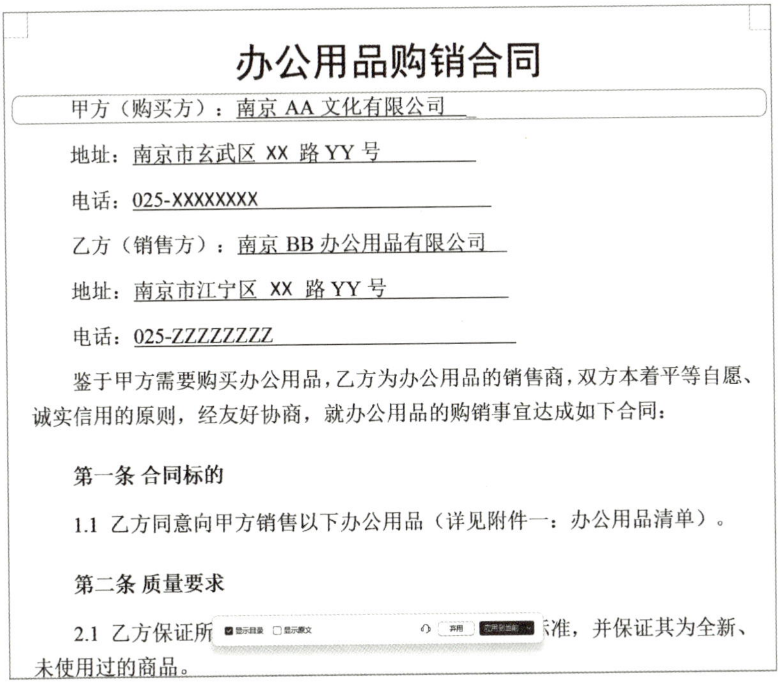

图 7–17 确认排版结果

（4）插入页码，完成最后调整，最终合同效果如图 7-18 所示。

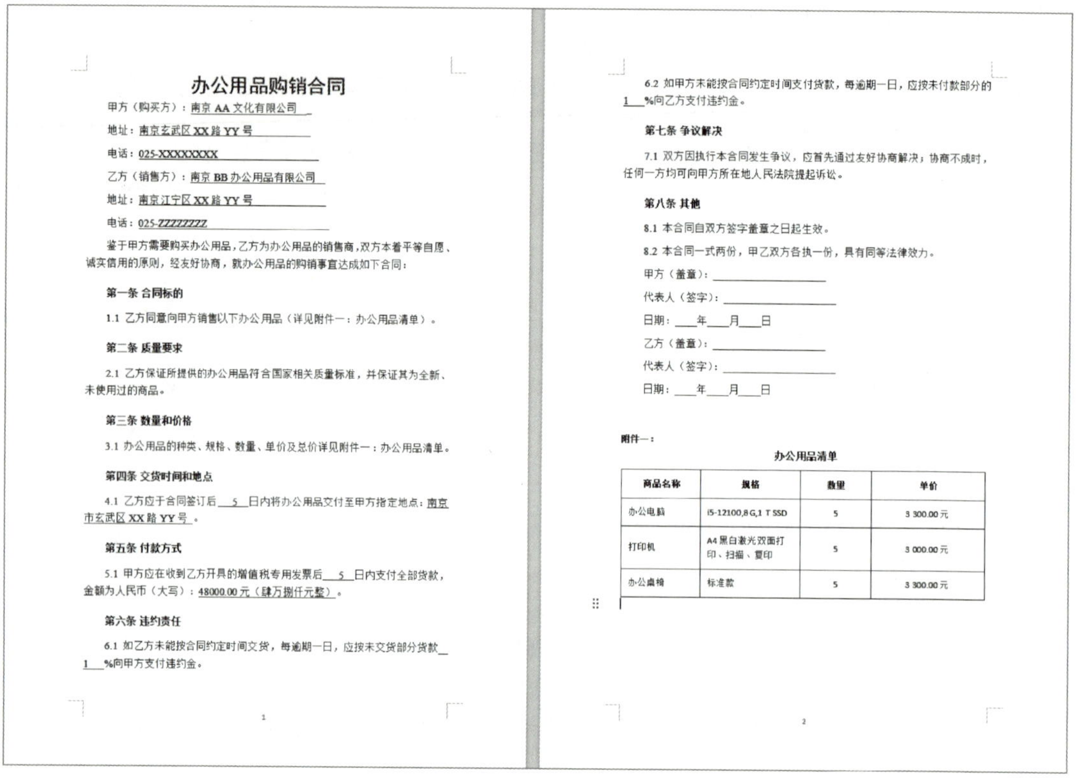

办公用品购销合同

甲方（购买方）：南京 AA 文化有限公司

地址：南京玄武区 XX 路 YY 号

电话：025-XXXXXXXX

乙方（销售方）：南京 BB 办公用品有限公司

地址：南京江宁区 XX 路 YY 号

电话：025-ZZZZZZZZ

鉴于甲方需要购买办公用品，乙方为办公用品的销售商，双方本着平等自愿、诚实信用的原则，经友好协商，就办公用品的购销事宜达成如下合同：

第一条 合同标的

1.1 乙方同意向甲方销售以下办公用品（详见附件一：办公用品清单）。

第二条 质量要求

2.1 乙方保证所提供的办公用品符合国家相关质量标准，并保证其为全新、未使用过的商品。

第三条 数量和价格

3.1 办公用品的种类、规格、数量、单价及总价详见附件一：办公用品清单。

第四条 交货时间和地点

4.1 乙方应于合同签订后__5__日内将办公用品交付至甲方指定地点：南京市玄武区 XX 路 YY 号。

第五条 付款方式

5.1 甲方应在收到乙方开具的增值税专用发票后__5__日内支付全部货款，金额为人民币（大写）：48000.00 元（肆万捌仟元整）。

第六条 违约责任

6.1 如乙方未能按合同约定时间交货，每逾期一日，应按未交货部分货款__1__%向甲方支付违约金。

1

6.2 如甲方未能按合同约定时间支付货款，每逾期一日，应按未付款部分的__1__%向乙方支付违约金。

第七条 争议解决

7.1 双方因执行本合同发生争议，应首先通过友好协商解决；协商不成时，任何一方均可向甲方所在地人民法院提起诉讼。

第八条 其他

8.1 本合同自双方签字盖章之日起生效。

8.2 本合同一式两份，甲乙双方各执一份，具有同等法律效力。

甲方（盖章）：____________

代表人（签字）：____________

日期：____年____月____日

乙方（盖章）：____________

代表人（签字）：____________

日期：____年____月____日

附件一：

办公用品清单

商品名称	规格	数量	单价
办公电脑	i5-12100,8 G,1 T SSD	5	3 300.00 元
打印机	A4 黑白激光双面打印、扫描、复印	5	3 000.00 元
办公桌椅	标准款	5	3 300.00 元

2

图 7-18　最终合同效果

三、知识拓展

1. 文本类型变体训练：尝试生成不同类型的常用办公类文本文档，如报价单、收款收据、年度工作总结报告等。

2. 平台适配训练：尝试使用不同的 AIGC 工具，如 DeepSeek、Qwen、豆包等，生成办公用品购销合同，感受不同 AIGC 工具生成文本文档的差异。

7.2 WPS AI 处理表格文件

表格处理是办公软件的另一大主要功能，其中，最重要且复杂的是各种内嵌函数的使用。在大模型流行之前，人们通常需要自行记住各种内嵌函数的功能及用法，一些复杂的功能通常很难被使用。现在可以将想要实现的功能告诉大模型，大模型会生成相应的内嵌函数语句，从而能够简化处理表格的方式，提高数据分析的效率。目前，人工智能快速发展，WPS AI 现在已经初步具备生成表格、AI 数据分析、AI 写公式、AI 函数及 AI 条件格式等能力。

操作视频

学生成绩智能分析与处理

任务案例：学生成绩智能分析与处理

任务描述

小李同学是某班级的班长，辅导员要求他统计全班的成绩，以确定奖学金等级,学生成绩单见表 7-2。一等奖学金名额共 1 名,二等奖学金名额共 3 名,三等奖学金名额共 5 名。

表 7-2 学生成绩单

学号	学生姓名	语文成绩	数学成绩	英语成绩
1	张华	85	92	88
2	李明	78	85	90
3	王丽	90	88	95
4	赵强	82	76	80
5	孙悦	88	93	89
6	周杰	79	84	81
7	吴梅	86	90	87
8	郑宇	81	87	83
9	冯丽	92	95	93
10	陈刚	77	82	79
11	楚红	89	91	88
12	魏芳	84	86	91
13	蒋平	76	83	80
14	沈静	91	94	90
15	韩梅	83	89	84
16	杨帆	78	81	77
17	秦明	85	88	86
18	许丽	79	82	83
19	何刚	87	90	89
20	王伟	89	90	73

任务目标

- 掌握 AIGC 工具在表格处理中的实际应用;
- 学会撰写清晰、具体的提示词(Prompt),与 AI 进行有效协作;
- 具备使用 AIGC 工具解决数据分析等复杂问题的能力。

一、知识准备

思考:如何进行数据求和?如何按照总分进行排序?

在表格处理软件中,求和的函数为 SUM(),排序的函数为 RANK()。

二、任务实施

步骤 1:快速建表。

(1)打开 WPS,新建工作簿文件。

（2）单击“WPS AI”选项卡，再单击“AI 表格助手”选项，在输入框输入“新建一个空的学生成绩表，包含：学号、学生姓名、语文成绩、数学成绩、英语成绩、总分、排名和奖学金等级。”，如图 7-19 所示，并按 Enter 键确认。WPS AI 会根据提示词生成表格，如图 7-20 所示。

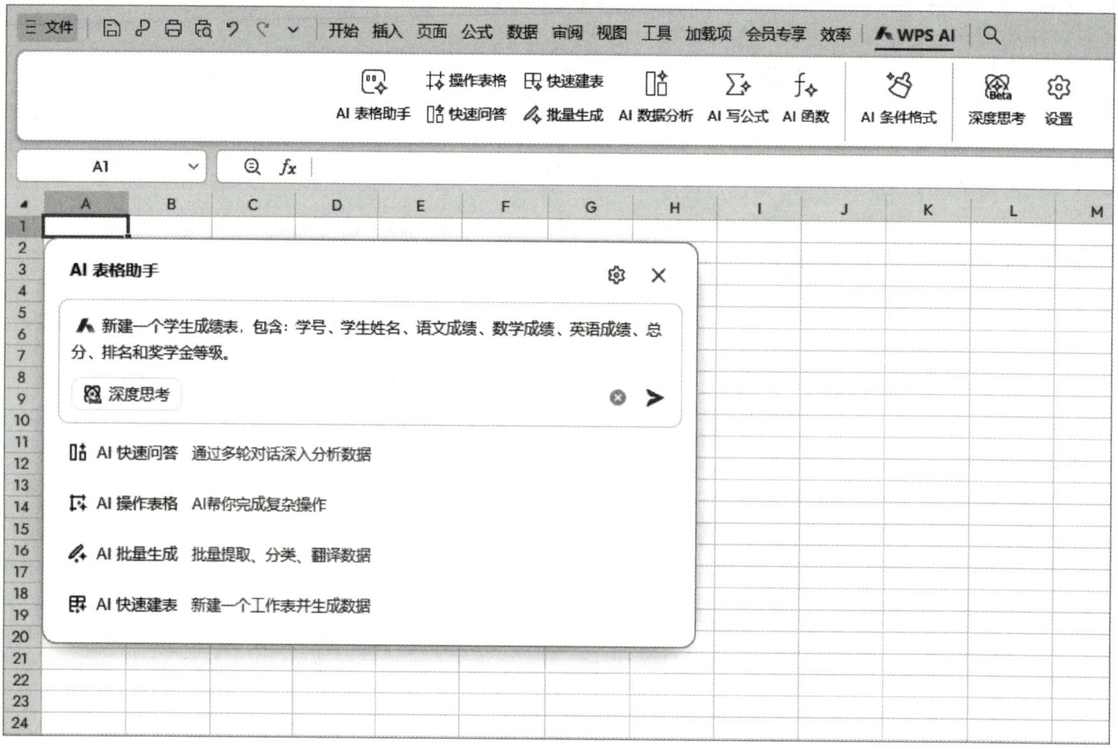

图 7-19　输入提示词

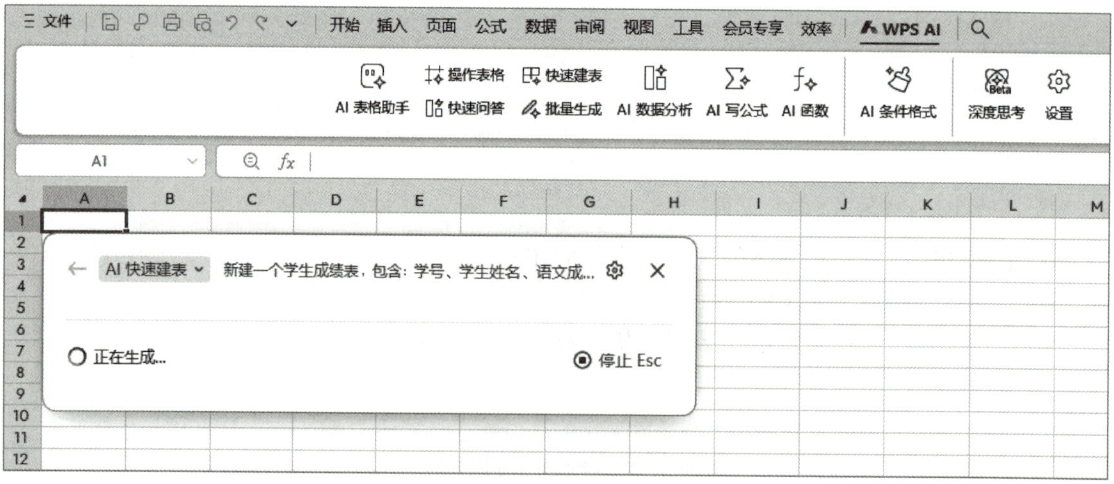

图 7-20　WPS 根据提示词生成表格

（3）WPS AI 生成的表格如图 7-21 所示。单击“保留”按钮，保存生成的表格。观察发现 WPS AI 还随机生成了一些表格内的数据，选中并右击删除。

（4）导入表 7-2 中的学生成绩，至此完成快速建表，如图 7-22 所示。

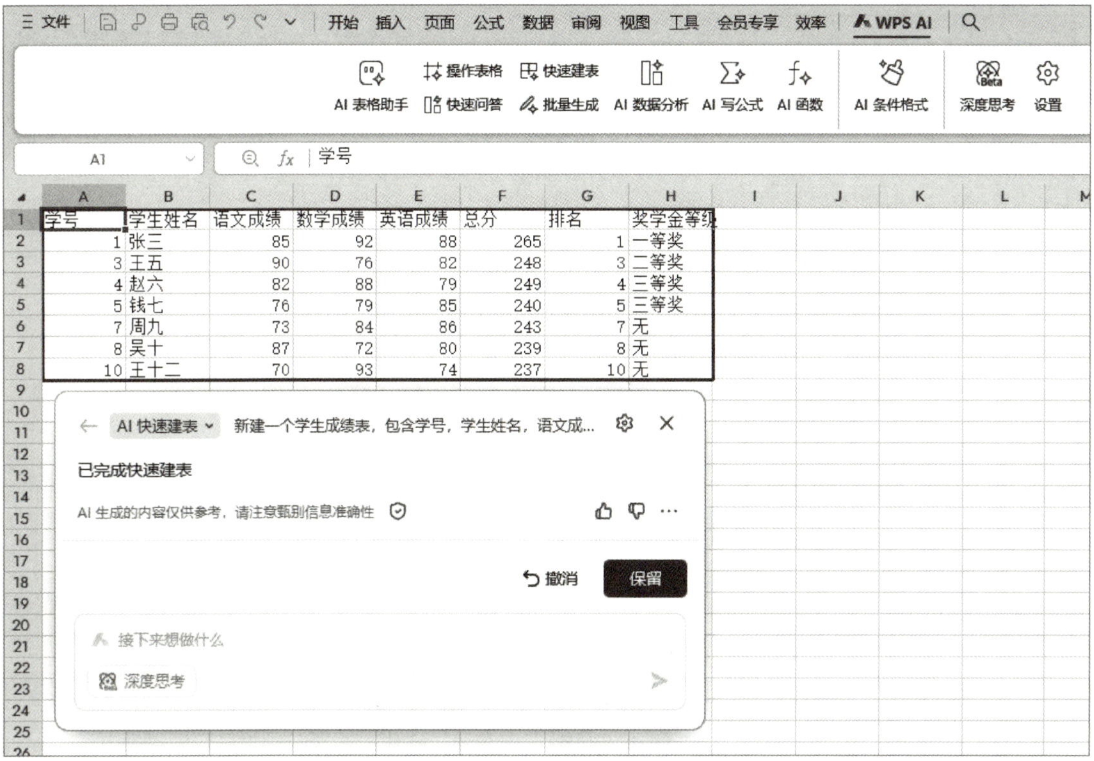

图 7-21　WPS AI 生成的表格

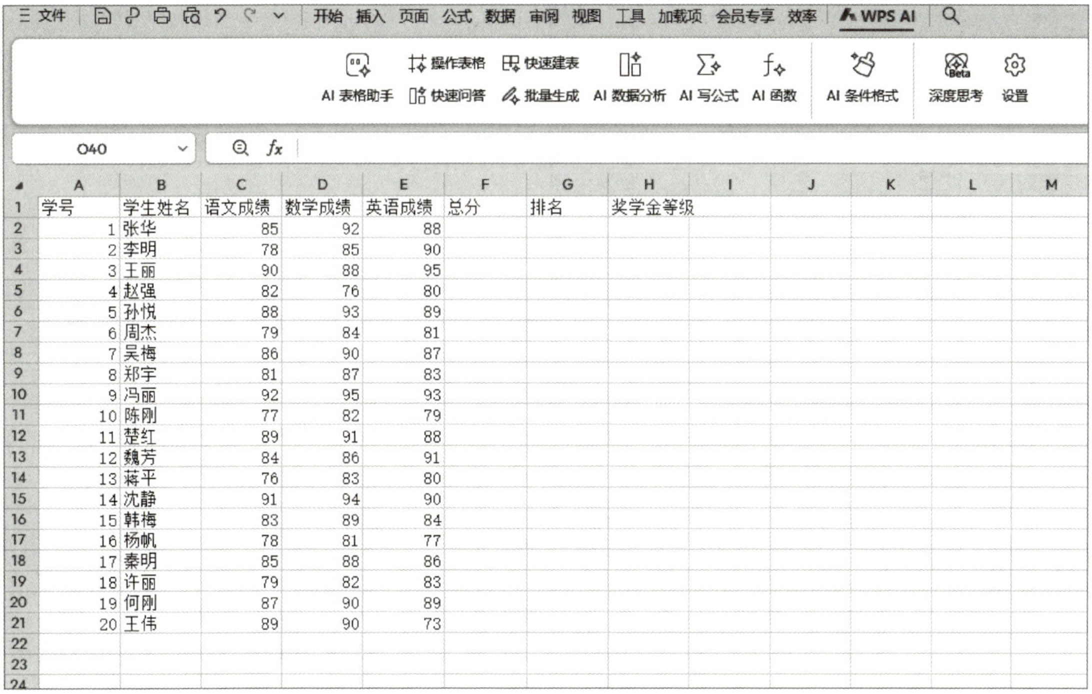

图 7-22　WPS AI 快速建表

步骤 2：计算总分和排名。

（1）打开 WPS AI 选项卡，单击 F2 单元格，再单击“AI 写公式”按钮，在输入框输入“计算 C、D 和 E 列的总和”，并按 Enter 键确认，根据提示词生成的 SUM 函数如图 7-23 所示。

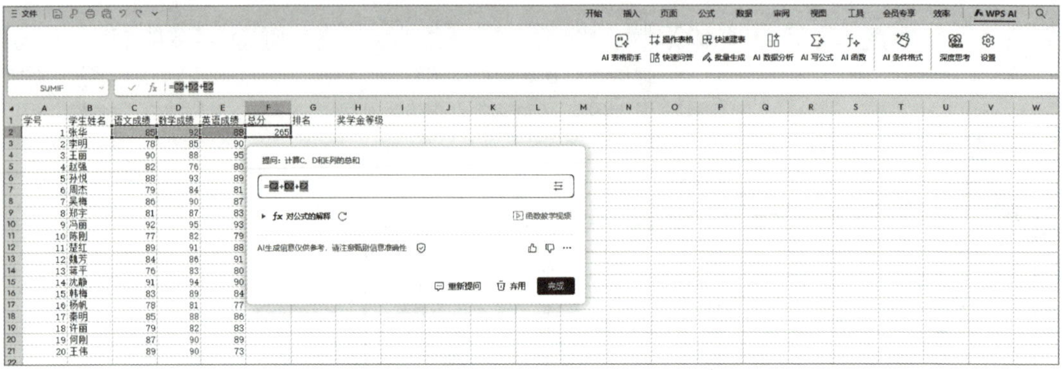

图 7-23 根据提示词生成的 SUM 函数

（2）双击 F2 单元格的右下角，如图 7-24 所示，完成所有同学的总分计算。

图 7-24 计算所有同学的总分

（3）单击 G2 单元格，再单击“AI 写公式”按钮，在输入框输入“计算对应行在 F 列的排名”，如图 7-25 所示，并按 Enter 键确认。根据提示词生成的 RANK 函数如图 7-26 所示。

（4）双击 G2 单元格的右下角，如图 7-27 所示，根据总分计算所有同学的排名。

步骤 3：确定奖学金分配。

本班级的一等奖学金名额共 1 名，二等奖学金名额共 3 名，三等奖学金名额共 5 名。因此，第 1 名获得一等奖学金，第 2～4 名获得二等奖学金，第 5～9 名获得三等奖学金，其余同学暂未获得奖学金。

（1）打开 WPS AI 选项卡，单击“AI 写公式”按钮，在输入框输入“如果 G 列对应行的值等于 1，则显示为一等奖学金；如果 G 列对应行的值大于 1 且小于或等于 4，则显示为二等奖学金；如果 G 列对应行的值大于 4 且小于或等于 9，则显示为三等奖学金”，如图 7-28 所示。按 Enter 键确认后，根据提示词生成的 IF 函数如图 7-29 所示。

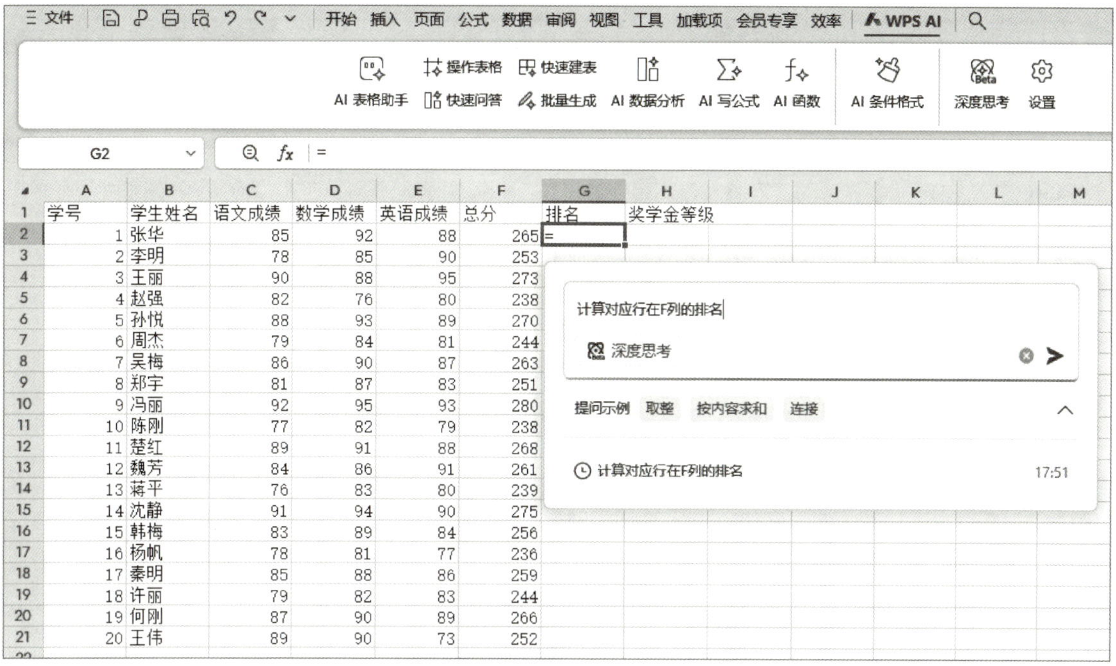

图 7–25 输入提示词

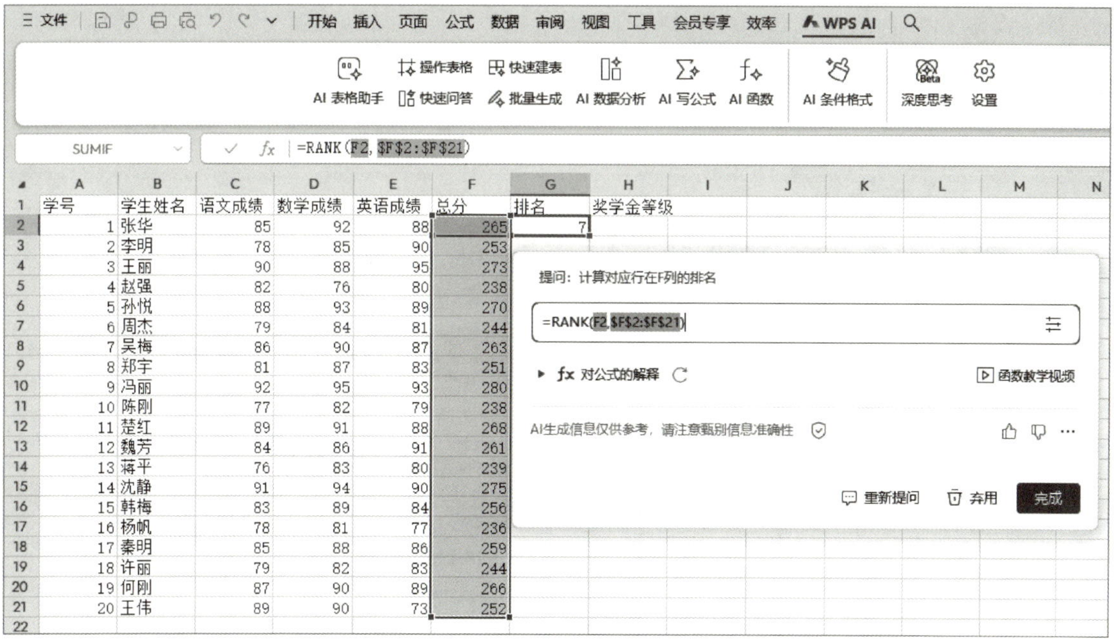

图 7–26 根据提示词生成的 RANK 函数

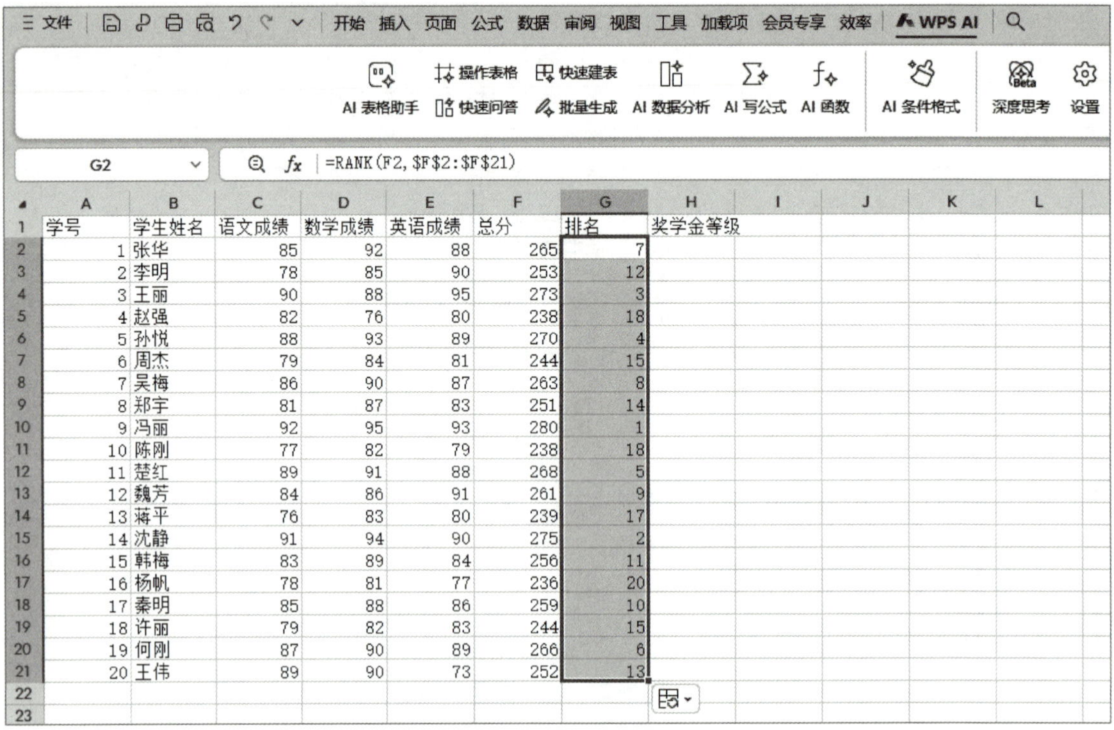

学号	学生姓名	语文成绩	数学成绩	英语成绩	总分	排名	奖学金等级
1	张华	85	92	88	265	7	
2	李明	78	85	90	253	12	
3	王丽	90	88	95	273	3	
4	赵强	82	76	80	238	18	
5	孙悦	88	93	89	270	4	
6	周杰	79	84	81	244	15	
7	吴梅	86	90	87	263	8	
8	郑宇	81	87	83	251	14	
9	冯丽	92	95	93	280	1	
10	陈刚	77	82	79	238	18	
11	楚红	89	91	88	268	5	
12	魏芳	84	86	91	261	9	
13	蒋平	76	83	80	239	17	
14	沈静	91	94	90	275	2	
15	韩梅	83	89	84	256	11	
16	杨帆	78	81	77	236	20	
17	秦明	85	88	86	259	10	
18	许丽	79	82	83	244	15	
19	何刚	87	90	89	266	6	
20	王伟	89	90	73	252	13	

图 7-27 根据总分计算所有同学的排名

图 7-28 输入提示词

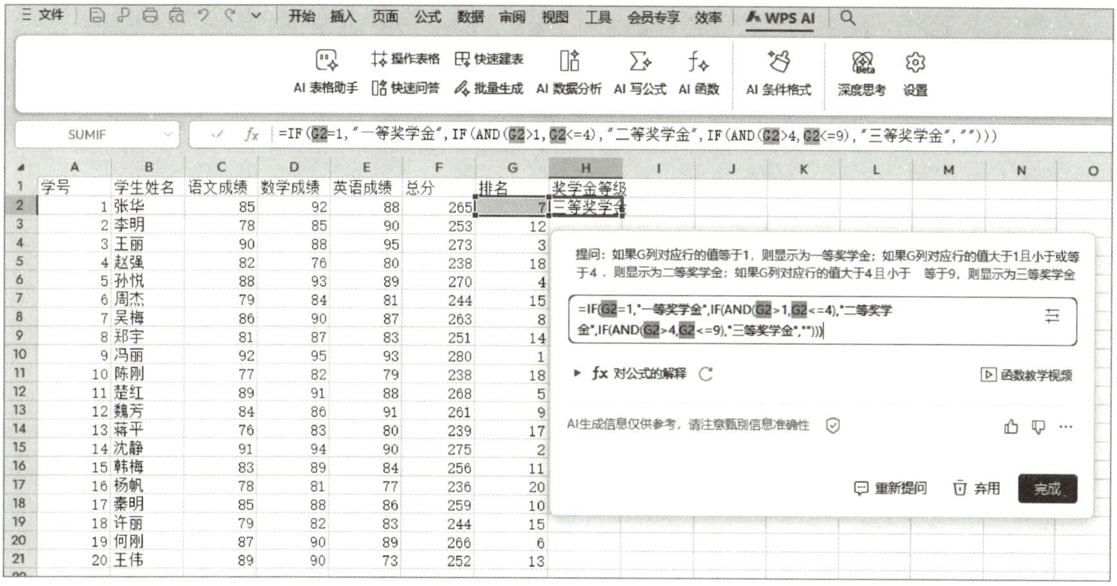

图 7–29　根据提示词生成的 IF 函数

（2）双击 H2 单元格的右下角，如图 7–30 所示，确定所有同学的奖学金等级。

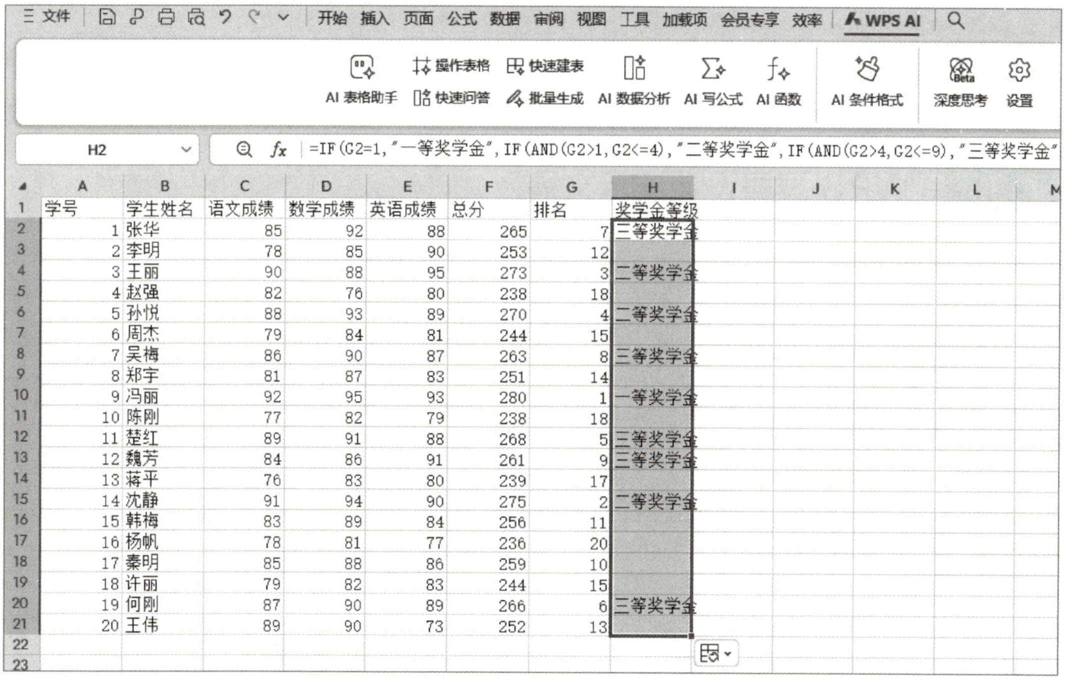

图 7–30　确定所有同学的奖学金等级

（3）本任务基于 WPS AI 完成了学生成绩的计算与排名，并确定了奖学金的分配结果，表格处理最终结果如图 7–31 所示。

三、知识拓展

1. 目标变化训练：尝试使用其他函数，例如，计算每人的平均分和每人分数的标准差，确定哪些同学需要进行基础知识的补充学习等。

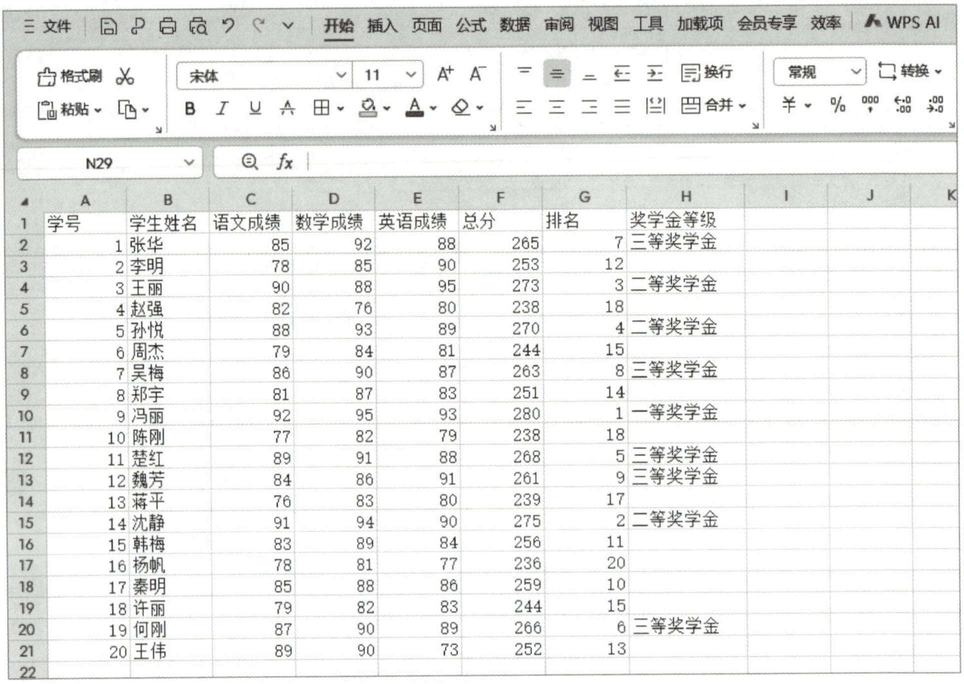

学号	学生姓名	语文成绩	数学成绩	英语成绩	总分	排名	奖学金等级
1	张华	85	92	88	265	7	三等奖学金
2	李明	78	85	90	253	12	
3	王丽	90	88	95	273	3	二等奖学金
4	赵强	82	76	80	238	18	
5	孙悦	88	93	89	270	4	二等奖学金
6	周杰	79	84	81	244	15	
7	吴梅	86	90	87	263	8	三等奖学金
8	郑宇	81	87	83	251	14	
9	冯丽	92	95	93	280	1	一等奖学金
10	陈刚	77	82	79	238	18	
11	楚红	89	91	88	268	5	三等奖学金
12	魏芳	84	86	91	261	9	三等奖学金
13	蒋平	76	83	80	239	17	
14	沈静	91	94	90	275	2	二等奖学金
15	韩梅	83	89	84	256	11	
16	杨帆	78	81	77	236	20	
17	秦明	85	88	86	259	10	
18	许丽	79	82	83	244	15	
19	何刚	87	90	89	266	6	三等奖学金
20	王伟	89	90	73	252	13	

图 7-31　表格处理最终结果

2. 平台适配训练：尝试不同的 AIGC 工具，如 DeepSeek、Qwen、豆包等软件，完成相同的数据分析任务，感受不同 AIGC 工具使用函数的差异。

7.3 WPS 灵犀设计演示文稿

演示文稿也是办公软件中的一大主要功能，是总结汇报时常用的辅助工具，其创作过程不仅包含内容的编写，还包括样式主题的美化。精心设计一份演示文稿需要花费较多的时间与精力，不仅需要对文本内容进行精炼，而且需要对样式排版进行完善。随着人工智能的快速发展，WPS 灵犀已经初步具备根据主题生成演示文稿，根据文档生成演示文稿，以及根据大纲生成演示文稿等功能。

任务案例：演示文稿创新设计

操作视频

演示文稿创新设计

任务描述

小明正在学习一门“人工智能导论”的课程，老师让他检索并总结我国的人工智能研究发展历史，并使用演示文稿（PPT）的形式向同学们展示。经过文献搜索和新闻查阅，小明总结的我国人工智能研究的发展历程如图 7-32 所示。

任务目标

- 掌握 AIGC 工具在演示文稿设计中的实际应用；
- 学会撰写清晰、具体的提示词（Prompt），与 AI 进行有效协作；
- 利用 AIGC 工具解决演示文稿制作过程中的复杂问题。

我国人工智能的发展历程可以追溯到 20 世纪 70 年代末期，经过几十年的发展，我国在人工智能领域取得了显著的进步，以下是我国人工智能发展的主要阶段和重要里程碑。

1. 起步阶段（1970—1980年）

我国人工智能的研究起步较晚，在 1978 年召开的中国自动化学会年会上，报告了光学文字识别系统、手写体数字识别、生物控制论和模糊集合等研究成果。

…

这一时期，人工智能研究主要集中在基础理论和算法开发上，但受限于硬件条件和技术水平，发展较为缓慢。

2. 技术积累阶段（1990—2000年）

1998 年，微软中国研究院（后更名为微软亚洲研究院）成立，首任院长是李开复。该研究院的成立标志着我国在计算机科学与人工智能领域的研究进入了一个新的阶段。

…

3. 快速发展阶段（2010—2020年）

2010 年后，随着互联网技术的快速发展，我国人工智能开始经历从技术向场景的转移。

…

4. 产业化与规模化发展阶段（2020年至今）

我国人工智能产业的发展得到了国家政策的持续支持，并呈现出快速发展的态势。

…

总体来看，我国人工智能从早期的萌芽起步，到如今的产业化与规模化发展，经历了多个阶段的演进，并在全球范围内展现出强劲的发展势头。

图 7-32 我国人工智能研究的发展历程

一、知识准备

思考：由文本生成演示文稿要经过哪些步骤？

由文本生成演示文稿主要有 2 步。第 1 步：利用大语言模型根据文本总结出提纲；第 2 步：将提纲输入给演示文稿制作软件以生成对应内容的演示文稿。

二、任务实施

步骤 1：文档生成演示文稿。

（1）单击“灵犀”图标，打开 WPS 灵犀，如图 7-33 所示。

（2）单击左侧边栏的“AI PPT”选项，将图 7-32 中的发展历程文档上传到 WPS 灵犀，如图 7-34 所示。在输入框输入“结合上传的文件生成关于我国人工智能研究的发展历程的 PPT”，如图 7-35 所示。按 Enter 键确认后，生成的演示文稿提纲如图 7-36 所示。

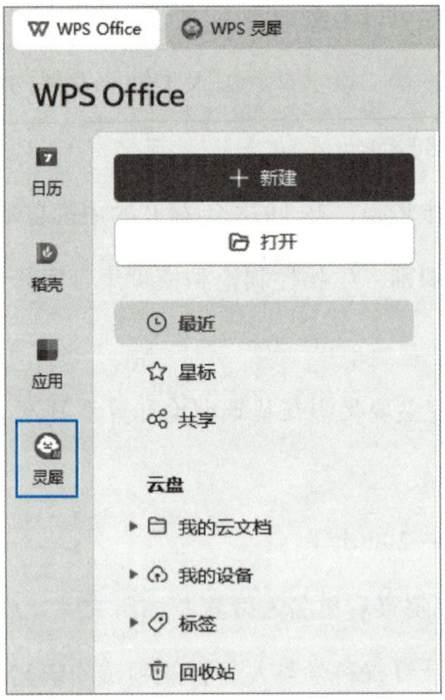

图 7-33 “灵犀”图标

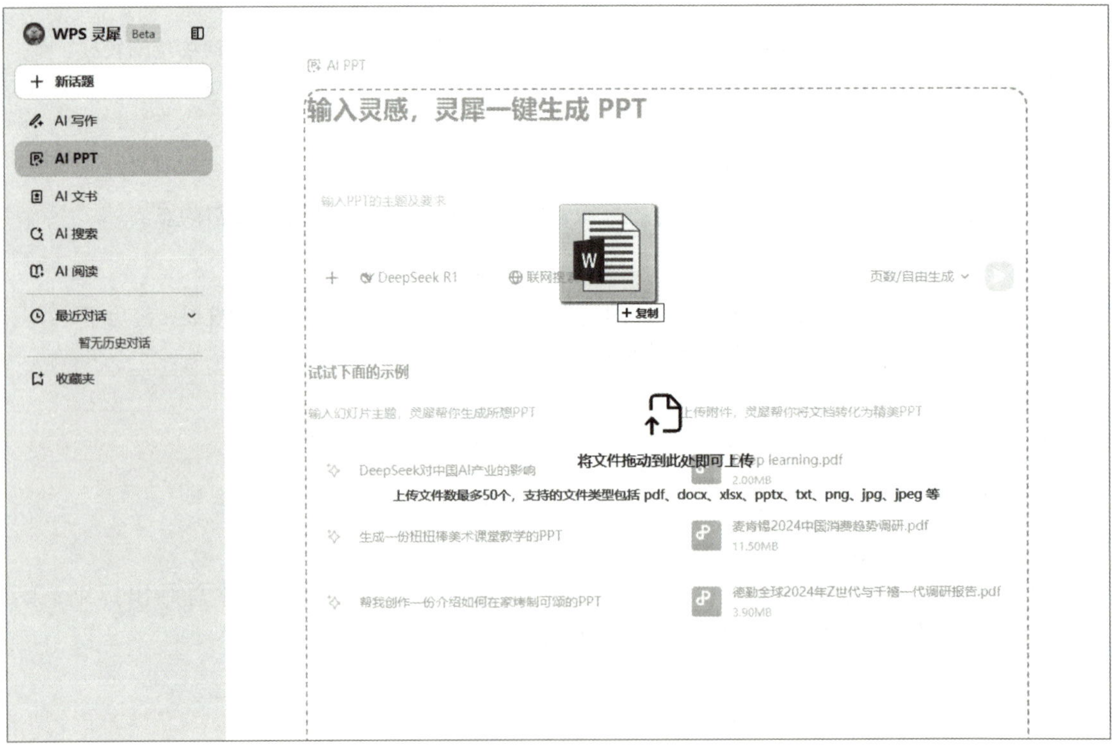

图 7-34 将文档上传到 WPS 灵犀

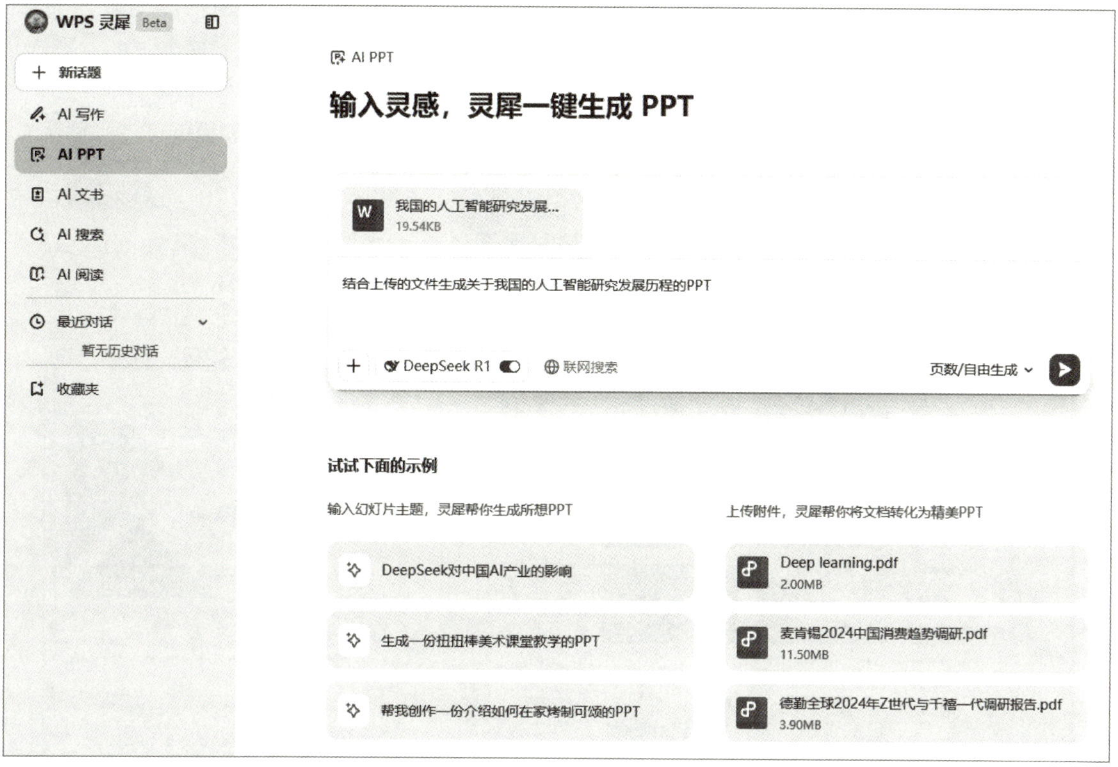

图 7-35 输入提示词

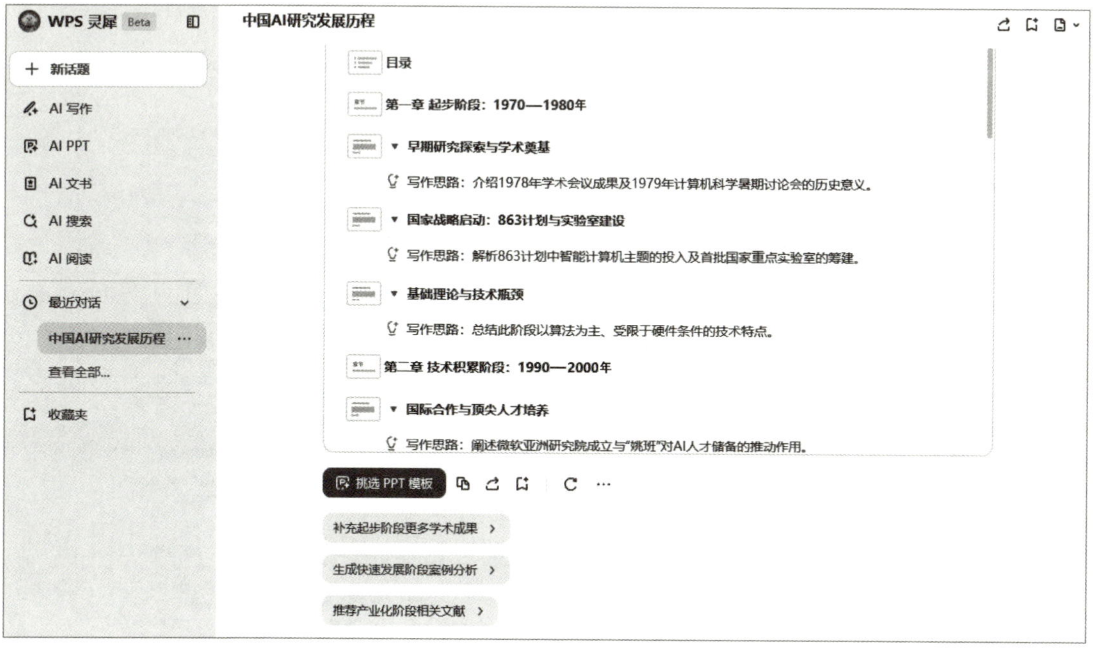

图 7-36 生成的演示文稿提纲

（3）在“选择模板生成 PPT”界面（图 7-37），选择合适的 PPT 模板，单击“生成 PPT”按钮，将按照选定的模板样式生成演示文稿，如图 7-38 所示。

图 7–37 “选择模板生成 PPT”界面

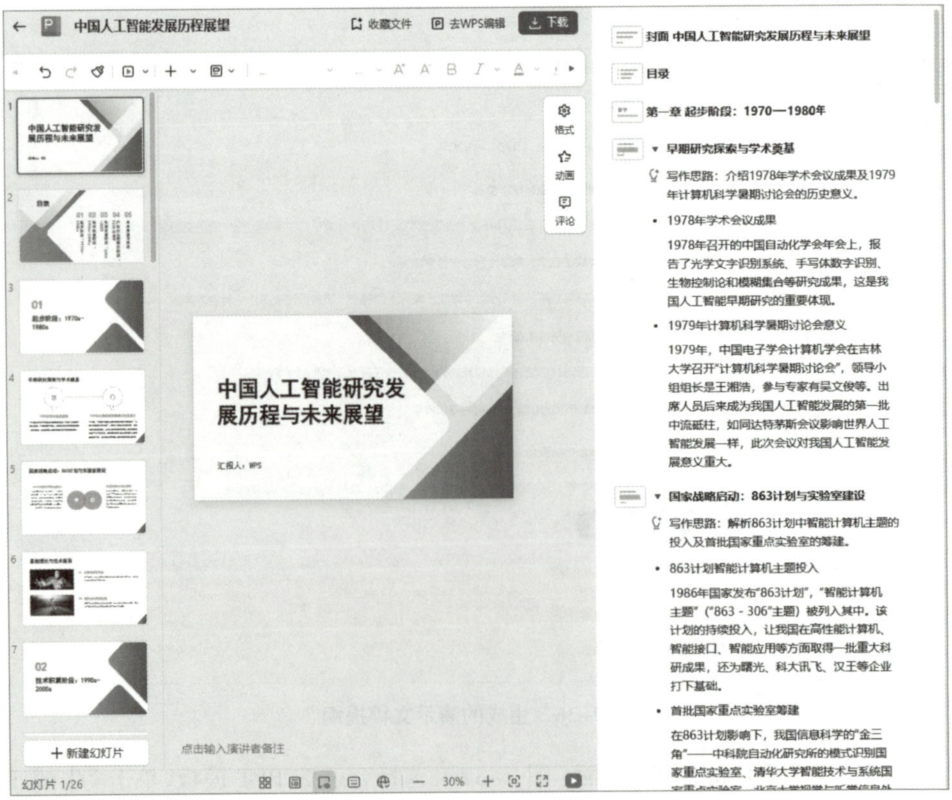

图 7–38 生成演示文稿

（4）单击图 7-38 中的“下载”按钮，可以将生成的演示文稿下载到本地计算机。

步骤 2：自定义修改演示文稿。

（1）在 WPS 中打开下载到本地计算机的演示文稿，如图 7-39 所示。

（2）查看演示文稿的内容，进行有针对性的修改和完善，最终的演示文稿所有页面如图 7-40 所示。

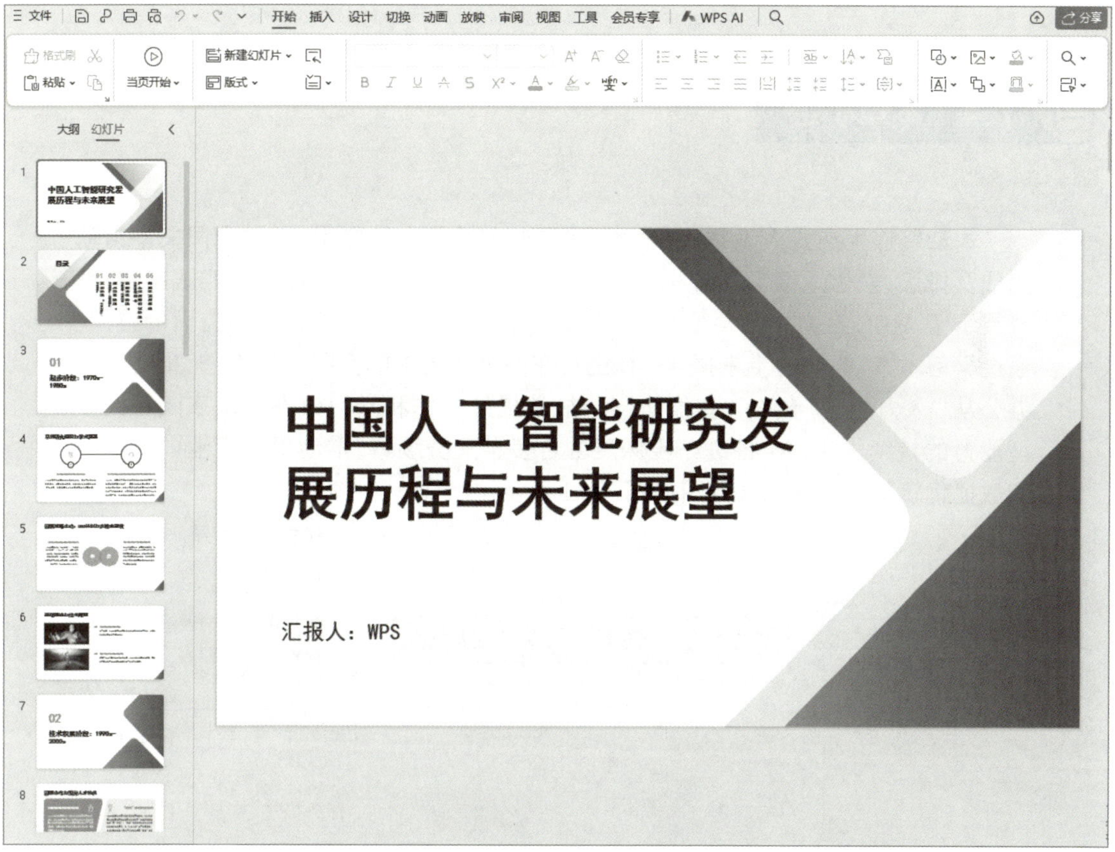

图 7-39　下载到本地计算机的演示文稿

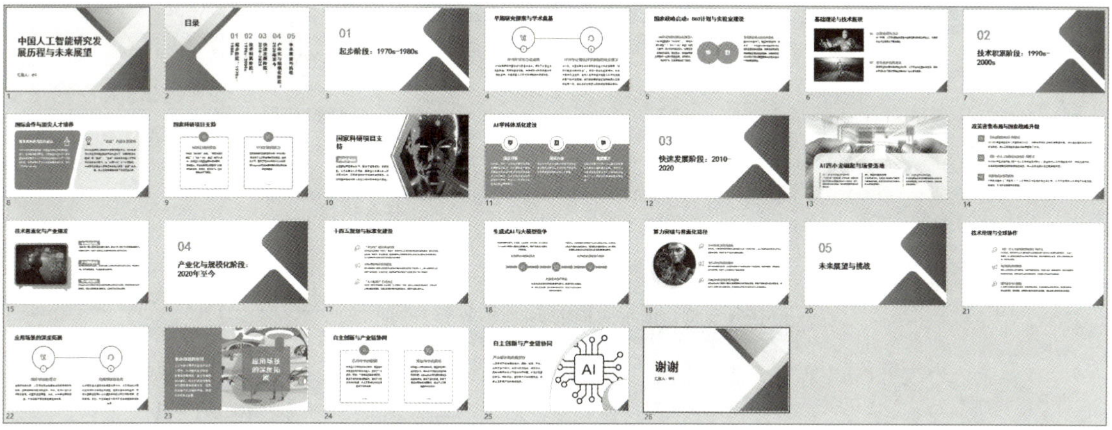

图 7-40　演示文稿所有页面

三、知识拓展

1. 样式变换训练：尝试采用不同的 PPT 模板样式风格，生成不同的演示文稿，并对比它们的差异。

2. 平台适配训练：尝试使用不同的 AIGC 工具，如 DeepSeek、Qwen、豆包等软件，生成提纲并制作演示文稿，感受不同 AIGC 工具制作效果的差异。

7.4 本章小结

本章聚焦生成式人工智能技术在现代办公场景中的应用，通过合同文本自动生成及排版、学生成绩智能分析与处理，以及演示文稿创新设计三个实践案例，系统展示了 AIGC 在文本文档处理、表格文件处理以及演示文稿设计等方面的应用。通过学习本章，能够初步掌握 AIGC 工具在办公场景中的实际应用方法，推动现代办公从“人力驱动”转向“智能协同”，显著提升工作和学习效率。未来随着大模型能力的持续优化，AI 将进一步深度融合多种业务场景，推动更多产业向智能化和敏捷化转型。本章思维导图如图 7–41 所示。

图 7–41 第 7 章思维导图

课后练习

1. 请谈谈人工智能在办公软件中的应用前景。

2. 从用户的角度出发，未来办公软件中最需要人工智能辅助的功能是什么？

3. 影响用户接受人工智能工具的主要因素有哪些？应采取哪些方式提高用户对人工智能工具的信任和使用频率？

4. 请利用 WPS AI 生成一份国庆节的放假通知。

5. 想要提取一份报告中的所有图片，并将所有图片以其标题的形式命名并打包，请考虑如何借助人工智能工具完成任务。

6. 请使用人工智能工具，基于一篇内容涉及人工智能在医疗领域应用的技术报告，完成以下任务：

（1）检查文档的语法错误，并自动纠正；

（2）使用人工智能工具优化文档的写作风格，使其更加专业和流畅；

（3）利用人工智能工具自动生成文档的摘要和关键词。

课后文档

第7章第5题材料

课后文档

第7章第6题材料

第 8 章

AIGC 综合实践

在应用 AIGC 工具完成实际任务时，单一工具往往难以满足复杂需求，因此需要同时利用多个 AIGC 工具进行协同工作，充分发挥不同工具的优势，以达成更高效、更高质量的创作目标。通过完成本章的两个综合任务，初步具备跨工具协作的核心 AI 应用能力，包括 AIGC 工具的选择与组合、工作流的优化与衔接，以及不同工具生成内容的整合与优化。例如，将 DeepSeek 用于文本生成，即梦 AI 用于图像创作，剪映用于视频编辑等，并探索如何将这些工具的输出结果进行深度融合，以解决实际问题或实现创作目标。本章旨在培养跨工具协作思维，提升处理复杂任务的综合应用能力，为未来在 AIGC 领域的深入探索和实践打下坚实基础。

8.1 综合任务 1：AI 轻松搞定机器人社团招新推文

任务描述

小李是机器人社团的成员，现在他需要撰写一篇社团招新的公众号推文，用于吸引大一新生加入机器人社团，推文要求如下。

操作视频

AI 轻松搞定机器人社团招新推文

内容：该推文需要包含机器人社团简介，介绍社团的成立背景（成立于 2016 年），核心方向（竞技机器人、智能机器人研发、科技创新项目等），突出社团的特色和优势（获全国 RoboMaster 赛二等奖等），提及社团的活动形式（技术沙龙、校内机器人挑战赛、企业参观等）。该推文需要明确招新要求，目标人群为对编程、机械、AI 等内容感兴趣的新生，列出具体的技能要求（不设硬性门槛）。该推文需要详细说明报名流程，包括报名方式（填写线上表单），提供社团的联系方式。

风格：推文语言需要轻松活泼，贴近年轻人的表达方式，避免过于正式或枯燥，可以适当使用网络热词或流行语，但需注意分寸，推文排版需要简洁美观。

构成：推文除文字外，还需要配有一定量的高清图片，图片比例为 4∶3，内容涵盖社团活动、机器人作品、比赛荣誉、团队合影等，推文的最后还需要附带一段社团招新视频，时长 30～60 s，视频内容需包含社团开展的活动等。

任务目标

- 掌握大语言模型 DeepSeek 在文案创作中的实际应用；

- 掌握视频剪辑软件剪映在AI视频生成中的实际应用;
- 掌握图片创作工具即梦AI在图片生成中的实际应用;
- 掌握编辑器工具135编辑器在AI排版中的实际应用。

一、知识准备

1. 提示词:了解描述性语言如何影响AI视觉输出。
2. 公众号推文排版的基本要求:简洁清晰、字体规范且重点突出。
3. DeepSeek-V3:支持多轮对话,适合迭代优化。
4. 即梦AI:支持多模型选择,生成高分辨率图片。
5. 剪映(专业版):提供AI配音、字幕和智能素材匹配。
6. 135编辑器:支持AI排版和智能配图,适配微信公众号。

二、任务实施

步骤1:编写提示词,生成招新文案。

(1)根据本任务的需求填写CO-STAR框架的六要素,设计提示词见表8-1。

表8-1 设计提示词

Context 上下文	你是一名机器人社团的成员,现在需要撰写一篇社团招新公众号推文,该推文需要包含机器人社团简介,介绍社团的成立背景(成立于2016年),核心方向(竞技机器人、智能机器人研发、科技创新项目等),突出社团的特色和优势(获全国RoboMaster赛二等奖等),提及社团的活动形式(技术沙龙、校内机器人挑战赛、企业参观等)。招新要求:明确招新的目标人群(对编程、机械、AI等内容感兴趣的新生),列出具体的技能要求(不设硬性门槛)。招新方式:详细说明报名流程,包括报名方式(填写线上表单),提供社团的联系方式
Objective 目标	生成一篇文案,帮助大一新生了解该社团的招新工作
Style 风格	参考各大平台上各所大学社团招新文案的风格
Tone 语气	轻松活泼,贴近年轻人的表达方式,避免过于正式或枯燥,可以适当使用网络热词或流行语,但需注意分寸
Audience 受众	目标人群是即将入学的大一新生
Response 响应	输出文案字数在3 000字左右

整合上述内容,得到高质量的提示词如下。

帮我撰写一篇机器人社团招新公众号推文,该推文需要包含机器人社团简介,介绍社团的成立背景(成立于2016年),核心方向(竞技机器人、智能机器人研发、科技创新项目等),突出社团的特色和优势(获全国RoboMaster赛二等奖等),提及社团的活动形式(技术沙龙、校内机器人挑战赛、企业参观等)。招新要求:明确招新的目标人群(对编程、机械、AI等内容感兴趣的新生),列出具体的技能要求(不设硬性门槛)。招新方式:详细说明报名流程,包括报名方式(填写线上表单),提供社团的联系方式。推文参考各大平台上各所大学社团招新文案的风格,语言需要轻松活泼,贴近年轻人的表达方式,避免过于正式或枯燥,可以适当使用网络热词或流行语,但需注意分寸,输出文案字数在3 000字左右。

（2）访问 DeepSeek 官方网站，输入步骤 1（1）得到的提示词，DeepSeek 初次生成的文案结果如图 8-1 所示。

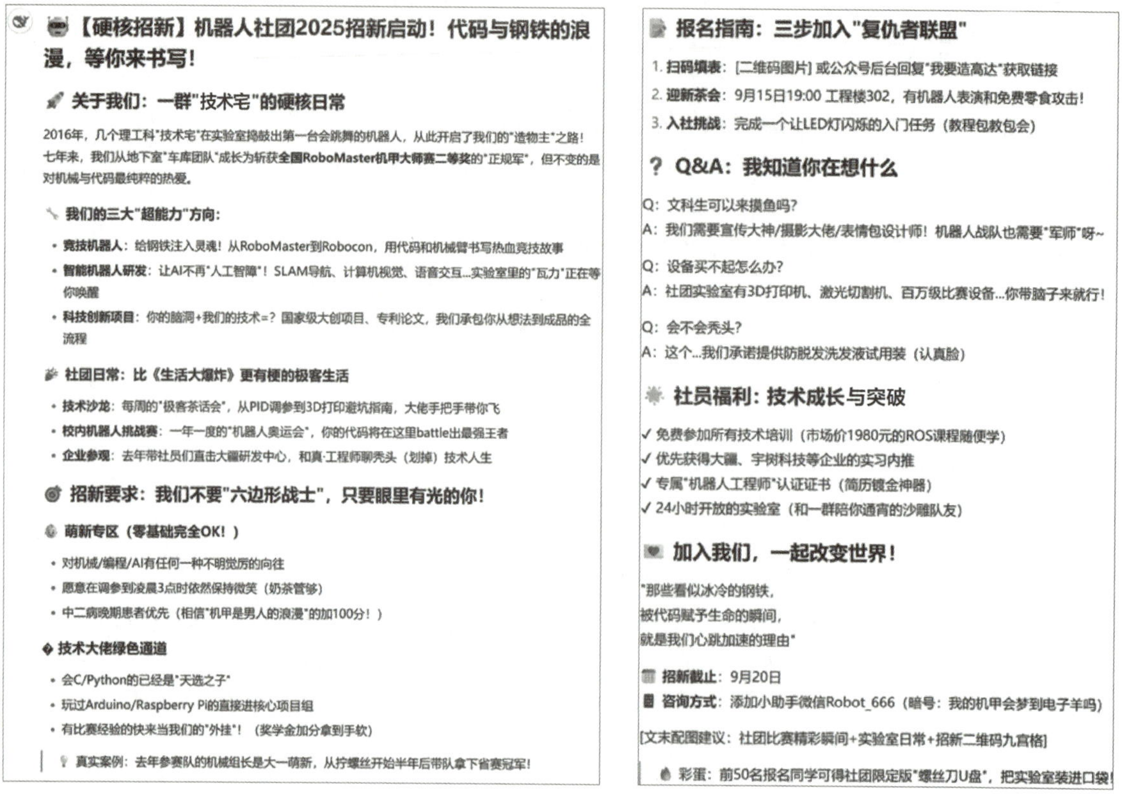

【硬核招新】机器人社团2025招新启动！代码与钢铁的浪漫，等你来书写！

关于我们：一群"技术宅"的硬核日常

2016年，几个理工科"技术宅"在实验室捣鼓出第一台会跳舞的机器人，从此开启了我们的"造物主"之路！七年来，我们从地下室"车库团队"成长为斩获**全国RoboMaster机甲大师赛二等奖**的"正规军"，但不变的是对机械与代码最纯粹的热爱。

我们的三大"超能力"方向：

- **竞技机器人**：给钢铁注入灵魂！从RoboMaster到Robocon，用代码和机械臂书写热血竞技故事
- **智能机器人研发**：让AI不再"人工智障"！SLAM导航、计算机视觉、语音交互...实验室里的"瓦力"正在等你唤醒
- **科技创新项目**：你的脑洞+我们的技术=？国家级大创项目、专利论文，我们承包你从想法到成品的全流程

社团日常：比《生活大爆炸》更有梗的极客生活

- **技术沙龙**：每周的"极客茶话会"，从PID调参到3D打印避坑指南，大佬手把手带你飞
- **校内机器人挑战赛**：一年一度的"机器人奥运会"，你的代码将在这里battle出最强王者
- **企业参观**：去年带社员们直击大疆研发中心，和真·工程师聊秃头（划掉）技术人生

招新要求：我们不要"六边形战士"，只要眼里有光的你！

萌新专区（零基础完全OK！）

- 对机械/编程/AI有任何一种不明觉厉的向往
- 愿意在调参到凌晨3点时依然保持微笑（奶茶管够）
- 中二病晚期患者优先（相信"机甲是男人的浪漫"的加100分！）

技术大佬绿色通道

- 会C/Python的已经是"天选之子"
- 玩过Arduino/Raspberry Pi的直接进核心项目组
- 有比赛经验的快来当我们的"外挂"！（奖学金加分拿到手软）

> 真实案例：去年参赛队的机械组长是大一萌新，从拧螺丝开始半年后带队拿下省赛冠军！

(a)

报名指南：三步加入"复仇者联盟"

1. **扫码填表**：[二维码图片] 或公众号后台回复"我要造高达"获取链接
2. **迎新茶会**：9月15日19:00 工程楼302，有机器人表演和免费零食攻击！
3. **入社挑战**：完成一个让LED灯闪烁的入门任务（教程包教包会）

? Q&A：我知道你在想什么

Q：文科生可以来摸鱼吗？
A：我们需要宣传大神/摄影大佬/表情包设计师！机器人战队也需要"军师"呀~

Q：设备买不起怎么办？
A：社团实验室有3D打印机、激光切割机、百万级比赛设备...你带脑子来就行！

Q：会不会秃头？
A：这个...我们承诺提供防脱发洗发液试用装（认真脸）

社员福利：技术成长与突破

✓ 免费参加所有技术培训（市场价1980元的ROS课程随便学）
✓ 优先获得大疆、宇树科技等企业的实习内推
✓ 专属"机器人工程师"认证证书（简历镀金神器）
✓ 24小时开放的实验室（和一群陪你通宵的沙雕队友）

加入我们，一起改变世界！

"那些看似冰冷的钢铁，
被代码赋予生命的瞬间，
就是我们心跳加速的理由"

招新截止：9月20日
咨询方式：添加小助手微信Robot_666（暗号：我的机甲会梦到电子羊吗）

[文末配图建议：社团比赛精彩瞬间+实验室日常+招新二维码九宫格]

> 彩蛋：前50名报名同学可得社团限定版"螺丝刀U盘"，把实验室装进口袋！

(b)

图 8-1　DeepSeek 初次生成的文案结果

（3）由图 8-1 可知，DeepSeek-V3 初次生成的文案结果与常见的微信公众号推文的格式差异较大。公众号推文中很少出现表情符号，而且该文案的字数太少，内容不够充实。因此，在对话框中再次输入提示词"修改上述文案，删除其中的表情，同时扩写内容"，生成的文案改进结果如图 8-2 所示。

通过对比可以发现，本次生成结果与初次生成结果相比，删除了表情符号，同时内容也更加充实。

步骤 2：编写提示词，生成推文图片。

（1）访问即梦 AI 初始界面，如图 8-3 所示。

（2）在上述生成好的文案中选择合适的关键词来生成图片，目前暂时支持生成三张图片，在"生图模型"的列表中选择"图片 3.0 by Seedream 3.0"模型，在"选择清晰度"一栏选择"标清 1 K"，在"图片比例"一栏选择"4:3"，在图片"尺寸"一栏输入尺寸为"1 472 × 1 104"。

第一张图片的提示词为"生成一张图片，内容是一群大学生在制作一个小型机器人"，生成结果 1 如图 8-4 所示；第二张图片的提示词为"生成一张图片，内容是一群大学生高举一个机器人比赛的奖杯"，生成结果 2 如图 8-5 所示；第三张图片的提示词为"生成一张图片，内容是一群年轻人捧着一个小型机器人"，生成结果 3 如图 8-6 所示。如图 8-4 ~ 图 8-6 所示，即梦 AI 针对每句提示词会一次性生成 4 张图片，按需选择即可。

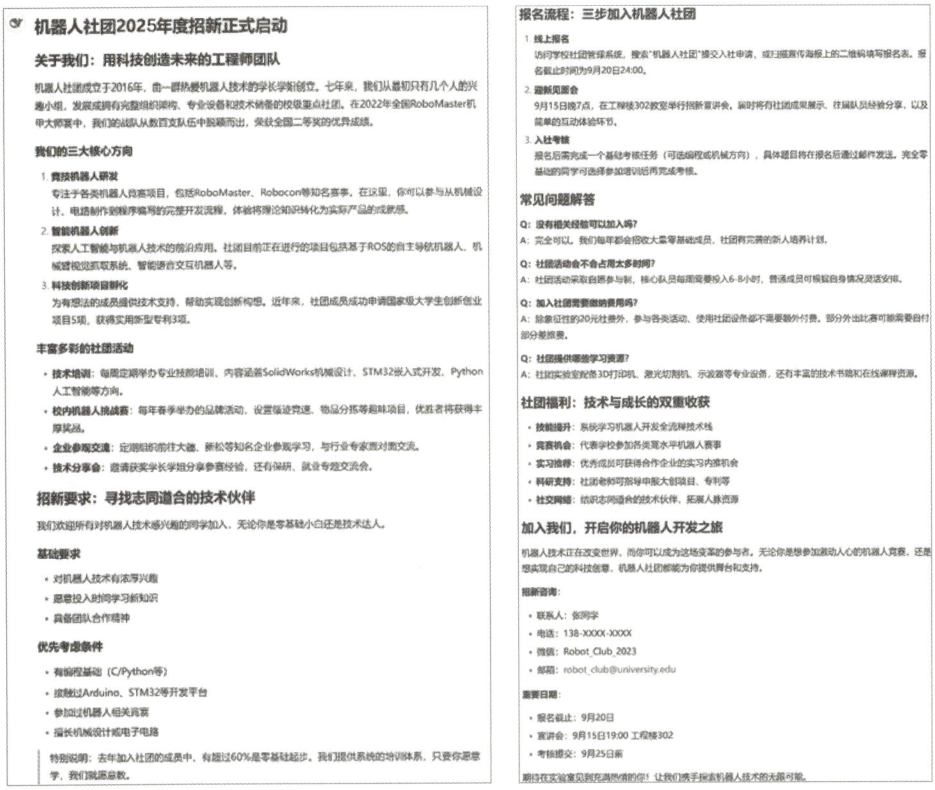

机器人社团2025年度招新正式启动

关于我们：用科技创造未来的工程师团队

机器人社团成立于2016年，由一群热爱机器人技术的学长学姐创立。七年来，我们从最初只有几个人的兴趣小组，发展成拥有完整组织架构、专业设备和技术储备的校级重点社团。在2022年全国RoboMaster机甲大师赛中，我们的战队从数百支队伍中脱颖而出，荣获全国二等奖的优异成绩。

我们的三大核心方向

1. **竞技机器人研发**
   专注于各类机器人竞赛项目，包括RoboMaster、Robocon等知名赛事。在这里，你可以参与从机械设计、电路制作到程序编写的完整开发流程，体验将理论知识转化为实际产品的成就感。
2. **智能机器人创新**
   探索人工智能与机器人技术的前沿应用。社团目前正在进行的项目包括基于ROS的自主导航机器人、机械臂视觉抓取系统、智能语音交互机器人等。
3. **科技创新项目孵化**
   为有想法的成员提供技术支持，帮助实现创新构想。近年来，社团成员成功申请国家级大学生创新创业项目5项，获得实用新型专利3项。

丰富多彩的社团活动

- **技术培训**：每周定期举办专业技能培训，内容涵盖SolidWorks机械设计、STM32嵌入式开发、Python人工智能等方向。
- **校内机器人挑战赛**：每年春季举办的品牌活动，设置循迹竞速、物品分拣等趣味项目，优胜者将获得丰厚奖品。
- **企业参观交流**：定期组织前往大疆、新松等知名企业参观学习，与行业专家面对面交流。
- **技术分享会**：邀请获奖学长学姐分享参赛经验，还有保研、就业专题交流会。

招新要求：寻找志同道合的技术伙伴

我们欢迎所有对机器人技术感兴趣的同学加入，无论你是零基础小白还是技术达人。

基础要求

- 对机器人技术有浓厚兴趣
- 愿意投入时间学习新知识
- 具备团队合作精神

优先考虑条件

- 有编程基础（C/Python等）
- 接触过Arduino、STM32等开发平台
- 参加过机器人相关竞赛
- 擅长机械设计或电子电路

> 特别说明：去年加入社团的成员中，有超过60%是零基础起步。我们提供系统的培训体系，只要你愿意学，我们就愿意教。

(a)

报名流程：三步加入机器人社团

1. **线上报名**
   访问学校社团管理系统，搜索"机器人社团"提交入社申请，或扫描宣传海报上的二维码填写报名表。报名截止时间为9月20日24:00。
2. **迎新见面会**
   9月15日晚7点，在工程楼302教室举行招新宣讲会，届时将有社团成果展示、往届队员经验分享，以及简单的互动体验环节。
3. **入社考核**
   报名后需完成一个基础考核任务（可选编程或机械方向），具体题目将在报名后通过邮件发送。完全零基础的同学可选择参加培训后再完成考核。

常见问题解答

Q：没有相关经验可以加入吗？
A：完全可以，我们每年都会招收大量零基础成员，社团有完善的新人培养计划。

Q：社团活动会不会占用太多时间？
A：社团活动采取自愿参与制，核心队员每周需要投入6-8小时，普通成员可根据自身情况灵活安排。

Q：加入社团需要缴纳费用吗？
A：除象征性的20元社费外，参与各类活动、使用社团设备都不需要额外付费。部分外出比赛可能需要自付部分差旅费。

Q：社团提供哪些学习资源？
A：社团实验室配备3D打印机、激光切割机、示波器等专业设备，还有丰富的技术书籍和在线课程资源。

社团福利：技术与成长的双重收获

- **技能提升**：系统学习机器人开发全流程技术栈
- **竞赛机会**：代表学校参加各类高水平机器人赛事
- **实习推荐**：优秀成员可获得合作企业的实习内推机会
- **科研支持**：社团老师可指导申报大创项目、专利等
- **社交网络**：结识志同道合的技术伙伴，拓展人脉资源

加入我们，开启你的机器人开发之旅

机器人技术正在改变世界，而你可以成为这场变革的参与者。无论你是想参加激动人心的机器人竞赛，还是想实现自己的科技创意，机器人社团都能为你提供舞台和支持。

招新咨询：

- 联系人：张同学
- 电话：138-XXXX-XXXX
- 微信：Robot_Club_2023
- 邮箱：robot_club@university.edu

重要日期：

- 报名截止：9月20日
- 宣讲会：9月15日19:00 工程楼302
- 考核提交：9月25日前

期待在实验室见到充满热情的你！让我们携手探索机器人技术的无限可能。

(b)

图 8-2　DeepSeek 生成的文案改进结果

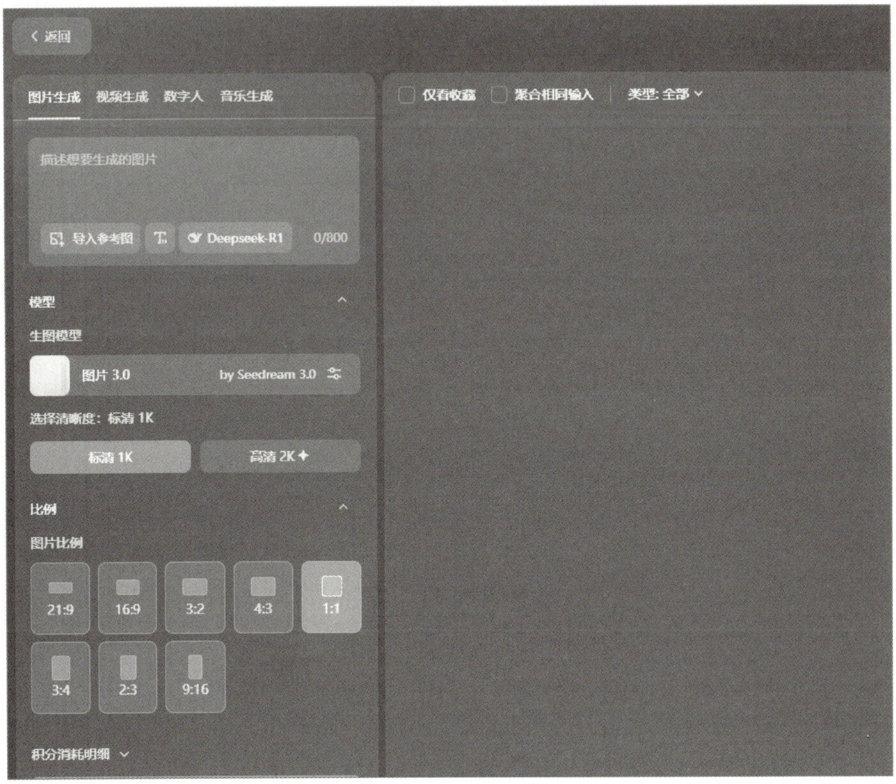

图 8-3　即梦 AI 初始界面

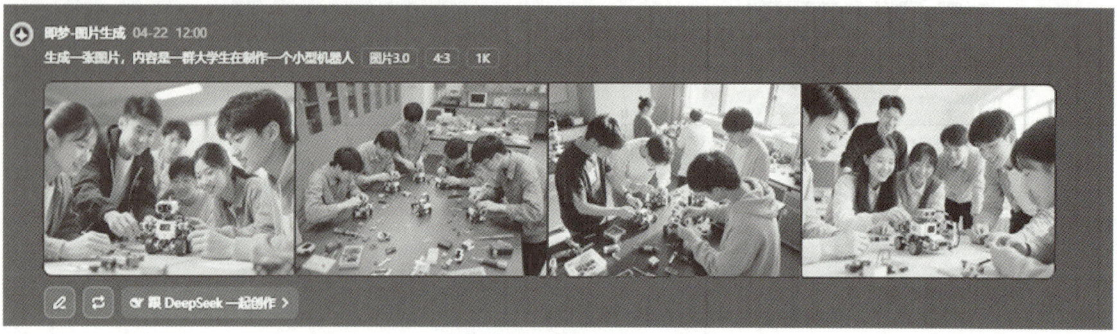

图 8-4 即梦 AI 图片生成结果 1

图 8-5 即梦 AI 图片生成结果 2

图 8-6 即梦 AI 图片生成结果 3

步骤 3：编写提示词，生成招新视频。

（1）剪映（专业版）的软件界面如图 8-7 所示。

（2）点击图 8-7 中的“图文成片”选项，进入的“图文成片”界面如图 8-8 所示。

点击图 8-8 界面左侧菜单中的“自由编辑文案”选项，进入的“自由编辑文案”界面如图 8-9 所示。

（3）点击图 8-9 界面左下角的“智能写文案”按钮，进入如图 8-10 所示的界面，自定义输入的提示词如下。

请生成一个大学机器人社团招新宣传视频的文案，体现参加社团可以系统学习机器人技术，可以参加国内外顶级机器人赛事，可以参与社团定期举办的各类活动，如技术沙龙、企业参观、校内机器人挑战赛等，参加社团还能结识志同道合的伙伴。

生成结果如图 8-11 ~ 图 8-13 所示，本任务选择了文案生成结果 2。

图 8–7　剪映（专业版）的软件界面

图 8–8　“图文成片”界面

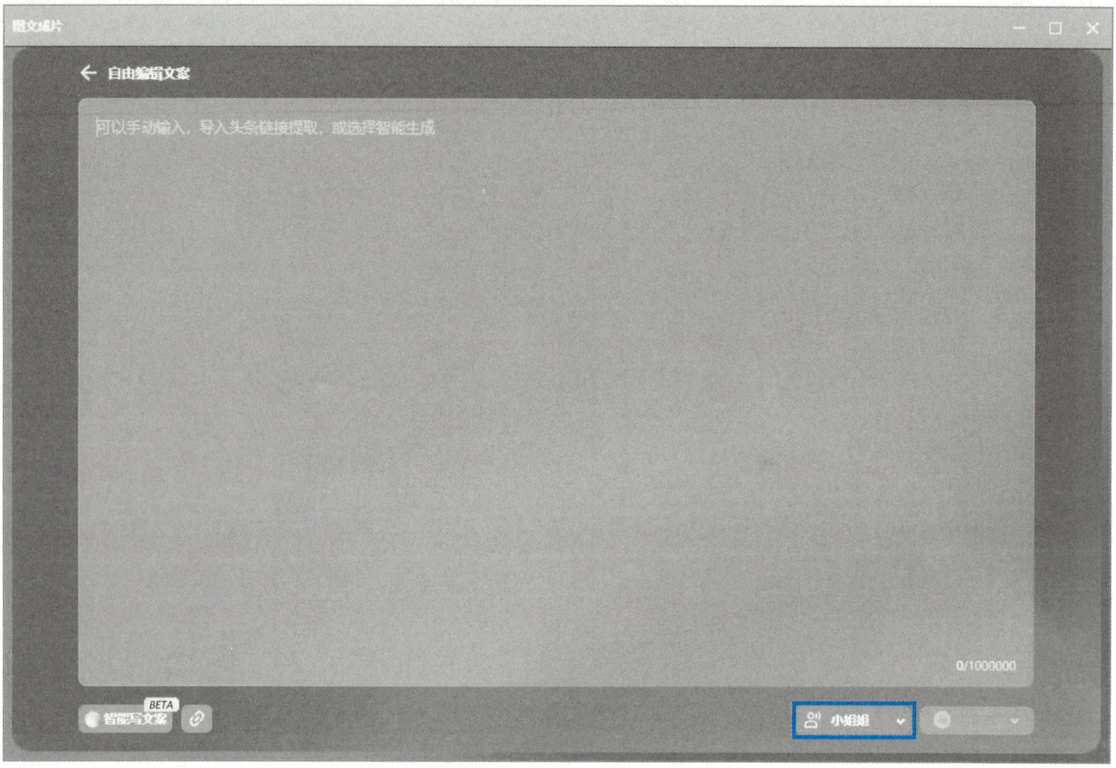

图 8-9 “自由编辑文案”界面

图 8-10 自定义输入

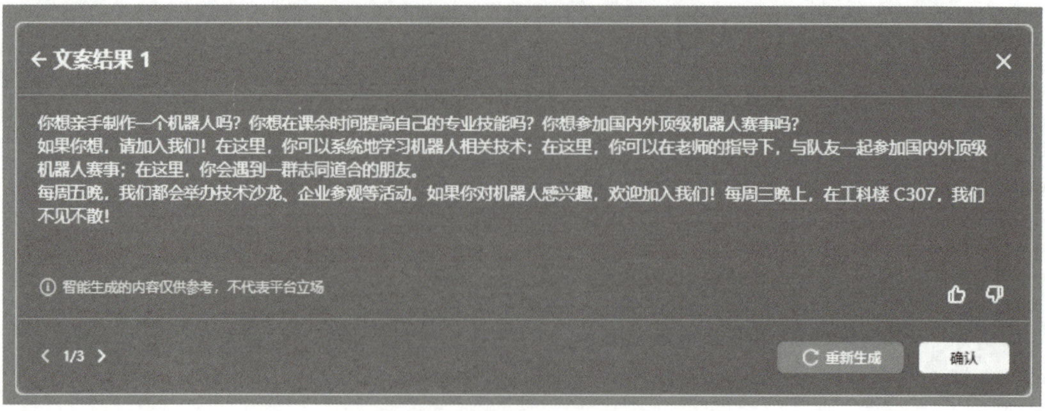

图 8-11 剪映文案生成结果 1

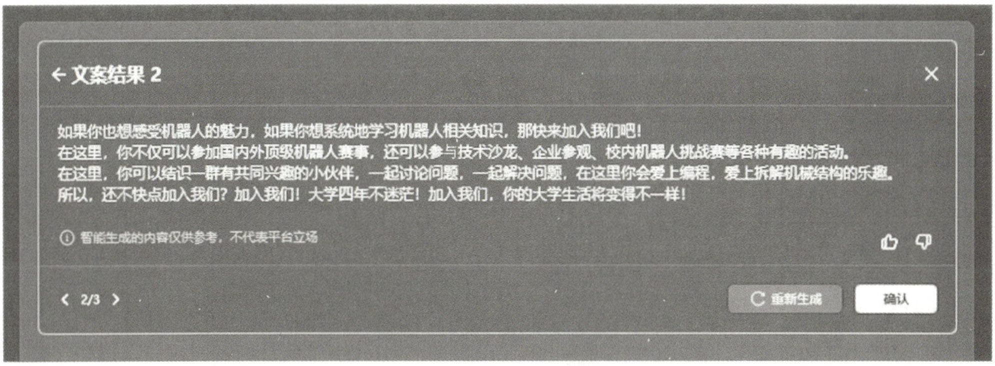

图 8-12　剪映文案生成结果 2

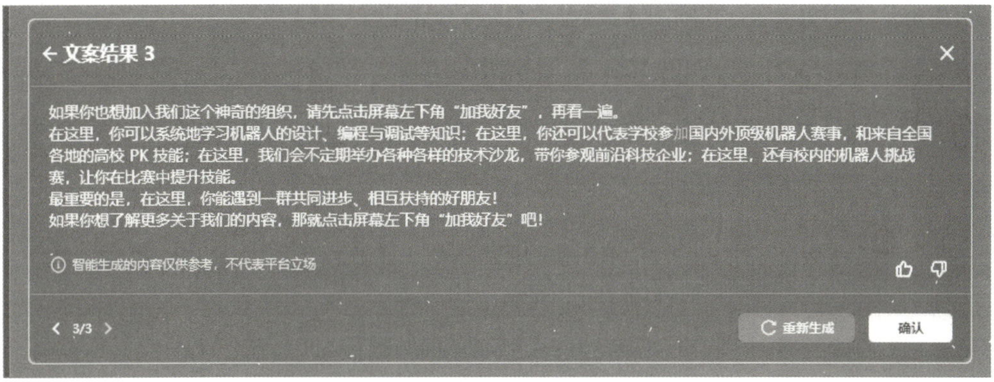

图 8-13　剪映文案生成结果 3

（4）选择配音音色，点击图 8-9 界面右下角的下拉框，在下拉列表中选择“小姐姐”音色。最后点击“生成视频”按钮，并选择成片方式为“智能匹配素材”，即可得到最终的视频生成结果，如图 8-14 所示。

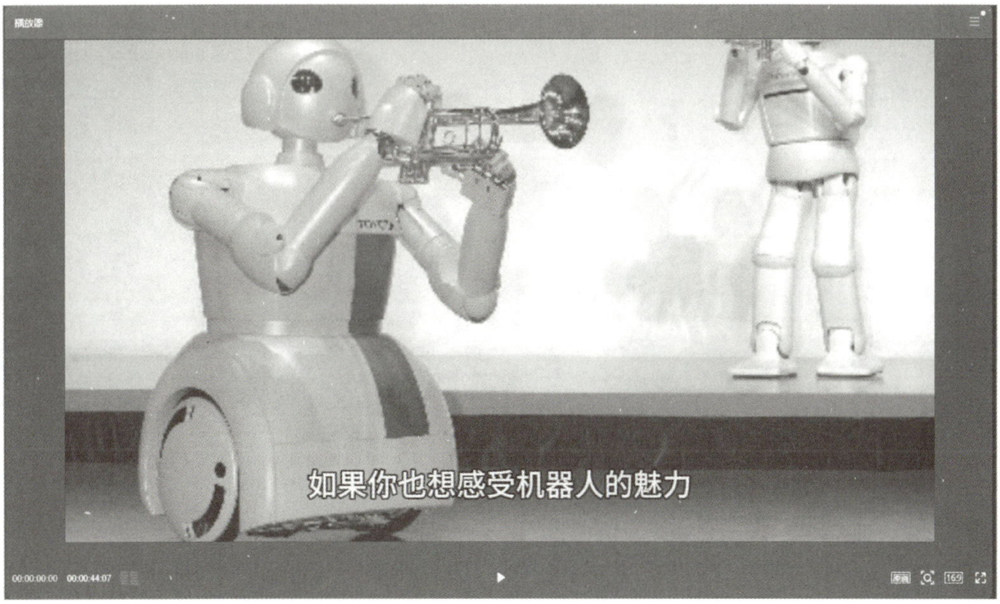

图 8-14　剪映视频生成结果

然而当前生成的 44 s 左右的视频仍存在一定的问题，如图 8–15 所示，在 21 s 左右，字幕为“在这里 你可以结识一群有共同兴趣的小伙伴”，配图虽然与字幕相符，但并不符合机器人社团的科技氛围。

图 8–15 剪映视频问题帧

（5）因此，可以使用“替换片段”功能来替换这一帧的图片，将光标放在界面下方时间轴中该帧图片的位置并右击，然后选择“替换片段”，再选中步骤 2 中生成的某一张图片，替换后的视频如图 8–16 所示。此处仅展示一帧图片的替换过程，同理可替换其他帧。

图 8–16 替换后的视频

（6）依次点击“菜单→文件→导出”，按照如图 8-17 所示的设置导出视频。

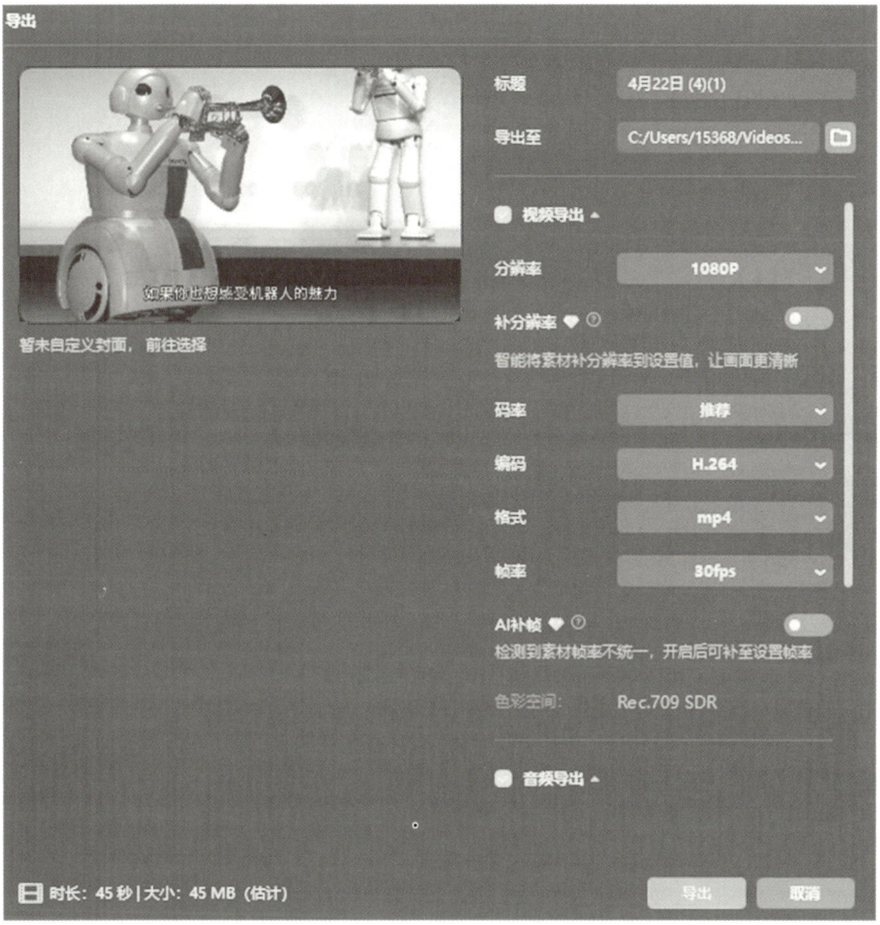

图 8-17　视频导出设置

步骤 4：AI 排版。

（1）访问 135 编辑器官方网站，初始界面如图 8-18 所示。

图 8-18　135 编辑器初始界面

（2）点击图 8-18 中的“导入文章”选项卡，然后选择“常规导入”，如图 8-19 所示。

图 8-19　“常规导入”界面

选择“方式 1—文本输入”，如图 8-20 所示，按照界面中的提示将步骤 1 中生成的文案分别复制到输入框。

图 8-20　选择“方式 1—文本输入”

点击“确定”按钮，AI 将根据输入的文案自动生成大纲，如图 8-21 所示。

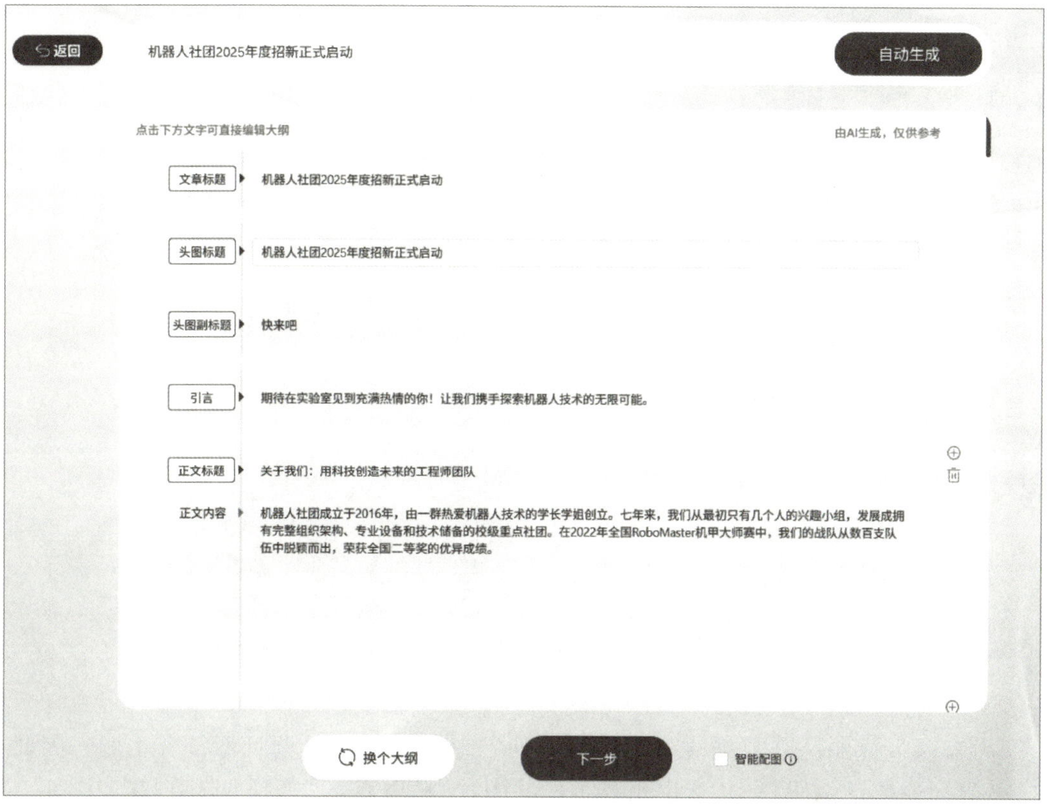

图 8-21　大纲生成结果

（3）先对生成的大纲进行检查，确认无误之后，勾选图 8-21 下方的“智能配图”复选框，并点击“下一步”按钮，弹出如图 8-22 所示的模板选择界面。

图 8-22　模板选择界面

在模板选择界面，选择自己心仪的模板，然后点击“一键排版”按钮，生成的公众号推文如图 8–23 所示。

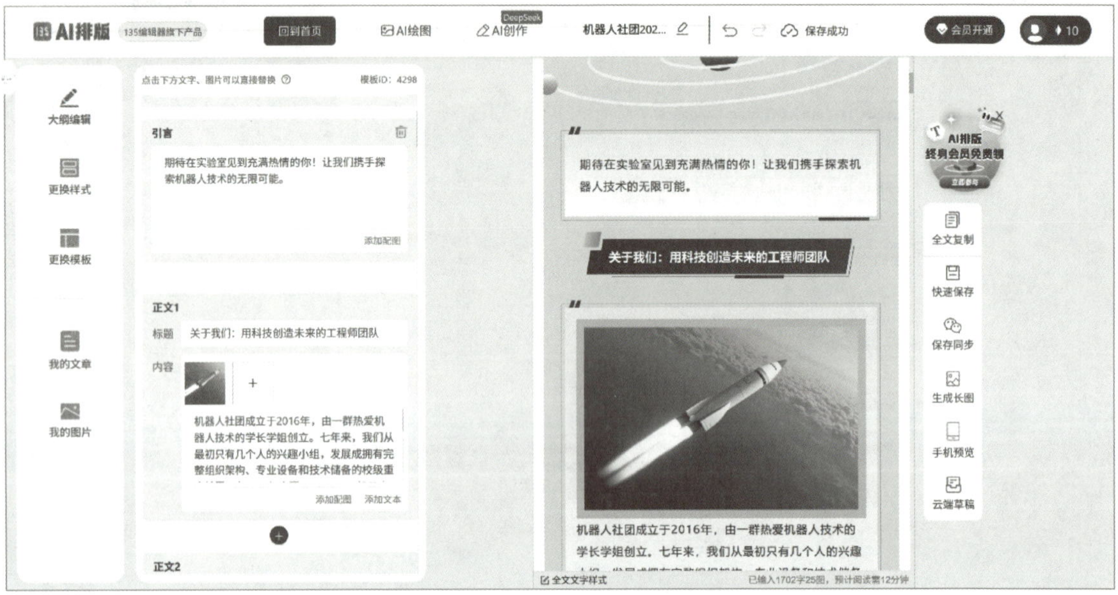

图 8–23　公众号推文生成结果

（4）当前生成的公众号推文仍存在一些问题，例如，配图单调且不符合主题。因此，在图 8–23 界面左侧的编辑栏中，选中想要替换的图片，然后点击“替换”选项，在如图 8–24 所示的“选择图片”界面中上传替换后的图片。

图 8–24　“选择图片”界面

修改后的公众号推文如图 8–25 所示，以替换一张图片为例进行效果展示。

（5）由于步骤 3 中生成的招新视频还未放入该推文中，且 135 编辑器的 AI 排版功能仅支持插入图片，故选择将视频制作成二维码，然后将二维码作为图片插入推文的结尾。

图 8-25　修改后的公众号推文

首先，进入腾讯优码 nEXT 的官方网站，选择“视频”选项（图 8-26），然后点击“选择文件”按钮并上传视频。待上传完成后，再点击“立刻生成二维码”按钮，最后在如图 8-27 所示的界面中确认界面右侧生成的二维码，点击“下载二维码”按钮，保存二维码。

图 8-26　选择“视频”选项

获取生成的二维码后，将如图 8-28 所示的推文原始结尾修改为如图 8-29 所示的推文改进结尾，扫描二维码即可观看招新视频。

图 8-27　二维码生成结果

图 8-28　推文原始结尾

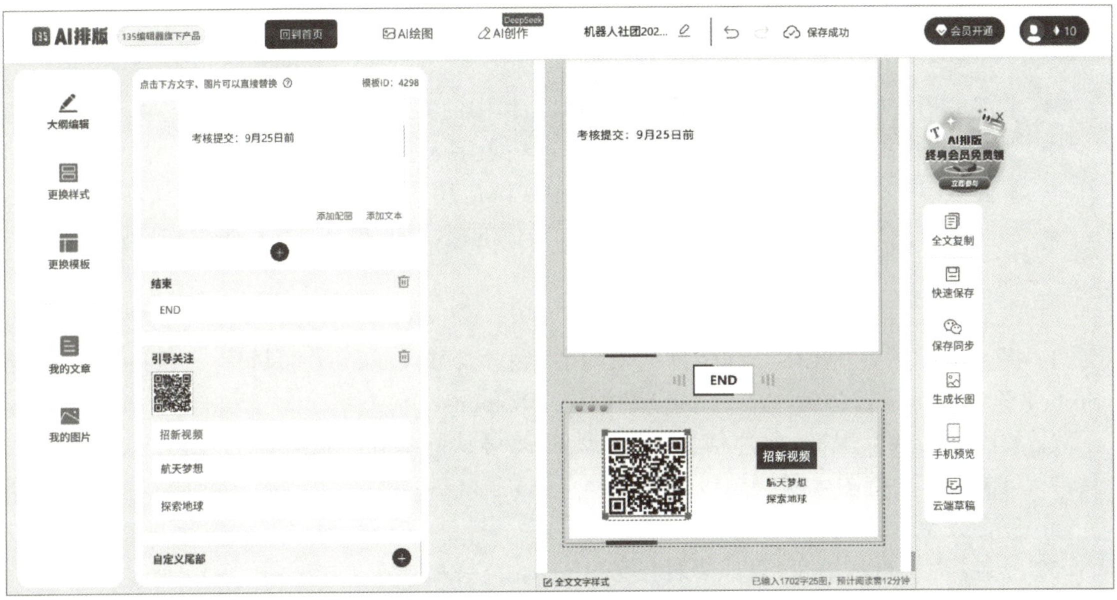

图 8-29　推文改进结尾

三、知识拓展

小陈是摄影社团的宣传负责人，需为 2025 年秋季招新制作一篇微信公众号推文，吸引对摄影和视频创作感兴趣的新生加入。请帮助小陈完成任务，微信公众号推文要求如下。

内容：推文包含社团简介（成立于 2017 年，专注风光、人物和纪实摄影，举办过校园摄影展），活动亮点（外拍活动、后期编辑工作坊和校内外展览），招新对象（热爱摄影或视频创作的新生，无拍摄设备要求），报名方式（微信群报名或发送邮件至 photo@example.com）。

风格：语言文艺清新，融入 Z 世代审美（如“用镜头定格青春”），排版优雅美观。

构成：推文需 500~700 字，配 4~5 张高清图片（采用 4 : 3 比例，内容包括外拍场景、摄影作品和展览现场），附 40~60 s 视频（展示拍摄花絮和作品集，使用“温暖男声”的 AI 配音）。

8.2 综合任务 2：打造专属你的 AI 校园代言人

任务描述

小张是一所大学的宣传部成员，现在需要制作一个 AI 校园代言人，向高考结束的高三学生介绍自己的大学。请帮助小张完成任务，使用大语言模型豆包进行文案及视频脚本创作，使用有言数字人生成 AI 校园代言人，使用可灵 AI 生成宣传视频，具体要求如下。

操作视频

打造专属你的 AI 校园代言人

内容：制作一个 AI 校园代言人视频，介绍大学的综合实力强、环境优美，有各种各样的社团，教学实力雄厚等。

风格：视频需要符合当下年轻人的审美，宣传语气需要真诚、轻松且活泼，但又适用于正式场合。

构成：视频中除 AI 校园代言人外，还需要包含大学的宣传视频（展现校园环境），宣传视频时长为 5 s 左右，整体视频时长在 1 min 到 1 min 30 s 之间。

任务目标

- 掌握大语言模型豆包在文案及视频脚本创作中的实际应用；
- 掌握 3D 虚拟人和数字内容创作平台有言在数字人生成中的实际应用；
- 掌握 AIGC 工具可灵 AI 在视频生成中的实际应用；
- 掌握如何使用 CO-STAR 框架撰写清晰、具体的提示词，提高 AIGC 平台输出的质量。

一、知识准备

1. 提示词编写架构 CO-STAR 框架的六要素：上下文（Context）、目标（Objective）、风格（Style）、语气（Tone）、受众（Audience）和响应（Response）。

2. 校园宣传基本逻辑：传递信息、塑造形象、增强认同感和凝聚力。

3. 可灵 AI：支持图生视频。

4. 有言数字人：支持生成数字人视频。

5. 豆包：理解自然语言，完成多种任务。

二、任务实施

步骤 1：利用 CO-STAR 框架编写提示词。

根据本任务的需求填写 CO-STAR 框架的六要素，设计提示词见表 8-2。

表 8-2 设计提示词

Content 上下文	你正在为一所大学写宣传文案，该大学综合实力强、环境优美，有各种各样的社团，教学实力雄厚
Objective 目标	生成一篇宣传文案，帮助读者了解该大学
Style 网格	参考各大平台上各所大学的宣传文案的风格
Tone 语气	真诚、轻松且活泼，但又适用于正式场合
Audience 受众	目标人群是高考结束的高三学生
Response 响应	输出文案在 300 字左右，无须标题和副标题，生成正文内容即可

根据上述六元素，最终整合的提示词为：

帮我写一篇大学宣传文案帮助高三学生了解该大学，该大学综合实力强、环境优美，有各种各样的社团，教学实力雄厚。文案的风格可参考各大平台上各所大学的宣传文案，文案语气要真诚、轻松且活泼，但又适用于正式场合。目标人群是高考结束的高三学生，输出文案在 300 字左右，无须标题和副标题，生成正文内容即可。

步骤 2：根据提示词，生成文案。

（1）首先访问豆包官方网站，初始界面如图 8-30 所示。

（2）将步骤 1 中整合的提示词输入，得到如图 8-31 所示的生成文案。

步骤 3：制作宣传视频。

（1）首先访问可灵 AI 官方网站，初始界面如图 8-32 所示。

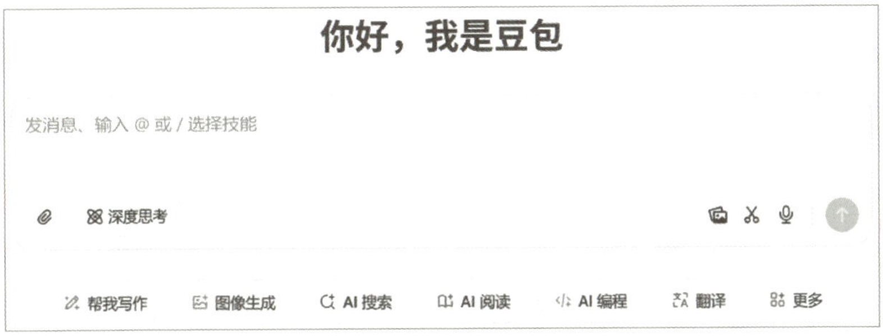

图 8-30　豆包初始界面

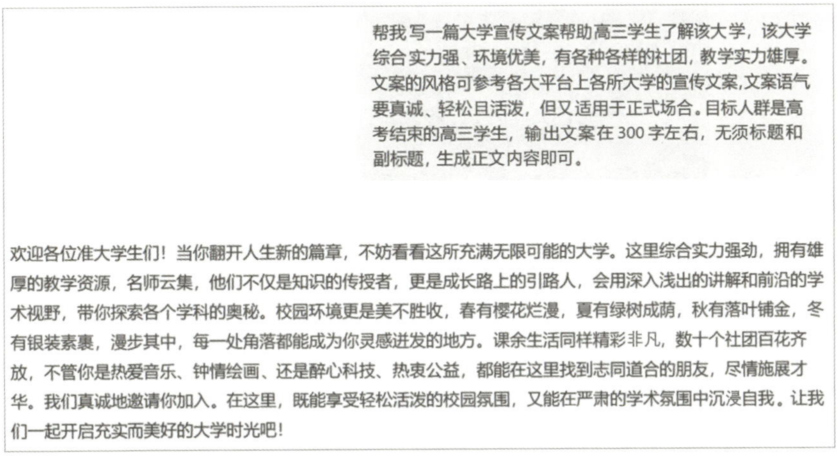

图 8-31　豆包生成文案结果

图 8-32　可灵 AI 初始界面

（2）点击图 8-32 界面左侧的“视频生成”选项，进入“视频生成”界面，如图 8-33 所示。点击“首帧图”按钮，在弹出的下拉列表中点击“本地上传”按钮，导入事先下载好的图片。

在“创意描述”文本框中输入提示词“生成一段视频，围绕图中的建筑物，展示校园风景”，最后点击“立即生成”按钮。视频生成结果如图 8-34 所示。

步骤 4：制作 AI 校园代言人（数字人）视频。

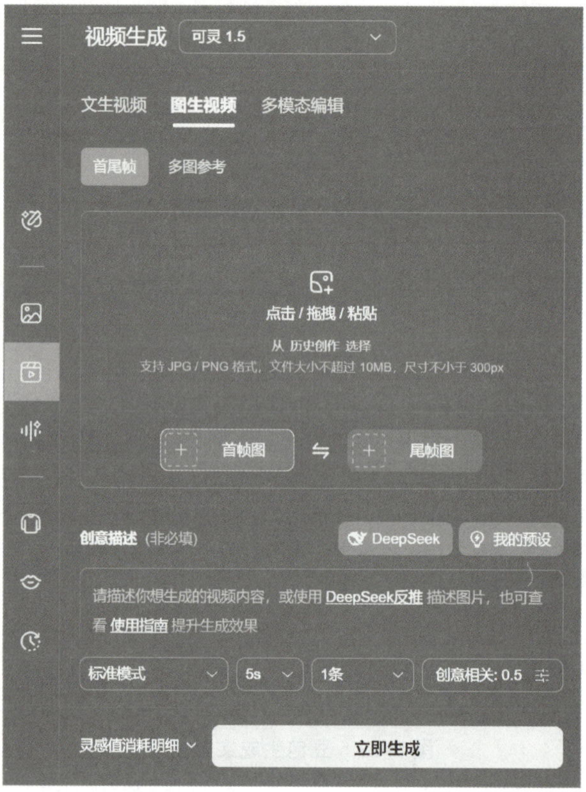

图 8-33 “视频生成”界面

图 8-34 视频生成结果

（1）首先访问有言官方网站，初始界面如图 8-35 所示。

图 8-35　有言初始界面

（2）点击“开始创作”按钮，进入如图 8-36 所示的有言创作界面。

图 8-36　有言创作界面

在图 8-36 的“打造你的 3D 数字人”栏目下，选择合适的数字人形象，如果当前五个形象都不满意，那么可以点击“查看更多”按钮，浏览更多的数字人形象。选择好数字人形象后，将光标置于形象上方，点击出现的“编辑人物”按钮来进一步修改数字人形象，如图 8-37 所示。例如，可修改数字人的“人物”“套装”“发型”“配饰”“妆容”和“面容”，修改完成后，点击右上角的“保存”按钮即可，此处使用默认设置。

图 8-37 修改数字人形象

（3）如果不对数字人形象进行修改，那么在如图 8-36 所示的界面中，将光标置于选中的形象上方，点击出现的“用 Ta 创作”按钮，正式进入数字人视频生成界面，如图 8-38 所示。

图 8-38 数字人视频生成界面

在图 8-38 界面的左上角，点击“场景”选项，进入场景选择界面（图 8-39），在“场景库”中选择自己想要的场景。例如，当将场景替换为演播室场景时，数字人的姿势也随之发生改变，从坐姿变为站姿。

（4）在图 8-39 界面的左上角，点击“素材”选项，进入素材添加界面，如图 8-40 所示。

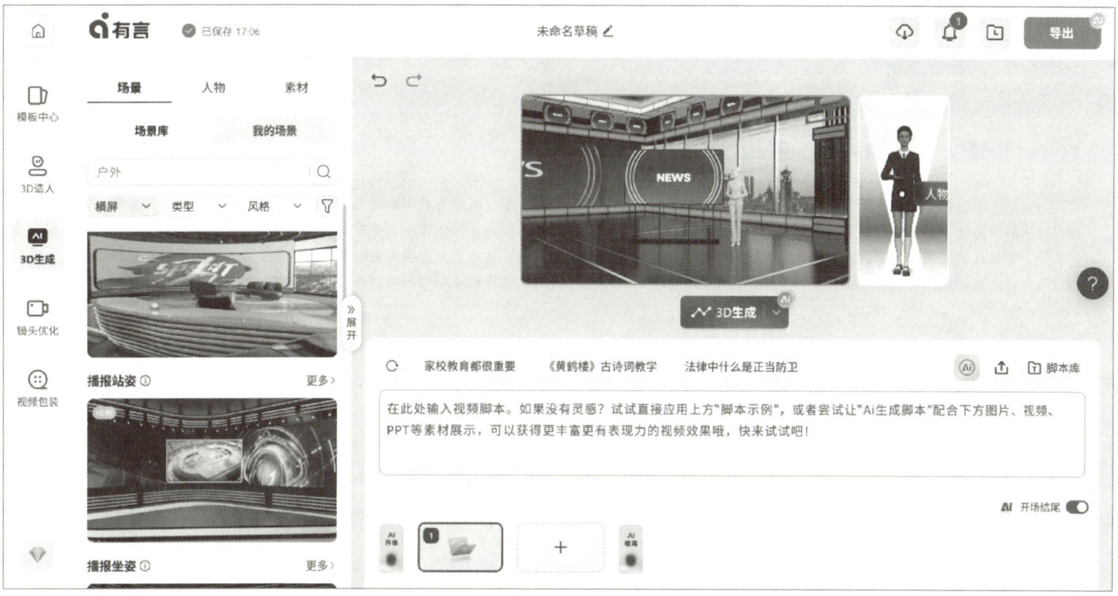

图 8-39　场景选择界面

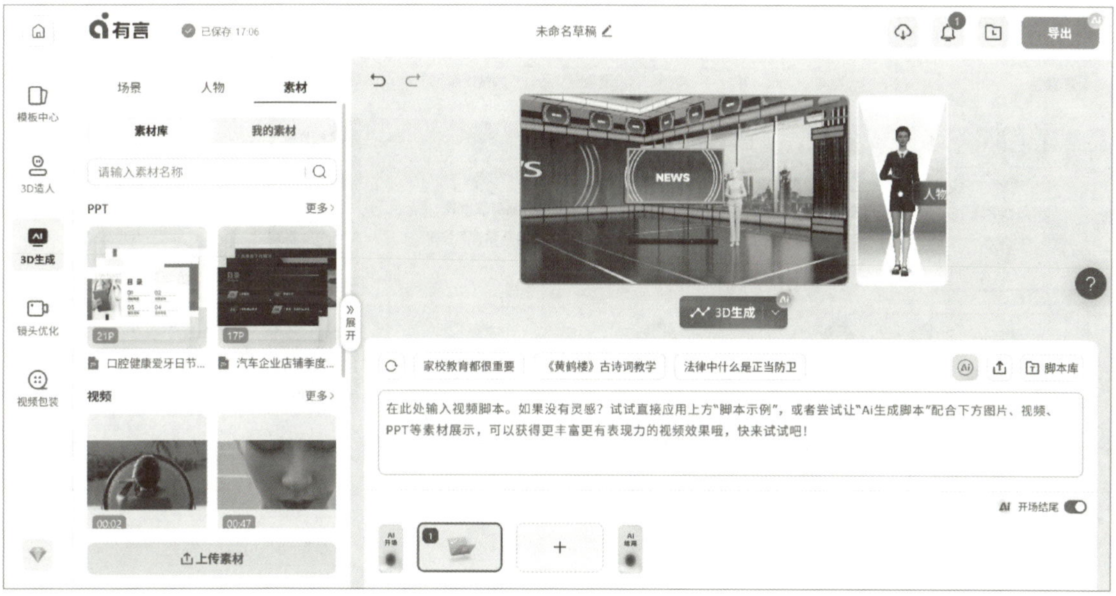

图 8-40　素材添加界面

在素材添加界面中，可以选择“素材库”中的“PPT”或“视频”进行添加，添加好的素材会在视频播放时，出现在显示屏中，再点击左下角的“上传素材”按钮，选择步骤 3 中生成的宣传视频，添加结果如图 8-41 所示。

图 8-41　宣传视频添加结果

（5）如图 8-42 所示，添加的宣传视频会出现在界面下方，在文本框中输入步骤 2 中生成的文案作为视频脚本。

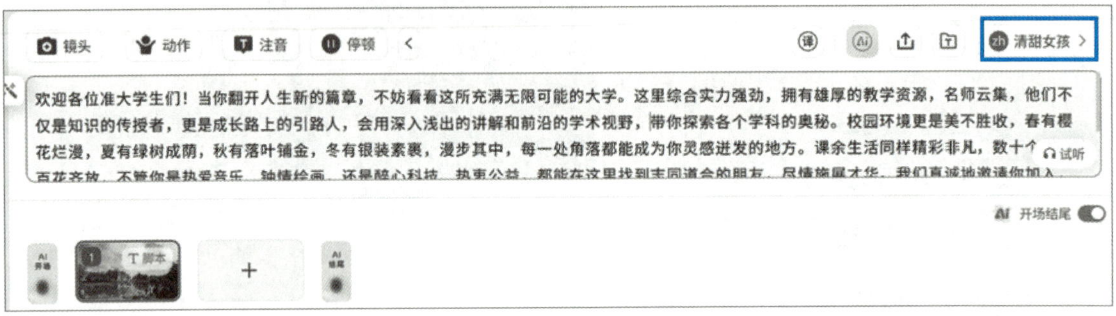

图 8-42 输入视频脚本

（6）点击图 8-42 右上角方框区域对数字人的“音色 & 动作风格”进行设置，如图 8-43 所示，可以设置“音量”“语速”“语调”和“动作风格”等，此处采用默认设置。

图 8-43 “音色 & 动作风格”设置界面

（7）还可以对视频的镜头和数字人的动作进行设置。在图 8-42 的文案中，当鼠标选中想要设置的语句时，可以为其添加镜头（图 8-44）和动作（图 8-45）。

图 8-44　镜头添加界面

图 8-45　动作添加界面

（8）本任务使用大语言模型豆包来生成镜头和动作的脚本，输入如下的提示词。

我们正在拍摄一段视频，视频内容是“一名主持人正站着介绍校园，旁边的显示屏上放着校园宣传视频”，视频中主持人介绍所用的文案为“欢迎各位准大学生们！当你翻开人生新的篇章，不妨看看这所充满无限可能的大学。这里综合实力强劲，拥有雄厚的教学资源，名师云集，他们不仅是知识的传授者，更是成长路上的引路人，会用深入浅出的讲解和前沿的学术视野，带你探索各个学科的奥秘。校园环境更是美不胜收，春有樱花烂漫，夏有绿树成荫，秋风落叶铺金，冬有银装素裹，漫步其中，每一处角落都能成为你灵感迸发的地方。课余生活同样精彩非凡，数十个社团百花齐放，不管你是热爱音乐、钟情绘画，还是醉心科技、热衷公益，都能在这里找到志同道合的朋友，尽情施展才华。我们真诚地邀请你加入，在这里，既能享受轻松活泼的校园氛围，又能在严肃的学术氛围中沉浸自我，让我们一起开启充实而美好的大学时光吧！"，请根据文案中的不同语句，为这段视频设计镜头，为主持人设计动作，镜头有以下几种：素材展示、全屏、特写—正面—缓拉、近景—右侧—环绕、近景—正面—缓拉，主持人的动作有双手交叠—再见（右手）、打招呼（右手）等。

豆包生成的镜头和动作脚本见表 8-3。

表 8-3　镜头和动作脚本

文案内容	镜头类型	主持人动作
欢迎各位准大学生们！当你翻开人生新的篇章，不妨看看这所充满无限可能的大学	全屏	主持人面带微笑，右手高高举起，做出打招呼（右手）的动作，热情欢迎准大学生们
这里综合实力强劲，拥有雄厚的教学资源，名师云集，他们不仅是知识的传授者，更是成长路上的引路人，会用深入浅出的讲解和前沿的学术视野，带你探索各个学科的奥秘	近景—正面—缓拉	双手自然下垂，讲解过程中，适时抬起右手做一些简单的手势，辅助说明教学资源等内容
校园环境更是美不胜收，春有樱花烂漫，夏有绿树成荫，秋风落叶铺金，冬有银装素裹，漫步其中，每一处角落都能成为你灵感迸发的地方	素材展示（穿插校园四季美景画面）	在展示画面时，主持人保持微笑，双手自然交叠于身前，头部可随着画面转换轻轻转动，表现出欣赏的神态
课余生活同样精彩非凡，数十个社团百花齐放，不管你是热爱音乐、钟情绘画，还是醉心科技、热衷公益，都能在这里找到志同道合的朋友，尽情施展才华	近景—右侧—环绕	主持人面带兴奋的表情，右手伸出并指向右侧，做出引导的动作，仿佛在带领观众看向丰富多彩的社团活动
我们真诚地邀请你加入，在这里，既能享受轻松活泼的校园氛围，又能在严肃的学术氛围中沉浸自我，让我们一起开启充实而美好的大学时光吧	特写—正面—缓拉	主持人双手交叠于身前，右手在上，说完邀请话语后，右手缓缓抬起，做出双手交叠—再见（右手）的动作，寓意期待与准大学生们相见

按照表 8-3 的脚本，在有言数字人平台中为文案中的语句添加镜头和动作，如图 8-46 所示。

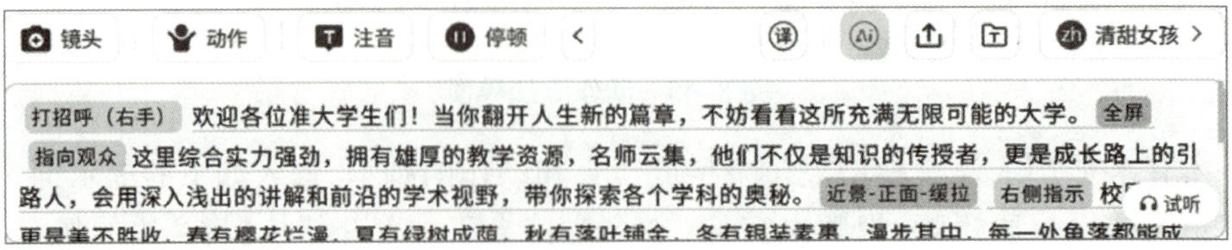

图 8-46　为文案中的语句添加镜头和动作

（9）点击界面中的“3D 生成”按钮，即可生成最终的视频，如图 8–47 所示。

图 8–47 视频生成结果

（10）还可以点击图 8–40 界面左侧的“视频包装”选项卡，进入视频包装界面，如图 8–48 所示。

图 8–48 视频包装界面

（11）在视频包装界面，可以为视频添加“音乐”“音效”和“字幕模板”等。若点击界面左上角的“字幕模板”选项卡，则弹出如图 8–49 所示的界面，可以选择想要添加的字幕。

图 8-49 “样式”选项卡

如图 8-49 所示，点击界面右上角的“样式”选项卡，可以具体设置字幕的“字体”“字号”“字色”并调整“位置大小”等；如图 8-50 所示，点击界面右上角的“字幕”选项卡，可以具体设置每帧字幕显示的字数，将光标放在句中并按 Enter 键，可以将一句话拆分成两句。

图 8-50 “字幕”选项卡

（12）在图 8-50 界面左侧，还可以滑动“字幕模板”所在栏目，找到并点击“片头”选项卡，进入片头添加界面，如图 8-51 所示。在左侧“素材库”中随机选择一个片头，将光标置于所选片头上方并点击出现的“+”选项，即可为数字人视频添加片头，结果如图 8-52 所示。

（13）点击图 8-51 界面右上角的“导出”按钮，弹出如图 8-53 所示的视频导出界面。勾选“添加字幕”复选框，再点击“确认”按钮即可导出视频，本任务制作的 AI 校园代言人（数字人）视频整体时长为 1 min 10 s。

三、知识拓展

1. 流程迁移：仿照上述任务，设计一个智能水杯产品经理数字人。

2. 风格变换：改变上述任务中的 AI 校园代言人（数字人）形象，变换视频风格（如幽默风格或严肃风格）。

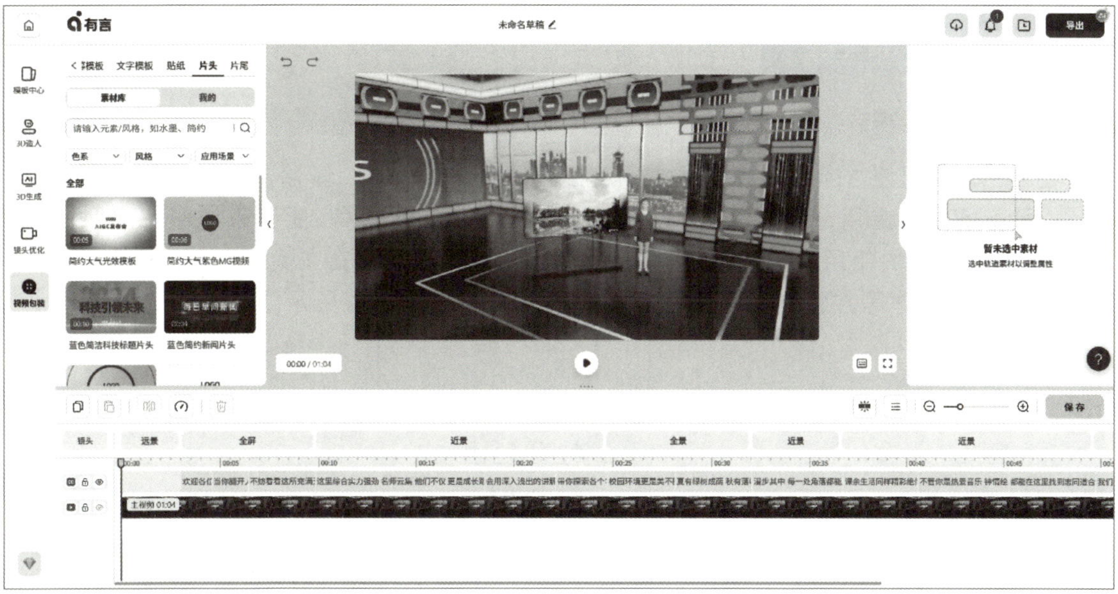

图 8–51　片头添加界面

图 8–52　片头添加结果

图 8–53　视频导出界面

8.3 本章小结

本章围绕 AIGC 综合实践展开，涵盖两个综合任务，体验 AIGC 工具在不同场景中的应用，提升实践能力。通过完成两个综合任务，能够系统学习多种 AIGC 工具的使用方法，深入理解提示词编写技巧，提升在文案创作、生成数字人、视频制作等方面的实践能力。本章思维导图如图 8-54 所示。

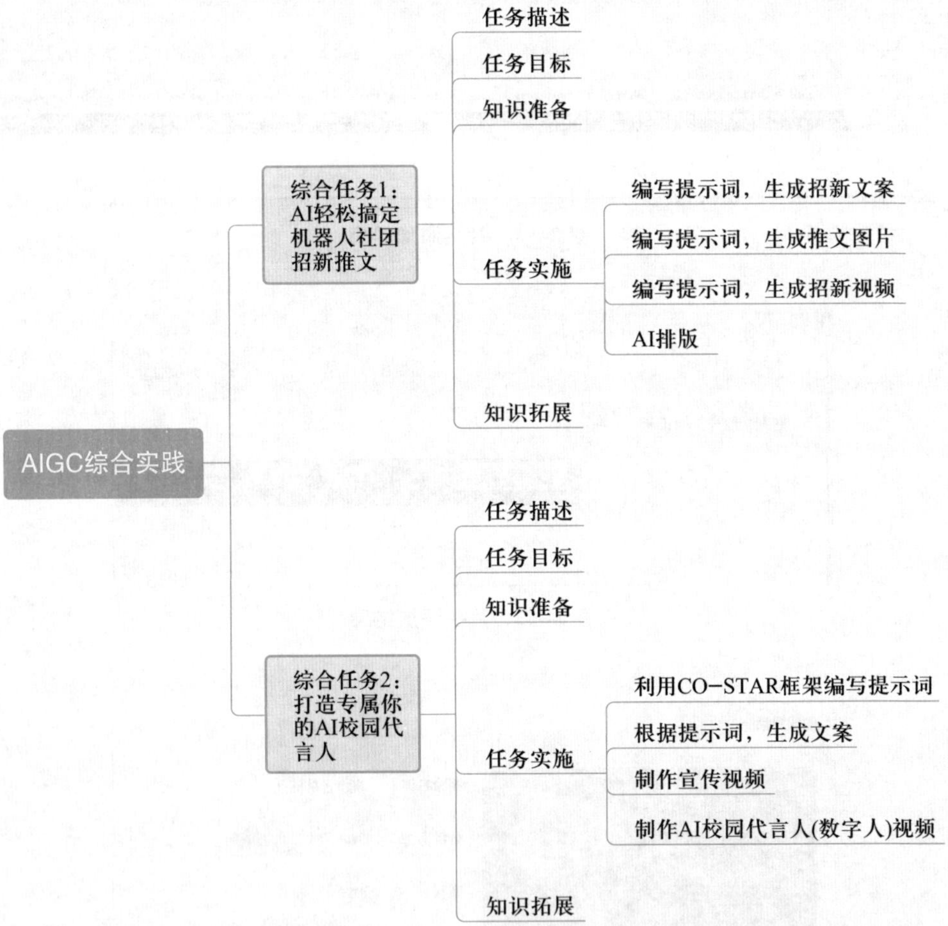

图 8-54 第 8 章思维导图

课后练习

1. 在使用剪映制作机器人社团招新宣传视频时,发现生成的视频存在部分配图不符合主题的情况,例如,步骤 3 和步骤 4 中提到在 21 s 左右存在配图不符合科技氛围的问题。请简述解决该问题的具体操作步骤,并说明原因。

2. 请使用剪映制作一条时长 15 s 内的竖屏短视频,提炼机器人社团的亮点,适配微信视频号的发布格式。视频要求:节奏明快、信息清晰,并具备一定的视觉冲击力。可以借助 AIGC 工具生成视频脚本、图像和片头,合理加入 AI 配音与字幕,让视频充满吸引力。

第9章 人工智能伦理

当前,人工智能行业迅猛发展,诸如 DeepSeek、豆包及 ChatGPT 等大语言模型为人类的工作与生活提供了极大的便利。然而人工智能不仅仅作为科学技术推动着人类社会向前发展,还将深刻影响社会、经济和文化等领域。人类历史上几乎每项重大科技进步都会给当时的社会带来一定的风险与挑战,如蒸汽机、电力、通信等,都曾经给传统社会带来了诸如失业、隐私泄露等担忧。同样地,随着以机器学习为主要方法的人工智能技术被普遍应用,也会导致一些新的问题。其中,人工智能的伦理问题关系着人类如何看待人工智能,如何与人工智能共处,在什么情况应该限制人工智能,在什么情况应该大力应用人工智能等。可以说,人工智能伦理是人类对待人工智能这一新鲜事物的世界观与方法论。

那么,什么是人工智能伦理呢? 人工智能伦理是指在研究、开发和应用人工智能技术时,需要遵循的道德准则和社会价值观,以确保人工智能的发展和应用不会对人类和社会造成负面影响。其核心在于关注人工智能技术和应用可能给社会和人类带来的道德、法律、安全等问题,并重视其长期影响。也可以说,人工智能伦理是关于人工智能技术及智能机器所引发的涉及人类伦理道德的问题。本章主要聚焦人工智能伦理概念和规范,提升对人工智能伦理规范的重视程度,对人工智能的发展具有长远意义。

9.1 数据隐私与安全

随着人工智能技术的快速发展,数据已成为驱动人工智能系统进步的核心要素。然而,数据的广泛收集、存储和使用也带来了隐私与安全问题。本节将探讨人工智能在数据隐私与安全方面面临的挑战,并分析可能的解决方案。

9.1.1 数据隐私问题

人工智能系统,尤其是机器学习和深度学习模型,依赖于大量的数据进行训练。这些数据通常包含用户的个人信息,如姓名、地址、消费习惯、健康记录等。为了获得更好的模型性能,企业往往会收集尽可能多的数据,这可能导致用户隐私的泄露。例如,社交媒体平台通过分析用户的行为数据可能推断出用户的隐私信息。

为了保护隐私,数据通常会被匿名化处理,即去除直接标识个人身份的信息。然而,匿名化并不能完全保证隐私安全。研究表明,通过数据交叉比对和重新识别技术,攻击者仍有可能从匿名数据中推断出个人身份。例如,在结合多个数据集后,攻击者可以重新识别出匿名化后的用户信息。

人工智能的发展需要在数据使用和隐私保护之间找到平衡。过度强调隐私保护可能会限制数据的可用性，从而影响 AI 模型的性能；而过度依赖数据则可能导致隐私泄露。如何在两者之间找到合适的平衡点，是当前人工智能领域面临的重要挑战。

9.1.2 数据安全问题

人工智能系统通常需要存储和传输大量的敏感数据。如果这些数据在存储或传输过程中没有得到充分的保护，可能会被黑客窃取或篡改。例如，如果医疗人工智能系统中存储的病历数据被泄露，那么可能会对患者的隐私造成严重损害。

另一方面，人工智能模型本身也可能成为被攻击的目标。攻击者可以通过“对抗样本”实现攻击。例如，向模型输入精心设计的噪声数据，导致模型做出错误的预测。此外，攻击者还可以通过“数据投毒”实现攻击。例如，在训练数据中注入恶意样本，从而影响模型的训练过程，使其在未来的预测中产生偏差或错误。

此外，许多 AI 模型，尤其是深度学习模型，通常被视为“黑箱”，即用户不可见其决策过程。这种不透明性不仅影响了用户对模型的信任，还可能导致模型在无意中泄露敏感信息。

9.1.3 数据隐私与安全的解决方案

面对人工智能背景下的数据隐私与安全问题，可以从技术和非技术的角度共同尝试解决。

在技术层面，差分隐私技术（图 9-1）通过在数据中添加符合拉普拉斯分布或高斯分布的随机噪声，使得攻击者无法从数据中推断出特定个体的信息，而且在保护隐私的同时仍然允许数据用于 AI 模型的训练和分析。

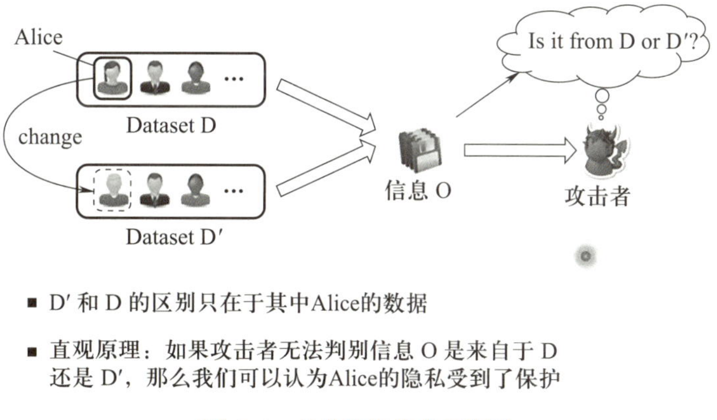

图 9-1　差分隐私技术示意图

联邦学习（图 9-2）也是一种分布式机器学习方法，允许在不共享原始数据的情况下进行模型训练。数据始终保留在本地设备上，只有模型更新的参数会被发送到中央服务器进行聚合，这种方法可以有效减少数据泄露的风险。

此外，数据加密技术可以在数据存储和传输过程中保护数据的安全。安全多方计算（Secure Multi-Party Computation，MPC）则允许多个参与方在不泄漏各自数据的情况下，共同进行计算。这些技术可以在保护数据隐私的同时，支持人工智能系统的正常运行。

为了提高人工智能系统的透明度和可解释性，研究人员正在开发各种可解释性工具和方法。例如，局部可解释模型（LIME）和 SHAP 值（SHapley Additive Explanations）可以帮助理解复杂模型的决策过程。通过增强模型的透明度，用户可以更好地理解模型的决策依据，减少隐私泄露的风险。

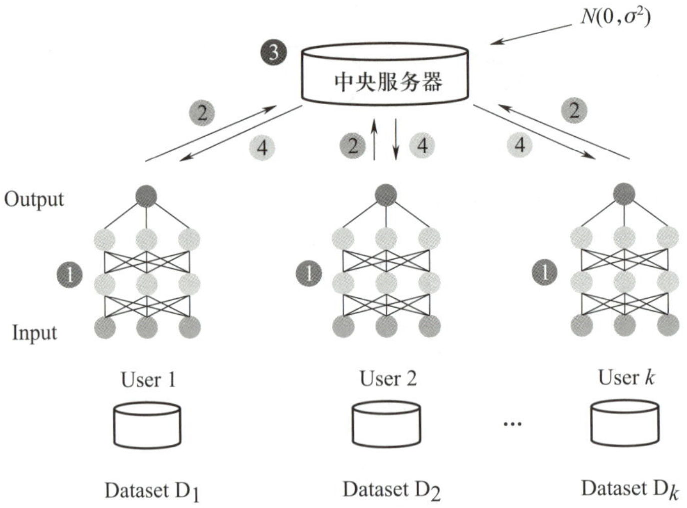

图 9–2 联邦学习示意图

除了技术手段，法律法规和伦理规范也在数据隐私与安全保护中发挥着重要作用。例如，欧盟的《通用数据保护条例》（GDPR）对数据的收集、存储和使用都提出了严格的要求。未来，随着 AI 技术的进一步发展，各国可能需要制定更加完善的法律法规，以确保数据隐私与安全。

人工智能的快速发展为数据隐私与安全带来了新的挑战。数据隐私泄露、数据安全问题以及模型透明度不足等问题，已经成为人工智能领域亟待解决的难题。目前，通过差分隐私、联邦学习、数据加密等技术手段，再结合法律法规和伦理规范，可以在保护数据隐私与安全的同时，推动人工智能技术的健康发展。

9.2 算法歧视与偏见

人工智能技术在各个领域的广泛应用，极大地提高了效率和决策的自动化水平。然而，人工智能系统并非完全中立，它们可能会继承、放大甚至加剧现实世界中的歧视与偏见。本节将探讨人工智能中的算法歧视与偏见问题，分析其成因、影响以及可能的解决方案。

9.2.1 算法歧视与偏见的定义

算法歧视与偏见指的是人工智能系统在决策过程中对不同群体（如性别、种族、年龄等）产生不公平的对待。这种歧视可能是显性的，也可能是隐性的，通常源于训练数据中的偏见或模型设计的缺陷。

9.2.2 算法歧视与偏见的成因

人工智能系统的训练数据往往反映了现实世界中的偏见。如果训练数据中存在对某些群体的不公平对待或刻板印象，AI 模型可能会学习并放大这些偏见。例如，招聘系统中使用的历史数据可能存在性别或种族歧视，导致 AI 模型在筛选简历时重复这些偏见。2016 年微软发布的聊天机器人 Tay（图 9-3）在与公众互动的过程中，会传播种族歧视以及其他不当言论，引起了广泛的关注和批评。微软不得不迅速采取行动，暂停了 Tay 项目，并进行调整以改善机器人的行为和对话能力。

图 9-3　微软聊天机器人 Tay

在 AI 模型的开发过程中，特征选择和模型设计也可能引入偏见。例如，某些特征可能与受保护的属性（如种族、性别）高度相关，导致模型在决策过程中间接依赖这些属性。此外，模型的设计者可能无意中引入主观偏见，影响模型的公平性。

许多 AI 模型，尤其是深度学习模型，通常被视为“黑箱”，其决策过程对用户不可见。这种不透明性使得识别和纠正算法中的歧视与偏见变得困难。即使模型表现出歧视性行为，开发者和用户可能也难以追溯其根源。

9.2.3　算法歧视与偏见的影响

算法歧视与偏见可能加剧社会不平等。例如，在信贷评分系统中，如果 AI 模型对某些种族或性别群体产生偏见，可能导致这些群体难以获得贷款，进而影响他们的工作和生活。

算法歧视与偏见可能引发法律与伦理问题。例如，在刑事司法系统中，如果 AI 模型在预测犯罪风险时对某些种族群体产生偏见，可能导致不公平的判决。这不仅违反了法律中的平等原则，还可能引发公众对人工智能系统的信任危机。

对于企业而言，算法歧视与偏见可能损害其声誉和用户信任程度。如果用户发现人工智能系统在决策过程中存在不公平对待，可能会对企业的产品和服务产生质疑，进而影响企业的市场竞争力。

9.2.4　算法歧视与偏见的解决方案

在 AI 模型训练之前，可以通过数据预处理减少训练数据中的偏见。例如，重新采样、重新加权或生成合成数据，以平衡不同群体的代表性。此外，可以使用去偏算法（如对抗训练等）减少模型对某些敏感属性的依赖。

在 AI 模型训练过程中，可以引入公平性约束或正则化项，以确保模型在不同群体之间保持公平。例如，可以使用公平性指标（如均等机会和均等概率）作为优化目标的一部分，强制模型在决策过程中考虑公平性。

提高 AI 模型的可解释性与透明度，有助于识别和纠正算法中的歧视与偏见。局部可解释模型（LIME）或 SHAP 值可以解释复杂模型的决策过程。此外，开发可解释的 AI 模型（如决策树和 Rule-Based 模型）也有助于提高模型的透明度。

在 AI 开发团队中增加多样性与包容性，有助于减少模型设计中的偏见。多样化的团队能够从不同角度审视问题，识别潜在的偏见，并提出更公平的解决方案。

除了技术手段，法律法规和伦理规范也在应对算法歧视与偏见问题中发挥着重要作用。例如，欧盟的《通用数据保护条例》（GDPR）要求企业在使用人工智能系统时确保决策的透明度和公平性。未来，随着人工智能技术的进一步发展，各国可能需要制定更加完善的法律法规，以确保人工智能系统的公平性。

人工智能中的算法歧视与偏见问题，已成为人工智能领域亟待解决的难题。数据偏见、特征选择与模型设计中的缺陷，以及算法的不透明性，都可能导致人工智能系统在决策过程中产生不公平的对待。通过数据预处理、公平性约束、模型解释性等技术手段，再结合法律法规和伦理规范，可以在减少算法歧视与偏见的同时，推动人工智能技术的公平发展。

9.3 透明度与可解释性

人工智能技术的快速发展使其在医疗、金融、司法等关键领域得到了广泛应用。然而，许多人工智能系统，尤其是基于神经网络的深度学习模型，其决策过程缺乏透明度和可解释性。这种不透明性不仅影响了用户对人工智能系统的信任，还可能导致潜在的风险和伦理问题。本节将探讨人工智能的透明度与可解释性问题，分析其重要性、挑战以及可能的解决方案。

9.3.1 透明度与可解释性的定义

透明度指的是人工智能系统的设计、训练和决策过程对用户和开发者是可见且可理解的，透明的人工智能系统能够清晰地展示其工作原理、数据来源以及决策依据。可解释性则是指人工智能系统的决策过程能够被人类理解的，可解释的人工智能系统能够提供清晰的决策逻辑或理由。

9.3.2 神经网络的黑箱特性

神经网络，尤其是深度神经网络（DNN），是当前人工智能领域最强大的工具之一，其黑箱特性的具体表现如下。

1. 复杂的非线性结构

神经网络由多层神经元组成，每层神经元通过非线性激活函数连接，如图 9-4 所示。这种复杂的结构使得模型的决策过程难以用简单的规则或逻辑来解释。

2. 高维特征空间

神经网络在处理数据时，通常会将其映射到高维特征空间。这些特征往往是抽象的，难以用人类可理解的语言描述。例如，图像分类模型可能会提取出一些人类无法直观理解的特征。

3. 缺乏明确的因果关系

神经网络的训练过程依赖于大量的数据和优化算法，其决策通常是基于数据中的统计规律，而非明确的因果关系，这使得模型的预测结果难以从因果角度进行解释。

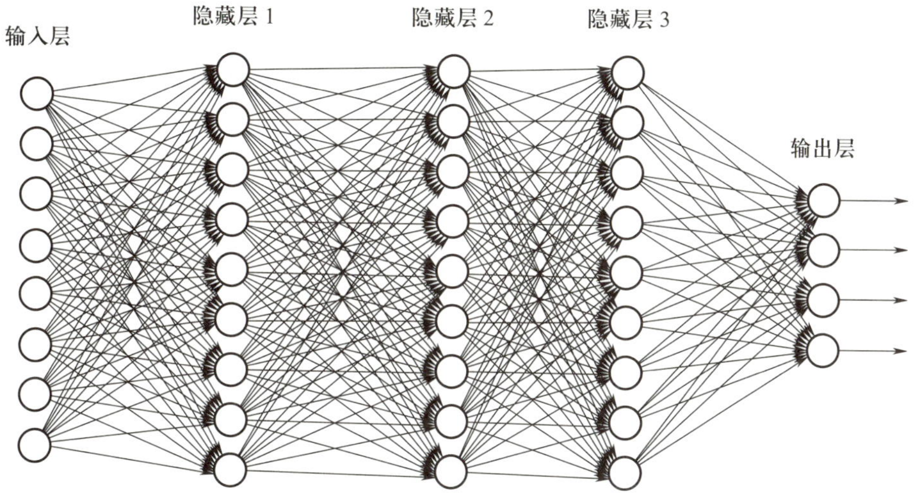

图 9-4　神经网络

4．难以追溯决策路径

在深度神经网络中，输入数据经过多层变换后，最终输出结果。由于每一层的输出都是对输入数据的抽象表示，很难追溯某个决策是如何从输入一步步推导而来的。

9.3.3　透明度与可解释性的重要性

透明度与可解释性是用户信任人工智能系统的基础。如果用户无法理解人工智能系统的决策过程，他们可能会对系统的可靠性和真实性产生怀疑。例如，在医疗诊断中，医生和患者需要了解 AI 模型为何做出某种疾病诊断建议，才能放心参考诊断结论。

在涉及重大决策的领域（如司法和金融），人工智能系统的决策可能会对个人或社会产生深远影响。如果决策过程不透明且难以解释，可能会导致伦理争议或法律纠纷。例如，如果一个人工智能金融系统拒绝了某申请人的贷款申请，那么该申请人有权知道拒绝的原因。

透明度与可解释性对于 AI 模型的调试和改进至关重要。如果开发者无法理解模型的决策逻辑，就很难发现其中的错误或偏见，从而难以优化 AI 模型的性能。许多国家和地区的法律法规要求人工智能系统具备一定的透明度和可解释性。例如，欧盟的《通用数据保护条例》（GDPR）规定，用户有权获得自动化决策的解释。

9.3.4　提高透明度与可解释性的方法

提高透明度与可解释性首先需要从人工智能系统的总体设计着手，并尝试使用不同手段来提高透明度与可解释性。

在设计人工智能系统时，可以优先选择可解释性较强的模型，如决策树、线性模型或基于规则的模型。这些模型的决策过程相对简单，易于理解和解释。对于复杂的神经网络，可以使用事后解释方法来提高其可解释性，例如，引入注意力机制（Attention Mechanisms），突出显示对决策最重要的输入部分。

此外，可视化技术可以帮助用户和开发者理解神经网络的决策过程，可作为记录和展示模型的决策依据。

最后，可以通过人机协作的方式，将人工智能系统的决策与人类的专业知识结合起来。例如，在医疗诊断中，人工智能系统可以提供辅助建议，但最终解释和决策仍由医生完成。

人工智能的透明度与可解释性问题是当前人工智能领域面临的重要挑战，尤其是神经网络的黑箱特性使得其决策过程难以解释。然而，通过设计可解释模型、使用事后解释方法、引入可视化技术以及加强人机协作可以在一定程度上提高人工智能系统的透明度和可解释性，从而推动人工智能技术的健康发展和社会信任的建立。

9.4 伪造与欺骗

人工智能技术能够生成高度逼真的虚假内容，如伪造的图像、视频、音频和文本，这些内容可能被恶意使用，对个人、经济和社会造成严重危害。本节将探讨人工智能在伪造与欺骗方面的潜在风险，分析其影响以及可能的应对措施。

9.4.1 伪造与欺骗的主要形式

深度伪造是一种基于深度学习的技术，能够生成逼真的虚假图像、视频或音频。通过生成对抗网络（GAN），攻击者可以将一个人的面部表情、声音甚至动作完全替换，从而制造出看似真实的虚假内容。例如，深度伪造技术可以生成名人的虚假演讲视频，误导公众或操纵舆论。

基于自然语言处理（NLP）的AI模型（如GPT系列）能够生成高质量的虚假文本，包括新闻文章、社交媒体帖子、电子邮件等。这些虚假文本可能被用于传播虚假信息，进行网络钓鱼攻击或操纵公众舆论。

人工智能技术可以生成逼真的虚假音频，模仿特定人物的声音，这种技术可能被用于电话诈骗、伪造证据或制造虚假的语音记录。除了深度伪造，人工智能技术还可以生成虚假的图像和视频，而将虚假音频和视频结合导致了AI语音与人脸诈骗层出不穷（图9–5）。通过图像生成模型，攻击者可以创建虚假的产品图片、伪造的证件照片，甚至生成完全虚构的场景。

图9–5 AI语音与人脸诈骗

9.4.2 伪造与欺骗的危害

伪造内容的泛滥可能导致社会信任危机。当人类无法分辨真实与虚假内容时，可能会对周围环境产生怀疑，进而破坏社会的信任基础。

深度伪造或虚假文本可能会导致舆论误导。例如，虚假新闻可能产生不良的社会影响。伪造技术也可能被用于经济诈骗。例如，伪造合同、虚假广告或网络钓鱼攻击会导致个人或企业遭受重大财产损失。此外，伪造技术还涉及隐私侵犯、名誉损害等伦理问题。

9.4.3 伪造与欺骗的应对措施

针对伪造与欺骗，可以采取以下应对措施：

1. 加强法律法规，各国需要制定和完善相关法律法规，明确伪造内容的定义、法律责任和处罚措施。例如，可以立法禁止制作和传播伪造内容，并对违法行为进行严厉惩处。

2. 提高公众意识，通过教育和宣传，提高公众对伪造内容的识别能力和防范意识。例如，可以开展媒体素养教育，帮助公众学会辨别虚假信息。

3. 推动国际合作与信息共享，伪造与欺骗问题是全球性挑战，需要各国加强合作，共同应对。例如，可以建立国际性的伪造内容检测平台，实时监测和打击伪造内容的传播。

人工智能带来的伪造与欺骗问题对社会、经济和个人构成了严重威胁。深度伪造、虚假文本生成、音频和图像伪造等技术可能被恶意利用，导致社会信任危机、经济诈骗和法律纠纷。目前，通过开发伪造检测技术，应用数字水印与区块链技术，加强法律法规以及提高公众意识可以在一定程度上应对伪造与欺骗问题的挑战，维护社会的信任与安全。

9.5 社会性问题

人工智能技术的快速发展给社会带来了巨大的变革，但同时也引发了一系列复杂的社会性问题。这些问题不仅涉及技术本身，还与经济、伦理、公平等多个领域密切相关，如失业问题。

9.5.1 失业问题

人工智能技术的广泛应用，尤其是自动化和机器人技术的进步，可能会改造许多传统工作岗位。例如，制造业中的自动化生产线、服务业中的自助结账系统、物流行业中的配送系统等都可能减少对人力的需求，这种趋势可能导致一些失业问题（图 9-6）。作为劳动者，如果无法及时掌握人工智能新技能，可能会面临职业发展受限的风险。

人工智能技术的应用正在改变职业结构，一些传统职业逐渐消失，一些新兴职业不断涌现。例如，数据分析、机器学习等新兴领域需要高水平的专业技能人才，但这些技能并非所有人都能轻易获得。

图 9-6 AI 带来的失业问题

9.5.2 失业问题的应对措施

首先通过加强教育和技能培训，帮助劳动者掌握新技能，适应人工智能技术带来的职业结构变化。例如，政府和企业可以合作开展职业培训项目，提供数据分析、机器学习等新兴领域的培训课程。

同时，针对人工智能技术带来的失业问题，政府需要健全并完善社会保障和福利制度。此外，人工智能技术带来的社会性问题是全球性挑战，需要各国加强合作。例如，可以建立国际性的人工智能伦理与政策协调机制，制定统一的技术标准和政策框架。

人工智能技术的快速发展为社会带来了巨大的机遇，但也引发了一系列复杂的社会性问题。通过加强教育与技能培训，完善社会保障与福利政策以及加强国际合作等方式，可以在一定程度上应对社会性问题的挑战，推动社会的公平与稳定可持续发展。

9.6 安全性与可靠性

人工智能技术的快速发展为社会带来了诸多便利，但同时也引发了一系列安全性与可靠性问题，这些问题不仅涉及人工智能技术本身，还关系到社会的稳定与个人的安全。本节将探讨人工智能在安全性与可靠性方面的主要挑战，包括网络攻击和辅助驾驶系统的可靠性。

9.6.1 网络攻击

对抗样本攻击是指攻击者通过向人工智能系统输入精心设计的扰动数据（如添加微小噪声或像素修改），导致系统做出错误的预测或决策。例如，在图像识别系统中，攻击者可以通过微小的像素修改，使系统将停止标志误识别为通行标志，如图 9-7 所示。这种攻击可能对驾驶和安全监控系统造成严重威胁。

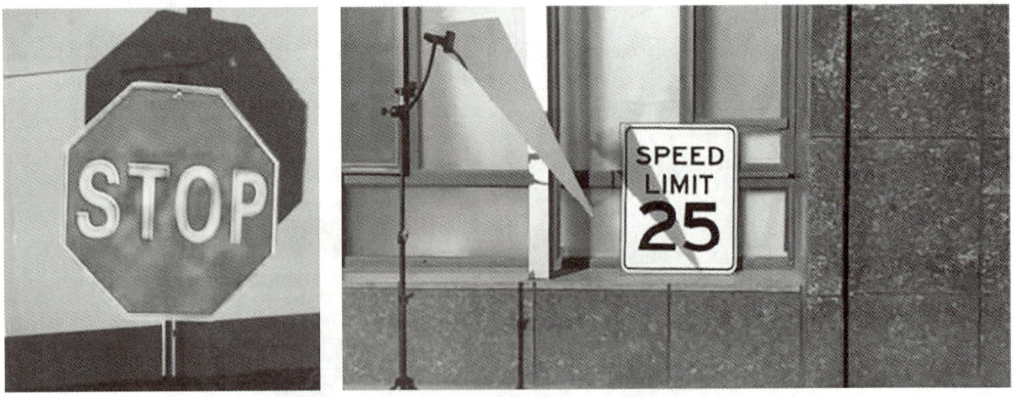

攻击后的AI识别结果：限速60　　攻击后的AI识别结果：限速35

图 9-7　对抗样本攻击

数据投毒攻击是指攻击者在训练数据中注入恶意样本，从而影响 AI 模型的训练过程。例如，在垃圾邮件过滤系统中，攻击者可以通过注入大量正常邮件样本，使模型将垃圾邮件误判为正常邮件，这种攻击可能导致人工智能系统在实际识别过程中表现不佳，甚至完全失效。

模型窃取与逆向工程技术可以获取 AI 模型的内部参数和结构。例如，在金融领域，攻击者可以通过逆向工程获取信用评分模型的内部逻辑，从而规避系统的风险评估。这种攻击不仅侵犯了知识产权，还可能导致系统的安全性受到威胁。

9.6.2 辅助驾驶系统的可靠性

辅助驾驶系统借助人工智能技术进行环境感知和决策。然而，人工智能系统在复杂环境中的表现可能不够稳定。例如，在恶劣天气条件下，传感器可能无法准确识别道路标志和行人，导致系统做出错误的决策，这种不可靠性可能引发交通事故，威胁乘客和行人的安全。

辅助驾驶系统需具备高度冗余与故障恢复能力，以应对突发情况。例如，当主控制系统发生故障时，备用控制系统应及时接管控制权，确保车辆安全运行。然而，当前技术水平可能无法完全满足这一要求，导致系统在故障情况下难以给出有效的响应。中国现行标准《汽车驾驶自动化分级》（GB/T 40429–2021）明确划分了辅助驾驶（0～2 级）与自动驾驶（3～5 级）的界限，详见表 9–1。

表 9–1 驾驶自动化等级与划分要素的关系

分级	名称	持续的车辆横向和纵向运动控制	目标和事件探测与响应	责任主体
0 级	应急辅助	驾驶员	驾驶员主导，系统辅助	以驾驶员为主导
1 级	部分驾驶辅助	系统（单独控制横向或纵向）	系统负责与控制动作相关的探测，驾驶员需补充其他部分	以驾驶员为主导
2 级	组合驾驶辅助	系统（同时控制横向和纵向）	系统负责与控制动作相关的探测，驾驶员需补充其他部分	以驾驶员为主导
3 级	有条件自动驾驶	系统	系统	以系统为主导（设计运行条件内）
4 级	高度自动驾驶	系统	系统	系统（设计运行条件内负责，超出则自动执行最小风险策略）
5 级	完全自动驾驶	系统	系统	系统（无运行条件限制）

辅助驾驶系统的可靠性问题还涉及伦理与法律责任。例如，当使用辅助驾驶的车辆发生交通事故时，责任应由谁承担？是车辆制造商、软件开发者还是驾驶者？这种法律责任的模糊性可能导致纠纷和争议，影响辅助驾驶技术的推广和应用。

9.6.3 提高安全性与可靠性的方法

针对对抗样本攻击，可以开发检测与防御技术。通过对抗训练，增强模型对对抗样本的鲁棒性；使用输入预处理技术，过滤掉潜在的对抗样本。

在人工智能系统的开发和应用过程中，应注重数据安全与隐私保护。通过数据加密技术，保障数据的存储和传输安全；通过差分隐私技术，减少数据泄露的风险。

针对辅助驾驶系统的可靠性问题，可以加强系统冗余与故障恢复设计。例如，使用多传感器融合技术，提高环境感知的可靠性；设计备用控制系统，确保在主控制系统故障时备用控制系统能够及时接管。

针对人工智能技术带来的安全性与可靠性问题，需要制定和完善相关的法律法规和伦理规范，确保技术的开发和使用符合社会价值观。

人工智能技术的广泛应用为社会带来了巨大的机遇，但也引发了一系列安全性与可靠性问题，包括网络攻击、辅助驾驶系统的可靠性问题。通过开发对抗样本检测与防御技术，加强数据安全与隐私保护，设计系统冗余与故障恢复机制，制定法律法规与伦理规范以及加强教育与技能培训等方法，可以在一定程度上应对安全性与可靠性问题的挑战，推动人工智能技术的可持续发展。

9.7 公平性问题

人工智能技术正深刻影响着社会结构和人际关系，本节将探讨人工智能在促进社会公平性方面的作用，以及人工智能可能带来的不平等挑战。

9.7.1 人工智能推动的社会公平

智能医疗系统可以通过数据分析和机器学习，为不同收入群体提供均等化的医疗资源。例如，在疫苗分配领域，人工智能算法可以根据地理位置、健康状况等因素，确保高风险人群优先接种，从而实现更加公平的公共卫生资源分配。

适应性学习系统利用人工智能技术为不同学习者提供个性化教育体验。对于学习能力较弱或有特殊需求的学生，适应性学习系统可以显著提升他们的学习热情。此外，人工智能技术可以为学生和教师提供在线课程与教学工具，丰富教育资源。

9.7.2 人工智能带来的不平等问题

在线教育资源和基于人工智能平台的应用高度依赖互联网和IT基础设施，这使得技术条件薄弱的区域获取资源困难，从而可能形成新的社会分化。除此之外，没有受过计算机基础教育的人员可能无法有效利用人工智能技术，导致他们在变革中被边缘化。

人工智能技术在犯罪侦查、反恐等领域的应用可能会对个人隐私和人身自由造成过度监控和限制。例如，在行政执法领域，人工智能监控可能与种族有所关联，导致某些群体被过度关注或误解。

9.7.3 解决不平等问题的技术与社会策略

首先，收集和使用的数据必须确保其代表性和多样性，以消除当前存在的偏见和刻板印象。这需要在数据收集、处理和利用的各个环节中实施严格的质量控制，并开发更易理解的技术（如基于规则的决策系统），以便于公众能随时监督和审查，技术开发者、用户和监管机构也能对人工智能的决策过程有更深入的理解和控制。

各个国家还应创建统一的人工智能伦理标准和监管框架，以便不同地区参考和遵循，共同反对技术滥用，并确保科技进步能够服务人民。此外，需进行广泛的社会学研究以更好地理解不同群体对人工智能技术的需求、限制和潜在影响，有助于设计出适用性更强的工具和解决方案。

人工智能在推动社会进步的同时，也面临着严峻的公平性挑战。只有在技术创新、政策规划、社会参与度等方面共同努力，才能实现人工智能技术广泛且有效的应用，在真正意义上造福全人类。

9.8 本章小结

人类在使用人工智能技术的同时，不可避免地需要面对并处理人工智能可能带来的伦理问题。本章主要介绍了人工智能伦理的含义以及引发的社会问题，需要理解人工智能伦理问题对个人及社会的重要影响。在使用人工智能工具或系统的过程中，应充分注意数据隐私与安全、算法歧视与偏见、模型透明度不足、伪造与欺骗、社会公平、安全性和可靠性等问题。2021 年我国发布的《新一代人工智能伦理规范》可作为从事人工智能相关活动的理论指导。本章思维导图如图 9-8 所示。

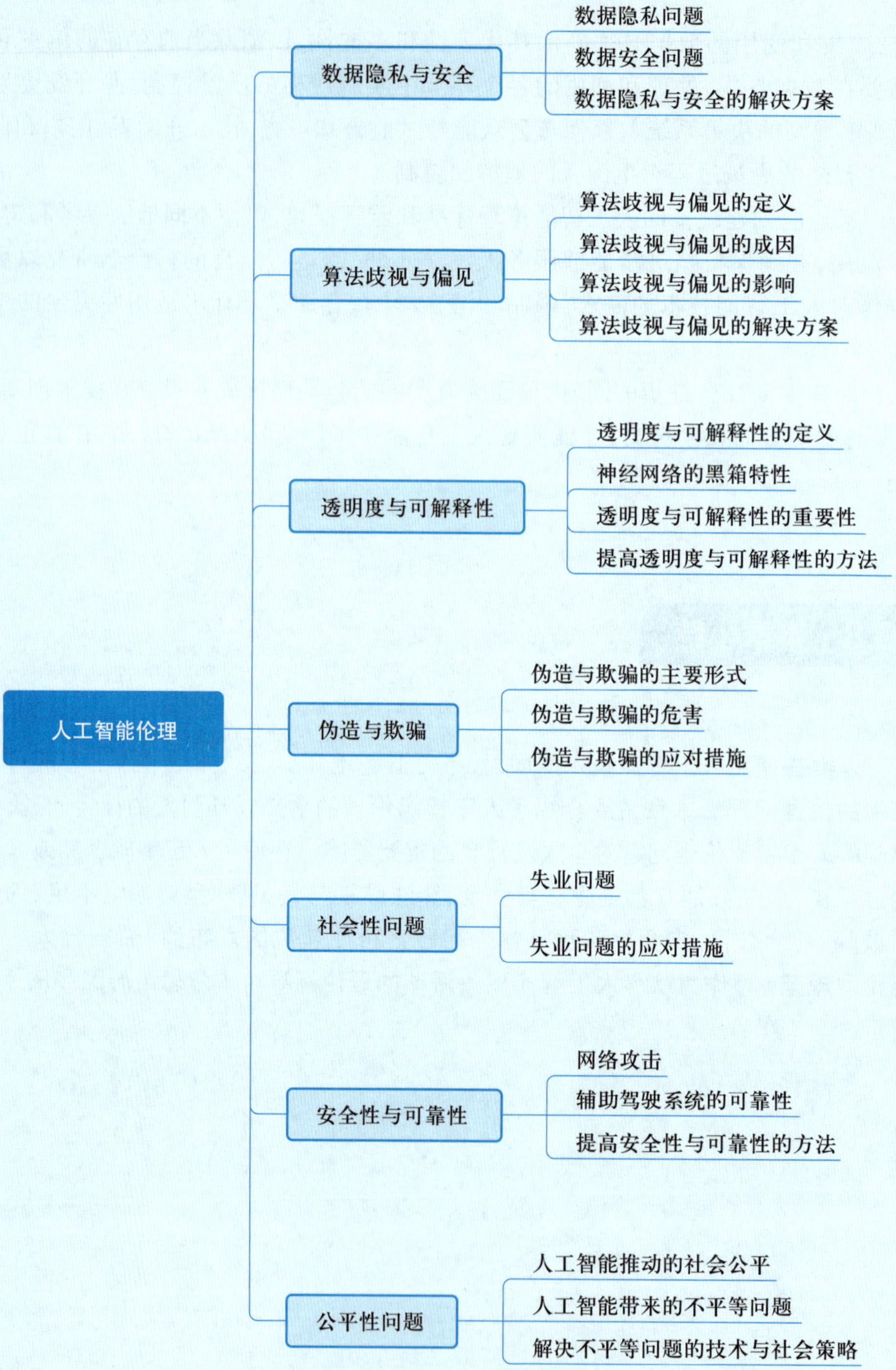
人工智能伦理
数据隐私与安全
数据隐私问题
数据安全问题
数据隐私与安全的解决方案
算法歧视与偏见
算法歧视与偏见的定义
算法歧视与偏见的成因
算法歧视与偏见的影响
算法歧视与偏见的解决方案
透明度与可解释性
透明度与可解释性的定义
神经网络的黑箱特性
透明度与可解释性的重要性
提高透明度与可解释性的方法
伪造与欺骗
伪造与欺骗的主要形式
伪造与欺骗的危害
伪造与欺骗的应对措施
社会性问题
失业问题
失业问题的应对措施
安全性与可靠性
网络攻击
辅助驾驶系统的可靠性
提高安全性与可靠性的方法
公平性问题
人工智能推动的社会公平
人工智能带来的不平等问题
解决不平等问题的技术与社会策略

图 9-8　第 9 章思维导图

课后练习

1. “电车难题”是一个经典的伦理学思想问题，最早由哲学家菲利帕·富特于1967年提出。其核心问题是：在面临可能导致人员伤亡的紧急情况下，是否应该采取某种行动，通过牺牲少数人来挽救更多的人？例如，当使用辅助驾驶的汽车突然面临无法避免的碰撞时，系统是否应该通过转向撞击一个行人以避免撞击更多的行人？请从伦理、法律责任、技术解决方案和社会公众的角度谈谈应如何处理这个问题。

2. 近日，“雷军AI配音”的相关视频在短视频平台上被广泛传播。在网传视频中，使用小米公司的创始人兼CEO雷军的声音特征去“锐评”假期堵车、游戏等话题。这些配音并非雷军本人的“发声”，而是短视频平台用户使用AIGC工具模拟了雷军的声音特征，并根据设置的文案内容生成了特定音色的音频素材。请谈一谈应该如何应对此类现象可能导致的人工智能伦理问题。

3. 以“深度伪造(DeepFake)”技术为例，试分析其社会价值和潜在的伦理风险，并提出监管建议。

4. 思考：人工智能大规模改造传统工作岗位可能引发哪些社会问题？请从伦理角度给出合理的应对措施。

5. 请解释人工智能算法偏见的可能来源，并提出减少算法偏见的解决方案。

6. 请检索《新一代人工智能伦理规范》中的基本伦理规范。

主要参考文献

[1] 莫宏伟. 人工智能导论[M]. 2 版. 北京：人民邮电出版社，2024.

[2] 尼克. 人工智能简史[M]. 2 版. 北京：人民邮电出版社，2018.

[3] 李媛媛，万卫兵，张红兵，等. 人工智能技术与行业应用[M]. 北京：清华大学出版社，2024.

[4] 张松慧，陈丹. 机器学习 Python 实战[M]. 北京：人民邮电出版社，2022.

[5] 周志华. 机器学习[M]. 北京：清华大学出版社，2016.

[6] 伊恩·古德费洛，约书亚·本吉奥，亚伦·库维尔. 深度学习[M]. 赵申剑，黎彧君，符天凡，等译. 北京：人民邮电出版社，2020.

[7] 柏先云. WPS AI 智能办公从入门到精通：视频教学版[M]. 北京：化学工业出版社，2024.

[8] 夏禹. 向 AI 提问的艺术：提示工程入门与应用[M]. 北京：北京大学出版社，2024.

[9] 曾志超，王楠，陈韵巧，等. AI 办公应用实战一本通：用 AIGC 工具成倍提升工作效率[M]. 北京：人民邮电出版社，2023.

[10] 杜严勇. 人工智能伦理引论[M]. 上海：上海交通大学出版社，2020.

[11] 莫宏伟，徐立芳. 人工智能伦理导论[M]. 西安：西安电子科技大学出版社，2021.